Das Attentat auf den Papst
und der Fall des Kommunismus
im Lichte Fatimas

Sebastian Labo

Das Attentat auf den Papst

und der Fall des Kommunismus im Lichte Fatimas

Sebastian Labo

Herausgeber: pro fratribus, Rom – Koblenz

Zum Andenken an meine lieben Eltern
aus Dankbarkeit für das überzeugende Beispiel
ihrer Liebe zur Heiligen Kirche
und ihrer unerschütterlichen Treue zum Heiligen Vater
gewidmet.

Notwendiger Hinweis zur neuesten erweiterten Auflage dieses Buches

Bei der erweiterten Neuauflage dieses Buches wurde die politische Entwicklung der letzten Zeit, inbesondere seit Herbst 1989 in Ost- und Mitteleuropa in ihrer wesentlichen Auswirkung berücksichtigt und in die zwei neuen 18. und 19. Kapitel einbezogen. Aus dem gleichen Grund wurde auch der Titel des Buches geändert, und zwar anstatt des ursprüglichen Titels *Das Attentat auf den Papst im Lichte Fatimas und im Schatten der Oktober-Revolution 1917* trägt das Buch in jetziger erweiterter, schon achter Auflage, den Titel *Das Attentat auf den Papst und der Zusammenbruch des Kommunismus im Lichte Fatimas.*

Der Fall des Kommunismus in seiner Wiege und in den anderen Ländern Europas bedeutet gleichzeitig den Sieg der Gottesmutter in Rußland wie sie ihn in Fatima vorausgesagt und versprochen hat. Dieser Zusammenbruch schuf geradezu die Bedingungen für die Bekehrung Rußlands.

Die Bekehrung Rußlands ist ein langfristiger Prozeß und wir stehen erst an seinem Anfang. Deshalb bleibt die Fatimabotschaft immer aktuell.

Dabei dürfen wir nicht vergessen, daß der Kommunismus noch immer im bevölkerungsreichsten Land der Welt, China, wie auch in Vietnam, Nordkorea und Kuba offiziell weiterlebt, vom stalinistischen Serbien mit seinem Eroberungskrieg ganz zu schweigen. Deshalb muß man den Zusammenbruch des Kommunismus differenziert und ohne jede Euphorie betrachten.

Vorwort und Einleitung zum Buch vom Jahre 1987 in seiner siebten Auflage verlieren dabei auch heute nichts an ihrer Gültigkeit.

Koblenz, den 13. Juni 1992
Fest des heiligen Antonius von Padua

P. Sebastian Labo SJ

Vorwort

Als dieses Buch im März 1982 erstmals erschien, war es noch das erste, welches das Attentat auf Papst Johannes Paul II.beschrieb. Später erschienen zum gleichen Thema auch andere Bücher in verschiedenen Sprachen. Das vorliegende Buch blieb aber bis jetzt das einzige dieser Art, welches das Drama vom 13. Mai 1981 im Lichte Fatimas betrachtet, nämlich im Zusammenhang mit den Prophezeiungen, die vor 75 Jahren die Madonna drei Hirtenkindern mitteilte. Eine dieser Voraussagen lautete: "Der Heilige Vater wird viel zu leiden haben."

Der Papst selbst hat ein Jahr später bei seiner Pilger- und Dankreise nach Fatima am 13. Mai 1982 in seiner Predigt diese geheimnisvolle Begegnung unterstrichen: "Ich bin heute hierher gekommen, weil gerade heute vor einem Jahr auf dem Sankt Petersplatz in Rom das Attentat auf den Papst geschah, ein Ereignis, das auf geheimnisvolle Weise zusammenkam mit dem Jahrestag der ersten Erscheinung von Fatima, die am 13. Mai 1917 stattfand. Diese beiden Daten sind derart zusammengetroffen, daß ich glaube, darin einen besonderen Ruf zu erkennen, heute hierher zu kommen. Ich bin gekommen, um der göttlichen Vorsehung an diesem Ort zu danken, den die Gottesmutter in so auffallender Weise erwählt zu haben scheint." Mit diesen Worten hat Johannes Paul II. selbst den engen Zusammenhang zwischen dem Attentat und Fatima bestätigt.

Aber jeder Christ sollte sich die Frage stellen: was wollte uns Gott sagen, indem er das Drama auf der Piazza San Pietro zuließ? Die Antwort kommt aus der Botschaft von Fatima, in dem Ruf zur Umkehr, den wir sehr ernst nehmen sollen.

Rom, den 4. Oktober 1987
Fest des heiligen Franz von Assisi

† Paul Hnilica SJ
Titularbischof von Rusado

Einleitung

„habent sua fata libelli“ (Bücher haben ihr eigenes Schicksal!)

Ungefähr drei Monate nach dem Mordanschlag auf Johannes Paul II. erkundigte ich mich mehrmals in „meiner“ Buchhandlung, ob es vielleicht ein Buch über das Attentat gäbe. Jedesmal erhielt ich dieselbe Antwort, ein kurzes „Nein!“ Ich war darüber erstaunt, denn ich erinnerte mich an das, was in den ersten Tagen und Wochen nach dem Attentat in den europäischen Zeitungen und Zeitschriften zu lesen war. Das weltweite Echo, die vielfältigen Reaktionen boten ein einmaliges Bild. So kam mir der Gedanke, dieses Buch zu schreiben.
Es erschien im Frühjahr 1982 erstmals in deutscher Sprache. Inhaltlich ist das Buch in zwei Teile gegliedert. Die ersten zwölf Kapitel haben größtenteils dokumentarischen Charakter: die Situation auf dem St. Petersplatz kurz vor und nach dem Attentat, bis um Mitternacht. Es folgt eine geraffte Übersicht über die unmittelbaren Reaktionen in Italien, Polen und in anderen Ländern.
Zehntausende haben ihre Erschütterung und Hoffnung, ihre Verbundenheit im Gebet und Opfer dem Heiligen Vater durch öffentliche Erklärungen, Telegramme oder Briefe mitgeteilt, wie damals im Vatikan zu hören war. Hier einige dieser Äußerungen von Christen und Nichtchristen, Staatsmännern, Kindern, Jugendlichen, Alten und Kranken. Ein Blick auf Meldungen und Berichte zum Attentat aus der internationalen Presse vervollständigt das Bild.
Das „Wirken des Papstes vom Krankenbett aus“ und der Versuch, die überall gestellte Frage, wie es zum Attentat kommen konnte, zu beantworten, schließen den ersten Teil des Buches ab. Ich wollte mich aber nicht nur auf die Dokumentation beschränken. Es ging mir auch darum, einen Sinn im Attentat zu finden.
Wenn uns kein einziges Haar ohne Gottes Willen vom Kopfe fällt, und alles, was uns begegnet, so schmerzlich es auch wäre, von Gott zu unserem Wohle zugelassen oder verwendet wird, dann dürfen, ja dann müssen wir sogar fragen, was er uns durch die Zulassung des Mordanschlages auf den Stellvertreter Christi andeuten wollte.

„La Madonna di Fatima ha salvato il papa“ – „die Madonna von Fatima hat den Papst gerettet“, so hörte man es auf der Piazza San Pietro und anderswo aus aller Munde, als der Hl. Vater nicht auf der Stelle verblutete.
„Eine Hand hat die Kugel gefeuert; eine andere hat sie gelenkt“, bemerkte ein halbes Jahr später Johannes Paul II. selbst.
Steht das Drama vom St. Petersplatz irgendwie im Zusammenhang mit den Erscheinungen von Fatima und der russischen Oktoberrevolution vom Jahre 1917?
Die Beantwortung dieser Frage war und ist eines der Ziele dieses Buches. Das Hauptziel jedoch besteht darin, den Leser für einen wertvollen wie edlen Einsatz zu gewinnen, nämlich: sich aktiv für die Fatimabotschaft einzusetzen; das heißt, durch tägliches Gebet, Opfer und christliches Zeugnis den verfolgten Christen zur Freiheit und den Verfolgern zur Umkehr zu verhelfen. Erst dann kommen wir dem Frieden in der Welt am sichersten näher. Was braucht die menschliche Familie mehr? Welch höhere und schönere Aufgabe können wir heute als Jünger Christi haben?

Koblenz, den 8. Dezember 1987,
am Hochfest der unbefleckten Empfängnis Mariens

P. Sebastian Labo SJ

I.

Das Drama vom Petersplatz am Mittwoch, dem 13. Mai 1981

„Man kann es nicht aussprechen; man kann es nur miterlebt haben", hat Kardinal Frantisek Tomasek im Rundfunk betont. Der Kardinal von Prag war einer der wenigen Bischöfe, die an jenem furchtbaren Mittwochnachmittag an der Audienz teilgenommen hatten.
Keiner von ihnen konnte vermuten, daß schon zwanzig Minuten nach dem Erscheinen des Heiligen Vaters auf dem Petersplatz sich aus der Menschenmenge von ca. 40 000 Pilgern eine Hand erheben würde, nicht, um den Stellvertreter Christi freundlich zu grüßen und seinen Segen zu erbitten, sondern um auf ihn zu schießen.
Einige Tage später schilderte Kardinal Tomásek in der tschechischen Sendung von Radio Vatikan als Augenzeuge das schreckliche Geschehen vom 13. Mai 1981. Die Schilderung des Kardinals gilt als das persönliche Zeugnis eines Kirchenmannes, der Karol Wojtyla schon vor zwanzig Jahren bei Beginn des Vatikanischen Konzils kennengelernt hat. Seine Bekanntschaft mit dem Bischof von Krakau hatte sich im Laufe der Zeit vertieft, aus verständlichen Gründen: Die geographische Nachbarschaft und ähnliche Schwierigkeiten und Probleme, die das atheistische System beider kommunistischer Länder mit sich brachte.

* * *

„Am Mittwochnachmittag, dem 13. Mai, erwarteten die Anwesenden vor der St. Peter-Basilika auf dem überfüllten Platz in freudiger Erregung die Ankunft des Heiligen Vaters. Alles verlief wie üblich. Die frohe Spannung steigerte sich. Das äußerte sich besonders durch die von einer großen Anzahl Jugendlicher wiederholt skandierten Losungen. Im Turm der Basilika begann die Uhr Fünf zu schlagen. Das bedeutete, daß der ersehnte Augenblick nahe war.
Auf einmal brechen die Anwesenden in stürmische Begeisterung aus. Der Heilige Vater Johannes Paul II. kommt, in

einem Geländewagen stehend, heran. Mit seinem gewohnten väterlichen Lächeln winkt er nach allen Seiten, segnet, empfängt die Grüße unzähliger ausgestreckter Hände. Gerade gibt er ein Kind lächelnd in die Arme seines Vaters zurück. Das Kind strahlt vor Freude, weil es in den Händen des Hl. Vaters war und seinen besonderen Segen erhalten hatte. Da geschieht etwas, plötzlich, wie ein Blitz aus heiterem Himmel: Einige laute Schüsse fallen. Der hinter dem Papst stehende persönliche Sekretär, der polnische Priester Stanislaw Dziwisz, und der Kammerdiener Angelo Gugel fangen den sinkenden Heiligen Vater, unter seine Arme greifend, auf. Seine weiße Soutane beginnt, sich langsam vom Blute rot zu färben.

Die Bestürzung war allseits so groß, daß man es nicht aussprechen kann. Man kann sie nur selbst miterlebt haben.

Der Geländewagen nahm nun an Geschwindigkeit zu in Richtung linker Vorhof der Basilika, wo während der Audienzen stets einige Ambulanzen des Rettungsdienstes stehen. Johannes Paul II. wurde in einen dieser Rettungswagen geladen und zur Poliklinik Agostino Gemelli gefahren.

Es war zu erkennen, daß sich niemand der Anwesenden seiner Tränen schämte. Man konnte lautes Weinen hören, vor allem aber Gebet. Das Gebet, das in schwierigsten Momenten größtes Licht und größte Kraft gibt.

Um 18.00 Uhr lag der Heilige Vater schon auf dem Operationstisch. Wegen des starken Blutverlustes mußte man ihm drei Liter Blutplasma durch Transfusion geben. Es wurde eine schwere Schußverletzung in der Bauchhöhle festgestellt, je eine leichtere am rechten Oberarm und am Zeigefinger der linken Hand. Es waren aber keine lebenswichtigen Organe getroffen worden.

Die Operation endete um 23.30 Uhr. Anschließend wurde der Hl. Vater auf die Intensivstation gebracht.

Am Donnerstag, Freitag und Samstag wurde in seinem Krankenzimmer die Hl. Messe gefeiert, wobei er kommunizierte. In ständigem stillen Gebet schöpfte er einen tiefen inneren Frieden.

Am Sonntag hat er schon, im Bett sitzend, mit seinen beiden persönlichen Sekretären konzelebriert.

Er setzt sein Apostolat fort, verbunden mit Christus durch das Gebet und mit seinem Leiden versöhnt, an der Seite der

Gottesmutter, der Jungfrau Maria. In diesem Geist ist er bestrebt, seinen Wahlspruch „Totus Tuus", „Ganz der Deine", noch mehr zu erfüllen.
Der zynische mörderische Angreifer, der 23jährige Türke Mehemet Ali Agca, versuchte, nach dem Attentat zu flüchten, wurde aber festgehalten und von der Polizei abgeführt. Sein Name ist bei Interpol registriert. Vor zwei Jahren, als der Papst die Türkei besuchte, hatte Agca ihm schon den Tod angedroht. In Rom hatte er sich in einem Hotel nahe dem Vatikan einquartiert und von dort aus mehrere Telefongespräche mit dem Ausland geführt. Die Polizei fand bei ihm eine größere Geldsumme. Seine vielen Reisen durch Europa, seine Kontakte sowie sein – auch ohne Arbeit – reichliches Geld beweisen, daß eine Aktion dieser Art zielbewußt organisiert ist.
Außer dem Heiligen Vater wurden auch zwei Frauen, die in seiner Nähe gestanden hatten, schwer verletzt, eine von ihnen, eine Amerikanerin, sehr schwer.
Es ist eine erschütternde Tatsache, daß in unserer heutigen Gesellschaft, die von sich stolz behauptet, einer Epoche hoher kultureller und technischer Entwicklung anzugehören, ein solcher „Dschungel" existiert. Das ist ein moralischer Krebs, den man radikal herausoperieren muß. Der Heilige Vater sieht in dem Angreifer einen armen, irrenden Menschen, dem er aufrichtig verzeiht.
Dieser Vorfall vom 13. Mai 1981 ist ein großer Appell an die ganze heutige Gesellschaft, daß sie wirklich ernst ihr Gewissen prüfe. Er ist ein Alarmsignal „S.O.S." in die ganze Welt, vor allem an die Adresse aller Regierungen: Tut schnellstens alles, trefft strenge Maßnahmen, um der Gewalt vorzubeugen, damit der Dschungel des Hasses und des Mordens zurückweicht gegenüber einer Zivilisation gegenseitigen Verständnisses, gegenseitiger Hilfe und Liebe. Setzt überall den Respekt vor der Menschenwürde durch mit Achtung aller grunsätzlichen Menschenrechte. Es ist gerade der jetzige Papst Johannes Paul II., der immer wieder in allen seinen Ansprachen, in Rom sowie auf seinen Auslandsreisen, diese Notwendigkeit betont. Dabei weist er zugleich darauf hin, daß die Garantie der Respektierung aller Menschenrechte zuerst die Respektierung der religiösen Freiheit ist. Es ist wahr, was junge Leute bei einem Marsch durch

Rom auf ihre Standarte geschrieben hatten: „O Cristo o morte“, d.h. „entweder Christus oder Tod“. Entweder Christus, das Leben und die Rettung, auch die Rettung der Menschenwürde, Familie, Ehe, Nation sowie der ganzen menschlichen Gesellschaft, oder Verderben, Zerstörung, Untergang und Tod!
Wir wollen aber leben, wirklich und glücklich leben, und das nicht nur in dieser kurzen Periode unserer menschlichen Existenz hier im irdischen Leben, sondern auch und vor allem nach dem Tode im ewigen Leben. Nur Christus selbst kann uns sagen: „Ich bin gekommen, damit alle das Leben haben und es in seiner Fülle haben“ (Joh. 10, 10). ... „Ich bin der Weg, die Wahrheit und das Leben“ (Joh. 11, 25). Deshalb soll jeder von uns seine Verbundenheit mit Christus festigen, im persönlichen Leben, in Ehe, Familie, auf dem Arbeitsplatz, im täglichen Umgang mit den Menschen, immer und überall.
Gedenken wir jetzt besonders und ganz stark in unseren Gebeten des Heiligen Vaters, damit er sobald wie möglich seine große Mission fortsetzen kann, seine Sendung, die ihm nicht nur für das Gottesvolk in der Kirche, sondern für die ganze menschliche Gemeinschaft anvertraut wurde. Wiederholen wir oft und dringend die Bitte: „Herr, bleibe bei uns, denn es will Abend werden ...“ (Luk 24, 29).

St. Petersplatz und Gemelli-Klinik nach dem Attentat

Das Drama des Attentats hatten zuerst nur diejenigen Pilger mit Schrecken und Erschütterung wahrgenommen, die in unmittelbarer Nähe des Papstes standen und sahen, wie der Hl. Vater nach dem zweiten oder dritten Schuß mit einem schmerzvollen Gesicht kraftlos in die Arme seines Sekretärs Dziwisz sank. Andere, weiter entfernt stehende Pilger waren beim Knallen der Schüsse zunächst auf den Gedanken gekommen, es handele sich um Feuerwerkskörper. Ein unter den Kolonnaden aufgescheuchter Taubenschwarm schien das nur zu bestätigen. Die so Denkenden ahnten nicht, daß die sonst den Frieden symbolisierenden Vögel diesmal von mörderischen Schüssen erschreckt den Boden verließen und zum Himmel flogen, um dort oben Sicherheit zu finden.

Erst als das erste Sirenengeheul hörbar wurde und dann der Jeep mit dem von den Helfern gestützten Papst ungewöhnlich schnell zurück in den Vatikan fuhr, legte sich über den Petersplatz ein erschrockenes Schweigen, eine Totenstille, die nur von den Schreien zweier Frauen unterbrochen wurde, die ebenfalls verletzt waren. Eine, aus Jamaika, verhielt sich ruhiger; die andere Frau, aus Chikago, schrie laut vor Schmerzen. Diese Frau, polnischer Abstammung, sogar in Wadowice geboren, wie der Papst, war ebenso wie er lebensgefährlich verletzt. Sie schrie laut. Bald näherte sich die heulende Ambulanz und brachte beide Frauen in das fünfhundert Meter entfernte Krankenhaus ‚Spirito Santo'. Die dann wieder eingetretene Stille wurde nur unterbrochen von Weinen und Schluchzen. Es weinten Frauen und Männer, auch Kinder, von dem unverständlichen Geschehen erschreckt.

Das Böse, das das Leben des Boten der Liebe, Güte und des Friedens auslöschen wollte, zeigte für einen Augenblick sein häßliches Gesicht und hinterließ ein entsetzliches Echo. Gott sei Dank, nur für eine kurze Weile. Es fallen die ersten Fragen: „Lebt der Papst noch?" – „Wer war der Täter?". Die Atmosphäre ist zwar hochgespannt, es herrscht aber keine Panik unter den vierzigtausend Pilgern und Touristen, abgesehen von einzelnen Verzweifelten.

Plötzlich, in dieser unerträglichen Situation, taucht auf dem Podium vor dem Mikrofon, von wo aus der Papst sprechen sollte, der Jesuitenpater Kazimierz Przydatek auf, Leiter des polnischen Pilgerzentrums in Rom seit dem Jahre 1975. Er führt jeden Mittwoch die polnischen Pilgergruppen zum Papst. Ein beispielhaft selbstloser, großherziger Mensch, auf Grund seiner Tätigkeit gut bekannt in Polen wie in Italien.

„In nomine Patris et Filii et Spiritui Sancti", hört man ihn mit seiner tiefen, bewegten Stimme beten, dann das Pater noster und Ave Maria. Tausende Pilger antworten. Ihre Aufmerksamkeit ist in dieser erschütternden, schrecklichen Stunde in die bestmögliche Richtung gelenkt worden. Das Rosenkranzgebet für den verletzten Papst beginnt.

Zwischen den einzelnen Gesätzen wird gesungen, nahe dem Podium auf polnisch, weil dort, kaum fünfzehn Meter vom Mikrofon entfernt, Hunderte von Landsleuten Karol

Die erschreckten, um das Leben des Papstes bangenden Pilger finden im Gebet wieder Ruhe und Hoffnung.

Wojtylas aus allen Teilen Polens sich eingefunden haben, wie sie jeden Mittwoch mit besonderer Freude auf „ihren" Papst warten, um ihm die Hand zu schütteln und ihm bescheidene Geschenke aus der Heimat zu überreichen. Sie sind festlich gekleidet. Vor der Audienz haben sie gesungen, geklatscht und mit der weiß-roten Fahne gewunken. Nun haben Ernst und Trauer ihre Begeisterung und Freude verdrängt. Eine der heutigen Gruppen mit ihrem Bischof Stefan Barela kommt aus Tschenstochau. Sie wollte dem Papst ein großes Bild der Mutter Gottes vom Hellen Berg übergeben. Wird es nun noch jemals den Adressaten erreichen? Zwei Männer bringen das Bild auf das Podium und stellen es auf den leeren päpstlichen Sessel. Daneben werden von anderen Pilgern einige schöne Rosen gestellt. Die Schwarze Madonna übernimmt den Platz dessen, der sich ihr als ‚Totus Tuus' anvertraute und um dessen Leben jetzt die Ärzte kämpfen und die Welt bangt. Dank des Gebetes finden sich langsam Ruhe und Hoffnung bei den Menschen auf dem Platz ein. Als der vorbetende Priester nach dem dritten Gesätz auf polnisch das Fastenlied „Mein Volk, mein Volk, was habe ich Dir getan?" anstimmt, bleibt bei den Polen kein Auge trocken. Dann erkennen an der Melodie auch die übrigen Anwesenden das Lied und werden davon ergriffen.

Nach 18 Uhr kommt aus der Gemelli-Klinik die erste Nachricht, die Pater Kazimierz durch Mikrofon den Betern mitteilt: „Der Heilige Vater wurde durch einen Schuß in die Bauchhöhle schwer verletzt. Zwei weitere Schüsse haben leichtere Folgen. Kurz vor 18 Uhr begann die Operation. Zuvor hatte der Papst bei seinem Sekretär gebeichtet und das Krankensakrament empfangen." Der Papst lebt! Ein Aufatmen geht durch die Menge. Dann werden besorgte Fragen gestellt: „Wird er überleben?"

Die Menschen verharren weiter im Gebet. Ein leichter Wind weht über den Platz. Langsam wird es dunkel. Über eine Stunde lang betet der polnische Priester mit den zehntausenden Pilgern an der Stelle, an der der Papst seine Audienz-Ansprache halten sollte.

Wie eine große Familie fleht die große Menschenmenge die allerheiligste Jungfrau für den schwerverletzten Papst an. Nach einer Stunde steht neben dem polnischen Priester ein italienischer Geistlicher, der dann Gebet und Gesang auf italienisch fortsetzt. An der Stelle, wo das Verbrechen geschah, stellt jemand ein Blumenkreuz auf, andere entzünden dort Kerzen.

Gegen 19 Uhr kommt eine neue, erfreuliche Nachricht aus der Gemelli-Klinik, die mit Erleichterung aufgenommen wird: Keines der lebenswichtigen Organe Johannes Pauls II.

wurde verletzt. Die Ärzte erklärten später, das sei ein wahres Wunder gewesen. Eine der drei Kugeln ging direkt neben der Aorta durch den Körper.
Das Ärzte-Team der Gemelli-Klinik kämpft weiter fieberhaft um das Leben des Papstes. Professor Castiglioni, Direktor der Klinik und ein berühmter Chirurg, weilte z. Zt. in Mailand auf einem Kongreß. Schon um 18.40 Uhr fliegt er nach Rom. Um 20.50 Uhr wird berichtet, daß die Operation ihrem Ende zugehe. Aber zu früh, denn solche Mitteilungen werden sich noch wiederholen, bis die Ärzte es geschafft haben.
Um 21 Uhr beginnt auf dem Petersplatz die Gebetswache der Jugend von der Katholischen Aktion. Sie rufen alle Jugendlichen der Ewigen Stadt auf zum Gebet für ihren ‚wahren Freund und geistlichen Führer', Johannes Paul II. Im Rund der Bernini-Kolonnaden spielt sich ein ständiges Kommen und Gehen einzelner oder von Gruppen ab.
Um 23.25 Uhr wird in der Gemelli-Klinik der mehr als fünfstündige Kampf um das Leben des ungewöhnlichen Patienten erfolgreich beendet. Johannes Paul II. wird aus dem Operationssaal auf die Intensivstation gebracht. Fünf Minuten später informiert Professor Castiglioni die Journalisten über den befriedigenden Operationsverlauf.
Es gibt allerdings keine Garantie für die Zukunft. Sicher ist nur die Hoffnung. Die Ärzte haben alles ihnen Mögliche getan. Jetzt bleibt das Abwarten.
Um Mitternacht erreicht eine weitere gute Nachricht aus der Klinik den Petersplatz: Patient Karol Wojtyla wachte aus der Narkose auf. Bei einzelnen verwandelt sich das Bittgebet in ein inniges Danken.
Der 83jährige italienische Staatspräsident Sandro Pertini war schon kurz nach dem Beginn der Operation in der Klinik. Er wollte im Krankenhaus warten bis zum Ende des komplizierten chirurgischen Eingriffes. Erst, als ihm die Ärzte versicherten, daß die Operation gut verlaufe und er den Papst danach auch sehen könne, verließ er das Krankenhaus.
Als die fünfstündige Operation beendet und der Papst schon aus der Narkose erwacht war, kam Sandro Pertini erneut ins Krankenhaus, um der erste Besucher auf der Intensivstation zu sein. Er berührte leicht seine Hand, woraufhin der Papst

Der Staatspräsident Sandro Pertini war der erste Besucher des Papstes in der Gemelli-Klinik.

ihm nur mit den Worten „Signor Presidente, grazie" und mit einem dankbaren Blick seine echte Solidarität vergelten konnte. Eine ergreifende Szene: Zwei Persönlichkeiten unserer Zeit, die unsere Geschichte gestalten. Müde, jedoch mit gestärkter Hoffnung, verließ das Oberhaupt Italiens die Gemelli-Klinik auf dem Monte Mario, um in den nächsten Tagen den Papst wieder zu besuchen.
Auf dem Petersplatz verweilen in dieser Nacht immer noch einzelne oder kleine Gruppen, in stillem Gespräch oder Gebet. Man weiß schon, daß der Attentäter kein Italiener war, sondern ein türkischer Terrorist, der in seiner Heimat wegen Mordes zum Tode verurteilt, aber unter mysteriösen Umständen aus dem Gefängnis geflüchtet war, um den Papst zu töten. Nachdem er die Schüsse abgefeuert hatte, versuchte er zu flüchten. Eine robuste italienische Ordensschwester aus dem nördlichen Bergamo, die neben ihm stand, hatte

zwar nicht die Schüsse verhindern können, hinderte ihn aber mit einem kräftigen Griff an der Flucht. Im ersten Moment bestand die Gefahr, daß ihn die aufgebrachte Menge umbringen könnte. Die Polizei rettete ihn davor. – „Beten wir auch für jenen armen Menschen", sagt eine Stimme laut in die Nacht, und Gespräche über denjenigen, der den Stellvertreter Christi umbringen wollte, werden umgewandelt in das Gebet für ihn. Welches ungewöhnliche Bild bietet der Platz in dieser Nacht!

Guiseppe Flanelli, ein Redakteur des ‚Osservatore Romano', vertraut mit der Piazza San Pietro, hat seine Eindrücke in dieser Nacht frisch zusammengefaßt und sofort in die Druckerei gebracht, so daß die Römer sie schon bei der außerordentlichen morgendlichen Ausgabe lesen können. Er hatte seine Aufmerksamkeit besonders fünf Personen gewidmet.

* * *

Um Mitternacht befindet sich Maria noch auf dem Petersplatz, inmitten einiger Männer, die übermüdet an der Stelle beten, wo der Papst in den Armen seines Sekretärs zusammengebrochen war.

Das erste Viertel des Mondes erscheint und verschwindet wieder hinter den Wolkenfetzen und beleuchtet bruchstückhaft die Absperrungen, die Sitze, die Zuschauerbühne, die noch so stehen, wie sie in Erwartung der Audienz hingestellt wurden. Die Brunnen schweigen. Der Wagen der Stadtreinigung fährt im Halbkreis umher, in getreuer Ausführung seiner Arbeit.

Maria ist alterslos, berufslos. Sie ist nur eine Frau, die weiterbetet, während der Papst leidet. Auf dem Absperrzaun hat sie einen kleinen Altar improvisiert: ein Bild von Johannes Paul II. und zwei phosphoreszierende Kerzen.

Maria hat niemals eine Audienz versäumt. Sie ist immer da, wenn der Papst aus dem Vatikan heraustritt, und sie ist immer da, wenn er zurückkehrt. Maria, benommen in der Menge stehend, lacht und klatscht und geht dann zufrieden weg. Jetzt, wo der Papst draußen ist, wartet sie auf ihn.

Luigi ist Mechaniker, wie man seinem ölbeschmierten Arbeitsanzug und dem Schraubenschlüssel entnehmen kann,

der aus seiner Tasche herausschaut. Er fuhr auf der Via della Conciliazione, als er an der Ampel plötzlich zwei, drei Polizeiautos losrasen sah und dann die Sirenen aufheulten hörte. Die Menge auf dem Platz wogte.
Als er mit seinem Moped ankam, – so erzählt er – sah er wie ein Priester auf das Podium stieg und langsam sagte: „Der Papst wurde verwundet." Und er sah die Menge, die nicht schrie und nicht fluchte, sondern das Vaterunser anstimmte. Luigi ist kein Typ, der leicht zu erschüttern ist. Er ist Arbeiter, seine Hände sind voller Schwielen.
Seit sechs Stunden ist er hier. Mit der Genauigkeit, die die Gewohnheit bringt, hat er die Kette mit dem Schloß an seinem Moped angebracht und sich neben Maria gesetzt. Er singt. Maria stimmt alte Lieder an, die keiner mehr kennt, außer Luigi, der jedoch viele Worte vergessen hat und versucht, mit seiner Stimme mitzuhalten.
Salvatore ist Polizist, keiner von denen, die mit eingeschalteter Sirene im Überfallkommandowagen vorbeifahren. Er geht zu Fuß, er hat ein gewisses Alter erreicht. Seit über einem Jahr macht er mit einem Kollegen die nächtliche Runde am Sankt Petersplatz. Salvatore hat, wie alle Polizisten, eine Pistole umgeschnallt, aber er gesteht, daß er sie nie benutzt hat. Er schaut immer wieder auf den Punkt, wo der Verrückte geschossen hat, und er schüttelt den Kopf. „Er ist verrückt, nur ein armer Irrer. Nur ein Verrückter kann abdrücken."
Salvatore repräsentiert das Gesetz, die Ordnung. Er kann die unbesonnene Gewalt nicht verstehen. Jede Nacht betrachtet er das Eckfenster im dritten Stock, und er kennt mittlerweile den ganzen Tagesablauf des Papstes. Er weiß, daß der Papst sich zur Ruhe begibt, wenn das Licht ausgeht. Er brüstet sich bei seiner Frau, die Gewohnheiten des Papstes zu kennen. Er weiß, wann er viel zu arbeiten hat und wann er müde ist, und das Licht eher auslöscht. Er ist stolz darauf, die Ruhe auf dem Platz zu erhalten, wenn der Papst ruht. Heute nacht kennt Salvatore seinen Platz nicht wieder, welch ein Durcheinander. Er schaut auf das unbeleuchtete Fenster und schüttelt den Kopf.
Vito ist Atheist, das betont er. Er erklärt: „Wie kann ein Gott das zulassen? Wie kann er zulassen, daß jemand auf ei-

nen Papst schießt? Soll ein Opfer gebracht werden? Sogar der Papst?“

Simon ist gläubiger Christ. Er ist ein engagierter Junge, wie er sich bezeichnet, und er wächst bei seinen Antworten über sich hinaus: „Er hat seinen Sohn geopfert.“

Vito und Simon schweigen, vielleicht denken sie an sich selbst oder an das Geheimnis, das sie umgibt, während Maria „Christus vincit“ anstimmt und Luigi versucht, ihr zu folgen, aber die Worte nicht kennt und daher ständig Christus, Christus wiederholt, ad infinitum.

Und das ist ein schönes Gebet.

II.

Rom und Italien nach dem Drama auf der „Piazza San Pietro“

Schmerz, Erschütterung, Ungläubigkeit und Bestürzung, die in einigen Stunden die ganze Welt erreichten, überrollten schon einige Minuten nach dem Attentat die Ewige Stadt und das Land Italien.

Aber es gab auch Ausnahmen, die den Mordversuch gegen Johannes Paul II. mit Händeklatschen begrüßt haben. Vielleicht einen Kilometer vom Petersplatz entfernt, auf dem Volksplatz, demonstrierten ca. dreitausend Menschen für die Abtreibung. Als die Nachricht vom Attentat sie erreichte, klatschten einige wenige von ihnen.
Das alles war ein bizarrer Kontrast zu dem, was die überwiegende Mehrheit des Volkes der Römer und Italiener bei dem Sakrileg empfand.
Auf die Aufrufe der Bischöfe und Priester hin besuchten Menschenmengen die in dieser Nacht geöffneten Kirchen, um bei den Eucharistiefeiern, Bittgottesdiensten, Anbetungsstunden wie auch in privatem Gebet Gott um die Rettung des Papstes zu bitten, seine Mutter anzuflehen, wie in Rom, so auf der ganzen italienischen Halbinsel.
Die italienische Bischofskonferenz wandte sich nach dem Attentat mit folgender Erklärung an die Katholiken des Landes: „Eine törichte und frevelhafte Tat hat den Hl. Vater getroffen während der Ausübung seines unermüdlichen Dienstes der Liebe, seines erleuchtenden Lehramtes zum Schutz des Menschen und während seines persönlichen apostolischen Zeugnisses. Die Bischöfe, Priester, Ordensleute sowie alle Gläubigen versammeln sich in Gemeinschaft mit der ganzen Kirche in innigem Gebet für das Heil des geliebten Hirten Johannes Paul II. Mögen alle den Herrn Jesus anflehen, daß er in seiner reichen Erbarmung seinen Stellvertreter auf Erden zum Wohl der Gläubigen und der ganzen Menschheit bewahre. Erbitten Sie von Gott die Umkehr der Herzen, den Gehorsam zum Glauben, Frie-

den und Eintracht für das harmonische Zusammenleben in unserem Land und für die Brüderlichkeit der Völker."

Die Römer sind dem obersten Hirten im Gebet wie in ihrer Zuneigung nahe. Im Gebet wachsen Hoffnung und das Vertrauen, die Zuversicht, daß dieser Mittwochnachmittag vom 13. Mai 1981 bald nur noch eine schlechte, ferne Erinnerung sein wird.
In der Basilika St. Lorenzo wird um Mitternacht für die völlige Genesung des Heiligen Vaters eine heilige Messe gefeiert.
In der Pfarrei St. Saba auf dem Aventin, die der Papst vor weniger als einem Monat mit seinem Pastoralbesuch geehrt hatte, wurde abends Gebetswache gehalten. Menschen aller Altersstufen, aller Gesellschaftsschichten kamen, um vom Herrn die Gnade der Genesung für den Papst zu erbitten, damit er sein pastorales Magisterium fortsetzen und die Kirche auf dem von Christus gewollten Weg weiter führen könne. Unter den vielen Pfarrkindern befanden sich auch die Alumnen des nahegelegenen päpstlichen polnischen Kollegs, in dem der Erzbischof von Krakau bei seinen Rombesuchen im Laufe der Jahre wohnte.
Aus allen Pfarrgemeinden Roms gehen immer wieder einige Gläubige an den Tatort, auf den St. Petersplatz; sie wollen dort beten und vielleicht etwas Näheres von Augenzeugen erfahren.
Der Kardinalvikar Ugo Poletti rief abends zu einer Gebetsstunde am folgenden Tage auf, die dort abgehalten werden sollte, wo der Mordversuch stattgefunden hatte: „Ich wende mich an die gesamte Bevölkerung Roms, an alle Christen, im Namen aller unsere Verwirrung, Angst und unsern Schmerz aussprechend. Gott sei Dank, die Nachrichten über den Hl. Vater geben uns großes Vertrauen. Der Herr wird es nicht daran fehlen lassen, das Geschenk seiner Genesung zu vollenden. An die Bevölkerung Roms richte ich jetzt die Einladung, morgen abend, um 21 Uhr auf dem St. Petersplatz, dem Ort, wo der Papst verwundet wurde, zu beten. Ich möchte, daß alle, die den Papst lieben, so möglich, auf den St. Petersplatz kommen, um ihre Liebe und Zuneigung zu demonstrieren und Gott zu bitten, daß wir unseren Hl. Vater so bald wie möglich wieder unter uns sehen."

In anderen Großstädten wie auch in kleineren Ortschaften bot sich im wesentlichen das gleiche Bild. Die von der unglaublichen Nachricht erschütterten Menschen suchten innere Ruhe und Ausgleich im Gebet, zu dem die Bischöfe und Priester das Gottesvolk eingeladen hatten. Der Erzbischof von Turin, Kardinal Ballestro, Präsident der italienischen Bischofskonferenz, hatte die Gläubigen zu einem um 21 Uhr im Dom stattfindenden Gottesdienst eingeladen. Zum Attentat sagte er u. a. folgendes: „Diese abscheuliche Tat gegen die Person Johannes Pauls II. hinterläßt Bestürzung nicht nur bei den Gläubigen, sondern, wie ich glaube, bei allen Menschen guten Willens. Das tragische Ereignis, das uns in dieser Stunde schweigsam macht, verlangt von allen eine Überlegung, ein Nachdenken im Lichte des Glaubens und der höchsten menschlichen Werte, damit wir alle besser und gläubiger werden."
Im Herzen der Lagunenstadt auf dem St. Markus-Platz versammelten sich über 6.000 Jugendliche, die über zwei Stunden lang beteten und sangen, um so ihre Liebe zum Papst zu beweisen.
Über 5 000 Personen hatten sich in Florenz um 19.00 Uhr versammelt, um gegen die Abtreibung zu protestieren. Mutter Theresa aus Kalkutta war eingeladen und sollte auf der Kundgebung sprechen. Als sie eintraf, eröffnete sie mit dem lateinischen „Vater unser" das Gebet für den verletzten Papst. Mit Angst und Besorgnis hatte die Menge die Nachrichten aus Rom über das Radio verfolgt. Die Kundgebung wurde abgebrochen, und die Fünftausend wurden zu einer Messe für die Genesung des Papstes in die nächstliegende Kirche Bellariva eingeladen. Auf dem Weg dorthin wurde der Rosenkranz gebetet. Mutter Theresa betete vor. Als sie die Kirche erreichten, war Kardinal Benelli schon dort. Der Erzbischof von Florenz forderte die zahlreichen Gläubigen, die in und vor der überfüllten Kirche teilnahmen, in seiner Predigt während der hl. Messe zum Gebet auf und rief aus: „Gott sei uns barmherzig! Wir haben Trauer und Schmerz in unseren Herzen wegen der Verwundung, die dem Papst und in ihm als dem Stellvertreter Christi auch der Gemeinschaft der Kirche zugefügt wurde ... Aber in dem Attentäter ist auch ein bißchen von jedem von uns. Wer kann sagen, er wäre frei von jeder Gewalt? Das Geschehen vom St. Peters-

platz ist das Ergebnis davon. Aber Christus sagt uns, daß er nicht gekommen sei, um zu verurteilen, sondern um zu lieben und zu heilen. Auf diese Liebe wollen wir unser Leben gründen, sie ist der Maßstab, nach dem wir beurteilt werden", betonte Kardinal Benelli zum Schluß seiner bewegenden Predigt.
Der Erzbischof Magrassi von Bari hatte um 17 Uhr in der Kathedrale ein feierliches Hochamt begonnen, als Abschluß der Feierlichkeiten anläßlich der Übertragung der Reliquien des Hl. Nikolaus. Während der Messe gab er den Gläubigen die Nachricht von dem wenige Minuten zuvor erfolgten Attentat auf den Heiligen Vater. Er verzichtete auf seine Predigt und betete stattdessen für den Papst „Die Gewalt, die die Welt verwirrt, ist die Frucht der Auflösung menschlicher Werte, wie sie heute im Gange ist, der Dechristianisierung, die dazu führt, das Leben mit Füßen zu treten. Trotz allem wird die Kirche nie den Mut zur Verkündigung ihrer Botschaft verlieren. Nie wird eine Gewalt uns den Mund verschließen."
Erzbischof Lauricella von Syrakus erfuhr von dem Attentat, während er in dem seit 1953 bekannten Heiligtum der ‚Madonna der Tränen' (delle Lacrime) die hl. Messe feierte. Sichtlich bewegt forderte er die Gläubigen zu innigem Gebet für den Papst auf: „Er ist ein Glaubensmärtyrer, ein Zeuge der Wahrheit, ein Beispiel christlichen Mutes." In allen Kirchen der Stadt weilten die Gläubigen anbetend, im Gebet für die Genesung des Papstes.

* * *

Am 14. Mai wurden in ganz Italien, in Kathedralen wie in kleinsten Kirchen, Gottesdienste für die baldige, vollständige Genesung des Papstes abgehalten.
Der Erzbischof von Mailand richtete bei seiner Predigt im Dom an die ca. 5 000 anwesenden Gläubigen u. a. folgende Worte:
„Wenn sich in die Herzen eine Propaganda einschleicht, die davon überzeugen will, daß die Macht gleichbedeutend mit Recht ist, wenn einige Formen der Gewalt als Gewohnheiten angenommen und als Fortschritt bejubelt werden, wenn man die Stimme des Papstes, die ‚Gott mehr gehorchen muß als den Menschen' (Apg 5, 29), auslöschen möchte, weil

man fürchtet, daß der Papst eine Bedrohung für friedliches Zusammenleben darstellt, dann scheint es erlaubt zu fragen, welchen Widerhall das in den Herzen derjenigen gefunden hat, die gestern den Papst beschimpft, attackiert, verlacht haben – und heute Rührung zeigen!" – Eine Anspielung auf die in den letzten Tagen von den Befürwortern der Abtreibung durchgeführte häßliche Hetzkampagne gegen den Papst und ihre heutige Betroffenheit konnte kaum klarer und deutlicher zum Ausdruck gebracht werden als in diesen Worten des Jesuiten-Erzbischofs Martini.

„Die Verbitterung in diesen Stunden möge uns zum Nachdenken bringen, um zu verstehen, welche Liebe zur Menschheit und zu jedem einzelnen Menschen immer die Lippen und jede Geste des Papstes ausschließlich bewegte", fügte der Prediger hinzu.

Kardinal Siri, Genua, nahm an einer Wallfahrt zum Heiligtum der Madonna zum Schutze (Madonna della Guardia) teil. In seiner dortigen Ansprache kommentierte er das Attentat: „Der Papst wußte um die ständige Gefahr und akzeptierte sie. Die Solidaritätsbeweise aus allen Richtungen der Erde zeigen, daß die Welt noch immer etwas Gutes hat. Ich lade die Gläubigen meiner Diözese zum Gebet ein, daß der Papst am Leben bleibe und weiterhin voll tätig sei."

„Es wurde der Papst getroffen, sichtbares geistliches Oberhaupt der Kirche. Er wurde getroffen in seinem Haus, nahe der Basilika, die an das Martyrium des hl. Petrus erinnert," sagte in seiner Predigt Kardinal Poma in Bologna und fragte weiter: „Wodurch konnte dies passieren? Das ist eine Frage aller, wenn man die allgemeine Lage betrachtet, die uns bedrückt. Warum hat man auch in der letzten Zeit gegen die Person des Heiligen Vaters Antipathien entfesselt und auch gegen die kirchlichen Vereine, als wenn sie die Ursachen der verzögerten Zivilisation wären, als wenn es eine Pflichtverletzung wäre, eine eigene Meinung zu äußern, die Gewissen zu erziehen und die hohe Botschaft des Evangeliums zu verkünden?"

Kardinal Ursi von Neapel, der schon vor der Papstwahl mit dem ehemaligen Kardinal Wojtyla befreundet war, erklärte: „Diese Nachricht hat mich verwirrt. Keiner konnte sich vorstellen, daß ein Mensch, der über Liebe und Frieden spricht, der das Leben schützt, der seit Beginn seines Pontifikats zu

den Menschen sprach nicht allein im Lichte Gottes und des Evangeliums, sondern auch über seine irdischen Pflichten, daß ein solcher Mensch von einem blutigen Attentat getroffen würde.“ Abends versammelten sich Tausende in der Kathedrale, wo der Kardinal mit den Priestern eine Eucharistiefeier zelebrierte.
Erzbischof Sorrentini von Reggio Kalabrien hat das Attentat so kommentiert: „Es ist so, als hätte man mit den auf den Papst gerichteten sakrilegischen Schüssen versucht, Christus nochmals zu töten. Man hat versucht, das auszuschalten, was er, der Papst, als erhabenes Symbol der Liebe, als Verkörperung des Evangeliums darstellt.“
Auf ganz Sardinien wurden Gebetsstunden und -treffen organisiert. Erzbischof Bonfiglioli, Cagliari, erklärte: „Ein solches Drama kann jedem Menschen widerfahren, auch dem Papst. Ist er doch in seinem Einsatz als Zeuge für das Evangelium und in seinem Dienst für die Kirche Angriffen immer besonders ausgesetzt und bereit, mit seiner Person zu bezahlen, wie Christus am Kreuz, nicht nur mit Worten. Wir verfolgen mit Bestürzung und Sorge dieses Ereignis, das eine kriminelle Hand bewirkte, eben die Person zu treffen, welche die höchste Brüderlichkeit und menschliche Liebe darstellt. Ich empfehle Zuversicht und Ausharren im Gebet für den Papst, die Kirche und die ganze Gesellschaft, und dies mit einer Kraft, die nicht von der Gewalt ausgeht, sondern aus Liebe und Verzeihung entsteht.“
Erzbischof Pappalardo von Palermo sagt in einer Botschaft an seine Diözese: „Wir sind zuversichtlich hinsichtlich der Nachrichten, die von Rom kommen; aber wir wissen, daß wir noch mehr und intensiver beten müssen.“ Er rief die Gläubigen dazu auf, „gemeinsam im Gebet ihre Bitte zu Gott zu erheben, damit der Heilige Vater bald zurückkehre und seine Stimme der Liebe und Versöhnung hören lasse“.

Neben den Bischöfen und Kardinälen haben auch Staatsmänner und Politiker ihre Anteilnahme am Schicksal des verletzten Papstes am Tag des Attentats öffentlich zum Ausdruck gebracht.
Hier die Erklärung des italienischen Präsidenten, die er gegen zwanzig Uhr abgab:
„Dieses Attentat, dessen Opfer der Pontifex geworden ist,

Die ersten ärztlichen Bulletins zum Gesundheitszustand des Papstes wurden in der ganzen Welt mit Spannung und Aufmerksamkeit erwartet und aufgenommen, auch in der Gemelli-Klinik, in der sich der ungewöhnliche Patient befindet.

stellt ein abscheuliches Verbrechen, den Höhepunkt der Verworfenheit dar, das nach dem Höchsten des Lebens greift. Ich spreche die Bestürzung, die Verachtung und den Schmerz des gesamten italienischen Volkes aus, ohne Unterschied der Ideologien und des religiösen Glaubens, und drücke meine inbrünstigen Wünsche aus für die baldigste Wiederherstellung Seiner Heiligkeit, der ich mich mit meinem ganzen Herzen nahe fühle wie noch nie in diesen Stunden des Schmerzes."

Die Piazza San Pietro am Abend des 14. Mai

Ähnlich wie in der Provinz, eilten auch die Gläubigen der Ewigen Stadt in ihre Basiliken, vor allem in die St. Peter-Basilika, um für ihren ‚caro papa', ihren lieben Papst zu beten. Sie warfen auch traurige Blicke auf die Stelle, wo der Mordversuch stattgefunden hatte.
Eine eindrucksvolle Kundgebung, an der sich ca. sechzig- bis siebzigtausend Gläubige, nicht nur Katholiken, beteilig-

ten, fand auf dem Petersplatz um 21 Uhr statt. Kardinalvikar Ugo Poletti hatte dazu eingeladen. Es war am Tag nach dem Attentat gewiß die bedeutendste Manifestation der aufrichtigen Liebe zum verletzten Papst Johannes Paul II. Längst vor 21.00 Uhr wird der von starken Lichtreflektoren erhellte Platz von Zehntausenden besetzt: Von Männern, Frauen, Kindern, Alten, Jugendlichen, Ordensfrauen und -männern, vielen Priestern. Einige Kardinäle und Bischöfe sowie einer der beiden persönlichen Sekretäre des Papstes, P. John Magee, sitzen in der ersten Reihe. Kardinal Hugo Poletti leitet die Versammlung und ergreift das Wort:
„Die christliche Gemeinde von Rom, das gute, aufrichtige Volk von Rom versammelt sich zum Gebet für den Papst, seinen Bischof, in dieser Stunde, die dunkel scheint, die aber hell ist wie wenige Momente in der Papst- und Kirchengeschichte. Wir wollen beten für die Heilung des Hl. Vaters, für seine schnelle Rückkehr zu uns, für die Wiedergutmachung jener törichten Tat, die sich gegen die geweihte Person des Papstes und in ihm gegen Jesus Christus richtete, dessen Stellvertreter er auf Erden ist, gegen die Menschheit, die er liebt, gegen die geistigen, moralischen, sozialen Werte, die sich im Papst darstellen. Wir beten um Verzeihung nicht nur für den Attentäter, sondern auch für alle diejenigen, die zur Gewalt greifen und ‚nicht wissen, was sie tun‘. Einzig die Liebe kann den ‚Haß und Wahnsinn des gewaltsamen Todes‘ überwinden, die Liebe des barmherzigen Christus, der seinen Mördern verzeiht.
Ich sage dies, um klar das Klima unseres Gebetes, die familiäre Intimität unserer Versammlung, die Verbindung tiefen gemeinsamen Schmerzes und der Liebe zu bezeichnen.“
Der Kardinal dankte allen, die sich in Italien im Gebet für den Papst im Geiste vereint haben, und bemerkte hierzu: „Der Papst ist hier. Er ist anwesend. Wir wissen, daß er mit seinem Glauben, seinem Mut, seiner Liebe zu Gott und den Menschen, mit seinen Gedanken hier ist, weil er von unserer Versammlung weiß. Er selbst hat heute mir und allen dafür gedankt. Sein Gesundheitszustand, zwar sehr hart geprüft, gibt uns jedoch die Überzeugung und Hoffnung, daß er bald mit Gottes Hilfe wieder unter uns sein wird.“
Bei diesen Worten des Kardinals erhebt sich ein gewaltiger Applaus auf dem Petersplatz. Obwohl in dieser Stunde ein

kalter Wind weht und manche leichter Bekleideten unter der Menge das spüren, wärmt doch alle das innere Feuer, ein Brand der Hoffnung und Freude, daß der Heilige Vater, nach der Prüfung durch Leiden und Schmerzen, zu ihnen zurückkehren wird: „So stark ist unsere Hoffnung, unser Vertrauen, daß ich zu sagen wage, von jetzt an danken wir dem Herrn dafür."

Nach diesen Worten lädt der Kardinal zum Rosenkranzgebet ein. Er beginnt mit den schmerzhaften Geheimnissen. „Ihre Betrachtung wird uns helfen, die tiefen positiven und universalen Werte des Leidens Jesu zu verstehen, das sich heute für uns zeigt im Leiden des Papstes, der Kirche und der gesamten Menschheit." – „Ohne den Herrn können wir Menschen nichts tun, wirklich nichts", bemerkte zum Schluß der Vikar des Papstes.

Danach beginnt das Gebet des hl. Rosenkranzes, das Gebet, das der Heilige Vater so oft den Gläubigen zu beten empfohlen hat. Vor jedem Gesätz äußert der Kardinal einen treffenden Gedanken: Jesus im Garten Getsemane geängstigt, blutschwitzend. Dann Jesus dornengekrönt, verlassen, verspottet, leidend, ein Außenseiter. So zeigt sich der Papst heute in seiner leidenschaftlichen Liebe, seinem Einsatz für die integrale Würde des Menschen. . ‚Ecce Homo!' Es gibt keine größere Liebe, als das Leben für den Freund zu geben. Jesus ist der Freund aller, auch der schlechten, bösen Menschen. Er verzeiht. Wie er, so predigte auch unser Papst die Liebe zu allen, Gerechtigkeit und Barmherzigkeit für alle. Jetzt gibt er davon Zeugnis."

„Maria, Mutter, sei nahe dem, der ganz Dein ist, ‚Totus Tuus', besonders jetzt."

Nach dem Rosenkranzgebet tragen einige Jugendliche Fürbitten vor für die Genesung des Heiligen Vaters und seine baldige Rückkehr in sein Hirtenamt, für die Einheit aller Christen und für den Frieden in der Welt, Beendigung der Gewalt und auch für den Attentäter.

Nach diesen Gebeten tritt der vornehmste Gast, der besondere Gesandte des ökumenischen Patriarchen Dimitrios I., der Metropolit Meliton an das Mikrophon. Er grüßt die Versammlung, auch im Namen des Patriarchen Dimitrios, und spricht auf griechisch ein Gebet.

Am folgenden Morgen, Freitag, dem 15. Mai, begab sich

Metropolit Meliton in die Gemelli-Klinik, um sich über den Zustand des Heiligen Vaters zu informieren Er schrieb in das Besucherbuch folgende Botschaft: „Im Namen Seiner Heiligkeit, des ökumenischen Patriarchen Dimitrios I., drücke ich die unumschränkte Teilnahme am Leiden Seiner Heiligkeit, des Papstes Johannes Paul II. und der Hl. Römisch-Katholischen Kirche aus. Beten wir, daß der Herr den Heiligen Vater möglichst schnell und in völlig wiederhergestellter Gesundheit der Kirche und der Welt, die ihn so sehr brauchen, wiedergibt. Der besondere außerordentliche Gesandte des ökumenischen Patriarchen, Meliton von Calcedonien, 15. Mai 1981."

Danach verharrte er eine Weile in stillem Gebet. Dann bat er seine italienischen Begleiter, gemeinsam mit ihm dreimal das „Kyrie" zu beten, und wünschte ihnen zum Schluß: „Mögen Sie alle den heiligen Vater so bald wie möglich dieses Krankenhaus verlassen sehen."

Nach dem Abschluß jener unvergeßlichen Gebetsstunde traf ich auf dem St. Petersplatz einige Bekannte und Freunde, unter ihnen auch Edward. Er ist einer der polnischen Priester, die in den päpstlichen Ministerien (Kurie) arbeiten. Es sind weitaus nicht so viele, und sie haben auch nicht im Vatikan ‚das erste und letzte Wort', wie das einige italienische Zeitungen tendenziös verbreiten.

Edward kannte den Papst schon viele Jahre noch als Bischof Wojtyla. Der Heilige Vater kennt ihn gut und hat ihn ab und zu als Gast an seinem Tisch.

Wir begrüßten uns still und suchten, einander unsere scheue Hoffnung auf die Rettung des Papstes zu stärken.

Nach dem Abschied von Edward erinnerte ich mich an unser Beisammensein im September 1979, bei dem auch Pater Kazmierz und Oleg anwesend waren.

Es wurde damals im Gespräch u. a. erwähnt, es gäbe Gerüchte, daß der Papst bald eines blutigen, gewaltsamen Todes stürbe. Daraufhin fragende Blicke meiner polnischen Freunde.

Nach einer kurzen Gesprächspause wagte ich die unmißverständliche Bemerkung: „Ein Märtyrertod wäre für den Papst wie für die ganze Kirche eine Gnade. Aber wenn das eintreffen soll, dann erst nach fünfzehn oder zwanzig Jahren eines segensreichen apostolischen Lebens."

III.

Polen nach der Hiobsbotschaft aus Rom

Am tiefsten betroffen von dem Attentat und am stärksten solidarisch mit dem lebensgefährlich verletzten Papst waren aus verständlichen Gründen die Polen, in ihrer Heimat und überall in der Welt.
Johannes Paul II. ist nicht nur Oberhaupt der katholischen Kirche, zu der Polen seit tausend Jahren ‚semper fidelis' – ‚immer treu' – steht. Er, Karol Wojtyla, ist für die Polen zugleich auch Blut von ihrem Blute, Herz von ihren Herzen, seit dem 16. Oktober 1978 ihr nationaler Held und in den letzten neun Monaten auch moralische Unterstützung und Anwalt auf der internationalen Bühne für jene Erneuerungsbewegung, die das ganze Land umfaßt und wie eine ‚Morgenröte' ein menschenwürdiges Leben verspricht und dieses auch zu verwirklichen helfen wird, falls sie sich nicht durch Gruppeninteressen und -streitigkeiten oder durch einen militärischen Angriff zugrunde richten läßt. Aber auch dann werden die Ideen des Erneuerungsprozesses nicht mehr auszulöschen sein. Der Papst war es, der beim Besuch seiner Heimat im Juni 1979 vor Entmutigung, Resignation warnte und um Einheit und Solidarität aller Polen bat. Jener Besuch mit seinen brennenden Appellen trug dazu bei, daß Polen im Sommer 1980 im Mittelpunkt weltweiten Interesses stand, und die Bezeichnung ‚Solidarität' – ‚Solidarnosc' ist nach den Worten Lech Walesa eben auf diese Appelle Johannes Pauls II. zurückzuführen.
Die Polen in der Emigration, wo immer sie auch leben, haben in den Augen ihrer Mitmenschen auch an Bedeutung gewonnen. Sie bekennen sich stolz zu ihrem großen Landsmann, ob in den USA, in Frankreich, Brasilien oder in Australien, aber auch in der UdSSR, und dort, wie man hört, vielleicht noch mehr als anderswo.
In den letzten Tagen vor dem Attentat waren die Polen besonders besorgt wegen des schlechten Gesundheitszustands ihres Primas, Kardinal Wyszynski, ‚pater patriae', wie er fast einhellig genannt wird. Seine Stunden schienen gezählt. In

diese depressive Stimmung traf eine zweite Hiobsbotschaft wie ein greller Blitz: Die Nachricht von dem Mordanschlag auf Karol Wojtyla.
„In Polen ist die Uhr stehen geblieben“, schrieb eine Zeitung. „Ganz Polen weint“, schrieb eine andere.
Diese Botschaft erschüttert das Land wie keine andere. Rundfunk und Fernsehen sind plötzlich nicht mehr wiederzuerkennen: Sie unterbrechen ihre Programme. Mit bewegter Stimme und Tränen in den Augen verkünden die Ansager der Bevölkerung das Attentat gegen Johannes Paul II. Von da ab widmen sie ihre Programme dem tragischen Ereignis in Rom, begleitet von ernster Musik. Die Ankündigung, daß alle Unterhaltungsprogramme in Kinos, Theatern, Fernsehen für drei Tage ausfallen, nehmen die Polen als ihre „heilige Pflicht“ auf. Im polnischen Fernsehen passiert etwas seit dessen Entstehen Einmaliges: Nach den ersten Berichten aus Rom gegen 19.00 Uhr kommt der Pressesprecher des polnischen Episkopats, Pater Orszulik, ins Bild mit einer Stellungnahme und einem Aufruf, die hl. Messe in allen Kirchen Polens für die Heilung des Heiligen Vaters zu feiern. Dann rief er zum Gebet auf auch für den Primas von Polen, Kardinal Wyszynski, dessen Gesundheitszustand so schlecht war, daß man ihm die Nachricht aus Rom zuerst vorenthalten hatte. Als man ihn endlich informierte, blieb er ganz ruhig, schloß die Augen und betete.
Der polnischen Presseagentur (pap) gibt Alois Orszulik folgende Erklärung: „Der polnische Episkopat und das ganze Volk sind tief erschüttert über die Nachricht von dem Attentat auf das Leben des Heiligen Vaters Johannes Paul II. Wir finden keine Worte, um diese verbrecherische Tat zu verurteilen. Die ganze Kirche in Polen betet um die baldige Genesung des Heiligen Vaters und um Wiederaufnahme seines Dienstes auf dem Stuhl Petri.“
Rundfunk und Fernsehen bringen ständig die neuesten Informationen aus Rom; es werden spezielle Programme zur Person Karol Wojtylas ausgestrahlt. So sehen die Polen zum erstenmal einen Film, der schon vor zwei Jahren hergestellt wurde und der Karol Wojtyla als Papst und Pilger in seiner Heimat zeigt. Welche Erinnerungen an den damaligen historischen Besuch, welch bedrängende Gedanken, schmerzliche Eindrücke jetzt! Zwischendurch zeigt das

Fernsehen immer wieder den St. Petersplatz und die polnischen Pilger, die dort beten, singen, in ihrer Trauer und der Verzweiflung nahe, jedoch mit Hoffnung, die aus dem Gebet kommt. Auch in Polen gibt es viele Menschen, die trotz allem Schmerz und schwieriger Lage in dieser Stunde voller Hoffnung sind. Einer von ihnen kommt kurz vor Mitternacht in einem Diskussionsgespräch vor die Kamera: Josef Tischner, Philosoph und Theologe, ein Freund und früherer Kollege Karol Wojtylas. Er ist besonders bei den Jugendlichen beliebt wegen seiner ‚Theologie der Hoffnung', in Polen auch als Theoretiker der ‚Solidarinosc' bekannt, aber auch außerhalb seiner Heimat ist er kein Unbekannter mehr. Er gab mit seinen Worten vielen die Hoffnung auf die Wiederkehr des Papstes zurück.
„Offensichtlich ist das eine ungeheuer schwierige Situation. Es ist schwer, die Gedanken und Gefühle zu sammeln. Aber ich glaube, um das zu verstehen, was eben geschah, muß man Karol Wojtyla im Lichte d e s B u c h e s sehen, das ihn geformt hat, das heißt, im Lichte des Evangeliums. Dort steht an der Stelle, als Jesus mit Pilatus spricht, der Satz: „Ich bin deshalb geboren und in die Welt gekommen, um für die Wahrheit Zeugnis zu geben" (Joh 18, 37).
Und das ist das Tragische: Es gibt gewisse Wahrheiten, die erst dann für alle klar werden, wenn sie mit Blut unterschrieben werden. Und das ist die Frucht auch jenes Ereignisses.
Noch eines, wenn wir aus dieser Sicht das Ereignis des Attentats verstehen wollen: Hier wurde gefragt, wer das getan hat und warum. Ich glaube, daß der Papst sicher, wenn er ihn nicht schon zitiert hat, noch einen anderen Satz aus dem gleichen Buch zitieren wird, und zwar:
„Vater, verzeih' ihnen, denn sie wissen nicht, was sie tun" (Luk 23, 34). Und das ist auch tragisch: „Sie wissen nicht, was sie tun!" Das Böse ist banal, weil es nicht weiß, was es tut.
Angefügt sei noch ein Gedanke des hl. Augustinus, der die tragische Geschichte der Welt in seiner Zeit sah und sich die Frage stellte, warum eigentlich das Böse geschieht. Er beantwortete sich selbst diese Frage so: Gott lasse deshalb ab und zu das Böse zu, damit er aus ihm das größere Wohl für die Welt wirke. Denn das Gotteswunder, das Wunder der

Schöpfung, liegt darin, daß Gott aus dem Bösen das Gute werden lassen kann.
Und was empfinde ich? Ich fühle die Hoffnung, daß der Papst zurückkommt und als derselbe zurückkommt, der er war. Aber er kommt zurück in die Welt, die nicht mehr dieselbe sein wird."

Warschau

Um achtzehn Uhr, kurz nach der Nachricht vom schrecklichen Ereignis auf dem St. Peters-Platz in Rom, werden in allen Kirchen der Hauptstadt Polens Messen für den Hl. Vater zelebriert. Um Mitternacht wird in der Jesuitenkirche für den Papst und den Kardinal-Primas eine Messe gefeiert, auf Wunsch des Präsidiums der Solidarnosc der privaten Landwirte. Vor dem Gnadenbild der Gottesmutter, Patronin von Warschau, stellten die Jesuitenpartres das gleiche Bild des Papstes auf, das dort auch vor zwei Jahren gestanden hatte, als der Papst die Jesuitenkirche besuchte. Die Menschen legten Blumen bei der Gedenktafel vom Papstbesuch nieder und blieben die ganze Nacht in Gebet und Betrachtung. In den Kirchen sah man oft Leute, die schon jahrelang dem Gottesdienst ferngeblieben waren. Ein Priester erzählte mir, daß zu ihm ein Ehepaar gekommen sei. Der Mann war ungläubig. Im letzten Jahr wäre er zwar schon mit Gedanken an Gott beschäftigt gewesen. Das Drama von Rom hat ihn dann zu Gott gebracht.
Die Universitätskirche vor allem war ein Ziel der Warschauer Jugend. Hier hatten das Treffen und die Messe mit Johannes Paul II. im Juni 1979 stattgefunden. An diesem Ort wollten die Jugendlichen ihres geistlichen Führers und Vaters in tiefem Gebet gedenken.
Am Donnerstag füllten Tausende von Gläubigen die Kirchen und baten Gott innig um Gnade für den Papst und für den Primas. Um dreizehn Uhr fand in der Warschauer Kathedrale St. Johann eine Konzelebration statt. Vorher hörten Bischöfe, Priester und Gläubige vom Tonband die Ansprache des kranken Primas, Kardinal Wyszynski. Welche Stille, welche Ergriffenheit während dieser mit zitternder Stimme gehaltenen Rede! Der sterbende Kardinal stellt sich noch einmal vor sein Volk, nicht nur als ein bis zum Tode

liebender Vater, sondern auch als seelisch Großer, der sein Leid, seine Qualen für unbedeutend hält im Vergleich mit dem Geschehen in Rom.

„Geliebte Bischöfe, liebe Priester, Volk Gottes der hl. Kirche im Vaterland,

die schmerzlichen Ereignisse, die das Gewissen der ganzen Welt erschütterten seit dem Augenblick, als die Schüsse das Oberhaupt der Kirche Christi trafen, verursachten so große Verschiebungen in unseren persönlichen Gefühlen und Nöten, daß wir diese jetzt für ungewöhnlich klein und unbedeutend halten, im Vergleich zu dem, was den Hl. Vater getroffen hat, jenen unermüdlichen Apostel des Friedens und der Liebe in der Welt.

Das ist zugleich ein schmerzlicher, schwarzer Schandfleck der Weltkultur, die nicht einmal einen solchen Apostel der gesamten Ordnung, der Liebe und des Friedens schützen kann, mit der Folge, daß die modernen Menschen um die Sicherheit der Welt beunruhigt sind.

Wir kennen alle die vom Haupt der Kirche unternommenen Anstrengungen: Johannes Paul II. stand an der Spitze der größten Herolde des Friedens und der Liebe. Jene so gesegnete Arbeit stört offensichtlich die Mächtigen der Finsternis, deshalb haben sie gegen den Hl. Vater schmerzliche Schläge gerichtet. Aber was sind diese im Vergleich mit jenem großen Schmerz, den die Menschheitsfamilie jetzt erlebt. Sie verbindet ihre ganze Hoffnung doch mit der so gesegneten Arbeit des Heiligen Vaters. Jetzt bleibt uns eins. Wir bemühen uns, alle Qualen und Schmerzen jenem großen Leiden der Welt einzufügen. Sicher empfindet das auch der Heilige Vater so: Seine persönlichen Leiden alle zusammen in die Hände der Gottesmutter zu legen, jener, der er sich auf dem Hellen Berg anvertraut hat. Dies ist sein ernstes Werk. Im Vergleich mit diesem großen Werk werden alle unsere persönlichen Leiden klein. Meine Geliebten, deshalb muß auch ich meine verschiedensten eigenen physischen Leiden, von denen ich gegenwärtig getroffen bin, nur als klein, bescheiden erachten im Vergleich zu dem, was das Haupt der Kirche getroffen hat. Deshalb bitte ich euch, daß ihr jene heroischen Gebete, die ihr in meiner Meinung auf dem Hellen Berg, in den Warschauer Heiligtümern, in der Diözese und überall dargebracht habt, in diesen Stunden gemeinsam mit mir an die Mutter Christi rich-

tet und sie um Heilung und Kraft für den Heiligen Vater anfleht. Bringen wir dieses kleine Opfer, um mit unseren „Witwengroschen" Gottes Barmherzigkeit zu erreichen und damit Christus unsere große Liebe zu seinem Stellvertreter auf Erden erkenne.
Gemeinsam mit euch, meinen liebsten Mitarbeitern und Gottskindern, beuge ich das Knie vor dem Thron der Gnade und bitte um die Genesung des Hauptes der Kirche. Möge der Herr ihn uns erhalten und mit seiner Macht stärken. Er gebe, daß er noch viele Jahre der gesamten Kirche und der ganzen Welt im Geiste des Evangeliums dienen kann.
Ich segne euch im Namen des Vaters und des Sohnes und des Heiligen Geistes. Amen."
Nach einer stillen Pause beginnt die Eucharistiefeier.
Der Sekretär der polnischen Bischofskonferenz, Bischof Bronislaw Dabrowski, sagte in seiner Predigt u. a.: „Das ist ein Geheimnis. Vielleicht hat Gott es zugelassen, um das Gewissen der Welt aufzurütteln. Vielleicht war diese Erschütterung notwendig, damit diese von den technischen Fortschritten und modernen Errungenschaften so faszinierte, im Niedergang befindliche Welt sich doch irgendwie geistig erhebe, erwache und dadurch gesagt bekomme, genug, so kann es nicht weitergehen. Anderfalls stehen wir am Rande des Abgrundes und wir begraben alles mit diesem Wahnsinn. Es geht nicht um ein persönliches Verbrechen; jenes Verbrechen liegt potentiell im Verbrechen der Systeme dieser Welt. Wir Gläubige sehen dieses schmerzliche Ereignis aus der übernatürlichen Haltung, und so sagen wir auch, dies sei ein Mysterium, ein Geheimnis. Weil Gott auch ‚auf krummen Zeilen gerade schreibt', ist das ein Zeichen, das wir verstehen sollen; jeder für sich und alle gemeinsam sollten daraus die Konsequenzen ziehen."
Um achtzehn Uhr begann die hl. Messe vor der St. Anna-Kirche. Sie wurde vom polnischen Rundfunk in das ganze Land übertragen. Die alte Stadt Warschau hatte schon lange nicht mehr so viele Menschen versammelt gesehen. Es waren über fünfzigtausend anwesend.
Die Predigt hielt Bischof J. Modzelewski, der vom Hl. Vater und von den historischen Verdiensten des kranken Kardinals sprach. Mit bewegter Stimme und Tränen in den Augen betonte der Prediger: „Als ‚Pater patriae', Vater der Nation,

einigt und umarmt er mit seinem Herzen alle. Er war allen alles."

Nach der Messe sprach Bischof Dambrowski seinen Dank an die Massenmedien aus: »Wir danken dem polnischen Rundfunk und Fernsehen, die mit ihrem Dienst gestern und heute eine Leistungsklasse zeigten, die uns empfinden ließ, daß dies unser Rundfunk und unser Fernsehen sind. Dafür danken wir!"

Nicht nur an diesen beiden Tagen, sondern auch noch an den folgenden waren Rundfunk und Fernsehen, übrigens auch die Zeitungen, so recht ‚volkspolnisch'.

Tschenstochau

Wie teuer ist den Polen dieses Wort! Wieviel bedeutet es ihnen mit der ‚Schwarzen Madonna'! Welche Bedeutung hatte und hat es für Karol Wojtyla!

An jenem 13. Mai besuchten zehntausende Pilger den ‚Hellen Berg'. Die Nachricht von dem Attentat erreichte das Heiligtum schon fünf Minuten nach der Tat. Zu der Zeit weilen dort noch viele Pilger.

Um 17.30 Uhr begann die hl. Messe für das bedrohte Leben Johannes Pauls II. Bewegend war der Blick auf die betende, weinende Gemeinschaft.

In den späteren Abendstunden wurde in der Kapelle mit dem wunderbaren Bild der Mutter Gottes ein spezieller Aufruf vorgetragen. Danach feierte der ganze Konvent der Paulinenpatres die Eucharistie für die Genesung des Heiligen Vaters.

Viele Bewohner der Stadt eilten zum Heiligtum, einzeln oder in kleinen Gruppen, wo die ganze Nacht über eine Gebetswache gehalten wurde.

Ein Redakteur der Wochenzeitschrift ‚Kierunki' fragte einen Pilger nach dessen Meinung über dieses tragische Ereignis. Die Antwort des so Befragten lautete: „Wie schwierig ist es zu verstehen und zu beurteilen, ob die jetzige Menschheit unseres grünen Planeten seit der grauen Vorzeit bis heute Fortschritte gemacht hat und besser geworden ist. Die Menschheit, wie wir sie sehen, will nicht Gottes zehn Gebote halten und ganz besonders nicht das fünfte Gebot. Wenn Gottes Sohn als Gott und Mensch vor zweitausend

Jahren leiden mußte und heute seinem Stellvertreter Lebensgefahr droht, müßte die Menschheit in ihrem Galoppieren anhalten, so meine ich, um nachzudenken.“
In den folgenden Tagen und Nächten wurde der ‚Helle Berg‘, der Ort, der fast jedem Polen heilig ist, ständig von Betern belagert.

Krakau

Zu der Zeit, als die Nachricht eintraf, waren viele Bürger der königlichen Stadt, in der Karol Wojtyla zwanzig Jahre als Bischof wirkte, in den Kirchen, bei den abendlichen Maiandachten, die in Polen sehr gut besucht werden. So war es auch in der Kathedrale auf dem Wawel.
In vielen Kirchen wie in den Klöstern begannen in diesem Augenblick nach Bekanntwerden der Hiobsnachricht die ununterbrochenen Gebetswachen. Kardinal Macharski war zu der Zeit außerhalb der Stadt auf einer Visitation. Von dem Ereignis in Rom erfuhr er auf der Rückfahrt, als er die Leute fragte, weshalb sie so traurig aussähen und so seltsam reagierten. Nach der Ankunft im erzbischöflichen Palais forderte er die Gläubigen zu Gebet und Besinnung auf. Für 23.00 Uhr wurde eine hl. Messe für den Heiligen Vater und Kardinal Wyszynski angekündigt, die in der Marienbasilika auf dem Markt der Altstadt gefeiert werden sollte.
Die Menschenmenge in der überfüllten Basilika und draußen auf dem Platz betete innig für ihren ehemaligen Erzbischof, den fast jeder persönlich kannte und in bester Erinnerung hatte.
Kardinal Macharski, sichtlich bewegt, beginnt die Messe. Er ist ein Mann, der seit Jahren mit Karol Wojtyla befreundet ist und als Rektor des Seminars zu seinen engsten Mitarbeitern zählte. Er wurde am 6. Januar 1979 in Rom von Johannes Paul II. zum Bischof geweiht und zu seinem Nachfolger als Metropolit von Krakau ernannt.

◁ Zur „Schwarzen Madonna“ vom Hellen Berg in Tschenstochau, die sich schon seit sechshundert Jahren als treue und mächtige Fürsprecherin für Polen erwiesen hat, haben die Polen auch in diesen schwierigen Stunden ihre Zuflucht genommen.
Die Mutter unseres Herrn kann sich mit verschiedenen Antlitzen zeigen, aber sie besitzt nur ein einziges unbeflecktes, schmerzerfülltes Herz.

Die Predigt Kardinal Macharskis während dieser hl. Messe ist sowohl in der Form als auch inhaltlich mehr Ausdruck einer innerlichen Betrachtung und ein Herzensschrei, zugleich Zeugnis eines Priesters, der dem in Lebensgefahr schwebenden Patienten in Rom jahrelang so nahe stand wie nur wenige. Die Predigt bleibt ein Zeitdokument zum Drama auf dem St. Petersplatz.

„Gelobt sei Jesus Christus!
Brüder und Schwestern,
‚Ihr müßt stark sein!‘ Erinnert Euch, diese Worte wurden auf den „Blonia“ gesprochen. Und heute sage ich Euch diese Worte: Brüder und Schwestern, Ihr müßt stark sein! Stark! Stark in Eurer Gemeinsamkeit, stark in Eurem Glauben, stark in Eurem Vertrauen. Wir müssen stark sein, damit wir mit den Gedanken und Gebeten bei ihm aushalten.*
Wir müssen stark sein. Man muß stark sein in diesem Heiligtum, in dem am 16. Oktober 1978, ebenfalls um die Nachtzeit, unsere Freude zum Ausdruck kam. Man muß so viel Entschlossenheit haben, daß man nicht den Kopf in den Sand steckt. Jeder Mensch, unabhängig von der Auffassung, die er hat, findet die Möglichkeit zur Sammlung, Besinnung, zur geistigen Wache bei dem Kranken, dessen Name Johannes Paul II. ist. Man muß bei ihm wachen. Wir sind alle in jener römischen Klinik; wir sind bei ihm. Nicht als verzweifelte Menschen, nicht als von der Tragödie Zerschlagene, aber als solche, die ihre Gefühle den Menschen und Gott gegenüber nicht verstecken. Man muß stark sein, damit man nicht kapituliert und damit man heute Jesus Christus das sagt, was einst Petrus auf dem Galiläischen See und was Johannes Paul II. am Tag seiner Inauguration auf dem Petersplatz sagte. Vielleicht kann er das jetzt nicht aussprechen. Aber wir müssen es für ihn aussprechen: Herr, Du weißt alles, Du weißt auch, daß er Dich liebt. Herr, Du weißt, daß wir ihn lieben. Herr, der alles weiß, Du weißt, daß wir in unserem Gebet nicht resignieren, in unserer Wache nicht nachlassen. Herr, es ist noch nicht Zeit. Erlaub' ihm, weiter Deine Schafe zu weiden. Es ist noch nicht Zeit. Erlaub' ihm, die Menschen aller Überzeugungen

* Eine riesige Wiese im Krakauer Gelände, wo Joh. Paul II. während seines Besuches die Messe gelesen und gepredigt hat, wobei er auch diese Worte sagte.

und aller Weltanschauungen in die Wahrheit, in die Gnade, letztlich zu Dir und zum Menschen zu führen.
Brüder und Schwestern! Es ist meine Pflicht, Euch das heute abend zu sagen. Ich kann nicht sein Vertrauen enttäuschen. Keiner von uns kann sein Vertrauen enttäuschen, bei Jesus zu wachen, der in jedem Menschen leidet, dem man Gewalt antut. Wachen bei Jesus, der in jedem Menschen leidet, wenn man der Wahrheit, Güte und Liebe Gewalt antut.
Unsere Marienkirche – und jener Saal in dem römischen Krankenhaus, ihr müßt stark sein. Wißt ihr, daß man heute für ihn so beten muß, wißt ihr, daß man jetzt, in dieser Nacht für die blinden Menschen beten muß, die Gewalt antun, vernichten und morden? Herr, verzeih ihnen, weil sie wirklich nicht wissen, was sie tun. Sein Herz ist zweifach bedrängt zwischen Rom und Warschau. Warum? Der Kardinalprimas ist ernstlich krank. Bedrängt ist auch unser Herz zwischen Rom und Warschau.
Schaut Ihr noch einmal auf das Bild dieser zwei, jener größten Polen, die wir haben: Johannes Paul II. und Kardinal Stefan Wyszynski. Schaut weiter auf ihre gegenseitige Umarmung. Wir müssen jetzt wachen bei beiden, in Rom und in Warschau, wir in Krakau. Herr, Du weißt, wie er Dich liebt. Du weißt, Herr, wie sie Dich lieben. Das ist wirklich wahr, diese beiden sind für uns notwendig, wie Vater und Mutter.
Mutter der Kirche, Königin Polens: ‚Ganz der Deine, Totus Tuus', Johannes Paul II. im Krankenzimmer.
Dies wollte ich Euch sagen und zugleich mit Euch, durch Maria, auch Gott: Ich bin der Mensch, dem Johannes Paul II. befahl, Euch zu dienen. Möge es nie mehr in solcher Besorgnis und Angst geschehen. Das ist der Sieg, der alles überwindet, unser Glaube.
Herr, Du weißt, daß wir ihn lieben. Erlaub ihm, weiter die Menschen unserer schrecklichen Zeit in Liebe zu Dir zu führen. Amen. Amen."
Am Sonntag, dem 17. Mai fand in Krakau eine friedliche Demonstration, der sogenannte ‚weiße Marsch' statt. Vierhunderttausend Menschen jeden Alters und aller Schichten, darunter zehntausende Universitätsstudenten, demonstrierten gegen Gewalt und Terror. Nach einem zweistündigen Marsch durch die Stadt wurde auf dem Ring der Altstadt die hl. Messe zelebriert, wobei Kardinal Macharski wieder

eine ergreifende Predigt hielt, deren letzter Satz lautete: „Die Liebe hat das letzte Wort, weil Gott die Liebe ist und der Mensch Liebe werden kann."

Lublin

Volle fünfundzwanzig Jahre war Karol Wojtyla an der katholischen Universität Lublin (übrigens der einzigen katholischen Universität aller kommunistischen Länder) als Professor tätig. So war er unter den Professoren und Studenten einfach zu Hause, einer von ihnen. Unmittelbar nach der Nachricht vom Attentat versammelten sich die Professoren, die nahe der Universität, in der Chopinstraße wohnen, in der dortigen Kapelle und beteten bis in die späten Nachtstunden für ihren ehemaligen Kollegen.
Am Donnerstagmittag um zwölf Uhr wurde in der Universitätskirche die hl. Messe für den Papst gelesen, Professoren und tausende Studenten nahmen daran teil. Unmittelbar nach der Messe sagte der Rektor, Dominikanerpater Professor M. Krapiec zu den Journalisten: „Das Verbrechen, das am Mittwoch in Rom geschah, bewegte mich sowie die ganze Gemeinschaft der KUL (Kath. Univ. Lublin) in einer Weise, die schwer zu beschreiben ist. Vor genau einem Monat habe ich im Vatikan mit dem Heiligen Vater gesprochen. Er erzählte mir, daß er mit großer Liebe an die fünfundzwanzig Jahre der Arbeit an unserer Universität denke und daß er alle liebe, mit denen er zusammengearbeitet und alle, die er gelehrt hat. Die einzige Hilfe, die wir unserem Papst anbieten können, ist das innige Gebet. Deshalb haben wir uns in der Kapelle versammelt. Ich meine, daß durch die Gemeinschaft die innere Kraft und das Gute in den einzelnen frei werden; das hilft bei der Überwindung des Bösen."
Einer der engsten Mitarbeiter aus der Universitätszeit Karol Wojtylas, der Dozent Dr. Jerzy Galkowski, vermittelte den Journalisten seine Eindrücke: „Der gestrige Vorfall ist einfach nicht zu glauben. Ähnlich war es, als ich von der Wahl Karol Wojtylas zum Papst erfuhr. Vor allem das Staunen. Und ebenso wie damals kamen auch jetzt die Freunde in mein Haus, und wir beteten, bis in die Nacht." Zum moralischen Aspekt des Attentäters sagte Dozent Galkowski: „Jedes Böse, was den unschuldigen Menschen trifft, zeigt

die ganze Absurdität des Bösen, des Terrors, der Gewalt. Vielleicht bedeutet dies eine segensreiche Erschütterung, ein Zeichen, daß sich in der Welt etwas ändern muß, damit die Menschen letztlich die Absurdität einer solchen Handlungsweise verstehen, – wenn nicht – dann wird es Selbstmord sein."

In Danzig, der Stadt, die seit dem Sommer 1980 der ganzen Welt gut bekannt wurde, traf die Hiobsbotschaft aus Rom besonders tief die Mitglieder der freien Arbeiterbewegung. In der Zentrale der Freien Gewerkschaft ‚Solidarnosc' in Danzig herrschten wie immer mühsame Arbeit, Hektik und lebhaftes Kommen und Gehen. Als die Nachricht vom Attentat die Aula der Danziger Universität erreicht, wo das Präsidium der Regionalen Gewerkschaft tagt, fallen die nüchternen Worte der Meldung wie Peitschenhiebe. Lautlos verlassen die Menschen den Saal, und alle gehen wie ein Mann in die nahegelegene Garnisonskirche in Zoppot, um für den Heiligen Vater zu beten.
Das gleiche Bild zeigt sich in allen Kirchen der Stadt: betende und auch weinende Menschen.
Eine Delegation der unabhängigen Gewerkschaften mit Lech Walesa an der Spitze weilte in Japan. Bei der Nachricht über den Mordanschlag auf den Papst fielen alle in tiefes Schweigen und in ihren Augen sah man Tränen. Dann begannen sie gemeinsam für den Papst zu beten.

In allen Kirchen der Stadt Posen wurden heilige Messen gelesen, die ganze Nacht über wurden Gebetswachen gehalten. Am folgenden Tag, Donnerstag, zelebrierte der Erzbischof Stroba in der Basilika die Messe in der Meinung für Papst und Primas. Dabei spendete er den zweiundzwanzig Alumnen des erzbischöflichen Seminars die Diakonatsweihe. Die Gebete und Andachten dauerten bis Mitternacht. Dann fand eine große Konzelebration statt.
Erzbischof Stroba gab für die Presse ein Interview, in dem er u. a. sagte: „Wir lieben unseren Papst. Er wurde unser Bruder und Lehrer, vor allem durch seine Pilgerreise nach Polen und dann in dem für die Geschichte unserer Nation so schwierigen Sommer und Herbst vorigen Jahres, als er den Völkern das Recht der Polen auf Unabhängigkeit und Selb-

ständigkeit in Erinnerung brachte und das Recht, ihre Angelegenheiten selbst zu lösen! Die Güte und Unmittelbarkeit des Papstes wie auch seinen tiefen Glauben und seine Klugheit braucht der heutige Mensch."
In der Geburtsstadt Karol Wojtylas, in Wadowice, erfuhren zahlreiche Gläubige von dem Attentat in den Kirchen, bei den Maiandachten. Ihre Erschütterung war groß. Die meisten eilten nach den Rundfunknachrichten und dem Fernsehen wieder in die Kirchen, um für den Hl. Vater zu beten.

Zum Schluß wird noch eine Notiz interessieren, die die französische Presseagentur (afp) in jenen Tagen im Zusammenhang mit den Reaktionen der Polen auf das Attentat schrieb: „Ganz Polen hat sich in ein gigantisches Wartezimmer des römischen Gemelli-Krankenhauses verwandelt, und das ganze Volk hört die neuesten Nachrichten über den Gesundheitszustand ‚ihres geliebten Papstes' nach dem schrecklichen Attentat auf dem St. Petersplatz."
Das stimmt zwar, aber die afp hat das Wesentliche jenes „Wartezimmers" nicht erwähnt, daß nämlich das ganze polnische Volk hoffnungsvoll betete wie kaum zuvor.
Ein bekannter Freund, der in der Nacht nach dem Attentat mit dem Auto von Krakau nach Warschau fuhr, berichtete, daß die Städte und Dörfer erleuchtet waren. Die Leute strömten in die geöffneten Kirchen, wie es in Polen sonst nur in der Heiligen Nacht üblich ist. Die Gottesdienste und Andachten dauerten bis zum Morgen.
Zum Attentat hat der Vorsitzende des Staatsrates Henryk Jablonski Stellung genommen und im Fernsehen erklärt: „Dieses Verbrechen ist nicht nur ein Schlag gegen den Menschen, sondern auch gegen die von ihm verkörperten Ideale. Für uns Polen ist es eine schmerzliche Tat, und ich glaube nicht, daß es jemand in Polen gibt, der Johannes Paul II. nicht die schnellste Genesung und volle Wiederherstellung seiner Kräfte wünscht."

* * *

Um dieses besondere Klima in Polen besser zu verstehen, jenes „riesige Wartezimmer der römischen Gemelli-Klinik" mit flehendem Gebet und besten Wünschen fast jedes Polen für die schnellste Genesung des Papstes, genügt es nicht,

Nach dem Attentat versammelten sich die polnischen Pilger an jedem Mittwoch um 16 Uhr auf dem Petersplatz zum Rosenkranzgebet für die volle Genesung des Papstes, auf daß er die Mittwochs-Audienzen wieder durchführen könne.

daran zu denken, daß Johannes Paul II. Pole ist und deswegen diese Haltung seiner Landsleute als selbstverständlich anzusehen sei. Diese liebevolle Zuneigung, diese einmalige Besorgnis der ganzen Nation, die Bereitschaft bei vielen, ihr eigenes Leben Gott anzubieten für den Papst, damit dieser gerettet würde und am Leben bliebe, dieses alles ist nur zu verstehen auf folgendem Hintergrund: Die Haltung und Beziehung schon des jungen Priesters Karol Wojtyla, dann des späteren Bischofs und Kardinals, dann des Papstes zu seinen Landsleuten, zu jedem Polen. Es ist einfach seine heute schon weltbekannte Liebe zu den Menschen: zu jedem einzelnen und zu allen. Daß Karol Wojtyla seine aufrichtige Liebe zu seiner Heimat Polen, seinem Vaterland, zu seinen Landsleuten spüren läßt, nach außen hin auch kundtut, ist nur selbstverständlich und sein natürliches Recht und zeugt von einem gesunden Verhältnis zur Nation und zum Volk, aus dem der Mensch stammt.

„Ich sage es allen meinen Landsleuten, die Weltanschauung und Überzeugung jedes einzelnen hochachtend: Die Vaterlandsliebe verbindet uns und muß uns über alle Unterschiede hinweg verbinden. Sie hat nichts mit dem zeitlichen Nationalismus oder Chauvinismus zu tun. Sie ist das Recht des menschlichen Herzens, das Maß des menschlichen Edelmuts, in unserer oftmals schwierigen Geschichte erprobt."
Mit diesen und anderen Worten wandte sich der Papst aus Polen bei seiner ersten Audienz am 23. Oktober 1978 an fünftausend polnische Pilger, die zu seiner feierlichen Amtseinführung nach Rom gekommen waren.

Auch an jenem historischen Tag, dem voraufgegangenen Sonntag, 22. Oktober richtete der Heilige Vater zwei kurze, aber ergreifende Appelle an seine Landsleute. Zuerst nach dem Abschluß der Feierlichkeiten noch auf dem St. Petersplatz, als er sichtlich bewegt mit tiefer Stimme bemerkte: "Was soll ich euch noch sagen? Alles, was ich sagen könnte, wäre blaß im Vergleich zu dem, was jetzt mein Herz und auch eure Herzen spüren. Deshalb ersparen wir uns die Worte. Es bleibt nur ein großes Schweigen vor Gott, das auch ein Gebet sei."
Dann, etwa zwanzig Minuten später, nach dem ersten ‚Angelus' und der Begrüßung der Jugend, wandte er sich vom Fenster seines Arbeitszimmers aus noch einmal an die polnischen Gläubigen: „Und noch ein letztes Wort an meine Landsleute, an alle Pilger aus Polen. Heute betet ihr den ‚Engel des Herrn' mit dem Papst zusammen. Bald kehrt ihr nach Polen zurück. Ich bitte euch aber, wenn ihr ihn wieder beten werdet – und ich bitte euch, betet ihn täglich! –, dann tut es in Einheit mit dem Papst, der euer Bruder ist, der Sohn unseres Vaterlandes."
Vielleicht fünfundzwanzig Stunden später, bei der schon erwähnten Montagsaudienz um 16.00 Uhr wird er diese Bitte vor fünftausend polnischen Pilgern noch vervollständigen. Als er nach der Begrüßung von Kardinal Wyszynski das Wort ergreift und einen innigen Dank an Gott, an seine Eltern und alle, die ihm im Leben bis zu dieser Stunde geholfen haben, ausgesprochen hat, richtet er noch einmal eine innige Bitte an seine geliebten Landsleute: „Ich bitte euch

nun, daß dieser Abschied uns noch mehr einigt in dem, was der wesentliche Inhalt unserer Liebe ist. Vergeßt auch mich nicht im Gebet auf Jasna Gora und in unserem ganzen Vaterland. Möge der Papst, der Blut von eurem Blut ist und Herz von eurem Herzen, gut der Kirche dienen und der Welt in den schwierigen Zeiten des zu Ende gehenden zweiten Jahrtausends.

Ich will euch segnen. Ich tue es nicht nur aus der Vollmacht meiner bischöflichen und päpstlichen Berufung, sondern auch aus dem tiefsten Bedürfnis meines Herzens.

Ihr, meine lieben Landsleute, ob jetzt oder irgendwann, wenn ihr den Segen des Papstes Johannes Paul II. empfangt, erinnert euch daran, daß er aus eurer Mitte hervorging, daß er ein besonderes Recht hat auf eure Herzen und euer Gebet.“ Man muß diese Appelle des Papstes an seine Landsleute mit eigenen Ohren gehört haben, um in Ton und Bewegung der Stimme des Sprechers ihre tiefe Bedeutung und ihren Herzensursprung zu erkennen!

Kardinal Wyszynski hat in seiner Begrüßungsrede u. a. im Namen der polnischen Pilger und Gläubigen zu dem neuen „päpstlichen Landsmann“ folgendes gesagt: „Wir versprechen dir eins: Daß wir dich, Heiliger Vater, als Söhne eines gemeinsamen Volkes nicht verlassen und daß wir immer in deiner Meinung für dich beten werden. Ob auf dem Hellen Berg oder wo auch immer: die Knie werden die Steine aushöhlen, um für dich Kraft, Gesundheit und geistige Energie zu erbitten.“

Bei der Nachricht vom Attentat zweieinhalb Jahre später blieb der alte, schon todkranke Kardinal Wyszynski ganz ruhig, schloß die Augen und betete. Nicht alle Polen sind bei dieser Nachricht so ruhig geblieben, aber fast alle beteten und alle wünschten, daß ihr schwerverletzter Bruder in Rom bald wieder gesund werde.

Die Polen sind ihrem Versprechen vom 23. Oktober 1978 treu geblieben, aber ganz besonders seit dem tragischen Mittwoch, dem 13. Mai 1981. Die Welt konnte wieder einmal ihren festen Glauben, ihre Hoffnung, ihre tausendjährige Treue zur Kirche und ihre Liebe zu deren sichtbarem Haupt bewundern. Sie haben in den finsteren Stunden ihrer neuesten, schmerzlichen Geschichte nicht vergeblich geglaubt, gehofft und gebetet.

IV.

Die im Gebet vereinte Kirche

Wie in Rom, Italien, in Warschau und ganz Polen, so kamen Millionen katholischer Christen in der ganzen Welt zusammen. In diesen Stunden des starken, tiefen Schmerzes waren sie im Gebet um die baldige Heilung des Papstes vereint. Sie trafen sich in Kirchen und in ihren Häusern zu stillem oder öffentlichem Gebet.

Mons. Franjo Kuharic, der Erzbischof von Zagreb/Kroatien, sagte bei Erhalt der Nachricht vom Attentat u. a.: „Welche Traurigkeit, welche Erschütterung! Die Welt gibt sich wirklich der Torheit preis!" Als Präsident der Bischofskonferenz ordnete er das Gebet in allen Kirchen für den verletzten Papst an.

Der Erzbischof von Belgrad, Alojz Turk, erhielt die Nachricht vom Attentat, während er in der Kathedrale die Abendmesse feierte. Er gab sie sofort an die Gläubigen weiter, und alle begannen für den Heiligen Vater zu beten.

Die Nachricht vom Attentat auf den Papst traf besonders tief die Katholiken in der Schweiz, denn es fehlten nicht mehr ganz drei Wochen bis zum geplanten Besuch Johannes Pauls II. in Helvetia. Der Bischof von St. Gallen, Otmar Mäder, Präsident der Bischofskonferenz, richtete an alle Gläubigen einen Aufruf zum Gebet für den Heiligen Vater. In Genf wurde in der Liebfrauenkirche am Mittwoch von zwanzig bis vierundzwanzig Uhr eine Gebetswache für die Heilung des Papstes gehalten.

Der einige Monate zuvor von Johannes Paul II. zum Erzbischof von Paris ernannte Jean-Marie Lustiger sprach in einem kurzen Kommentar im französischen Fernsehen seine tiefste Besorgnis aus wegen der Gewaltätigkeit, die in der Welt herrsche und sich jetzt gegen die Person des Heiligen Vaters gerichtet habe. Er fügte hinzu, daß der Heilige Vater sich immer dagegen gewehrt hätte, für seine Person besondere Sicherheitsmaßnahmen treffen zu lassen: „Im Gegensatz zu den Mächtigen dieser Welt vertritt der Papst die Schwachen, Kleinen. Wenn er einer Menschenmenge begegnet, geht er zu den eigenen Brüdern; zum Bruder geht man nicht bewaffnet."

Die Welt betete für den Papst; insbesondere waren es die Kranken, die mit ihm im Gebet und Opfer solidarisch waren, wie hier in Fatima.

Der Vorgänger des Erzbischofs, der jetzt pensionierte und über achtzigjährige Kardinal Marty erklärte, als er die Nachricht vom Attentat erhielt: „Ich bin erschüttert über das, was dem Hl. Vater geschehen ist, und ich glaube, daß alle erschüttert sein werden, nicht nur Katholiken, sondern alle Demütigen, weil er ein Mensch ist, der allen gehört.“ Dann lud er seine Umgebung ein, sich an die Barmherzigkeit Gottes zu wenden.
Der Primas von Irland, Kardinal Tomas O'Fiaich, wie auch Kardinal Basil Hume, Erzbischof von Westminster, England, waren bestürzt und erschüttert über das Attentat gegen den Papst. In allen Kathedralen und Kirchen wurden am gleichen Tage Gottesdienste und Gebetsstunden für die Rettung Johannes Pauls II. gehalten. Bei seinem Pastoralbesuch in Irland Ende September 1979 hatten ihn mindestens zwei von drei Iren persönlich gesehen, gehört und bei den Gottesdiensten erlebt.
In Oslo hat Bischof John W. Grau in der Kathedrale des heiligen Olaf am Abend nach dem Attentat die hl. Messe für den Papst gefeiert. Dabei sagte er u. a.: „Es ist noch gar nicht so lange her, daß wir den Verlust zweier Päpste beweint haben. Jetzt flehen wir zu Gott, daß er Johannes Paul II. erlaube, noch lange Zeit bei uns zu bleiben. Es erscheint so unsin-

nig, daß ein Mensch, der in seinem ganzen Leben für Frieden, Gerechtigkeit und Freiheit unter den Völkern gearbeitet und gekämpft hat, von der Gewalt getroffen wird."
In Beirut war der Patriarch der Maroniten, Antoine P. Kohraiche, „schmerzlich betroffen vom Leiden des Papstes" und forderte alle Libanesen zum „Gebet für die baldige Wiederherstellung Johannes Pauls II. auf, der sein Leben dem Frieden in der Welt, ganz besonders auch im Libanon, geweiht" habe.
In New York lud Kardinal Terence Cooke, „tief betroffen durch die Gewalttat gegen den Heiligen Vater", die Gläubigen ein, für die Genesung Johannes Pauls II. zu beten. Sofort, am Mittwochabend, zelebrierte er in der überfüllten St. Patrick-Kathedrale die heilige Messe.
In Edmonton, Kanada, erklärte der Erzbischof Josef Mac Neil, Präsident der Bischofskonferenz, kurz nach Erhalt der Nachricht vom Attentat: „Meine Reaktion heute ist ein Schreckensgefühl gegenüber der Gewalttat gegen einen Menschen, der seit Beginn seines Pontifikats immer für die Respektierung des menschlichen Lebens gekämpft hat. Ich bitte nicht nur die Katholiken, sondern alle Männer und Frauen guten Willens, sich in ihrem Gebet zu vereinen und von Gott die Gnade der Genesung für Johannes Paul II. zu erbitten. Mit allen Kanadiern bedauere ich das Fortschreiten der Gewalt, welche die Gruppen und Individuen drängt, unschuldige Personen zu treffen und sie zum Opfer der Sache zu machen, die sie für richtig halten."
In Brasilien versammelten sich die Gläubigen nicht nur in den Kirchen, sondern in großer Anzahl auch in ihren Häusern, um für den Papst zu beten, dessen Besuch vom Juni des voraufgegangenen Jahres noch in lebendiger Erinnerung war. Der Präsident der Bischofskonferenz des an Katholiken zahlreichsten Landes, Erzbischof José Ivo Lorscheiter, gab ein Kommuniqué heraus, worin u. a. stand: „In diesen Stunden ist es notwendig, für das Wohl unseres Papstes zu beten und Gott anzuflehen, er möge Barmherzigkeit haben mit einer gewalttätigen und verrückten Welt, in der wir leben."
Kardinal Paulo Evaristo Arns, Erzbischof von Sao Paolo, ‚schmerzlich getroffen von der unglaublichen Nachricht', kommentierte das Attentat wie folgt: „Die unsinnige Ge-

walt hat diesmal einen Mann der Frohbotschaft getroffen, einen Mann des Friedens, der Liebe. In diesem Augenblick wurden die brasilianischen Katholiken von denselben Schüssen getroffen, die den Papst erreichten.“
In San Salvador erklärte Kardinal Avelar Brandao Vialo u. a., daß ‚dieses Attentat gegen die ganze Menschheit gerichtet und ein Symptom der Dekadenz unserer Zivilisation‘ sei.
In Mexiko verurteilte der Sekretär der Bischofskonferenz, Monsignor Genaro Alamilla Arteaga, das Attentat mit der Feststellung, es gehe hier um die Dekadenz der menschlichen Werte, die nicht mehr die Menschenwürde respektieren …“ Dies ist eine Tat, welche die ganze Welt berührt, besonders aber Mexiko, das Ziel der ersten pastoralen Auslandsreise des Papstes … Das abscheuliche Attentat gegen den Heiligen Vater erschüttert und bewegt uns und verdient Ablehnung nicht nur durch die katholische Kirche, sondern durch die ganze Welt, im Hinblick darauf, daß die Aktivität von Johannes Paul II. für die Sache des Friedens, der Gerechtigkeit und für die Verteidigung der Menschenrechte ihm die Bewunderung aller und allgemeine Dankbarkeit erworben hat.“

* * *

In der Slowakei, wo seit über drei Jahrzehnten eine Christenverfolgung wie noch nie in ihrer Geschichte wütet, durften weder Bischöfe noch Priester in Rundfunk oder Fernsehen öffentliche Erklärungen und Aufrufe zum Gebet für den verletzten Papst verlauten lassen. Sie taten dies aber in den Kirchen. Dort wurde wochenlang für den Hl. Vater gebetet, ohne daß die Öffentlichkeit darüber informiert werden durfte.
„Wir waren bereit zum Abendessen, als das Fernsehen nüchtern die Nachricht erwähnte, der Papst sei auf dem Petersplatz durch einige Schüsse schwer verletzt worden. Wir konnten den ganzen Abend über nur beten und weinen. So war es auch in vielen anderen Familien. Als ich einige Tage später mit unserer Jugendgruppe in den Bergen zusammenkam, erfuhr ich, daß manche Jugendliche ihr Leben dem Herrn angeboten hatten anstelle des Lebens unseres Heili-

gen Vaters," schrieb ein zwanzigjähriges Mädchen aus der Slowakei.

Ähnliche Szenen wie in den erwähnten Ländern erlebte man überall bei den katholischen Christen. Die Bischöfe und Priester forderten die Gläubigen zum Gebet für den Papst auf. Aber die meisten von diesen hatten schon sofort bei der Nachricht ihre flehentlichen Bitten an Gott, den Herrn über Leben und Tod, gerichtet, er möge Johannes Paul II. retten. Das war nur der Beginn eines riesigen Gnaden- und Gebets-Stromes, der menschlich nicht abzuschätzen ist und zu dem die Statistiker wenig sagen können, weil sich die durch Flehen, Opfer und Gebet von Gott erbetene Gnade ihrer Mathematik total entzieht.

V.

Die Gebetssolidarität anderer Christen, der Juden, Moslems und Hindus mit dem verletzten Papst

Wenn man bedenkt, daß beim letzten Konklave Kardinal Wojtyla gegen 17.30 Uhr als neuer Papst bekannt gemacht wurde und er dann am folgenden Tag morgens gegen 10 Uhr während der hl. Messe vor den Kardinälen schon seine Programmrede hielt, kann man sich denken, wieviel Stunden ihm eigentlich zum Schlafen blieben. Sicher nicht viele. Eine solche Ansprache ist weder ein Leitartikel noch eine kürzere oder längere Privatansprache, die man improvisieren kann. Die erste Botschaft Johannes' Pauls II., verlesen bei der mit den Kardinälen konzelebrierten Messe in der Sixtinischen Kapelle, umfaßt ca. 12 volle Seiten und beinhaltet das künftige Programm seines Pontifikats. In jener ersten Botschaft hat sich Johannes Paul II. klar zum Zweiten Vatikanum sowie zu Tradition und kirchlichem Lehramt bekannt und sich zur getreuen Durchführung der Konzilsdekrete und ihrer Bestimmungen verpflichtet. Sein Programm geht über den Rahmen der Kirche, deren sichtbares Haupt er ist, hinaus: „Ich möchte an dieser Stelle auch nicht unsere Brüder und Schwestern aus den anderen Kirchen und christlichen Gemeinschaften vergessen. Die Sache der Ökumene ist derart erhaben und erfordert soviel Klugheit, daß ich jetzt nicht darüber schweigen kann. Wie oft habe ich betend über den letzten Willen Christi nachgedacht, der für seine Jünger vom Vater das Geschenk der Einheit erbat (Joh 17, 21–23). Wer erinnert sich nicht daran, wie oft der hl. Paulus die „Einheit des Geistes" betont hat, aus der heraus die Jünger Christi „die gleiche Liebe üben, eines Sinnes und eines Herzens" sein sollten (Phil 2, 2, 5–8). Man möchte es daher kaum glauben, daß unter den Christen immer noch eine Spaltung zu beklagen ist, die anderen Anlaß zu Zweifel gibt oder gar zum Ärgernis wird. Daher will ich den Weg, der schon glücklich begonnen wurde, fortsetzen und alles fördern, was Hindernisse beseitigen kann. Ich wünsche mir dabei, daß wir

in vereintem Bemühen doch schließlich zur vollen Einheit gelangen."
Die einunddreißig Monate des Pontifikats von Johannes Paul II. bis zu dem Versuch, sein Leben durch eine Mörderhand auszulöschen, bestätigen, daß er seine damaligen Worte, seinen Wunsch „nach voller Einheit mit den Brüdern und Schwestern aus anderen Kirchen und christlichen Gemeinschaften" sehr ernst nimmt. Vor allem seine Auslandsreisen haben das bewiesen, wo er die Möglichkeit suchte und jede Gelegenheit nützte, mit den Vertretern anderer Kirchen in ein brüderliches Gespräch zu kommen und Kontakte zu knüpfen. Seine vierte und letzte Auslandsreise im ersten Jahr seines Pontifikats, Ende November 1979, in die Türkei war eine durchaus ökumenische Pilgerfahrt. Einige wenige Journalisten versuchten, jenes historisches Ereignis auf dem Weg zur Einheit zu unterschätzen oder sogar als Fiasko darzustellen, und zwar nur deshalb, weil dem Papst nicht die Menschenmenge wie in Mexiko, Polen, Irland und in den USA zugejubelt hatte. Solchen gelten die Worte Johannes Pauls II., „noch besser die tiefen und geistigen Beweggründe des Denkens und Handelns der Kirche zu begreifen". Worte, die er bei der ersten Audienz für Presseleute und Reporter von Hörfunk und Fernsehen am 21. Oktober 1978 an diese gerichtet hatte.
Jede Auslandsreise des Papstes bis jetzt war immer bedeutungsvoll und wichtig. Unterschiedlich war dabei nur der jeweilige Gesichtspunkt, unter dem diese oder jene Reise unternommen wurde. So kann man ruhig sagen, daß die Pilgerfahrt nach Konstantinopel die wichtigste Reise im Jahre 1979 war, als ökumenische Reise in Richtung Osten, zur ersehnten Einheit mit den orthodoxen Brüdern.
Die letzte apostolische Reise im Jahre 1980 in das „Land Martin Luthers" hatte neben dem primären Ziel, „die Brüder im Glauben zu stärken", ihre große Bedeutung in dem Bemühen um eine Annäherung zwischen Katholiken und Protestanten. Der Besuch von Johannes Paul II. und seine persönliche Begegnung mit Führern der deutschen Protestanten haben bei diesen einen starken Eindruck hinterlassen und sie davon überzeugt, daß dem „Bischofsbruder in Rom" der Wille unseres Herrn „ut omnes unum sint" – auf daß alle eins seien – sehr am Herzen liegt und daß kein

Schritt, der uns dieser Einheit näher bringen könnte, unterlassen werden sollte.
Das Treffen mit den Repräsentanten der deutschen Juden in Mainz hat ebenso dazu beigetragen, daß auch hier die – Gott weiß, wieviel hundertjährige – Barriere langsam abgebaut und das gegenseitige Mißtrauen oder sogar eine bedauerliche historische Feindschaft durch beiderseitigen Respekt und Verständnis füreinander ersetzt wurden.
Man braucht sich nicht zu wundern, daß dann an jenem tragischen Mittwochabend, als die unglaubliche Meldung vom Mordversuch am Papst die Welt erschütterte, nicht nur die katholischen Priester, Bischöfe und Kardinäle ihre Gläubigen zu einem Gebetskreuzzug für den Papst aufforderten, sondern daß dies auch viele geistliche Führer anderer Kirchen und Glaubensgemeinschaften gegenüber ihren Gläubigen taten. Ihnen war ja Johannes Paul II. kein Unbekannter, ganz im Gegenteil: im Laufe von ca. drei Jahren hatten auch sie ihn schätzen und lieben gelernt, und dementsprechend haben sie auch reagiert. Eine Gebets-Solidarität entstand unter den Christen, wie sie seit der schmerzlichen Trennung in der Geschichte noch nie erlebt wurde. Auf den folgenden Seiten nur ein kurzer Überblick über die Reaktion der wichtigsten Repräsentanten der orientalischen Kirche, der Protestanten sowie Anglikaner, Methodisten, Baptisten und einiger freier Kirchen. Dazu noch die bewegenden Zeugnisse der Ergriffenheit und Vereinigung im Gebet, welche die Führer der jüdischen Gemeinschaften sowie gläubige Moslems und Hindus zum Ausdruck brachten.
Die folgenden Genesungswünsche sind auch Anlaß zu Optimismus, obwohl wir weiterhin in Demut und vor allem in innigem Gebet um die ersehnte Einheit der Christen ringen müssen.

Orthodoxe – in Richtung Konstantinopel

In der Morgenfrühe des 28. November 1979 wird der internationale römische Flughafen ‚Leonardo da Vinci' Zeuge eines ungewöhnlichen Ereignisses: Gegen 6.00 Uhr, noch während der Dämmerung, hält Johannes Paul II. eine kurze Ansprache vor einigen Kardinälen sowie den Vertretern der italienischen Regierung und des diplomatischen Korps, be-

Ein ökumenischer Höhepunkt der Pilgerreise des Papstes in die Türkei waren Begegnung und gemeinsames Gebet mit dem Patriarchen Dimitrios I von Konstantinopel.

vor er in die Boeing 727 der Alitalia einsteigt. Er spricht u. a. die Worte: „Ich gehe in die Türkei, damit ich im neuen ökumenischen Geiste die Bemühungen um die Einheit aller Christen fortsetze. Ich will das Interesse der katholischen Kirche am ständigen Kontakt mit den orthodoxen Kirchen und am Aufbau des theologischen Dialogs zeigen. Schließlich gehe ich in die Türkei deshalb, um allen diesen Kirchen und den Patriarchen, besonders dem ökumenischen Patriarchen Dimitrios I. gegenüber meine Ergebenheit und tiefe Liebe zu zeigen."

So waren die Kenner der Lage nicht überrascht, daß Dimitrios I. als erster seine Genesungswünsche überbrachte, und zwar nicht per Telegramm, sondern durch einen persönlichen Boten, den Metropoliten Meliton, der am folgenden Tag in Rom eintraf. Dieser überbrachte die herzlichsten Wünsche des ökumenischen Patriarchen aus Konstantinopel und besuchte die Gemelli-Klinik, um sich persönlich über den kritischen Zustand des geliebten Bruders in Rom zu informieren.

Wer dann am Abend des 14. Mai als einer der 70 000 Rosenkranzbeter an jener einmaligen ökumenischen Veranstaltung für den schwerverletzten Papst teilnahm, wer dabei neben dem Kardinalvikar von Rom, Ugo Polletti, auch den Metropoliten Meliton hörte, wie er in seinem hartgesprochenen Englisch herzergreifend und mit tiefer Überzeugung liebevoll von Johannes Paul II. sprach, für ihn betete und die Segenswünsche von Dimitrios I. wiederholte, der mußte sich spontan einfach fragen, was uns eigentlich noch trennt!

* * *

Wir sind erschüttert über die furchtbare Nachricht von dem Attentat auf Eure Heiligkeit, einen Mann des Friedens und der Liebe. Wir beten für Ihre baldige Wiederherstellung, damit sie Ihren Einsatz für den Fortschritt und die Einheit der Christen, für Frieden und Solidarität unter den Menschen zur Ehre Gottes weiterführen können.

IGNATIUS ZAKAR I IWAS,
Patriarch von Antiochien und dem ganzen Osten

Tief betroffen von dem verbrecherischen Attentat auf das kostbare Leben Ihrer Heiligkeit, drücken wir unsere Anteilnahme Ihrer Heiligkeit aus und flehen am Heiligen Grab zu unserem auferstandenen Herrn um Ihre rasche Genesung und immerwährenden Schutz vor allem Bösen.
Mit brüderlicher Liebe im Herrn

DIODOROS,
Patriarch von Jerusalem

Tief betrübt von dem Anschlag auf Ihr Leben, betet die ganze koptisch-orthodoxe Kirche zum allmächtigen Gott, Er möge Ihrer Heiligkeit baldige Genesung verleihen und Sie für den Dienst an der Kirche erhalten.

POPE SHENOUDA III.,
Koptisch-Orthodoxer Patriarch von Alexandria

Eminenz!
Das Attentat auf Seine Heiligkeit Papst Johannes Paul II. erfüllt unser Herz mit tiefer Trauer. Diese Tat ist einer der abscheulichsten Akte einer Welt im Delirium. Im Namen der

Apostolischen armenischen Kirche und des armenischen Volkes beten wir innig zu Gott um eine rasche Wiederherstellung Seiner Heiligkeit und die Weiterführung seines Apostolats. In der brüderlichen Liebe unseres Herrn Jesus Christus und im Gebet,

VASKEN I.,
Katholikos aller Armenier

Tief bewegt von dem Attentat auf Ihr Leben, sprechen wir Eurer Heiligkeit aus Anlaß der harten Prüfung unsere herzlichste Anteilnahme aus. Von ganzem Herzen wünsche ich Eurer Heiligkeit rasche und völlige Wiederherstellung, für die ich innig zum Herrn bete. Ich umarme Sie brüderlich.

PIMEN,
Patriarch von Moskau

Betrübt über die Nachricht des Attentates auf unseren Bruder, möchten wir unsere tiefe Entrüstung ausdrücken und zu Gott flehen, Seinem Diener eine rasche Genesung zu verleihen zur höheren Ehre Seines Namens.

IGNATIUS IV.,
Patriarch von Antiochia

Eure Heiligkeit,
zutiefst beunruhigt und entrüstet erfuhren wir von dem Anschlag auf das Leben Eurer Heiligkeit. Dieses Attentat zeugt von neuem von der Lauterkeit und Stärke Ihrer Person und von der Schwäche jener, die es anstifteten. Wir opfern unsere Gebete auf für Ihre rasche und völlige Genesung.
Mit brüderlicher Liebe in Christo,

ILIA II.,
kath. Patriarch von ganz Georgien

Die schreckliche Nachricht vom heutigen Attentat auf das Leben Joh. Pauls II. hat die frommen Gläubigen unserer Ukrainisch-Orthodoxen Kirche in der USA und der Diaspora tief schockiert. Dunkle und böswillige Mächte wirken in der Welt und haben in diesem Augenblick einen Mann Gottes und einen Mann des Friedens niedergestreckt.
Papst Joh. Paul II. ist in allen unseren Gebeten. Übermitteln Sie bitte unsere Anteilnahme und unsere Wünsche für seine völlige Genesung.

Morgen, am 14. Mai, werde ich die heilige Liturgie feiern aus Anlaß des 39. Jahrestages meiner Bischofsweihe. Ich werde diese Feier aufopfern für die Genesung von Joh. Paul II. und Gott um Seinen immerwährenden Schutz bitten.
In Christus

MSTYSLAY,
Erzbischof von Philadelphia, Metropolit der Ukrainisch-Orthodoxen Kirche in den USA und der Diaspora

Tief erschüttert von dem schrecklichen Vorfall, welcher das Leben Eurer Heiligkeit bedrohte, beten wir zum Herrn, er möge Ihnen Ihre Kräfte wiedergeben, so daß Sie so bald wie möglich Ihre Gesundheit wiedererlangen, um Ihren heiligen Dienst für die röm.-kath. Kirche und für die Verständigung unter den Menschen wieder aufnehmen zu können.

Mit christlicher Liebe in Gott
JUSTIN, PATRIARCH der Rumänisch-Orthodoxen Kirche

Ich bete zu Gott für die Rettung Seiner Heiligkeit, des Papstes, eines Mannes, der für die christliche Einheit und den Frieden wirkt.
Bitte übermitteln Sie Seiner Heiligkeit meine bescheidenen, aber aufrichtigen Wünsche, meine Anteilnahme und meine Hochachtung.
Für Sie, den „Großen Hirten", für Ihr Sekretariat, für die kath. und für alle christlichen Kirchen und für die ganze Menschheit bringe ich meine Gebete dar in diesem tragischen Augenblick. Möge unser Herr allezeit mit Ihnen sein, besonders in dieser Stunde des Leidens für die Kirche und für die ganze Menschheit.

Ihr Bruder PARTHENIOS von Karthago

Protestanten

Der deutsche Bundeskanzler Helmut Schmidt war anläßlich seines Besuches im Jahre 1979 bei Papst Johannes Paul II. sehr beeindruckt. U. a. erklärte er, wäre er katholisch, würde er sich wünschen, bei diesem Papst zu beichten. Der Politiker hat hier ganz spontan die Wunde aller Christen berührt: ihre Zerrissenheit und Sehnsucht nach Einheit, um die der Papst aus Polen, genau wie seine Vorgänger es taten, täglich innig betet und keine Mühe scheut, uns dieser Einheit näher zu bringen. So war auch der Deutschlandbesuch des Heiligen Vaters zu verstehen, und so haben die Kirchenrepräsentanten der Protestanten auch die Begegnung und das Gespräch mit Johannes Paul II. in Mainz verstanden. Durch das Attentat auf ihn wurden sie alle erschüttert, beteten privat, in kleinen Kreisen oder in den Kirchen, und das nicht nur in Deutschland.

* * *

Eure Heiligkeit, Lieber Bruder in Christus!
Der Rat der Evangelischen Kirche in Deutschland denkt in Sorge und in brüderlicher Fürbitte an Sie und empfiehlt Sie in dankbarer Erinnerung an unsere Begegnung in Mainz Gottes barmherzigem Schutz. Wir sind mit Ihnen in dem Auftrag verbunden, dem Haß mit der Liebe Christi zu begegnen.

Bischof D. EDUARD LOHSE

Tief erschrocken hörte ich von dem Attentat auf Ihr Leben. Die Welt kann mit Dank bestätigen, wie ernst Sie Ihre Aufgabe nehmen, Gottes Frieden zu verkünden und den Frieden zwischen den Menschen herzustellen. Gelegentlich unserer persönlichen Begegnung in Mainz und München wurde das bestätigt. Besonders entsetzt bin ich darüber, daß gegen Sie Terror angewandt wurde, während Sie Ihr Amt ausübten, das Versöhnung predigt. Ich bete wiederum – wie wir es schon heute abend, unmittelbar nach dem Erhalt der bösen Nachricht, in einem Bittgottesdienst taten –, daß unser getreuer Gott Ihnen baldige Genesung schenken möge, und vertraue Sie seinem Frieden und Segen an.

Ihr JOHANNES HANSELMANN,
Bischof der evang.-luth. Kirche in Bayern

Eure Heiligkeit, unser aufrichtiges Gedenken und unsere Gebete sind mit Ihnen in dieser tragischen Stunde. Wir hoffen, Sie werden bald genesen und in Ihr sehr hohes kirchliches Amt zurückkehren können.
Sie haben uns Christen der anderen Konfessionen so viel von der Liebe Christi und von der Hoffnung auf Frieden in der ganzen Welt offenbar gemacht. In dieser schwierigen Situa-

tion legen wir unser Vertrauen in Gottes Hände. Wir sind in beständigem Gebet mit Ihnen vereint.

GUNNAR GRANDERS,
Pastor im Namen aller schwedischen Lutheraner in Rom

Das Auswärtige Amt der Kirche in Norwegen hat mit Bestürzung und Schrecken die traurige Nachricht vernommen von den Schüssen auf Ihre Heiligkeit.
Wir versichern Sie unserer Anteilnahme und Gebete und hoffen, daß Seine Heiligkeit bald genesen werde, um ihre weltweite Mission für den Frieden, die Freiheit und die Menschenrechte weiterführen zu können.

CARL H. TRAAEN,
Generalsekretär der Kirche von Norwegen

Erschüttert durch das Attentat auf das Leben des Heiligen Vaters, versichere ich Sie meiner Gebete für ihn und bitte Sie, ihm meine Zuneigung in Christus zu übermitteln. Mit dem Ausdruck meiner Freundschaft,

Bruder MAX THURIAN,

Die Mitglieder der lutherischen Kirche Amerikas drücken ihre Bestürzung aus über die Schüsse auf Papst Johannes Paul. Mit unseren Brüdern und Schwestern in der röm.-kath. Kirche beten wir für seine schnelle und vollständige Genesung.

Bischof JAMES R. CRUMLEY, JR,
Lutherische Kirche in Amerika

Im Namen der vereinigten Kirche von Kanada möchte ich Ihnen unsere tiefste Bestürzung zum Ausdruck bringen über den Mordversuch auf Papst Joh. Paul II.
Der Papst in seiner geistigen Ausstrahlung verkörpert eine Persönlichkeit, zu der Protestanten wie Katholiken aufblikken. Wir rufen alle Völker auf, für seine rasche Genesung zu beten. Ich möchte auch aufrufen, für jene zu beten, die den Anschlag auf ihn verübten.

Rt.Revd. LOIS M. ILSON,
Moderator

Johannes Paul II. nach einem Gespräch mit den Ratsmitgliedern der Evangelischen Kirche Deutschlands (EKD) in Mainz, November 1980.
Von links: Kruse, Lohse, Harms und der katholische Bischof von Würzburg, Dr. Scheele.

Alle Lutheraner von Indien sind zuinnerst schockiert über das Attentat auf den Heiligen Vater und bitten Gott um seine rasche Genesung.
Dr. K. RAJARATNAM,
leitender Sekretär der Vereinigten Evangelisch-Lutheranischen Kirche

Anglikaner, Methodisten, Baptisten, Presbyterianer

Auf seiner Pastoralreise durch 6 Staaten Afrikas Anfang Mai 1980 hat Johannes Paul II. es nicht versäumt, neben seinem vollen Programm die gebotene Möglichkeit zu nutzen zu einer kurzen Begegnung und einem brüderlichen Gespräch mit dem Oberhaupt der anglikanischen Kirche, dem Erzbischof von Canterbury, der zur gleichen Zeit in Afrika weilte.

Dann folgte der Besuch der englischen Königin Elisabeth beim Papst am 20. Oktober des gleichen Jahres, der ein großes Echo fand und den Besuch des Papstes in England im Jahr 1982 in Aussicht stellte. Wir können nur hoffen und beten, daß dieser Besuch mit Gottes Hilfe zustande kommt. Es würde nicht nur „die Brüder im Glauben stärken", sondern auch die Brüder und Schwestern aus der anderen Kirche ehren, sie erfreuen. Ihre Betroffenheit durch das Attentat und ihre Gebetssolidarität mit dem verletzten Papst lassen das spüren.

* * *

Eure Heiligkeit, ich bin zutiefst erschüttert über den Anschlag auf Ihr Leben. Mit allen Christen der Welt bete ich für Ihre Genesung von den Folgen dieser sinnlosen Gewalttat. Möge Gott Ihnen Kraft und Gesundheit schenken.

ROBERT CANTUAR,
Erzbischof von Canterbury

Ich bin schockiert und entsetzt über die Schüsse auf Papst Joh. Paul II. Die Tragik dieses Ereignisses wird noch verstärkt durch die christl. Botschaft des Friedens, die er auf seinen bisherigen pastoralen Reisen weltweit verkündete.
Ich schließe mich einer von Angst und Sorgen erfüllten Welt im Gebete an und bitte Gott um Ihre rasche und völlige Genesung. Ich sende meine herzlichsten Grüße einem Menschen, den ich als Persönlichkeit voller Liebe und Mitgefühl kennengelernt habe.

JOHN. M. ALLIN,
Präsidierender Bischof der Episkopal-Kirche USA

Die Kirche von Schottland ist tief bestürzt über die Nachricht von dem Anschlag auf Ihr Leben.
Im Namen unserer Kirche übermittle ich Ihnen meine Anteilnahme und bete zu Gott für Ihre völlige und rasche Genesung.

W. B. JOHNSTON,
Kirche von Schottland

Die Gebete der methodistischen Kirche in der ganzen Welt vereinigen sich in Sympathie und Hoffnung auf die völlige Wiederherstellung des Heiligen Vaters.

KENNETH GREET,
World Methodist Council

Eure Heiligkeit, dieses Telegramm möge Sie meiner Anteilnahme versichern.
Seien Sie meines Gebetes für eine rasche und völlige Genesung gewiß.
Sie bedeuten uns so viel, daß wir sehnlich hoffen, Sie bald wieder gesund zu sehen. Sie gehören zur Christenheit, und wir Methodisten auf der Welt versichern Ihnen unsere Liebe und unser Gebet.

Bischof CANNON,
Vereinigte Methodistische Kirche

Der Baptistische Weltbund ruft seine 30 Millionen Mitglieder in 120 Ländern auf, sich im Gebet für die rasche Wiederherstellung Ihrer Gesundheit und das Werk des Friedens gegen die Gewalt zu vereinigen, damit der Fürst des Friedens im Herzen jedes Menschen herrsche.

DUKE K. MCCALL,
Präsident des Baptistischen Weltbundes

Internationale jüdische Vereinigungen

An einem Sonntagnachmittag im Mai 1980 stieg ich auf dem Frankfurter Bahnhof in den Zug Richtung Bonn. Ich nahm still meinen Platz im Abteil ein. Auf einmal hörte ich in mei-

ner Muttersprache das Gespräch einer jungen Frau am Fenster mit einer älteren Frau auf dem Bahnsteig. Nach einer Weile wagte ich zu fragen: „Entschuldigen Sie bitte, sind Sie Flüchtlinge aus der Slowakei? Oder hier nur zu Besuch?"
„Nein, Pater", lautete die freundliche Antwort der älteren Dame auf dem Bahnsteig. „Wir sind schon über 12 Jahre aus der Slowakei weg. Wir sind von Prievidza-Priwitz." „Oh, das ist meine Bezirksstadt, 30 km entfernt von meinem Heimatort", rief ich aus.
„Wir sind allerdings Juden, Pater. Aber ich habe den Papst sehr gern. Er ist ein ganz besonderer Freund von uns Juden. Ich war drei Jahre in Auschwitz. Gott sei Dank überlebte ich diese Hölle und kehrte 1945 zurück, mit 40 Kilo Körpergewicht. Der Papst hat in seiner Rede in Auschwitz nicht nur der Toten gedacht, sondern auch uns Überlebenden seinen Respekt, sein Mitgefühl und seine Liebe gezeigt. Er ist großartig. Ich habe das Bild von ihm in meiner Wohnung."
Was diese etwa 65jährige Frau beim Abschied von Tochter und Schwiegersohn mit freundlicher Begeisterung zu mir, dem kath. Priester, sagte, denken und sagen heute viele Juden. Ich konnte nur dazu bemerken, daß der Papst alle Menschen und jeden einzelnen liebt, für ihn betet, weil er in jedem Menschen seinen Bruder sieht. Aber die Leidenden und Verfolgten liebt er besonders. Einige Sekunden vor der Abfahrt konnte ich noch kurz sagen, daß Karol Wojtyla schon als Schüler und Student einen guten jüdischen Freund aus Wadowice, Jurko (Georg) Kluger hatte und noch hat. Diese Freundschaft zwischen den beiden ist eine besondere Geschichte, die ich, da der Zug inzwischen anfuhr, nur noch der mit mir fahrenden jüngeren Dame und ihrem Mann, einem echten, in Israel geborenen Juden, erzählen konnte.

„Karol Wojtyla und Georg Kluger waren durch die Zeitereignisse getrennt worden: Dem jungen Juden Kluger gelang es, am Vorabend des Zweiten Weltkrieges aus Polen nach England zu fliehen und damit sein Leben zu retten. Volle 26 Jahre hörten sie nichts mehr voneinander. Im Jahre 1965 besuchte J. Kluger Rom. Einer Zeitung entnahm er, daß beim Zweiten Vatikanischen Konzil der Erzbischof aus Krakau, Karol Wojtyla, eine bemerkenswerte Rede gehalten habe. „Das ist er. Das kann kein anderer sein, als ‚Lolek'

(Karlchen), mein Freund aus Wadowice", sagte sich der überraschte Engländer. Er rief das polnische Kolleg auf dem Aventinum an. „Der Erzbischof ist nicht im Hause." Ein wenig enttäuscht hinterließ er den Namen seines Hotels und die Telefonnummer. Es war noch keine halbe Stunde vergangen, da klingelte das Telefon in seinem Zimmer. Eine ihm bekannte Stimme fragte: „Lieber Jurko (Georgchen), bist Du es? Komm bitte sofort zu mir. Wir werden gemeinsam zu Abend essen."

Die Nachricht von dem Attentat gegen Johannes Paul II. hat nicht nur seinen persönlichen jüdischen Freund Georg Kluger in England und die jüdische Frau aus der Slowakei erschüttert. Die meisten Juden wurden davon schmerzlich getroffen und haben dem lebensgefährlich verletzten Papst eine Solidarität und Sympathie erwiesen, die historisch als einmalig bezeichnet werden kann.

* * *

Tief bestürzt von dem abscheulichen Attentat bete ich zusammen mit den Juden von Rom zum Herrn um die rasche und völlige Genesung Ihrer Heiligkeit.

ELIO LOAFF,
Oberster Rabbi von Rom

Die Moskauer Juden wünschen Ihrer Heiligkeit eine gute Genesung und werden mit Ihnen verbunden sein im Gebet für Frieden und Freundschaft unter den Völkern.

MAHARIK MAKAR-LIMANOV,
Juden von Moskau

Mit tiefer Bestürzung erfuhren wir von dem verbrecherischen Anschlag auf das Leben Papst Joh. Pauls II.

Wir sind äußerst aufgebracht über diese abscheuliche und sinnlose Tat.

Im Namen der französischen jüdischen Gemeinde – in Abwesenheit des Obersten Rabbi von Frankreich René Sirat, der auf Reisen ist – möchten wir der katholischen Kirche in dieser schmerzlichen Stunde unser Mitgefühl und unsere innigsten Wünsche zum Ausdruck bringen für die rasche Genesung des Heiligen Vaters. Möge er bald seine großmütige Mission für

Frieden, Gerechtigkeit und Freundschaft unter den Menschen wieder aufnehmen können.

JACOB KAPLAN,
Alain Goldmann, Oberster Rabbiner von Paris

Schockiert und betrübt über den Anschlag auf das Leben des Papstes, beten wir mit Ihnen um seine rasche und völlige Genesung.
Möge er noch viele Jahre im Dienste der Menschlichkeit wirken können.

ISRAELITISCHES KOMITEE, Jerusalem

Wir sind bestürzt über das entsetzliche Attentat auf das Leben Seiner Heiligkeit Papst Joh. Pauls II. Wir beten zu Gott um seine rasche Genesung. Übermitteln Sie bitte unsere innigsten Wünsche.
Hochachtungsvoll

EDGAR M. BROFMAN,
Präsident des Welt-Juden-Kongresses

Im Namen der 33 internationalen jüdischen Frauenvereinigungen aus 31 Ländern möchte ich Seiner Heiligkeit unsere Grüße und Gebete für eine rasche und völlige Genesung übermitteln.

ELEANOR MARVIN,
Präsidentin des Internationales Rates der jüd. Frauen

Wir sind zutiefst bestürzt über das abscheuliche Attentat auf Ihr Leben und verurteilen es auf das heftigste. Wir sind glücklich darüber, daß Gott Ihr Leben bewahrt hat, und wir wünschen innigst Ihre rasche Genesung. Wir werden für den Sieg des Guten über das Böse beten. Gott möge Ihnen ein langes Leben schenken, damit Sie erfolgreich weiterwirken können für den Frieden und die Brüderlichkeit und für den Sieg der ethischen Werte.

RAV DAVID ASSEO,
Oberster Rabbi der Türkei

Wir sind schockiert und entsetzt über das Attentat auf Seine Heiligkeit Papst Joh. Paul II., einen der größten religiösen Führer der Welt.

Wir beten für seine rasche Genesung. Mögen das Böse und der Haß in der Welt verschwinden, die in den letzten Jahren die Ursache waren für die zunehmende Gewalt und den weltweiten Terrorismus.

HENRY SIEGMANN,
Leitender Direktor des Amerikanischen Kongresses,
NEW YORK

Moslems und Hindus beten für den Papst

Wie aus der Zeitschrift „Mission aktuell“, Aachen, Nov.–Dez. 1981, zu entnehmen ist, erhielt der katholische Sender „Radio Veritas“ in Manila, Philippinen, der für Asien Programme in vielen Sprachen ausstrahlt, zahlreiche Hörerbriefe zum Attentat auf den Papst.
Besonders das Tamil-Programm, das am 1. November 1976 gestartet wurde, erfreut sich inzwischen ungewöhnlicher Beliebtheit, und es erhält im Monat rund 2 000 Zuschriften. Durch die wöchentliche Sendung „Der Papst hat das Wort“ ist es dem verantwortlichen Redakteur gelungen, dem Heiligen Vater auch bei Moslems und Hindus zu einer großen Beliebtheit zu verhelfen, und ihre Briefe machen inzwischen 80 Prozent der gesamten Hörerpost aus. Aus ihnen geht hervor, daß auch viele von ihnen den Papst als große religiöse Führerpersönlichkeit anerkennen und von dem Attentat auf ihn betroffen sind. Nachstehend einige Auszüge.

* * *

„Ich war schockiert, als ich hörte, der Heilige Vater sei niedergeschossen worden. Als dann noch berichtet wurde, der Attentäter sei ein Moslem gewesen, habe ich selbst und unsere ganze Moslem-Gemeinschaft das sehr bedauert.
Wie konnte er das einem Mann antun, der niemandem etwas zuleide getan hatte?
Beim Anhören dieser traurigen Nachricht haben wir jedenfalls alle geweint. Ich bete zu Gott mit gefalteten Händen, daß es dem Papst wieder besser geht und er die Menschen auf einen guten Pfad führt.“

M. K. NAJEEMA, Sri Lanka

„Ich war tief bestürzt über die Nachricht, daß der Heilige Vater, Papst Johannes Paul II., der Führer von 700 Millonen Katholiken, durch einen fanatischen Moslem auf dem Petersplatz niedergeschossen wurde. Ich verurteile energisch diese Brutalität und Feigheit. Die ganze Menschheit sollte sich schämen und den Kopf senken, denn der Verbrecher ist ein Teil von ihr.
Papst Johannes Paul II. ist nicht nur der Führer der 700 Millionen Katholiken, sondern auch der einzige Führer der Menscheit im außerpolitischen Bereich. Obendrein ist er das Symbol von Frieden und Brüderlichkeit.
Den Menschen guten Willens aller Religionen der Welt schlug das Herz, als sie erfuhren, was ihm passiert war. Ich bete zu Gott von ganzem Herzen, der Papst möge bald wieder gesund werden und wieder seine Botschaft der Liebe in der Welt verbreiten."

B. SHANMUGAM, Indien

„Als wir am 14. Mai hörten, der Heilige Vater sei durch Mohamed Ali Agca niedergeschossen worden, hatte ich zwei Minuten das Gefühl, mein Herz würde nicht mehr schlagen, und ich wurde besinnungslos. Ich bin aber sicher, daß der Heilige Vater uns nicht verlassen wird. Für seine Genesung werde ich nicht nur heute abend beten, sondern jeden Abend, bevor ich zu Bett gehe.
Liebe erobert und Stolz zerstört."

A. THANGAIYAN, Indien

„Der Heilige Vater, Papst Johannes Paul II., sieht alle Menschen dieser Erde als Brüder und Schwestern an, auch wenn sie zu verschiedenen Religionen gehören. Mir schlug das Herz bis zum Halse, als ich die Nachricht hörte, man hätte ihn niedergeschossen. Zu Ehren Gottes zünde ich Lichter an und bete, der Papst möge möglichst bald genesen."

A. THANASEKARAN, Indien

„Nach der Nachricht von dem Attentat kamen wir mit einigen Familien zusammen und beteten vier Tage lang je fünf Stunden für die vollständige Genesung des Heiligen Vaters. Möge der Herr, der sein Leben dahingegeben hat, um uns alle zu erlösen, ihn in seiner Gnade wieder genesen lassen."

S. THANGARAJA, Sri Lanka

VI.

Die Genesungswünsche von Staatsmännern an den verletzten Papst

Bei dem sechstägigen Besuch Johannes Pauls II. in den USA Anfang Oktober 1979 äußerten manche begeisterte Amerikaner den ,frommen Wunsch', wäre Karol Wojtyla das nächste Jahr einer unserer Präsidentschafts-Kandidaten, würde er aus der Wahl vom 20. November 1980 als klarer Sieger und erster Mann Amerikas hervorgehen. Seine Überzeugungskraft, seine Art, den Menschen zu begegnen, ihnen sein Vertrauen zu schenken und das ihre zu wecken, zeichnen ihn aus wie einen selten beliebten Volkstribunen, der die Menge, aber auch den Einzelnen leicht für sich gewinnt.

Nicht wenige Journalisten haben den ,Papst aus dem fernen Land' besonders gelegentlich seiner Auslandsreisen, nach den erfolgreichen Begegnungen mit den begeisterten Menschenmengen, als eine Persönlichkeit bezeichnet, die von Politikern aller Schattierungen nur zu beneiden sei und von deren Beliebtheit und Popularität jene nur träumen könnten. Und dies alles, obwohl er nicht den Massen nach dem Munde spricht, sondern seinen Zuhörern den reinen, herben Wein des Evangelismus einschenkt, der Permissivität der heutigen Gesellschaft eine eindeutige Absage erteilt und ihre Mißstände geißelt. Aus den erwähnten Gründen halten einige Johannes Paul II. für einen ganz großen Staatsmann, seinen mutigen Einsatz bejahend, während andere ihn aus den gleichen Gründen zu totalem Schweigen bringen möchten, weil sie sein Wirken als eine ,Einmischung in ihre inneren Angelegenheiten' betrachten.

Jedem, der das Gedankengut Johannes Pauls II. kennt, ist es klar, wie sich der Papst auch vor der geringsten politischen Deutung seiner Worte und Taten verwahrt, wenn er immer wieder den pastoralen Charakter seiner Auslandsreisen und seiner Ansprachen betont, die kein anderes Ziel verfolgen, als Christus, den Herrn zu verkünden, mit Christi Herrschaft

Ein Blick in die Aula der UNO kurz vor Beginn der Rede des Papstes. ▷

dem Menschen und der Menschheit zu dienen. So und nicht anders ist auch seine heute schon historische Rede im Glaspalast der UNO in New York auf dieser politischen Weltbühne am 2. Oktober 1979 vor den Vertretern von 130 Staaten zu verstehen.

Während der Generalsekretär der UNO, Kurt Waldheim, den verehrten Gast freundlich begrüßte, saß dieser tief nachdenklich und demütig in einem Sessel. Sein Antlitz spiegelte den Ernst der Stunde wider. Vielleicht richtete er noch still eine Bitte an denjenigen, in dessen Namen er gleich sprechen würde.

Auch ohne daß vorher einige Sätze aus dem Evangelium vorgelesen wurden, war seine einstündige Ansprache doch von Anfang bis Ende von dem Geist des Evangeliums Christi geprägt. Seine inständige Bitte um Beseitigung des Hungers, der Ungerechtigkeit, der Kriege, die Gewalt und Flüchtlingselend nach sich ziehen. Sein Aufruf zur Beseitigung der KZ-Lager, „in die Menschen von Menschen gewaltsam wie stumme, wehrlose Tiere gejagt werden, um dort noch um das Letzte beraubt zu werden, was ihnen übrigblieb, um das nackte Leben". Diese Aufrufe richteten sich an das Gewissen der Welt, das dort durch die verantwortlichen Vertreter der Nationen anwesend war.

Eine ungewöhnliche Stille und gespannte Aufmerksamkeit während der Rede sowie der minutenlang andauernde Applaus nach ihrer Beendigung, dann die freundlichen Gesten vieler Delegierten bestätigen, wenn auch nur äußerlich, daß der ungewöhnliche Gastredner, der ‚weiße Bote' aus dem Vatikan, Johannes Paul II. nicht vergeblich vor diesem Publikum gesprochen hatte.

Manche Zeitungen haben am folgenden Tag in ihren Schlagzeilen oder Kommentaren zum Ausdruck gebracht, der Papst habe dem ‚Weltgewissen die Leviten gelesen.' Wer den Papst Wojtyla nur ein wenig kennt, weiß, daß diesem eine solche ‚Lektion' gänzlich fremd ist. Er hat auf jener höchsten politischen Bühne der Welt nicht seine eigenen Gedanken vorgetragen, sondern die Worte und Gedanken desjenigen, dessen Stellvertreter er ist auf Erden. Und in Christi Namen konnte er auch nicht anders in unserer Welt sprechen. Wenn der Papst einige Tatsachen mit deutlicher Offenheit beim Namen nannte, wie z. B. die Konzentra-

tionslager, dann tat er das nur deshalb, weil er „ein ungetreuer Hüter und Zeuge der Geschichte unseres Jahrhunderts wäre, würde er diese verschweigen“.
Vor dem Empfang des Papstes durch Kurt Waldheim im Saal der UNO zeigte uns das Fernsehen auch diese Szene: Ein kleines schwarzes Mädchen überreicht dem Papst einen Blumenstrauß. Der Heilige Vater übernimmt freundlich die Blumen. Liebevoll umarmt er das Kind, küßt es auf die Stirn und ermutigt es mit einem vertrauensvollen Lächeln. Diese schon familiäre Geste ist bei Joh. Paul II. mehr als Symbolik. Er umarmt jeden Menschen liebevoll und ermutigend, weil er es wahrhaftig im Auftrag und Sinn dessen tut, der am Kreuz für jeden Menschen sein Leben hingab, sein Blut vergoß und mit seinen ausgebreiteten Armen jeden von uns zu umarmen verlangt, damit sein Opfer nicht vergeblich ist.
An den Worten und Gesten des Papstes Johannes Paul II. scheiden sich die Geister, auch die der Politiker und Staatsmänner. Eine weit überwiegende Mehrheit von ihnen konnte daher auch das Drama vom 13. Mai 1981 nicht unberührt, mit Schweigen übergehen, ob in Amerika, Afrika, Europa oder Asien. Ich kann mich nur auf einige davon beschränken.

Segenswünsche vom amerikanischen Kontinent

Ronald Reagan waren die Genesungswünsche und Gebetsversicherungen, die er nach seiner Verletzung vor sechs Wochen von Johannes Paul II. erhalten hatte, noch lebendig in Herz und Gedächtnis. So lauteten die ersten Worte des amerikanischen Präsidenten bei der Nachricht von der lebensgefährlichen Verletzung des Papstes: „Ich werde für ihn beten.“ Wie er, so haben auch fast alle Staatsoberhäupter des amerikanischen Kontinents ihre besten Wünsche nach Rom geschickt. Argentinien und Chile, jahrelang von einem sinnlosen Konflikt bedroht, hatten sich schon 1979 bis dato vom Papst Wojtyla beraten lassen und sein Angebot, zwischen ihnen zu vermitteln, dankend angenommen. Sein Tod hätte jener wertvollen Vermittlung ein Ende gesetzt. Deshalb ihre Betroffenheit und Sorge. Aber nicht nur ihre. Mexiko und Brasilien hatte ja der Papst mit seinem Besuch beehrt.

* * *

Ich weiß, alle Kanadier teilen die tiefe Bestürzung und die Sorge, mit welchen ich die Nachricht von dem Attentat auf das Leben seiner Heiligkeit Johannes Pauls II. empfing.
Man möchte wissen, warum unsere Welt so barbarisch geworden ist, daß es unmöglich ist, das Leben von Gottes eigenem Boten des Friedens zu respektieren.
Ich bete, um eine rasche Genesung Eurer Heiligkeit, damit Sie wieder Ihre Kräfte, Vitalität und Autorität dem Kampf für Frieden, Brüderlichkeit und Beseitigung der Gewalt widmen können.

PIERRE ELLIOT TRUDEAU,
Premierminister von Kanada

Ich war erstaunt und erschrocken durch die Nachricht von dem sinnlosen Angriff auf das Leben Seiner Heiligkeit des Papstes. Gemeinsam mit allen meinen amerikanischen Mitbürgern bete ich für seine Genesung. Wir stehen zu Ihnen in dieser Zeit der Krise.

RONALD REAGAN,
Präsident der USA

Ich beklage und verurteile das Attentat, das Seine Heiligkeit erleiden mußte, und drücke meine Wünsche für seine schnelle und glückliche Genesung aus, zum Wohle für die Sache der Gerechtigkeit und des Friedens, für die er sich so stark einsetzte.

JOSE LEOPES PORTILLO,
Präsident von Mexiko

Tief bewegt durch die Nachricht von dem unglückseligen Attentat auf Ihr Leben, schließe ich mich den Wünschen und Gebeten der ganzen brasilianischen Nation an für die schnelle Genesung Eurer Heiligkeit.

JOAO FIGUEIREDO,
Präsident der Bundesrepublik Brasilien

Westeuropa

„Gott segne dieses Land und alle seine Bewohner! Gott segne Europa und seine Zukunft." Mit diesen Worten, gesprochen auf dem Münchener Flughafen, beendete Papst Johannes Paul II. am 19. November 1980 nicht nur seine letzte, fünfzigste Ansprache, sondern auch seinen fünftägigen Pastoralbesuch in der Bundesrepublik Deutschland. Unter welchen Bedingungen dieser Besuch verlief, das hat Bundespräsident Dr. Karl Carstens in seiner vorausgegangenen Verabschiedungsansprache dem Papst selbst gesagt: „Sie haben während dieser fünf Tage bei leider häufig sehr schlechtem Wetter außerordentliche Strapazen auf sich genommen; mehr als 50 Ansprachen haben Sie in deutscher Sprache gehalten. Wir haben Sie bewundert, und Sie haben unsere Zuneigung gewonnen." Der Bundespräsident bedankte sich besonders für die Worte des Papstes zur deutschen Nation und für den tiefen Eindruck, den der Gast aus dem Vatikan mit seinem Mitgefühl und seiner Liebe hinterlassen hat: „Ihr Besuch in unserem Lande wird in der Erinnerung der Menschen lebendig bleiben. Mögen die Zeichen, die Sie gesetzt haben, lange leuchten! Wir wünschen Ihnen einen guten Heimweg und reichen Segen für Ihr weiteres Wirken!"

Ein letztes Händeschütteln mit Prof. Dr. Karl Carstens, dann mit dem Ministerpräsidenten von Bayern, Franz-Josef Strauß, und die weiße Gestalt entfernt sich langsam zur Maschine der Lufthansa hin. Noch einmal winkt der Papst durch das kleine Fenster des Flugzeugs seinen Gastgebern zu. Innere Bewegung wird bei fast allen Anwesenden sichtbar, wie beim Abschied eines guten, alten Freundes, den man am liebsten immer bei sich haben möchte. Ähnlich empfanden es Millionen von Fernsehzuschauern. Der Papst hat in diesen fünf Tagen alle Deutschen guten Willens für sich gewonnen.

Das war seine vorerst letzte Europareise. Johannes Paul II. hat in den zweieinhalb Jahren seines bisherigen Pontifikats nicht nur viele Städte und Orte seines Gastlandes Italien besucht, sondern auch seine Heimat Polen, ebenso Irland schon im Jahre 1979, Frankreich und Deutschland im folgenden Jahr. Auf diese Weise hat Johannes Paul II. auf seinen Auslandsreisen viele europäische Staatsmänner und Politiker persönlich getroffen und kennengelernt. Viele andere hat er in seinem Haus, im Vatikan selbst empfangen, weil es zu einem alten Brauch gehört, daß die ausländischen Staatsmänner und Politiker bei einem Italienbesuch auch dem Papst einen sogenannten Höflichkeitsbesuch abstatten. Deswegen hat das Attentat gegen ihn sie zutiefst erschüttert, daher auch ihre Sorge und Versicherung des Gebetes.

Eure Heiligkeit, mit tiefer Bestürzung habe ich von dem schändlichen Attentat auf Sie erfahren. Ich hoffe, daß Sie mit Gottes Hilfe bald genesen werden und übermittle Ihnen von ganzem Herzen meine und des deutschen Volkes besten Wünsche.

KARL CARSTENS,
Präsident der Bundesrepublik Deutschland

Über das unfaßbare Attentat zutiefst erschüttert und bewegt, bitte ich Eure Heiligkeit, namens der Republik Österreich und des österreichischen Volkes die aufrichtigsten und tiefstempfundenen Genesungswünsche entgegenzunehmen. Möge in diesen besonders schweren Stunden und Tagen die Gnade des Herrn im besonderen Maße mit Eurer Heiligkeit sein.

RUDOLF KIRCHSCHLÄGER,
Bundespräsident der Republik Österreich

Tief erschüttert durch die Nachricht vom Attentat, das auf Eure Heiligkeit verübt wurde, gedenken wir in Liechtenstein Eurer Heiligkeit in unseren Gebeten. Von Herzen wünschen wir eine baldige Genesung. Eurer Heiligkeit getreuer Sohn.

FRANZ JOSEF,
Fürst von Liechtenstein

Heiliger Vater, mit Betroffenheit habe ich die Nachricht von dem feigen Anschlag erhalten, der gegen Eure Heiligkeit verübt wurde. Im Namen des Bundesrates teile ich Ihnen meine lebhafte Erschütterung mit und spreche Ihnen sehr herzliche Wünsche für eine rasche Genesung aus.

KURT FURGLER,
Präsident der Schweiz

Ich war entsetzt und bestürzt, von dem Attentat auf das Leben seiner Heiligkeit zu hören. Prinz Philipp und ich übermitteln unsere Gebete für seine Genesung.

KÖNIGIN ELISABETH

„Heiliger Vater! Sie haben während dieser fünf Tage bei leider häufig sehr schlechtem Wetter außerordentliche Strapazen auf sich genommen: mehr als 50 Ansprachen haben Sie in deutscher Sprache gehalten. Wir haben Sie bewundert, und Sie haben unsere Zuneigung gewonnen. Ihr Besuch in unserem Lande wird in der Erinnerung der Menschen lebendig bleiben. Mögen die Zeichen, die Sie gesetzt haben, lange leuchten! Wir wünschen Ihnen einen guten Heimweg und reichen Segen für Ihr weiteres Wirken!"
Mit diesen herzlichen Worten verabschiedete sich der damalige Bundespräsident Deutschlands, Professor Dr. Karl Carstens, auf dem Münchener Flughafen von dem hohen Gast aus dem Vatikan. Die Gastfreundlichkeit und die tiefe Zuneigung des Bundespräsidenten dem Heiligen Vater gegenüber waren bemerkenswert.
Bild: Der Bundespräsident mit dem Papst zu Beginn des Empfanges im Schloß Augustusburg bei Brühl.

Die Königin und ich sind bestürzt über den Angriff auf das Leben Eurer Heiligkeit. Mit unseren Gebeten verbinden wir unsere innigen Wünsche und die des belgischen Volkes für die schnelle und vollständige Genesung des Heiligen Vaters.

BAUDOUIN,
König von Belgien

Ich bin tief bestürzt, von dem schimpflichen Angriff zu hören, den Sie an diesem Nachmittag erlitten, und ich möchte Ihnen die Gefühle tiefer Trauer und Angst des ganzen Volkes von Irland über diese entsetzliche Tat ausdrücken. Wir hoffen alle und beten, daß Sie eine schnelle und vollständige Genesung erfahren.

PATRICK J. HILLERY,
Präsident von Irland

Nach dem Bekanntwerden des Anschlages auf das Leben Eurer Heiligkeit, möchte ich im Namen der Regierung und des portugiesischen Volkes sowie in meinem eigenen Namen unsere tiefe Abscheu über eine solch entsetzliche Tat ausdrükken. Wir verbinden damit unsere herzliche Anteilnahme für den Gesundheitszustand einer so hervorragenden und einzigartigen Persönlichkeit, wie die von Papst Johannes Paul II. Das Attentat verursacht Bestürzung in der ganzen Welt, besonders in der katholischen Welt. Die portugiesische Nation versammelt sich heute in einer eindrucksvollen Wallfahrt zum Heiligtum von Fatima, als ein Zeichen ihres Glaubens und ihrer Weihe und der Verehrung für die Person des Heiligen Vaters. Ich drücke meine tiefempfundenen Wünsche für die schnelle Genesung Eurer Heiligkeit aus.

FRANCISCO PINTO BALSEMAO,
Premierminister von Portugal

Mit tiefer Bewegung erfahre ich von dem Attentat, dessen Opfer seine Heiligkeit Papst Johannes Paul II. geworden ist. Ich möchte Sie teilnehmen lassen an dem Abscheu, den das französische Volk vor dieser wahnsinnigen Tat empfindet und bete inbrünstig für den Heiligen Vater und die Fortführung der Sendung, der er sich mit soviel Großmut und Ausstrahlung gewidmet hat.

VALERY GISCARD D'ESTAING,
Präsident der Republik Frankreich

Osteuropa

Mitte Oktober 1978 weilte eine Delegation polnischer Kommunisten aus Krakau in Bratislawa. Zwischen beiden Städten gibt es eine sogenannte Partnerschaftsverbindung. Drei Tage sind schon mit Begegnungen und Reden der Genossen vergangen. Am folgenden Tag, dem 17. Oktober, sollen die polnischen Gäste nach Hause zurückkehren. Wie üblich, soll der letzte Abend in einem entspannten, von politischen Reden verschonten Zusammensein bei gutem slowakischem Wein verbracht werden. Die Gastgeber wollen gegen 19.00 Uhr im Hotel sein. Um 17 Uhr kommen die Polen in die Hotelhalle, um ein wenig Fernsehen aus Wien mitzubekommen, das man in Polen nicht, aber im nur 60 km entfernten Preßburg einwandfrei empfangen kann. Die polnischen Genossen sitzen still und unauffällig unter den übrigen Hotelgästen. Auf einmal wird die Stille unterbrochen. Unter den Kommunisten aus Polen bricht ein Jubel aus. Sie klatschen in die Hände und umarmen sich. Dann stimmen sie zum Staunen der Anwesenden ein Lied an. Was ist passiert?

Der Fernsehsprecher aus Wien kommentiert die Direktübertragung aus Rom und übersetzt jetzt die Worte von Kardinal ... Pericle Felici, der auf der Loggia der St. Peter-Basilika den Anwesenden und Millionen Fernsehern die sensationelle Nachricht verkündet: „Annuntio vobis gaudium magnum: Habemus Papam, den Herrn Karol, der Heiligen Katholischen Kirche Kardinal Wojtyla.“ –

Bald kommen die Glückwünsche der ausländischen Besucher und der Sekt zum Anstoßen; Freude und Begeisterung steigern sich bei den polnischen Genossen. Als gegen 19 Uhr die einheimischen Kommunisten im Hotel Devin eintreffen, können sie sich zuerst nur schwer in dieser Situation zurechtfinden. Bald wird ihnen der Grund für die Fröhlichkeit bekannt. Es folgen Verärgerung, Verstimmung und ein wenig freundlicher, schneller Abschied von den Polen, die dann noch bis tief in die Nacht in bester Stimmung das historische Ereignis der Wahl ihres Landmannes Karol Wojtyla zum Papst mit den Auslandstouristen feiern. Am nächsten Tag mußten sie allerdings eine kalte Dusche über sich ergehen lassen wegen des Mangels an „kommunistischem

Bewußtsein" und wegen der unkommunistischen Haltung zur Wahl des neuen Oberhauptes der „reaktionären" katholischen Kirche. Die polnischen Kommunisten haben diese „Dusche" so leicht ertragen, wie Gänse das kalte Wasser von sich abschütteln.
Es ist nicht bekannt, ob jene polnischen Parteifunktionäre bei der Nachricht von dem Attentat auf ihren Landsmann unter den Weinenden waren, auszuschließen ist es aber sicher nicht.
„Der Papst aus Polen ist vielen ein Ärgernis, ja, ein Hindernis auch. Nicht alle Genesungswünsche, die derzeit nach Rom flattern, können gleich ehrlich gemeint sein", schrieb die „Wiener Furche" am 20. Mai.

* * *

Die Nachricht von dem mörderischen Angriff auf das Leben Eurer Heiligkeit hat unser Volk und die Regierenden der Volksrepublik Polen tief erschüttert. In dieser schweren Stunde senden wir Eurer Heiligkeit Wünsche für eine rasche Genesung, die Sie benötigen, um Ihre Mission im Dienste der humanitären Ideale des Friedens zum Wohle der Menschheit zu erfüllen.

STANISLAW KANIA, HENRYK JABLONSKI,
WOJCIECH JARUZELSKI

Die Nachricht von dem wahnsinnigen Attentat auf das Leben Eurer Heiligkeit schmerzt uns tief. Im Namen der Föderativen Sozialistischen Republik Jugoslawien und in meinem eigenen Namen sende ich Seiner Heiligkeit meine besten Wünsche für eine schnelle, erfolgreiche Genesung und Rückkehr zu Ihrer Mission für Frieden und Verständigung unter den Völkern.

CVIJETIN MIJATOVIC,
Präsident der Föd. Soz. Republik Jugoslawien

Eure Heiligkeit! Mit tiefem Abscheu hörte ich von dem Attentat auf Ihr Leben. Ich verurteile entschieden diesen Akt des Terrorismus. Nehmen Sie bitte meine Anteilnahme und meine besten Wünsche für eine schnelle Genesung entgegen.

TODOR JIVKOV,
Präsident des Staatsrates der Volksrepublik Bulgarien

Ich bin tief bestürzt über den Angriff auf Ihr Leben. Ich wünsche Ihnen eine schnelle und vollständige Genesung.

LEONID BREZNEV

Tief bestürzt verurteile ich den Angriff auf Ihr Leben. Ich drücke meine besten Wünsche für Ihre schnelle und völlige Genesung aus.

GUSTAV HUSAK,
Präsident der CSSR

Afrika

„Ich bin überzeugt, daß die afrikanischen Angelegenheiten eine afrikanische Sache sein sollen; sie dürfen keinem Druck und keiner Einmischung anderer Blöcke oder irgendwelcher Interessengruppen unterworfen werden. Eine positive Lösung der afrikanischen Angelegenheiten wird auch andere Weltteile günstig beeinflussen. Deshalb ist es notwendig, daß die anderen Nationen von den afrikanischen zu empfangen lernen. Die afrikanischen Länder wollen nicht nur eine materielle oder technische Hilfe erhalten; sie wollen auch etwas geben: Ihr Herz, ihre Lebensweisheit, ihre Kultur, ihren Sinn für Gott, der bei vielen anderen Völkern nicht so lebendig ist."
Mit diesen ermutigenden, vertrauensvollen Worten wandte sich Johannes Paul II. am ersten Tag seines Afrikabesuchs u. a. an den Präsidenten und andere Regierungsvertreter von Zaire. Die hier geäußerte Überzeugung galt aber allen Ländern bzw. Nationen des „schwarzen Kontinents", von dem er vom 2. bis 12. Mai 1980 sechs Länder besuchte. Genau ein Jahr und einen Tag nach Beendigung dieses historischen Besuches ereignete sich das Attentat.

* * *

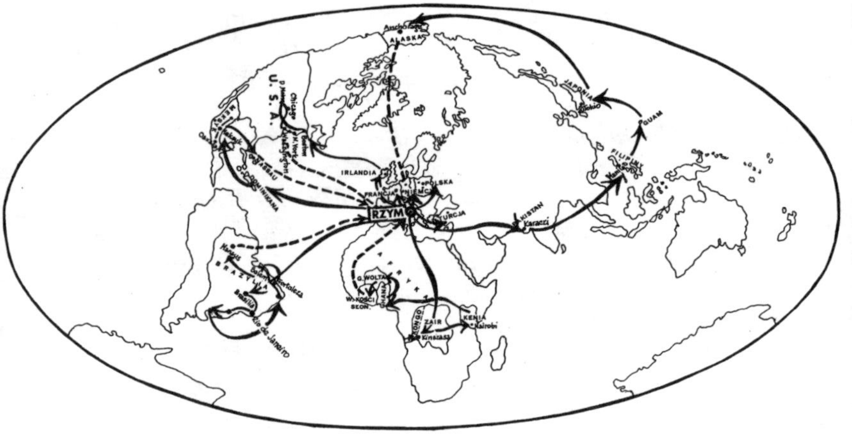

Die apostolischen Reisen Johannes Pauls II. bis zum Attentat.

Tief bestürzt hörten wir von dem feigen Attentat auf Ihr Leben, gerade als wir den Jahrestag Ihres unvergeßlichen Besuchs bei uns an der Elfenbeinküste feierten.
Ich übermittle Ihrer Heiligkeit im Namen des Volkes der Elfenbeinküste, seiner Regierung und in meinem Namen unsere innigsten Wünsche für Ihre rasche Gesundung, damit Sie sobald als möglich Ihre große Aufgabe der Verkündigung im Dienste der Gerechtigkeit und des Friedens wieder aufnehmen können.
Unsere flehentlichen Gebete begleiten Sie in dieser schwierigen Prüfung. Möge der Allmächtige Sie der Christenheit erhalten und den Frieden in der Welt sichern.
Ich bitte Ihre Heiligkeit, den Ausdruck meines tiefsten Mitgefühls und meiner Hochachtung entgegenzunehmen.

FELIX HOUPHOUET-BOIHNY,
Präsident der Republik der Elfenbeinküste

Die Regierung und das ganze Volk von Ghana waren schokkiert und betrübt über den gottlosen Angriff auf Ihr Leben zu einer Zeit, als Ghana sich mit Freude und Genugtuung des Besuches erinnerte, den Eure Heiligkeit Ghana vor einem Jahr abstatteten. Im Namen seiner Exzellenz, Dr. Hilla Limann, des Präsidenten der Republik, der in Staatsgeschäften außerhalb des Landes weilt, und im Namen der Regierung und des Volkes von Ghana und in meinem eigenen Namen möchte ich Ihnen aufrichtige Wünsche für eine schnelle und vollständige Genesung übermitteln. Wir beten zum allmächtigen Gott, er möge Ihnen in dieser kritischen Zeit Trost und Kraft verleihen.

Dr. J. W. S. de GRAFT JOHNSON,
Vizepräsident der Republik Ghana

Sehr bewegt und empört auf unserer offiziellen Reise in die Sowjet-Union, nach der Nachricht von dem gemeinen und schändlichen Attentat, dessen Opfer Eure Heiligkeit wurde, mache ich es mir zur Pflicht, Ihnen im Namen des kongolesischen Volkes und in meinem eigenen Namen unsere lebhaftesten Gefühle der Achtung und des Mitgefühls auszudrücken. In der Tat, das kongolesische Volk und wir selbst sind durch diese Gewalttat um so mehr schockiert, als sie eine Woche nach dem Jahrestag Ihrer historischen und unvergeßlichen Reise in den Kongo geschehen ist, an die wir eine lebhafte Erinnerung bewahren.
Wir sind überzeugt, daß der Mut, den Eure Heiligkeit bisher bewiesen hat, und die Hoffnung von Millionen von Gläubigen in der ganzen Welt der christlichen Gemeinschaft ebenso wie Ihnen selbst helfen werden, diese schwere Prüfung einmal zu überwinden. Das kongolesische Volk, das viele Gläubige zählt und das immer, ebenso wie seine Regierung, Vertrauen in die Freundschaft und Zusammenarbeit zwischen dem Kongo und dem Vatikan gesetzt hat, vereint sich mit uns, um Ihnen, Heiliger Vater, Mut und schnelle Genesung zu wünschen, und wir möchten gleichzeitig Eure Heiligkeit erneut unserer höchsten Achtung versichern.

Colonel DENIS SASSOU-NGUESSO,
Präsident der Republik Kongo

Mit größter Bestürzung und Sorge habe ich die Nachricht vernommen von dem verabscheuungswürdigen Attentat auf Ihr Leben während einer öffentlichen Audienz auf dem Petersplatz.
Im Namen des ganzen Volkes von Nigeria und in meinem Namen wünsche ich Ihnen eine rasche Genesung und Gottes immerwährende Gnade und Seinen Schutz.
Ihr Pontifikat, seit Oktober 1978, als geistliches Oberhaupt

der katholischen Kirche ist von größter Bedeutung und segensreich für die Menschheit gewesen.
Ihre permanenten Rufe nach einer Welt voller Gerechtigkeit und Freiheit, ohne Unterdrückung, Gewalt, Rassismus und Armut begeisterten Katholiken wie Nichtkatholiken auf der ganzen Welt.
Eure Heiligkeit möge den Ausdruck unserer Hochachtung und Wertschätzung entgegennehmen.

ALHAHI SHEHU SAGARI,
Präsident der Bundesrepublik Nigeria

Eure Heiligkeit, mit Bestürzung und Trauer habe ich von dem Attentat auf Ihr Leben gehört. Wir, das Volk von Kenia und alle Menschen guten Willens auf der Welt, beten zu Gott um Ihre rasche Genesung, damit Sie Ihre heilige Mission weiterführen können.

DANIEL T. ARAP MOI,
Präsident der Republik Kenia

Die islamischen Länder

Eines der am meisten menschliche Wärme und religiöse Tiefe ausdrückenden Telegramme an den verletzten Johannes Paul II. ist zweifellos das Telegramm des ägyptischen Präsidenten J. Anwar El-Sadat. Ein kritischer Beobachter der politischen Szene in seinem Land, besonders hinsichtlich der schwierigen Lage von drei Millionen koptischen Christen, konnte nicht die Frage unterdrücken, wie das wohl zu vereinbaren sei mit der Echtheit der Wünsche Sadats. So einfach war das auch nicht. Der ägyptische Präsident hatte seinen besten Willen zum Frieden mit dem Erzfeind Israel gezeigt, nicht ohne Erfolg. Ihm lag auch viel an einem friedlichen Zusammenleben von Christen und Moslems. Die heißen Köpfe fanatischer Schiiten konnte aber auch er nicht ganz unter Kontrolle bringen. Seit dem 6. Oktober 1981 denken vielleicht auch jene Kritiker Sadats anders. Der Präsident mit einem Mut und Tun zum Frieden, wie nur wenige Staatsmänner, fiel selbst als Opfer jener fanatischen Kräfte, die auch das Leben der Christen in Ägypten bedrohen.
„Präsident Sadat hat sich Achtung erworben als Mensch, der an Gott glaubt, und als mutiger Verfechter des Friedens,

der mit seinen Bemühungen versucht hat, neue Wege für die Lösung des langen und blutigen Konflikts zwischen Arabern und Israelis zu finden". Mit diesen und anderen Worten hat Johannes Paul II. seine Erschütterung und den Schmerz zum Ausdruck gebracht, die die Nachricht vom tragischen Tod Sadats bei ihm ausgelöst hat, und bei der Generalaudienz am 7. Oktober 1981 zum Gebet für den Toten aufgefordert.
Er hat zwei Telegramme nach Ägypten geschickt, eines dem Ministerpräsidenten Mubarak, das zweite der Witwe Sadats.
Mit welcher inneren Bewegung muß der Papst bei Abfassung seines Telegramms an die Witwe Sadats noch einmal jenes Telegramm gelesen haben, das Sadat ihm im Mai 1981 gesandt hat.
Ähnlich wie Sadat haben viele andere Oberhäupter der islamischen Welt ihre Solidarität und besten Wünsche Johannes Paul II. aufrichtig geäußert.

* * *

Ich war erschüttert von der Nachricht über den Anschlag auf das Leben Eurer Heiligkeit und bin sehr erleichtert, zu hören, daß Sie außer Gefahr sind.
Solche kriminellen Akte werden von kranken, seelisch gestörten Personen begangen, deren Seelen bar des Glaubens und der Liebe zu Gott sind.
Ich glaube fest an die Botschaft Eurer Heiligkeit vom Frieden und von der Liebe, die die Herzen und Sinne von Menschen aller Glaubensbekenntnisse überall in der Welt erreicht hat.
Ich bete zum Allmächtigen, daß er Ihnen die Kraft schenken möge, über diesen tragischen Akt der Gewalt hinwegzukommen, der allen Grundsätzen widerspricht, die Sie verkündigen.
Ich bete für Ihre rasche und vollkommene Genesung, damit Sie uns weiterhin mit Ihrem edlen Ruf zu Frieden und Verständigung in dieser unruhigen Welt Impulse geben können.
Möge der Herr Eurer Heiligkeit Gesundheit und ein langes Leben schenken, damit Sie Ihren heiligen Auftrag im Dienste der Menschheit weiterführen können.

In Ergebenheit Ihr
JEHAN ANWAR EL-SADAT

Gott sei gelobt, Eure Heiligkeit ist gerettet, und die Hand Gottes liegt auf Ihnen. In der Welt, in der wir leben, scheint die Torheit nicht verschwinden zu wollen. Aber die Kräfte des Guten, dessen einer der wirksamsten Verteidiger Sie sind, die Leiden, die Sie in diesem Augenblick erdulden und die lebhaft mitempfunden werden von denen, die Sie lieben und bewundern, endlich der Segen unseres Herrgottes, – all das wird Ihre Wunden heilen und Ihre Schritte stärken. Mit Inbrunst beten wir für Sie. Gott wird nicht die verlassen, die sein Wort und seine Lehre durch die Welt tragen. Der göttliche Zorn wird die Schuldigen züchtigen. Sie, Sie sind vor allem Liebe und Mitleid.
Gott stehe Eurer Heiligkeit bei und gebe, daß die Menschheit noch für lange Jahre von den Tugenden des Statthalters Christi profitieren könne.

HASSAN II.,
König von Marokko

Mit großer Bewegung erfahre ich die Nachricht von dem feigen Attentat auf Ihre Person. Ich drücke meine tiefe Sympathie und Wünsche für eine schnelle Genesung aus und bitte Gott, Ihnen in dieser Prüfung beizustehen.

HABIB BOURGHIBA,
Präsident der Republik Tunesien

Mit tiefer Bestürzung und Trauer hörte ich von dem abscheulichen Angriff auf Ihr Leben. Wieder einmal hat die zivilisierte Welt die Schrecken des Terrorismus erfahren und das Bedürfnis einer internationalen Zusammenarbeit, ihn zu bekämpfen. Während ich für Ihre vollständige und schnelle Genesung bete, bin ich erleichtert zu erfahren, daß Sie, nachdem Sie sich einer Operation unterzogen haben, durch die Gnade Gottes befriedigende Fortschritte machen. Das Volk von Pakistan vereinigt sich mit mir in dem Wunsch, daß Sie Ihre schwere Verantwortung im Sinne des Weltfriedens und des Verständnisses der Völker untereinander bald wieder aufnehmen können.

General MOHAMMED ZIA-UL HAQ,
Präsident der Islamischen Republik Pakistan

Wir sind aufs tiefste bestürzt über das Attentat, das gegen Eure Heiligkeit verübt worden ist. Eure Heiligkeit haben nie aufgehört, für das Gute, die Liebe und den Frieden zu arbeiten und haben Ihr ganzes Leben dem Kampf für die edlen Ziele der Menschlichkeit geweiht. Wir können nur den Allmächtigen um die schnelle Genesung Eurer Heiligkeit bitten und daß Sie in bester Gesundheit ein langes Leben genießen. Möge Eure Heiligkeit die Versicherung meiner höchsten und freundschaftlichen Wertschätzung wohlwollend annehmen.

JABER AL. AHMAD AL SABAH,
Emirat von Kuwait

Asien

„Der Apostel der Völker unserer Zeit, Johannes Paul II.“, wie eine Zeitung ihn nannte, begann am 16. Februar 1981 seine neunte und längste Pastoralreise, die ganz besonders seine Sehnsucht nach Frieden und sozialer Gerechtigkeit zum Ausdruck brachte. Er legte 35 000 km im Flugzeug zurück, mit nur einem kurzen Aufenthalt in Pakistan, besuchte die Philippinen, die Insel Guam, Japan und Alaska. So hat er als erster Papst in der Kirchengeschichte den Nordpol überflogen. Die Reise dauerte bis 27. Februar, in deren Verlauf der Papst ungefähr 100 Ansprachen und Predigten hielt. Sein Besuch galt zuerst dem einzigen katholischen Land Asiens, den Philippinen. Im Flüchtlingslager von Morong, wo Tausende von Flüchtlingen aus Vietnam, Kambodscha und Laos sich angesammelt haben, rief der Heilige Vater alle Völker dazu auf, „mehr Geld freizugeben für diese Flüchtlinge und Vertriebenen, die die größte Tragödie unserer Epoche darstellen“. Diese Bitte konnte ihm in Asien nur Freunde gewinnen.
In Hiroshima richtete Johannes Paul II. einen beschwörenden Appell zum Frieden an die Völker, damit sich die Tragödie vom 6. August 1945 nie mehr wiederhole. Papst Wojtyla war in Asien kein Unbekannter.

* * *

Mit Bestürzung und tiefbekümmert höre ich die furchtbare Nachricht von dieser unaussprechlichen Tat, die Eure Heilig-

keit verwundete. Ihr vor kurzem erfolgter Besuch in Japan als ein Bote des Friedens ist mir noch lebhaft im Gedächtnis. Ich bewahre den starken Eindruck, den unsere freien Gespräche über die Sache des Friedens in der Welt auf mich machten. Ich suche schon jetzt eine günstige Gelegenheit, Eurer Heiligkeit anläßlich meiner bevorstehenden Reise in Europa wieder zu begegnen. Ich bete mit ganzem Herzen für die rasche und vollständige Genesung Eurer Heiligkeit, der ich ergebene gute Wünsche des ganzen japanischen Volkes und von mir selbst schenke.

ZENKO SUZUKI,
Premierminister von Japan

Die Regierung und das Volk der Republik China sind unermeßlich schockiert und betrübt durch die Nachricht von dem Angriff auf Eure Heiligkeit durch eine fanatische Person. Ich beeile mich, Eurer Heiligkeit unsere frommen und besten Wünsche für eine schnelle und volle Wiederherstellung Ihrer Gesundheit zu übermitteln, so daß sie Ihre edlen Anstrengungen für eine vollständige und wirksame Bekämpfung des Terrorismus und der Gewalt durch irgendwelche Individuen oder Gruppen von Individuen in der ganzen Welt verdoppeln können.

CHIANG CHING-KUO,
Präsident der Republik China

Wir sind bestürzt über das heimtückische Attentat auf das Leben Eurer Heiligkeit. Im Namen der Regierung und des Volkes von Indien drücke ich unsere tiefe Besorgnis aus und versichere Sie unserer Gebete für die vollständige und schnelle Genesung Eurer Heiligkeit.

INDIRA GANDHI

Die Nachricht von dem Attentat auf Ihr Leben wurde in Australien mit Schrecken und Bestürzung aufgenommen. Die Gedanken und Gebete aller Australier für eine schnelle und vollständige Genesung sind mit Ihnen.

STANLEY BURBURY,
Administrator der Regierung Australiens

Ich war tief bestürzt über die Nachricht von dem verbrecherischen Attentat auf das Leben Eurer Heiligkeit. Das libanesische Volk schließt sich ausnahmslos meiner harten Verdammung dieses furchtbaren Verbrechens an. Aus der Tiefe unseres Mitleidens flehe ich den Allmächtigen um Ihre rasche Genesung an und bitte Sie, meine ergebene Huldigung und Verehrung anzunehmen.

ELIAS SARKIS,
Präsident der Libanesischen Republik

Internationale Organisationen

Unvergessen bleiben Ansprache und Auftreten Johannes Pauls II. vor der UNO am 2. Oktober 1979.
Die FAO, Organisation der Vereinten Nationen für Ernährung und Landwirtschaft, mit ihrem Sitz in Rom, hatte ebenfalls schon die Ehre seines Besuches mit einer Rede und ihn als moralische Autorität für die drängenden Probleme unserer Welt gewürdigt.
Anläßlich seines geplanten Schweizbesuches sollte Johannes Paul II. in Genf, am Sitz der Internationalen Arbeitsorganisation, über die Probleme der Arbeit sprechen. Wäre es nicht zum Attentat gekommen, hätte er in Genf auch schon seine 3. Enzyklika über die menschliche Arbeit, deren Vorabdruck schon fertig war, seinen Gastgebern schenken können.

* * *

Ihre Heiligkeit! Ich wurde aufs tiefste bestürzt und geängstigt durch den Anschlag auf Ihr Leben und erleichtert bei der letzten Nachricht über Ihre Besserung. Im Namen der ganzen Vereinten Nationen , die sich Ihres Besuches hier mit großer Wertschätzung und Ehrfurcht erinnern, teile ich unser Gefühl des Schmerzes über diesen boshaften Akt mit und unsere herzlichsten Wünsche für Ihre schnelle und volle Wiederherstellung. Die Welt braucht sehr das Maß geistiger Führerschaft und Vermittlung des Friedens, die Sie so reichlich der internationalen Gemeinschaft verschafft haben.

KURT WALDHEIM,
Generalsekretär der UNO

Tief bewegt möchte ich Eurer Heiligkeit meine Gefühle der treuen Anhänglichkeit und meinen Abscheu vor dieser kriminellen Tat ausdrücken. Gott gewähre dem Obersten Hirten eine schnelle Genesung. Ich bitte Eure Heiligkeit, meine tiefste Hochachtung anzunehmen.

JOSEPH LUNS,
Generalsekretär der NATO

Mit der größten Bewegung hat die Kommission von dem abscheulichen Attentat erfahren, dessen Opfer Eure Heiligkeit geworden ist. Im Namen der Kommission drücke ich Eurer Heiligkeit unsere tiefe Bewegung aus und bete für Ihre schnelle Wiederherstellung.

GASTON DE THORN,
Präsident der Europäischen Kommission

Im Namen der Organisation der Vereinten Nationen für Ernährung und Landwirschaft und in meinem eigenen Namen möchte ich unseren tiefen Schmerz ausdrücken, den wir bei Bekanntgabe des Attentats auf die Person Seiner Heiligkeit Papst Johannes Pauls II. empfunden haben. Wir vereinen unsere Wünsche und Gebete mit denen der ganzen Menschheit und wünschen Seiner Heiligkeit eine schnelle Genesung. Genehmigen Eure Eminenz die Versicherung meiner größten Hochachtung.

EDOUARD SAOUMA,
Generaldirektor OVN

Aufs tiefste bestürzt über die Nachricht von dem Attentat, dessen Opfer Eure Heiligkeit wurde, drücke ich aus tiefstem Herzen im Namen der UNESCO und in meinem eigenen Namen die besten Wünsche für eine schnelle und vollständige Genesung aus.

AMADOU MAHTAR M'BOW,
Generaldirektor der UNESCO

VII.

„Laßt die Kleinen zu mir kommen ...“

Monsignore Virgilio Noe, der langjährige Zeremoniar von Paul VI., wurde am 22. Oktober 1978, am Tag der Amtseinführung von Johannes Paul II. auf dem Petersplatz, auf einmal im Gesicht röter als sein rotes Zingulum. Überrascht und ratlos konnte er nur zuschauen, wie sein neuer „Chef“ nach der feierlichen Messe und dem Schlußsegen – entgegen jedem Protokoll – zu den Ehrengästen in den ersten Reihen ging. Ein Neun- bis Zehnjähriger der fünftausend anwesenden Landsleute des Papstes, wagt daraufhin, mit einem Blumenstrauß einige Schritte nach vorn zu gehen, dann hält er an, schaut sich unsicher um, weil er nicht weiter vorgehen wollte. In diesem Augenblick bemerkt Johannes Paul die Verlegenheit des Kleinen und läuft ihm den Rest des Weges entgegen; mit der rechten Hand umarmt er das Kind und küßt es auf den Kopf. Riesiger Applaus der 300 000 Anwesenden quittiert diese väterliche Geste des Papstes. Das war der erste offizielle Kontakt des Papstes aus „dem fernen Land“ mit der Kinderwelt, der sich von Tag zu Tag immer mehr zu einer festen, lebendigen Freundschaft entwickelte. Monsignore Noe mußte an den folgenden Tagen noch weitere Überraschungen erleben, bei denen sein neuer Herr die protokollarische Ordnung nicht mehr fest einhielt, sondern dem freundlichen persönlichen Kontakt, sei es mit Kindern oder mit Älteren, einfach mit den Menschen den Vorrang gab. Ein hochintelligenter, freundlicher päpstlicher Zeremoniar wie Virgilio Noe lernte bald mit freudiger Genugtuung die neue „Zeremonie“, ohne künftig erstaunt und ratlos zu sein.

In den folgenden Tagen erleben die Pilger und Besucher bei den Audienzen zuerst erstaunt, bald aber begeistert den Umgang des Papstes mit den Kindern, nicht nur wegen seiner Spontaneität, sondern auch wegen der dynamischen Art und sportlichen Weise, wie der Hl. Vater den Kindern begegnete. Als er zum erstenmal einem kleinen Buben unter die Arme greift und ihn dann blitzschnell mit Perfektion eines Akrobaten über den Kopf in die Höhe wirft, stockt zu-

Die Kinder fühlen sich beim gemeinsamen Vater recht wohl.

erst wahrscheinlich den Eltern der Atem. Als sie das Kind unversehrt vom Papst zurückbekommen, ist die Audienzaula mit Zehntausenden von Pilgern in schallende Begeisterung geraten. Das Foto läuft bald um die ganze Welt.
Am 8. November, drei Wochen nach der Wahl, findet dann eine Audienz mit italienischen Schulkindern statt. Der Papst geht langsam durch die Basilika, die kleinen Schüler segnend und ihre Hände schüttelnd. Begeisterung und Lärm sind entsprechend. Als der Papst um ein bißchen Ruhe bittet und sich dabei scherzhaft mit beiden Händen die Ohren zuhält, kommen die Kinder erst richtig in ihr Element. Endlich spricht er vom Hauptaltar aus, quittiert zuerst mit Freude die Vitalität seiner kleinen Besucher. Er verschweigt auch nicht seine große Sorge während des Empfangs. Er habe sehr, sehr den Hl. Petrus gebeten, seine Basilika vor dem Einsturz zu bewahren, die durch das laute Geschrei der Kinder in Gefahr gekommen sei. Zum Schluß der Ansprache gibt der Papst ihnen drei Gedanken als Wegweisungen mit: „Sucht Jesus, liebt Jesus, seid seine Zeugen."
Diese freundschaftlichen, oft spektakulären Begegnungen zwischen den Kindern und dem Papst werden mit jedem

Auftreten in den gewöhnlichen Mittwochaudienzen, bei den Pfarrbesuchen in Rom wie auch auf seinen Reisen ständig zum Bild gehören. Wo immer der Papst sich zeigen wird, da werden auch Kinder sein.
Übrigens, das letzte Bild von dem gesunden Papst, vielleicht nicht ganz eine Sekunde vor dem Attentat aufgenommen, zeigt ihn mit der zweijährigen Sandra Bartolli, wie er sie mit beiden Händen ergreift und in die Höhe hebt, dann dem Vater zurückgibt. Dieses Bild ging um die Welt und ist in die Vorgeschichte jenes tragischen Ereignisses eingegangen. Neben der kleinen Sandra mit ihren Eltern warteten andere Eltern mit ihren Kindern direkt neben der Holzschranke in der freudigen Hoffnung, den „caro pàpa", den lieben Papst, ansprechen und seine Hände ergreifen zu können. Anstatt des Erhofften erlebten diese Kinder mit ihren Eltern ein schreckliches Drama aus unmittelbarer Nähe, wie es dann bald am Bildschirm die ganze Welt mit Erschütterung und Ratlosigkeit gesehen hat. Wenn die Großen dieser Welt durch den Mordanschlag erschreckt wurden, wie sie das in ihren Genesungs- und Segenswünschen andeuteten, was mußten dann erst die kleinen, unschuldigen Kinder in ihren Herzen erlebt haben! Für sie war das einfach unbegreiflich, unfaßbar. Der Fürst dieser Welt ließ sie durch den Mordanschlag vielleicht zum erstenmal spüren, welche Früchte das Böse bringen kann, wessen der Teufel fähig ist. Millionen Kinder auf der ganzen Welt haben dann mit Tränen und innigen Gebeten Christus und seine Mutter bestürmt, ihren lieben Papst zu erhalten.
Viele von ihnen haben die Eindrücke ihres kleinen Herzens, ihre Angst, ihre Enttäuschung, ihr Unverständnis für das Böse, aber auch ihre Hoffnung schriftlich zusammengefaßt und dem Heiligen Vater mit der Versicherung ihres Gebetes und mit ihren besten Wünschen gesandt.

* * *

Auf den folgenden Seiten einige solcher Briefe von Kindern aus Polen, Kroatien und Italien.

Lieber Heiliger Vater,
wir beten für Dich, ganz Polen wünscht Dir schnelle Genesung und Wiederaufnahme Deiner täglichen Aufgaben. Ich wünsche mir, daß Du bald wieder Polen besuchst. Grüße aus Deiner ersten Heimat und Glückwünsche von

Deinem Martin, 8 Jahre

Ich bete für Dich, Janie Pawle II., damit Du schnell wieder gesund wirst und daß kein anderer Mensch sich findet, der Dich töten möchte.
Ich bete täglich den Rosenkranz um Deine Genesung und auch für den Kardinal Wyszynski. Wir werden Deiner gedenken auch dann, wenn Du wieder gesund sein wirst. Wir beten immer für Dich. Heute, wenn wir Kinder unser Fest haben (am 1. 6. Fest der Kinder), denkst Du gewiß an alle Kinder in der Welt, und wir denken an Dich.

Gott sei mit Dir: Lucyna Riemel, 1. VI. 1981

Ich gehe in die 3. Klasse in Rybnik/Fischbach.

Lieber Heiliger Vater,
ich wünsche Dir viel Glück, damit Du schnell wieder gesund wirst, um bald in Deine liebe Heimat zu kommen.
Lieber Vater, ich wünsche Dir viel Sonne. Ich bete, damit alle Menschen gut sind. Alle sind betroffen vom Tod des Kardinals Stefan Wyszynski, und Du bist es am meisten, weil er Dein bester Freund war.

Gott mit Dir: Oleg, 9 Jahre

Liebes Radio Vatikan!
Über Dich wünsche ich unserem liebsten Heiligen Vater Gesundheit, und das nicht einmal, sondern tausendmal. Wir freuen uns sehr, daß es dem Heiligen Vater besser geht. Wir haben im Radio Vatikan seine Stimme gehört. Er hat dem Attentäter verziehen. Aber ich will nicht so einen unguten ‚Bruder haben'. Ich danke für die Übermittlung meiner Glückwünsche, die von meinem kleinen Herzen ausgehen. Ich grüße ganz herzlich das vatikanische Radio, das wir sehr gern haben. Wir werden hier nicht vor Hunger untergehen. Aber ohne unseren Heiligen Vater gingen wir unter. Er möge 100 Jahre leben, und er soll zu uns kommen.

Michal Czorny, Kattowitz

Der kleine Michal, 10 Jahre, hat dem Papst „tausendmal" Genesung gewünscht und hat es mit eigener Hand auch wirklich in tausend Zeilen, auf langen zusammengeklebten Bögen geschrieben.

Wodzislaw, 19. 5. 1981

Sehr geehrte Redaktion mit Schwester Martha im Radio Vatikan!

Gestern, d. h. am 18. 5. 1981, sandte ich dem Heiligen Vater ein Telegramm folgenden Inhalts: Ich war gestern zur Ersten Hl. Kommunion. Ich betete um die Gesundheit für den Heiligen Vater. Auch die eingeladenen Gäste beteten dafür. Heute bringe ich meine Glückwünsche zum Geburtstag und bitte Gott, daß nie mehr jemand auf den Heiligen Vater schießt.

Das wünscht die kleine Violetka Kwasny aus Wodzislaw, die heute auch mit dem Heiligen Vater Geburtstag hat.

Ehrwürdige Schwester Martha, ich bitte Sie recht herzlich, daß dieses Telegramm in Ihrem Radio-Programm gedruckt wird, damit die Leute wissen, daß auch die kleine Violetka (9 J.) an den Heiligen Vater denkt.

Ich bemitleide ihn. Ich empfange die Hl. Kommunion und bete für ihn und auch für jenen nicht guten Menschen, der auf den Heiligen Vater geschossen hat, auch für alle, die das einmal tun möchten.

Liebe Schwester Martha, ich bitte sehr, mir zurückzuschreiben, ob der Heilige Vater mein Telegramm bekommen hat.

Mit Gott! Violetka.

* * *

1979, am Sonntag nach Ostern, sind über 10 000 Kroaten, überwiegend aus ihrer Heimat, aber manche aus der ganzen Welt, zu einer National-Wallfahrt nach Rom gekommen. Sie feierten ihr größtes geschichtliches Jubiläum, dreizehnhundert Jahre Christentum, dem sie z. Zt. des Papstes Johannes IV. Anfang des Jahres 640 eingegliedert wurden. Bei einem feierlichen Gottesdienst im Petersdom zusammen mit den Bischöfen Kroatiens hielt Papst Johannes Paul II. in sehr gutem Kroatisch eine bedeutende Predigt. Sie enthielt nicht nur seinen Dank für die ständige Treue der

„weißen“ Kroaten zum Stuhl Petri, zur Kirche Croatia semper fidelis, sondern sie gab ihnen auch den Mut zum selbständigen nationalen, kulturellen und politischen Leben. Der minutenlange Applaus war ein klares Zeichen, daß der Papst sie alle hinter sich hatte. Durch direkte Rundfunkübertragung konnten auch Millionen Kroaten in ihrer Heimat und in der ganzen Welt diese Ansprache hören.
Wegen der gemeinsamen Abstammung – die kroatischen Stämme siedelten bis zum 6. Jahrhundert eigentlich im heutigen Polen, nicht weit von Krakau – war dieses katholische Volk durch die Wahl Kardinal Wojtylas zum Papst in seinem Glaubensbewußtsein wie auch in seiner Treue zur römischen Kirche gestärkt worden.
Daher wundert es keinen, daß die Nachricht von dem Attentat bei den katholischen Kroaten größten Schmerz verursachte, den sie im Gebet zu mildern versuchten. Das zeigen auch die folgenden Briefe kroatischer Kinder. Allerdings geben diese Kinder dem Heiligen Vater nicht, wie die italienischen oder polnischen Kinder, das „Du“, sondern reden ihn mit „Sie“ an.

Unser lieber Heiliger Vater!
Ich habe die schlimme Nachricht gehört, daß Sie schwer verletzt wurden, was mir im Herzen sehr weh tat. Ich wünsche Ihnen schnelle Genesung, damit Sie wieder ganz gesund werden. Die Welt braucht Sie. Die ganze Welt weiß, wer Sie sind, und betet für Sie, wie auch wir hier in Kroatien.
Viele herzliche Grüße, in Liebe

Nedjelko Rajkovic
(VI. Klasse der Grundschule)

Rechnitz, 23. 5. 1981

Unser lieber Heiliger Vater!
Die Schüler und Schülerinnen der Hauptschule in Rechnitz bitten für Sie den lieben Gott, daß er Sie heilt. Die Welt braucht Sie mehr denn je, damit Sie im Namen Jesu Christi und mit Hilfe der seligen Jungfrau Maria der Welt den Frieden und die Liebe verkünden. Wir waren alle sehr erschrokken von dem Ereignis. Wir grüßen Sie und verbleiben als Ihre treuen Kinder …
(Es folgen 30 Unterschriften aus einer Klasse der Schule.)

Lieber Heiliger Vater!
Ich habe gehört, daß Sie aus dem Krankenhaus entlassen wurden, worüber ich mich sehr freue. Als ich am Fernseher jene traurige Nachricht hörte, daß Sie verletzt seien, war ich sehr erschrocken. Täglich hörte ich die Nachrichten über die Besserung Ihres Befindens. Nun bin ich wieder froh und glücklich, daß Sie das Krankenhaus verlassen haben. Ich wünsche Ihnen, daß Sie sich noch besser erholen und zu uns zurückkommen in unsere Mitte. Jeden Tag beten wir Kinder um Ihre schnelle Genesung. Kommen Sie bald zu uns zurück! Mit vielen Grüßen von Katharina Perušine.

Lieber Heiliger Vater!
Ich wünsche Ihnen, daß Sie ganz schnell gesund werden, damit Sie sich für die armen Menschen und für die Kinder, die keine Mutter und keinen Vater haben, sorgen und daß Sie sich für die ganze Welt einsetzen.
Mit Gott Klara Petrovic (7 Jahre alt, 1. Klasse)

Lieber Heiliger Vater!
Ich gehe in die dritte Klasse. Ich wünsche Ihnen baldige Genesung, damit Sie wieder viele Länder besuchen und die Armen und Kinder umarmen können.
Am Fest der Heiligsten Dreifaltigkeit werde ich zum erstenmal den Leib des lieben Jesus Christus in meinem Leib empfangen. Ich freue mich sehr auf diesen Tag, den ich ungeduldig erwarte.
Ich bete für Sie, grüße und liebe Sie.

Josip (8 Jahre alt)

* * *

Aus verständlichen Gründen hatte der Papst am meisten Kontakt mit den italienischen Kindern und umgekehrt diese mit ihm. Zu den Generalaudienzen fanden sich Tausende von Kindern aus allen Teilen der italienischen Halbinsel ein und schlossen mit dem Papst eine besondere Freundschaft. Auch diejenigen, die noch nicht zur Audienz kamen, haben vom Papst Grüße und beste Wünsche empfangen: „Liebe Kinder, wenn ihr nach Hause kommt, berichtet euren Freunden das, was der Papst euch jetzt in Erinnerung an die schöne Audienz auf dem Petersplatz sagt. Sagt allen, daß der

Papst sie liebhat, ihren Besuch erwartet und sie segnet." Diese Worte und Empfehlung richtete Johannes Paul II. am 26. Mai 1979 an die Kinder der „Katholischen Aktion Italiens". So wollte er alle kleinen Bürger Italiens erreichen. Die Mehrheit der italienischen Kinder hat den Papst aber persönlich erlebt. Deshalb ihre Betroffenheit nach dem Attentat am 13. Mai 1981. Noch mehr betroffen waren diejenigen, die zu dieser Zeit selbst als Kranke in der Gemelli-Klinik weilten, wohin der schwerverletzte Johannes Paul II. um 17.55 Uhr gebracht wurde. Das war nicht nur für die erwachsenen Kranken, sondern vor allem für die kleinen Patienten von besonderer Bedeutung, wie die folgenden Zeilen beweisen.

In der Gemelli-Klinik, dieser „Großstadt der Kranken", hat sich das Klima für die Bewohner seit dem Abend des 13. Mai 1981 spürbar und sichtlich geändert. Das Schicksalsdrama des schwerverletzten Papstes, um dessen Leben das Ärzteteam fünf Stunden kämpfte, wurde von zweitausend Kranken, darunter Hunderte von Kindern, in großer Sorge und mit tiefer Anteilnahme, vor allem im Gebet solidarisch mitgetragen. Ärztliche Bulletins über den Zustand des ungewöhnlichen, hochverehrten Patienten wurden täglich mit einer Mischung von Nervosität und großer Hoffnung erwartet. Die Nachrichten von der Rettung des Papstes sowie der Hoffnung auf spätere volle Genesung wurden mit großer Freude, Erleichterung und Dankbarkeit Gott und den Ärzten gegenüber aufgenommen.

Dann kam Sonntag, der 17. Mai.

Schon vor zwölf Uhr warteten alle zweitausend Klinikbewohner, besonders aber die Kinder, mit großer Spannung und gedämpfter Hoffnung in ihren Zimmern am Krankenhaus-Rundfunk.

Um zwölf Uhr passierte es wirklich: Jetzt hören sie mit eigenen Ohren die schwache Stimme Johannes' Pauls II., eines der ihren, Kranker unter Kranken. Der Heilige Vater spricht mit großer Mühe. Jedoch welche Freude und Begeisterung weckt das in aller Herzen, der Kinder und der Älteren und Alten in der Gemelli-Klinik. Manche Patienten empfanden in diesem Augenblick ihre Anwesenheit in der Klinik als ein Privileg. Alle trugen ihre Leiden und Schmerzen leichter, „verbunden mit Christus", aber zugleich solidarisch mit seinem Stellvertreter, dem z. Zt. schwerverletzten Patienten der Intensivstation, dem Papst.

Am Nachmittag versammelten sich die Kinder aus der pädiatrischen Abteilung der Klinik und berieten eifrig. Bald faßten sie den Entschluß, dem Heiligen Vater zu schreiben, mit schönen Zeichnungen und besten Wünschen zum 61. Geburtstag ihres älteren „Kollegen" am folgenden Tag. Der neunjährige Marco Capobianco schrieb mit einer sehr unsicheren Handschrift folgendes: „Caro pàpa – lieber Papst –, ich weiß, daß Du mit uns im Krankenhaus bist. Ich habe eine Entzündung wie Du und schreibe Dir mit der linken Hand, der Hand des Herzens. Aber ich will Dir dadurch beweisen, daß ich Dich noch mehr liebe. Dein Marco."

Die siebenjährige Klara schrieb: „Lieber Papst – Caro pàpa, es tut mir furchtbar leid, daß Du auch im Krankenhaus liegen mußt. Ich wünsche von Herzen, daß Du bald wieder aufstehen und noch viele Menschen auf dem Petersplatz segnen kannst. Klara, Patientin der Gemelli-Klinik"

Die zehnjährige Rossana Russo wird auf dem Wagen in den Operationssaal gebracht. Auf dem Flur erfährt sie von den begeistert schreienden Kindern, was sie eben für den Papst vorbereiten. Sie bittet die Schwestern anzuhalten, und bevor sie operiert wird, kann sie dem Papst die folgenden Worte schreiben: „Wenn Dich das Leben mit den Schultern an die Wand drückt, den Kopf nicht neigen. Nimm Dein Schicksal lächelnd an, und sie, die Madonna, wird Dir helfen."
Am Montag, dem 18. Mai, an dem Karol Woytyla sein 61. Lebensjahr vollendet, kommen in die Gemelli-Klinik von morgens bis abends nicht nur Politiker, bekannte Persönlichkeiten, sondern auch Arbeiter, Hausfrauen und ganze Scharen von Schulkindern, um für den Papst ihre Wünsche und Blumen abzugeben und ihm auf diese Weise ihre Sympathie und Liebe zu zeigen.
Zu den bemerkenswerten Episoden dieses Tages gehört jene, deren Darstellerin ein koreanisches Kindermädchen war. Als das Mädchen seine Blumen mit einem Glückwunschzettel abgab, bemerkte es: „Sagt dem Papst, ich bin

Glückwünsche der kleinen Patienten in der Gemelli-Klinik. Vorn im Bild der neunjährige Marco Capobianco.

gekommen, um ihm diese Rose zu bringen. Er wird verstehen. Gebt ihm einen Kuß von mir."

Der folgende Brief der Klasse 4 B von Nereto-Terramo hat einen besonderen Hintergrund.

Liebster Heiliger Vater!

Wir gehören zur Klasse 4 B von Nereto und schicken Ihnen diesen kleinen Brief. Wir möchten Ihnen damit zeigen, daß wir viel an Sie denken und für Sie beten in diesem so traurigen Augenblick.

Auch wir waren am 13. Mai auf dem Petersplatz, um Ihnen die Hände zu schütteln. Wir waren ganz begeistert, daß wir Sie aus der Nähe sehen konnten, als plötzlich das Attentat passierte. Zuerst dachten wir, es handelt sich um Feuerwerkskörper, aber leider zeigte sich, daß es anders war. Anfangs wollten wir es gar nicht glauben, und dann verwandelte sich unsere Freude in tiefe Traurigkeit, und sofort haben wir gedacht, wie kann man nur einen so guten Menschen töten wollen, der in die ganze Welt den Frieden bringt. Auf der Rückfahrt im Omnibus waren wir alle sehr schweigsam, jeder überlegte still für sich. Wir hatten Angst vor jeder Nachricht, die an diesem Abend durch das Radio kam.

Wir waren oft in Gedanken bei Ihnen im Krankenhaus, und erst jetzt, als das Fernsehen sagte, daß die Gefahr vorüber ist, sind wir wieder etwas froher.

Wir hoffen, daß Sie bald wieder auf den Petersplatz zurückkommen, wo viele Menschen Sie sehen möchten. Wir hoffen, daß sich auch für uns eine neue Gelegenheit ergibt, Ihnen persönlich zu begegnen.

Aus ganzem Herzen wünschen wir Ihnen gute Besserung und wären glücklich, wenn Sie beim Lesen dieses Briefes ein wenig an uns dächten.

Die Klasse 4 B, Nereto- Terramo

* * *

An einer Mittwochsaudienz im Mai 1979 nahm mit seiner Klasse 1 auch der siebenjährige Francesco teil. Er durfte den Papst persönlich ansprechen und ihm die Hände schütteln. Allerdings aus einem traurigen Grund. Der Kleine hatte seine Mutter nie gekannt, und jetzt, vor zwei Wochen, war auch sein Vater tödlich verunglückt. Mit Tränen in den Augen und zitternden Händen teilt er dem Papst die Hiobsbotschaft mit. Der Heilige Vater drückt das Kind zärtlich an

sich; eine Weile bleibt er still, dann sagt er zu Francesco ganz einfach: „Von jetzt an bin ich dein Vater!"
Das unglückliche Waisenkind verstärkt seine Aufmerksamkeit, als ob es fürchte, es sei nur ein schöner Traum, was es da hört. Und wie um sich klar von der Wirklichkeit zu überzeugen, fragt es ruhig und ganz ernst: „Willst du wirklich mein Vater sein?" Die Neigung des Kopfes mit einem klaren „Ja" des Heiligen Vaters hebt den Kleinen aus seiner Traurigkeit. Er wischt die Tränen ab, und sein Gesicht strahlt vor Freude und Zuversicht, erstmals seit 2 Wochen.
Ich weiß nicht, ob der kleine Francesco dem Papst nach dem Attentat einige Zeilen geschrieben hat. Vielleicht. Aber ich kann mir gut vorstellen, wie dieses inzwischen neunjährige Kind bei der Nachricht, welche die Welt errschütterte, für seinen „zweiten", lebensgefährlich verletzten Vater zu Gott und der himmlischen Mutter gebetet hat.
Am Sonntag vor dem Heiligen Abend 1978 versammelten sich Zehntausende römischer Kinder zum Engel des Herrn mit dem Papst. Er selbst hatte die Kinder vorher eingeladen. Jedes sollte eine kleine Figur vom Jesuskind mitbringen. Die Kinder sollten diese gesegnete Jesuskind-Figur in die Weihnachtskrippe legen, um für sich und die ganze Familie ein Andenken an dieses Treffen mit dem „alten" Papst zu haben. Nach seiner Ansprache, während der Dialoge mit den kleinsten Römern, bat der Papst diese, mit ihm zusammen ein kurzes Gebet um Priesterberufe zu beten. Er sagte: „Wiederholt mit mir: ‚Jesus, schicke Arbeiter in Deine Ernte.' " Und Zehntausende von Kinderstimmen sprachen aus ganzem Herzen diese Bitte aus.
Dann fuhr er fort: „Jesus wird die Gebete des Papstes erhören, eines alten Papstes, eines sehr alten Papstes, wie Ihr seht!" Diese Worte gehörten nicht zum Gebet, und so haben die Kinder diese Worte nicht nur nicht wiederholt, sondern haben ihnen laut widersprochen: „Nein, nein, der Papst ist nicht alt!" Eine schöne Lektion, wie man in Heiterkeit ein Gebet beenden kann. Mit welchem bedrückten Herzen, aber mit welchem Vertrauen auf Jesus wandten sich und wenden sich noch Zehntausende dieser Kinder an Gott, daß er ihnen diesen „alten", schwerverletzten Papst als jungen und gesunden zurückgebe.

Von einem mir bekannten römischen Priester erfuhr ich freundlicherweise sein „kleines Geheimnis“: Er ging zwei Tage nach dem Attentat in die Petersbasilika, um für den schwerverletzten Johannes Paul II. zu beten. So ging er mit seinen Sorgen, seinem Leid, aber mehr noch mit großer Hoffnung, beginnend bei der Pieta, hinüber zu seinem geliebten Pius X. und dann an das Grab des Hl. Petrus und zu den Gräbern einiger seiner Nachfolger. Am Grab von Papst Johannes XXIII. traf er eine zahlreiche Familie, fünf kleine Kinder mit ihren Eltern, alle still besinnlich im Gebet. Das ermutigte ihn, sie anzusprechen, und mit Erlaubnis der Eltern bat er gemeinsam mit den Kindern den volkstümlichen und guten Angelo Roncalli um die Hilfe für den kranken Papst. Der italienische Priester erinnerte seine jungen Landsleute daran, daß der Papst Wojtyla noch vor wenigen Tagen, am 3. Mai, Bergamo und die Geburtsstadt von Johannes XXIII. besucht hatte, über ihn so schön gesprochen und ihn um Hilfe für Italien und die Kirche gebeten hatte. „Jetzt sollten wir Papst Johannes XXIII. um die Hilfe für den zwischen Tod und Leben schwebenden Papst Johannes Paul II. bitten.“ Die Kinder nahmen das sehr ernst und genauso ernst und vertrauensvoll beteten sie für die Genesung des Heiligen Vaters.
Der Priesterfreund hat mir anvertraut, daß seine Hoffnung auf die Genesung des Papstes seit diesem Moment zur Sicherheit wurde. Ihm war klar, daß Gott das Gebet dieser und Millionen anderer Kinder nicht unerhört lassen konnte. Solche Gebete dringen in den Himmel.

VIII.

„Ihr seid die Hoffnung der Kirche, Ihr seid auch meine Hoffnung …“

Wer das Glück hatte, an jenem Sonntag, dem 22. Oktober 1978, die Amtseinführung Johannes Pauls II. persönlich zu erleben, wird dieses historische Ereignis nie vergessen. Der Herbst, besonders der Monat Oktober bringt Rom in der Regel ein recht schönes Wetter. Es war vormittags etwas bewölkt und Regen nicht auszuschließen. Er wäre aber für die 300 000 anwesenden Menschen wenig erwünscht gewesen. – Die Uhr schlägt eben zehn. Die Liturgie beginnt mit dem ‚Veni creator‘. Ein langer Zug mit über 120 Kardinälen geht paarweise hinter dem Kreuz zum Altarkuß. Dann nehmen sie ihre Plätze ein. Am Ende erscheint der Papst. Da geht eine Bewegung durch die Menge und stürmischer Beifall bricht aus. Johannes Paul II. segnet die Menschen und nimmt auf dem Thron Platz. Es wird ihm das Pallium auf die Schultern gelegt, Symbol seiner universalen geistigen Macht. Nach der Huldigung durch die Kardinäle für den neuen Papst beginnt die feierliche Messe mit der bewegten Predigt, die mit dem Bekenntnis Petri zu Christus beginnt: „Du bist der Messias, der Sohn des lebendigen Gottes“ (Mt 16, 16), zugleich einem innigen Bekenntnis des neuen Nachfolgers Petri zu Christus. Sie beinhaltet weiter einen brennenden Appell an die Welt, Christus aufzunehmen, und endet mit der Bitte an jeden Menschen (und mit welcher Ehrfurcht muß ein Apostel Christi dieses Wort ‚Mensch‘ aussprechen!): „Betet für mich! Helft mir, daß ich euch zu dienen vermag!“

Gegen Mittag zeigt sich der Himmel von der freundlichsten Seite. Die Wolken weichen der Sonne. Die Gefahr des möglichen Regens ist vorbei. Das alles steigert die außerordentliche, feierliche Stimmung. Die Menschenmenge hat keine Eile oder Unruhe, obwohl seit Beginn der Zeremonie mehr als drei volle Stunden vorbeigegangen waren. Nach der überraschenden „Flucht“ des neuen Papstes vor seinem Zeremonienmeister, Noe, zu den Menschen und nach seinem letzten Segen zieht sich Johannes Paul II. in die Basilika zurück. Die Uhr zeigt 13.45. Die Fernseh- und Radioreporter beginnen, ihre „Maschinen" und Apparate für den Rückzug herzurichten. Die Menschenmenge soll auch den Platz verlassen. Aber es geht langsam. Manche möchten sich nicht, noch nicht von den einmaligen Eindrücken, der unvergleichlichen Atmosphäre trennen. Sie wenden sich langsam zum Gehen, manche besinnlich, andere diskutierend, alle noch staunend. Plötzlich öffnet sich ein Fenster der päpstlichen Wohnung, von wo aus die Päpste an den Sonn- und Feiertagen den ‚Engel des Herrn' beten, dem stets eine kurze Ansprache vorausgeht. Die Augen aller richten sich blitzschnell auf dieses Fenster. Die Reporter greifen wieder zu ihren Kameras. Bei ungewöhnlichem Beifall zeigt sich der Papst noch im Fenster. Er bemerkt, daß er den schönen Brauch seiner Vorgänger, den „Engel des Herrn" gemeinsam zu beten, wieder aufnehmen möchte. Danach wendet er sich an diejenigen, denen die Zukunft, das Leben noch bevorsteht: „Ich wende mich mit einer großen Anerkennung an die Jugendlichen, weil sie es sind ..." Der Papst kann nicht weitersprechen. Ein stürmischer Applaus quittiert seine Anerkennung und Beachtung der Jugend. In dem Moment zeigt sich der ehemalige Krakauer Erzbischof als einer, der die Jugend hervorragend versteht, mit ihr schon seit Jahrzehnten in unmittelbarem persönlichen Kontakt steht und mit ihr sprechen kann, wie nur wenige. Er nutzt den Moment des Beifalls und wechselt dann von der indirekten in die persönliche und direkte Anrede: „... weil ihr die Zukunft der Welt seid. Ihr seid die Hoffnung der Kirche. Ihr seid auch meine Hoffnung." Ein Orkan der Begeisterung erhebt sich von zehntausenden Jugendlichen, die blitzschnell verstanden haben, daß hier einer zu ihnen spricht, der es mit ihnen ehrlich meint, der ihnen sein volles Vertrauen ausspricht und seine Hoffnung auf sie stützt. Das war der erste öffentliche Kontakt des Papstes mit denjenigen, die morgen das Schicksal der Menschheit gestalten werden. Die Jugend wird dem Papst dieses nicht vergessen. Sie wird den Kontakt zu ihm suchen bei jeder Gelegenheit und echte Freundschaft mit ihm schließen. Das wird ihr um so leichter sein, als der Papst daran selbst hochinteressiert ist.

Die folgenden Wochen und Monate werden das zeigen, seine Auslandsreisen im Jahre 1979, auch in sein geliebtes

Heimatland, vor allem aber Castell Gandolfo, die Sommerresidenz des Papstes.

„Der Zufall" wollte es, daß ich an einem sonnigen Augustsonntag des Jahres 1979 bei der hl. Messe des Papstes morgens um 7 Uhr im schönen Park assistierte.
Die etwa zweihundert anwesenden Jugendlichen, Landsleute des Wojtyla-Papstes, waren Mitglieder der „Oasenbewegung", die heute schon über die Grenzen Polens bekannt und hochgeschätzt ist. Ihr Gründer ist der Professor der Pastoraltheologie Franciszek Blachnicki, ehemaliger KZ-Häftling und später langjähriger Kollege von Professor Karol Wojtyla an der Katholischen Universität von Lublin. Im ganzen kommunistischen Bereich ist diese Bewegung einzig in ihrer Art. Fast alle an jenem Morgen Anwesenden hatten schon den Kardinal Wojtyla persönlich in der Heimat kennengelernt.
Nach der Messe ein kurzes Händeschütteln mit jedem einzelnen und ein freundliches „Auf Wiedersehen heute abend und einen schönen Ausflug nach Monte Cassino".
Abends um 19 Uhr warteten die gleichen Jugendlichen vor dem Eingang des stillen Parkes der päpstlichen Sommerresidenz. Pünktlich um 19.30 Uhr taucht die bekannte weiße Gestalt ihres alten „Freundes" und berühmten Landsmanns auf. Applaus und Gesang begleiten Johannes Paul die siebzig Meter, die er bis zu seinem für ihn bereiteten Platz zu gehen hat. Im Halbkreis stehen 12 einfache Stühle mit einem Sessel für den Papst in der Mitte, vor dem Tor der Sommeraudienzhalle im Freien. Eine kurze herzliche Begrüßung. Der Papst: „Wie war es in Monte Cassino?" Und wie mit einer Stimme die Antwort: „Prima!"
Dann lagern sich die Jugendlichen in einem den Stühlen gegenüberliegenden Halbkreis auf der Wiese. In der Mitte des mit ca. zehn Metern im Durchmesser gebildeten Kreises ist bereits das Brennmaterial für ein Lagerfeuer aufgeschichtet. Der folgende Dialog des Papstes mit seinen Gästen erinnerte an das Gespräch eines gütigen Vaters mit seinen zahlreichen Kindern, die alle an ihm hängen, ihm vollkommen

Das erste Lagerfeuer in der Sommerresidenz Johannes Pauls II. Anfang ▷ August 1979.

vertrauen und hohen Respekt erweisen, der von großer Liebe und Zuversicht geprägt ist, die sich spontan zeigen. Ein gegenseitiges Fragen und Antworten beginnt: „Also Ihr seid bei den Ursulinenschwestern untergebracht? Und schlaft Ihr auch gut? Und eßt Ihr auch dort?"
Die Antworten kommen schnell: „Wir schlafen gut, aber zu wenig. Wir kochen uns den Tee selbst, Brot und Marmelade geben uns die Schwestern. Wir haben auch Konserven mitgebracht, so haben wir einmal am Tage Fleisch! Es schmeckt ganz ausgezeichnet!"
„Und verlebt Ihr hier wirklich Tage der Besinnung oder macht Ihr nur Urlaub?"
Laute Ja- bzw. Neinrufe schallen dem Heiligen Vater entgegen, die alle zum Lachen bringen und eine fröhliche und herzliche Atmosphäre hervorrufen.
Ein Dutzend Italiener und Schweizer Gardisten haben diesem familiären Schauspiel mit großem Interesse zugeschaut. Sie sehen sich nach Dolmetschern um, die ihnen zumindest das Wesentliche erklären sollen.
Kurz vor 21 Uhr, bei Einbruch der Dämmerung, soll der gütige Patriarch das Lagerfeuer anzünden. Die freundliche Bitte kommt aus etwa 200 Kehlen. Dem „Hauptregisseur" gelingt es wie zum Trotz weder beim ersten noch beim zweiten Versuch. Enttäuschung der Anwesenden wird als Echo registriert. Eine scherzhafte Bemerkung des Heiligen Vaters bringt wieder Leben in seine Gäste, die dann mit lautem „Hurra" seinen dritten erfolgreichen Versuch honorieren. Die im Gras saßen,stehen auf, eine schöne Melodie in polnischer Sprache erklingt, die weitere Bewunderung bei den Leibwächtern und Helfern des Papstes weckt. Zwar können diese den Inhalt des Liedes nicht verstehen, aber es bezaubert sie. Nach weiteren Liedern sollte Joh. Paul II. seinen Namen in zweihundert Exemplare eines Buches schreiben, das über ihn in polnisch erschienen ist. Er gibt nach und beginnt diese fast eine Stunde dauernde Arbeit. Auf einmal stellt er im Gesang fest, daß seine jungen Gäste müde geworden sind. So hebt er den Kopf mit der Bemerkung: „Soll ich auch mit meiner Arbeit aufhören?" Das genügt. Die Stimmen werden wieder so hell und laut, daß sie bis über die Mauern des päpstlichen Parks hinweg von den Bewohnern von Castel Gandolfo gehört werden können. Joh. Paul II.

bemerkt gegen 23 Uhr, es sei leider Zeit, sich für heute zu verabschieden. Alle stehen in einem großen Kreis und halten sich mit überkreuzten Händen. Das Papstpersonal, freundlichst eingeladen, macht begeistert mit, und das Lied „Es ist schon Nacht, Gott ist da ...“ wird angestimmt und klingt leise durch die päpstliche Sommerresidenz. Was für ein Erlebnis für alle! Wie schwer fällt der Abschied!
Die Herzen der Jugendlichen schlagen höher, sind voll wahren Glücks, echter Freude und lebendiger Hoffnung. Die Gesichter strahlen nicht nur vom Widerschein des Lagerfeuers, sondern noch mehr von jenem inneren Feuer, das seinen Ursprung in Gott und einem reinen Gewissen hat. Mögen solche Lagerfeuer in der ganzen Welt aufleuchten, besser noch, möge die ganze Menschheit ein solches Lagerfeuer sein! Wie würde sich unsere „auf dem Weg in den Wahnsinn“ befindliche Welt ändern! Das kommt einem stillen Beobachter in den Sinn wie ein frommer Wunsch, wie ein kurzes, inniges Gebet.

* * *

Die folgenden Briefe aus der Slowakei, aus Polen und Italien beweisen nicht nur die Zuneigung der Jugend zum Papst, sondern sie zeigen, welche Bedeutung er für sie hat.
Die kath. Jugend in der Slowakei hat in den letzten Jahren viel von sich reden gemacht: Durch ihren mutigen Glauben an Gott, ihre Treue zu der Kirche Jesu und ihre Liebe zu seinem Stellvertreter, dem Papst, trotz der besonders schwierigen Lage, in welcher sich die Christen in diesem noch immer zu über achtzig Prozent gläubigen Volk befinden.
Nicht so sehr politische Opposition, sondern vielmehr das religiöse Leben, die Aktivität der christlichen Jugend bereiten dem atheistischen Regime große Sorgen. Jedoch konnte selbst die brutalste Verfolgung und Unterdrückung dem Glauben an Gott und der Treue zum Heiligen Vater kein Ende setzen.
„Der Brief der jungen slowakischen Katholiken“ vom Sommer 1979 hat ein lebendiges Echo im Westen gefunden und neue Hoffnungen erweckt, wie auch der Hungerstreik der Seminaristen in Bratislava (Preßburg) im Oktober 1980. Er stellte einen exemplarischen Protest dar gegen die

gesetzwidrigen Eingriffe des kommunistischen Staates in das kirchliche Leben.
Für die slowakische Jugend ist es nicht so einfach, dem Heiligen Vater zu schreiben, wie es bei der polnischen oder westl. Jugend der Fall ist. Deshalb erreichten ihre Briefe erst auf Umwegen den Adressaten.
Der folgende kurze Brief sei hier stellvertretend für viele andere abgedruckt. Er zeigt uns sehr gut die Reaktion der jungen gläubigen Slowaken auf den Mordversuch gegen den Menschen, der heute für sie als ihre einzige moralische Autorität, als ihr geistiger Führer gilt:
„Gelobt sei Jesus Christus!
Heiliger Vater!
In diesen schwierigen Stunden Ihres Lebens gedenken wir, die jungen Slowaken, aber nicht nur wir, Ihrer mit noch innigerer Liebe.
Wir beten für Sie in unseren Kirchen und Häusern gemeinsam wie auch privat, damit unser Herr Jesus, dessen Stellvertreter Sie auf Erden sind, Ihnen möglichst bald die Gesundheit und die Kraft wiedergibt, auf daß Sie weiter mit Erfolg sein Schifflein, die hl. Kirche, führen können.
Wir bitten auch die Gottesmutter, die Sie so innig lieben: ‚Schmerzhafte Mutter, nimm in Deine Arme auf unseren Hl. Vater Johannes Paul, so wie Du einst Jesus in die Arme nahmst, um mit ihm vor Herodes nach Ägypten zu fliehen, und beschütze ihn vor aller Bosheit der Welt!‘
Im Gebet sind wir mit und bei Ihnen,
Ihre treuen Kinder unter der Tatra.“

* * *

Die Jugendlichen von Krakau, die am Sonntag, dem 17. Mai, an einem weißen Friedensmarch, dann an dem Gottesdienst auf dem Marienplatz mit Kardinal Macharski teilgenommen hatten, schrieben dem Papst folgenden Brief:
„Unser geliebter Heiliger Vater!
Wir Studenten von Krakau treffen uns heute vor der Marienbasilika, vereint im Geist der Verbundenheit und Liebe. Wir waren Dir immer ergeben, als Du damals hier in Krakau unser geistlicher und moralischer Führer warst. Später dann, als man Dich auf den Stuhl Petri berufen hat, waren wir im Geiste immer mit Dir. Aber erst die Schüsse, die vor dem

geweihten Altar des Christentums, der St. Peter-Basilika, fielen, haben uns klar gemacht, wie sehr wir, Deine jungen Freunde, und die ganze polnische Gesellschaft Dich lieben, wieviel uns an Deinem Leben liegt.
Das sind nicht nur Gefühle. Wir beherrschen uns. Wir glauben fest daran, daß Du, Heiliger Vater, zurückkehren wirst, um Deine geschichtliche Aufgabe zu erfüllen, die für die Welt soviel bedeutet.
Wir wollen aus unseren ganzen, jungen, polnischen Herzen, mit unserer Haltung auf das tragische Ereignis antworten. Das Opfer des Blutes, das Du auf den Steinen des St. Peters-Platzes gebracht hast, ist für uns ein Zeugnis Deines Menschentums. Das Leiden, das Du erfahren hast, ist für uns ein Zeichen, das von Gott stammt.
Wir versammeln uns heute auf dem alten Krakauer Markt, aufgerufen durch Deinen Schmerz, zugefügt durch den, der eines menschlichen Namens unwürdig ist. Wir verzeihen ihm, denn das ist Dein Wunsch, Heiliger Vater, weil unser christliches Gewissen es uns so diktiert.
Jahrelang hast Du verkündet – und wir wünschen, daß Du weiter verkündest – die glanzvolle, tief christliche Wahrheit über den Menschen, seine Würde, seinen Wert, seine Ziele, die vor ihm stehen. Wir sind bereit, diese Lehre im Leben – in welches wir erst eintreten – zu verwirklichen. Auf der ‚Skalka'* hast Du uns gesagt: „Ihr sollt in die Zukunft diese ganze umfassende geschichtliche Erfahrung bringen, die ‚Polen' heißt!" Das ist eine schwierige Erfahrung, vielleicht eine der schwierigsten Erfahrungen in der Welt, in Europa, in der Kirche. Wir hören Deine Worte und spüren das Gewicht der großen Verantwortung, welche Du uns in Deinem Vertrauen und Glauben aufgetragen hast. Mit Deiner Demut, Heiliger Vater und teuerster Freund, übernehmen wir diese Aufgabe, vertrauend auf Deine ständige geistige Fürsorge. Heute sind wir durch die Straßen gegangen, die Du unlängst beschritten hast. Unsere Farbe war weiß, Symbol des Friedens, Protest gegen das Böse, dessen unsere Welt voll ist. Aus den Herzen schreien wir gegen die Vernichtung der höchsten Werte.

* Kirche in Krakau, wo der hl. Bischof und Märtyrer Stanislaus vom König Boleslaw Smíaly ermordet wurde. Ort des Treffens mit der Jugend während der Pilgerreise des Papstes nach Polen.

Unser teuerster Freund! Die Tragödie, die Dich und uns berührte, hat uns, unser Leben, noch mehr verbunden.
Wir versprechen Dir das, Heiliger Vater. Sei beruhigt über uns. Wir werden unsere Pflicht gegenüber der Kirche und dem Vaterland würdig erfüllen. Werde gesund und komm in die Stadt, die unsere und Deine ist.
Deine jungen Freunde, die Studenten von Krakau"

* * *

„Der achtzehnjährige Piero aus Rom schreibt allein, aber sein Brief spricht zugleich für viele seiner Altersgenossen", wie *Il Tempo* vom 7. Sept. 1981 bemerkte.
Lieber Heiliger Vater!
Enttäuscht von dem, was um uns herum geschieht, bitten wir Dich, uns glauben, lieben und hoffen zu helfen. Wieviel Traurigkeit ist in den Herzen von uns Jugendlichen! Wieviel Untergänge zu erfahren sind wir gezwungen in unserer düsteren und dramatischen Epoche, in welcher der Egoismus überwiegt und die Würde der menschlichen Person aus dem Leben verdrängt und entfernt wird von denselben konventionellen Systemen. Wieviel Ausbeutung in der Welt der Arbeit! Welche Ungerechtigkeit wird täglich praktiziert unter dem caritativen Deckmantel! Wieviele falsche, täuschende Worte werden täglich uns Jugendlichen gesagt, die langsam, langsam die Hoffnung töten und den Wunsch nach dem Guten auslöschen. Wenn dann später der Betrug ans Licht kommt, ist es für viele von uns schon zu spät oder der Tod ist schon eingetreten.
Viele Leute vereinen sich heute darin, die Freiheit und das Gewissen jedes einzelnen von uns zu zerstören und zu töten. Aber Du, Heiliger Vater, bist noch mit uns! Wir bitten Dich, hilf uns, weil so viele falsche Propheten die jugendliche Frische verderben und Tod, Terror und Haß säen. „Bleibe bei uns, Herr, weil der Abend naht. – Zu wem sollen wir gehen, wenn Du allein die Worte des ewigen Lebens hast?"
Du wiederholst uns immer wieder die Worte der Hoffnung, der Liebe, die Worte des Herrn. Vater, Freund, Bruder, hilf uns, daß das Licht nicht erlischt. Wer kann noch unsere Stimme hören, wenn nicht Du? Wir beten für Dich, und dies tröstet Dich. Wir sind getröstet, wissend, in Dir einen ehrlichen Lehrer und Freund zu haben.

Du, der Du durch viel Leid und Verbitterung gegangen bist, bedeutende Hindernisse überwunden hast, kannst uns lehren, verstehen und ein sicherer Angelpunkt, ein Polarstern sein in der Konstellation einer Welt, die Einfache verwirrt und Kleine entmutigt. Christus kann nicht die Vielen segnen, die ihn ständig anrufen und ihn dann in den bedrängten Nächsten beleidigen. Heute ist die Stunde der Klarheit und der Wahrheit gekommen , die Du, Heiliger Vater, unermüdlich lehrst.
Herzlichen Dank, daß Du bereit warst, das Leben zu opfern, um die Freiheit und Wahrheit zu verteidigen. ‚Es gibt keine größere Liebe als die, die das Leben für die Freunde gibt' (Jh 15, 13). Du lehrst uns ununterbrochen, daß das Gute das Böse, die Sünde und den Haß besiegt, daß die Wahrheit über den Tod siegt. Dank dafür!
Dein junger Freund Piero del Priore, Roma

* * *

Neben den zahllosen Briefen, die von Jugendlichen in kleinen oder größeren Gruppen geschrieben wurden, entstanden viele wertvolle schriftliche Bekenntnisse von einzelnen jungen Menschen, meistens Studenten, die mehr einen privaten Charakter hatten, aber die genauso herzlich ihre innigen Beziehungen zum Papst und ihre Reaktion auf das Attentat zum Ausdruck brachten. Es ist keine Übertreibung zu behaupten, daß für den verletzten Papst nicht nur Christen und Gläubige, sondern auch manche Atheisten zu Gott gebetet haben. Ein solches Gebet sei hier in folgender Reflexion angeschlossen.
„Ich saß im Café, als das Radio das Attentat auf Johannes Paul II. bekanntgab. Schnell lief ich nach Hause, wo die Rundfunksendungen das bestätigten. Mein erster Gedanke: Das kann nicht wahr sein, daß jemand so gemein wäre, das Leben dieses Menschen anzugreifen.
Obwohl ich ein Ungläubiger bin, nahm ich das Evangelium zur Hand, das ich öfter lese. Der erste Satz, den ich las, steht bei Matthäus (26, 31): ‚Ich werde den Hirten schlagen. Dann werden sich die Schafe der Herde zerstreuen.'
Dann hörte ich weitere Nachrichten. Es wurde gesagt, der Papst hätte den Kontakt mit der Welt nicht verloren; er betete sogar für seinen Verfolger.

Nur einige wenige Besucher wurden bis zum kranken Papst vorgelassen. Aber viele versammelten sich täglich vor dem Krankenhaus, zuerst, um die neuesten Nachrichten über den Zustand des Patienten zu erfahren, später in der Hoffnung, ihn selbst wenigstens am Fenster zu sehen. Darauf wartete auch diese polnische Jugendgruppe.

Lange stand ich am Fenster, und einen Moment lang fand ich mich im Gespräch mit Gott: Ich bat ihn, er möge dem Papst erlauben, weiter zu leben.“
Janusz, Philosophiestudent, Warszawa

IX.

„Ihr habt einen besondern Platz in meinem Herzen“

Seit der Wahl Kardinal Wojtylas zum Papst sind erst vierundzwanzig Stunden vergangen, da versetzt der „frischgebackene“ Nachfolger Petri zuerst die Behörden und Polizei seines kleinen Vatikan-Staates, dann auch deren italienische Kollegen in Erstaunen. Sie alle wollen es kaum glauben. Der neue Papst verläßt schon den Vatikan und fährt in die Gemelli-Klinik. Die Römer, die den Papst zufällig in den Straßen Roms in einem offenen Wagen erblicken, jubeln ihm spontan kräftig zu, dann aber fragen sie sich: Was soll das, was bedeutet das eigentlich? Es ist ihnen unbegreiflich. Erst die Abendsendungen von Rundfunk und Fernsehen können den sensationellen „Ausflug“ des Papstes näher erläutern: Johannes Paul II. habe einen seiner besten Freunde, seinen Landsmann, den Kurien-Bischof Andrzej Maria Deskur besucht, der infolge eines Gehirnschlages seit fünf Tagen bewußtlos in der Gemelli-Klinik liege. Sein Zustand war sehr kritisch. Der Heilige Vater betete am Krankenbett seines Freundes mit einigen Leuten den Rosenkranz. Nachher blieb er eine Weile besinnlich still für sich. Danach hielt er vor dem Krankenhaus vor einem kleinen Kreis von Ärzten eine kurze, improvisierte Ansprache, die über Funk gleichzeitig für alle Patienten der Gemelli-Klinik zu hören war:

„Ich bin gekommen, um meinen Freund zu besuchen, dem ich großen Dank für viel Gutes schuldig bin, und der sich jetzt in einer sehr kritischen Lage befindet. Ich wollte aber nicht nur ihn besuchen, sondern auch alle anderen Kranken. Bei meiner heutigen Ansprache an die Väter Kardinäle habe ich gesagt, zum Beginn meines päpstlichen Dienstes stütze ich mich vor allem auf alle diejenigen, die leiden, die das Gebet mit ihren Leiden und Schmerzen vereinen. Liebe Brüder und Schwestern, ich möchte mich eueren Gebeten anvertrauen. Ihr seid, menschlich gesprochen, schwach, krank, aber ihr seid auch sehr stark, so, wie der gekreuzigte Jesus Christus stark ist. Ich möchte Gott danken für diese

Millionen Deutsche haben den Besuch Johannes Pauls II. im November 1980 mit Freude und Dankbarkeit erlebt, besonders die Kranken, die im Herzen des Papstes einen bevorzugten Platz haben.

bedeutsame Gelegenheit, für diese für mich und, wie ich glaube, auch für euch wertvolle Begegnung. Ich möchte mich bedanken auch bei allen denjenigen, die in der Gemelli-Klinik den Kranken dienen."

Nach der Ansprache, die mehrmals von einem herzlichen Applaus unterbrochen wurde und auch mit einem solchen endete, verabschiedete sich der Papst von den Zuhörern und wollte ins Auto steigen, ohne den Segen zu geben. Sein Begleiter macht ihn höflich darauf aufmerksam, und der Papst bringt, bevor er sie segnet, alle zu einem herzlichen Lachen: „Ach so, das ist noch nicht alles. Monsignore Caprio belehrt mich, wie sich der Papst zu verhalten hat. Ich muß euch noch

den Segen geben." Das war der letzte spontane Scherz beim ersten Besuch des neuen Papstes außerhalb des Vatikans. Sein natürlicher Humor wird später zu einer Selbstverständlichkeit werden.
Ich glaube aber, daß es weniger bekannt oder zumindest im Laufe der Zeit in Vergessenheit geraten ist: wie der erste spontane öffentliche Scherz Johannes Pauls II. bei seinem Besuch der Gemelli-Klinik dann an jenem 13. Mai 1981 eine tragische Symbolik erhielt, von der weder der Erzähler noch seine Zuhörer damals etwas ahnen konnten, als er zu Beginn seiner improvisierten Ansprache bemerkte: „Ich habe der Vorsehung gedankt, daß es mir ermöglicht wurde, kaum 24 Stunden nach der Wahl den Vatikan zu verlassen und ein bißchen durch die Straßen Roms zu fahren ... Ich will allen danken, die mich gestern abend und auch heute nachmittag empfangen haben. Ich will auch allen danken, die mich begleitet und hier ein bißchen ‚gerettet' haben, denn bei dieser großen Begeisterung hätte es soweit kommen können, daß der Papst sofort im Krankenhaus zur Behandlung hätte bleiben müssen."
Fast zweieinhalb Jahre später, als Johannes Paul II. blutend mit einem heulenden Ambulanzwagen blitzschnell in die Gemelli-Klinik gebracht wurde, hatten weder Ärzte noch Pflegepersonal Zeit, zurückzudenken an den humorvollen neuen Papst, der damals mit seinem ersten Scherz eine Anspielung gemacht hatte, die nun zur tragischen Wirklichkeit geworden war, allerdings durch eine andere Ursache.
Der weitere Kontakt des Papstes mit den Kranken seit jenem Besuch in der Klinik, seine an sie gerichteten Worte, vor allem sein wiederholter Appell an sie, die „zwar menschlich gesprochen schwach sind, aber zugleich stark wie Jesus Christus mit seinem Kreuz", ihm, dem Papst zu helfen, konnten kaum einen von diesen leidenden Schwestern und Brüdern unberührt lassen. Der konkrete Umgang mit denen, die ‚in seinem Herzen einen besonderen Platz haben', beeindruckte oft tief die anwesenden Gesunden, besonders dann, wenn der Hl. Vater Johannes Paul, still und aufmerksam zuhörend, nicht mehr sein mitfühlendes Herz beherrschen konnte und ihm die Tränen in die Augen traten.

Das gleiche Bild wie bei den Audienzen mit den Kranken bot sich immer auch bei seinen Rombesuchen oder Auslandsreisen. Das alles haben die leidenden Menschen bald verstanden und von ihrer Seite aus honoriert. Sie haben in dem Papst einen Freund, auf den sie sich verlassen können und der täglich bei seinem Gespräch mit Gott ihrer gedenkt und ihnen seinen Segen spendet.
Zu einem guten Kontakt zwischen dem Papst und den Kranken trägt schon seit Jahren Radio Vatikan sehr viel bei durch seine speziellen, regelmäßigen wöchentlichen Programme für die Kranken. Dadurch entstand auch ein schriftlicher Kontakt mit dem Papst, dem seine „aktiven Helfer" in den Krankenzimmern öfter schreiben.
Viele Kranke schreiben dem Papst besonders an seinem Geburts- oder Namenstag, einige direkt, die meisten aber über Radio Vatikan. So hat das tschechische Programm in seiner regelmäßigen Sendung für die Kranken und Alten seine Zuhörer um ein geistiges „Sträußchen" für Johannes Paul anläßlich seines 61. Geburtstages gebeten. Sie waren recht großzügig, wie viele und bewegende Briefe beweisen, die schon drei bis vier Wochen vor dem 18. Mai geschrieben wurden und ihm so rechtzeitig zu seinem Feiertag übergeben werden konnten. Infolge des tragischen Ereignisses vom 13. Mai auf dem Petersplatz wurden die Briefe diesmal dem Adressaten im Krankenhaus übergeben.
Obwohl aus verständlichen Gründen in keinem der Briefe das Attentat erwähnt wird, erscheint es mir doch angebracht, hier einige von ihnen wiederzugeben, weil sie von den echten Beziehungen der Kranken zu Johannes Paul II. zeugen.
Wie diese Beziehungen sich dann nachher, als sich der Hl. Vater im Krankenhaus zwischen Leben und Tod befand, verstärkten, erkennt man aus den Briefen, die als Genesungs- und Glückwünsche den kranken Papst in der Gemelli-Klinik aus der Slowakei und Polen erreichten.

Tschechei

Vor ungefähr sieben Jahren sandte Gott mir die Gnade des körperlichen Leidens. Ich wußte nicht, was mich erwartet. Aber sofort von Anfang an versuchte ich, alles geduldig zu tragen und mich in Gottes Willen zu ergeben.

In dieser Zeit wurde ich fünfmal operiert, dreimal bestrahlt und mit Radioisotopen behandelt. Die Schmerzen spüre ich aber am ganzen Körper. Ich ertrage das in Geduld. Ich opfere nicht nur meine Gebete, sondern auch das ganze Leiden und alles, was damit verbunden ist für die Kirche und für Sie auf. Das ist das Sträußchen, das ich mir erlaube, Ihnen, Heiliger Vater, zu Ihrem Geburtstag zu senden. Zugleich danke ich Ihnen für alle ermutigenden Worte, die Sie zu uns sprechen, und auch dafür, daß wir Kranken in Ihrem Herzen ein besonderes Plätzchen haben, weil uns das eine Garantie ist, daß wir einen besonderen Platz auch im allerheiligsten Herzen Jesu haben. Wenn ich noch eine Bitte hinzufügen darf, dann hauptsächlich die, daß Sie mir die Kraft, Standhaftigkeit und Demut erbitten, damit ich mein Kreuz mit Gottes Hilfe und mit Lächeln bis zum Ende tragen kann. Für alle erbetene Gnade vergelt's Gott. Milada aus Leitmeritz

Heiliger Vater, ich versichere Ihnen, daß ich für Sie täglich bete und für Sie auch öfter meine Leiden aufopfere. Ich bin 69 Jahre alt. Im Laufe der Zeit verlor ich trotz aller Behandlungen das Augenlicht und lebe so in völliger Blindheit. Ich danke Ihnen für Ihre Worte und besonders für Ihren Segen, den Sie uns Kranken erteilen. Eva-Maria

Aus meiner Ansichtskarten-Sammlung habe ich eine ältere, aber umso interessantere Ansicht auf Wadowice ausgewählt, erhalten mit Feldpost (Der Stempel verrät: „K. u. K. Etappenpostamt 3. IV. 1915“).
Ich wage nicht zu hoffen, daß diese über 60 Jahre alte Karte den berühmten Bürger dieser Stadt, den Heiligen Vater Johannes Paul, erfreuen könnte … Wie froh wären wir, wenn uns der Heilige Vater in unserem Land besuchen könnte … Jozef aus Olmütz

Im Jahre 1978, in den Wochen, als Papst Paul VI. und nach ihm auch der neugewählte Johannes Paul I. starben, und während der Vorbereitung für die Wahl des neuen Petri-Nachfolgers lag ich im Krankenhaus, wo man mir ein Bein amputierte. In den schwierigen Stunden war das Gebet meine einzige Kraft und mein Trost. Gern ertrug ich alle Schmerzen aus Liebe zum Herrgott, er möge uns einen heiligen neuen Papst schenken. Ich erbat für unser Volk und unsere Nation die Barmherzigkeit Gottes und seine große Hilfe für alle, die das Gottesvolk zum Herrn führen sollen. In den schlaflosen Nächten, wenn das Gebet meine einzige Kraft, Tröstung und Freude war, spürte ich, daß Schmerzen, ob körperliche oder seelische, nicht nur wehtun, sondern auch reinigen und dem gekreuzigten Herrn näher bringen können. Auch im Leiden ist das Leben schön, allerdings, wenn wir geduldig leiden und wissen, wofür.

Maria aus Brünn

Slowakei

Mir ist nicht genau bekannt, wieviele Leute in Deutschland oder Österreich täglich das Radio Vatikan in deutscher Sprache hören, ob es zehn- oder hunderttausend sind. Die Qualität des Programms verdient es. Es ist mir aber auch schon passiert, daß ich bei Erwähnung des Senders und Hinweis auf das gute Programm in einem oder dem anderen Fall auf taube Ohren gestoßen bin. „Ich bekomme den Sender nicht.“ „Zeitlich ist es mir unmöglich, ihn zu hören.“ Ganz anders ist in diesem Punkt die Lage in den Ostblockländern. Sei es in der UdSSR, wo auch viele orthodoxe Christen, auf russisch oder ukrainisch, den Vatikansender aufmerksam – wo es möglich ist, täglich hören, oder in Ungarn, Bulgarien, in der CSSR. In jenen Ländern mangelt es oft nicht nur an Fleisch und Brot, sondern seine Bürger haben auch großen geistigen Hunger und Durst, infolge einer dreißigjährigen systematisch geplanten Mangelernährung in dieser Hinsicht. Würde nicht das Ausland dafür sorgen, wäre die Lage katastrophal.
So ist der vatikanische Sender Abend für Abend auch in der Slowakei ein willkommener Gast. Dank seiner Sendungen haben u. a. folgende Briefe den Papst erreicht:

Unser liebes Väterchen!
Es ist schwer auszusprechen, was ich und wir alle alten und kranken Leute gespürt haben bei der Nachricht von dem Attentat auf Sie. Wir konnten das nicht fassen und glauben. Wir konnten nur weinen und beten. ‚Wo ist der liebe Herrgott, wenn er das erlaubt?‘ Aber das war nur der erste unbewußte Gedanke. Dann richtete ich meine Augen auf das Kreuz. Obwohl ich es wegen der Tränen wie auch der

schwachen Augen wegen – ich bin schon 77 Jahre alt – nicht mehr klar sah, verstand ich: Wenn der himmlische Vater seinem Sohn das nicht erspart hat, konnte das auch Ihnen, dem Stellvertreter Jesu Christi auf Erden, geschehen. So sah ich Sie in Ihrer Verletzung und Ihrem Blut als den Herrn Jesus vor den Soldaten, wie sie ihn schlugen, geißelten und blutig verwundeten. Dabei habe ich den großen Wert Ihres Leidens verstanden.
Unser Heiliger Vater, da Sie sich jetzt außer Lebensgefahr befinden, sind wir, meine Umgebung und ich, sehr glücklich und Gott und seiner allerheiligsten Mutter sehr dankbar. Ich bin seit zwei Jahren zuckerkrank. Die Ärzte sagen, man müßte mir vielleicht ein Bein amputieren. Ich bitte Gott, daß ich, wenn es soweit kommt, es in Geduld und Liebe ertragen kann für Ihre völlige Genesung. Ich wiederhole, was wir, mehrere alte Leute, nach dem Attentat gesagt haben: „Herrgott, nimm unser Leben und lasse, wir bitten Dich sehr darum , unseren Heiligen Vater leben, denn die Welt braucht ihn. Wie er die Menschen liebt, ermutigt, ob Kinder, Jugend oder uns. Allerheiligste Jungfrau Maria, bitte für unseren Heiligen Vater. Ich kann nicht viel lesen. So bete ich aus dem Herzen, vor allem den heiligen Rosenkranz, mehrmals am Tag, für Sie und alle Menschen die leiden, ebenso für die Bekehrung der Sünder, auch für den Menschen, der Sie töten wollte. Ich grüße Sie herzlich, und bitte in Ehrfurcht um Ihren Segen.
Mit dem Herrgott, Anna S.
P.S. Heiliger Vater, ich lasse meinen in schlechter Handschrift verfaßten Brief mit der Maschine abschreiben.

Lieber Heiliger Vater!
Zu Anfang meiner wenigen Zeilen grüße ich Sie herzlichst. Erlauben Sie mir, mich zuerst vorzustellen. Ich heiße Hanka Lapinova und bin 16 Jahre alt. Auch ich trage eines der Kreuze, die der Herr den Menschen schickt: Als ich 6 Jahre alt war, bekam ich an der Nase eine Geschwulst, die man mir herausoperieren mußte. Im Laufe der Zeit entstanden andere Geschwülste, so daß ich wieder operiert werden mußte. Als ich 13 Jahre alt wurde, ergriff die Krankheit meine Augen, so daß ich heute auf dem rechten Auge nichts mehr sehe.

Nun ist mein Mund am schlimmsten heimgesucht und meine linke Wange ist ganz offen. Die Nahrung kann ich nur durch Schläuche empfangen und dann auch nur flüssige.
Jetzt liege ich schon den siebenten Monat im Krankenhaus, und seit über einem Monat kann ich nicht mehr gehen.
Diesen Brief diktiere ich, Heiliger Vater, meiner Freundin, weil ich selbst nicht mehr schreiben kann.
Die Kraft im Leiden gibt mir der Glaube. Täglich bete ich zum Herrn und verbinde alle meine Leiden mit seinen, wie Sie das auch in Ihrer ersten bewegten Ansprache im Krankenhaus gesagt haben. Das tröstet mich.
Heiliger Vater, alle meine Schmerzen und Kreuze opfere ich für Sie, damit der Herrgott Ihnen helfe mit seiner Gnade und besonders, daß er Ihnen baldige Genesung schenke.
Höflich bitte ich um Ihren apostolischen Segen und grüße Sie Hanka L.

Polen

Wir sahen in Kapitel III, wie die Polen auf den Mordanschlag gegen ihren Landsmann und Papst reagiert haben. Die Alten und Kranken unter ihnen wurden ganz besonders von dem Attentat betroffen. Außer den bald darauf im Vatikan eintreffenden Telegrammen erreichten in den folgenden Tagen Radio Vatikan unzählige Briefe. Hier nur Auszüge aus einigen:
Ich küsse Deine verwundeten Hände, weil ich glaube, daß das die Hände Christi sind, wie Du es uns in der Predigt von der ‚Majestät des leidenden Menschen' gesagt hast.
Ich verbinde meine Gebete mit allen Gläubigen und Leidenden für Dich, Heiliger Vater, weil die Gebete solcher Menschen eine besondere Kraft haben ...
Stephan (einseitig beinamputierter Invalide)

Wir Kranken sind vereint und verbunden mit dem Heiligen Vater und bitten Gott so innig um seine Genesung, in der Hoffnung, daß das Blut, das die weiße Soutane gefärbt hat, die Welt von Sünden reinigt und der Kirche Wachstum bringt. Wir leisten dem Herzen Jesu und der schmerzhaften Mutter Sühne für die Verletzung, die der Freund des Teufels und der Hölle der unschuldigen Person des Heiligen Vaters zugefügt hat, dem Menschen, der die Hände erhebt, um alle

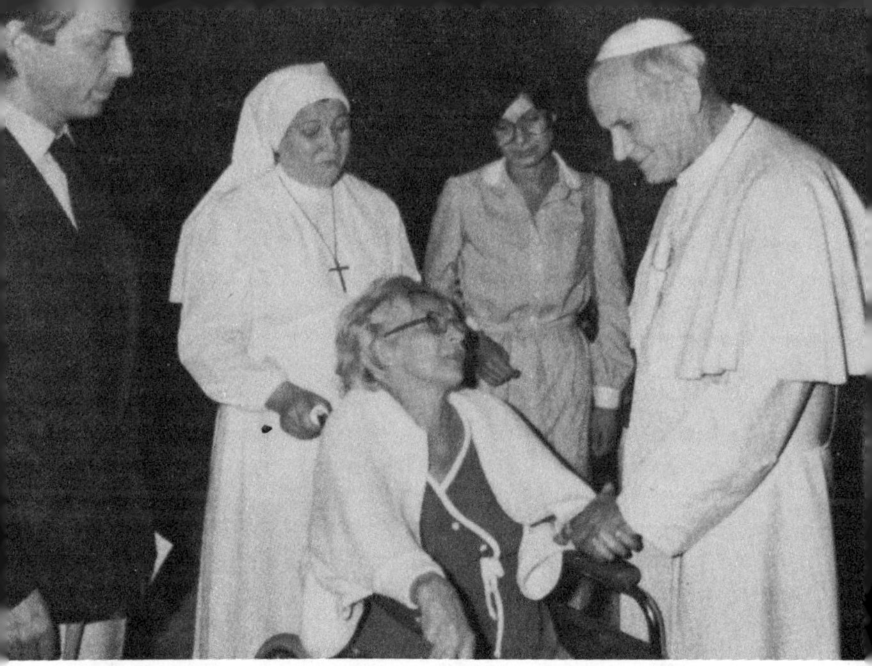

Die Amerikanerin Frau Anna Odre, geboren in Wadowice, dem Geburtsort des Papstes, eine der beiden beim Attentat ebenfalls verletzten Frauen, kommt zur persönlichen Audienz, einen Tag nach der ersten Entlassung des Papstes aus der Gemelli-Klinik.

zu segnen, sogar die Feinde. Wir haben alle das Schwert der Schmerzen gespürt, das einst die heilige Mutter auf dem Kreuzweg ihres Sohnes spürte. Das Blut, das der Papst vergossen hat, bedeutet für uns eine Gnade …

(Eine Gruppe aus dem Krankenhaus, Posen)

Das war eine Lektion für die Welt. Jetzt werden die Menschen guten Willens seine Worte ernst nehmen. Die moralische Erneuerung setzt sich fort. Bei uns entstand ein anderes Klima. Alle wandten sich an Gott, ihn um Genesung des Hl. Vaters bittend. Die Kirchen sind überfüllt. Möge es ständig so bleiben.

Stanislaw … (65 Jahre)

Ich bitte im Gebet den Herrn Jesus, alle die Wunden, die der Hl. Vater durch drei Kugeln bekam, und seine Schmerzen auf mich zu übertragen, damit ich mit Freude sein Leiden übernehme,

bekennt ein kranker ‚Goral' (Bergbewohner)

Der kürzeste Brief stammt von einem Kranken, der nur den lakonischen Satz schrieb: „Gern gebe ich mich für den Papst!“
Eine Krankenschwester, Mutter von drei Kindern, verriet, daß sie schon seit zwei Jahren ihr Leben für Johannes Paul II. Gott angeboten habe. Darin ist sie nicht allein: „Wenn dem Heiligen Vater der Verlust des Lebens drohen würde, bäte ich Gott, daß er mein Leben nehme um das von Johannes Paul zu retten. Mich braucht nur meine Familie; ihn braucht die ganze Menschheit!

* * *

Wie der Verfasserin des folgenden Briefes*, so konnte es sicher vielen zweifelhaft erscheinen, ob der kerngesunde, physisch starke Papst wirklich die kranken und leidenden Menschen verstehen und mit ihnen fühlen könnte. Die Stunde nach dem Attentat sowie die Tage Johannes Pauls II. im Krankenhaus ließen daran aber keinen Zweifel mehr. Manche konnten und mußten ihre Meinung ändern, wie das auch der folgende Brief beweist.

Lieber kranker Heiliger Vater in der Gemelli-Klinik,
so oft wandtest Du Dich den Kranken zu, sie stärkend und ihnen den Sinn des Leidens erklärend. So oft fiel mir der klare Gegensatz auf zwischen Deiner Gesundheit, Deiner physischen Kraft und den Leiden, den Schmerzen und der Schwäche der Menschen, an die Du Dich wandtest. Oft dachte ich, ob ein gesunder, starker Mensch wirklich mit einem kranken, leidenden Menschen mitfühlen kann?
Und jetzt wurdest Du plötzlich einer von ihnen. In dem Moment wurde es klar, daß Du schon vorher die Barriere zwischen Gesundheit und Krankheit, zwischen Kraft und Schwachheit, zwischen Wohlbefinden und grenzenlosem Leiden zu überschreiten wußtest, daß Du schon vorher wirklich einer von ihnen warst. Und wenn das Gebet der Menschen irgendeinen Anteil an Deiner Rettung hatte, dann mußte das Gebet der Kranken die stärkste Kraft haben. Das stille Gebet der Menschen, an das Bett gefesselt,

* *„Tygodnik Powszechny“,* Nr. 22/1981

die auf einmal keine Zeit mehr darauf verwendeten, über ihr eigenes Leid nachzudenken, weil sie so sehr wünschten, daß Du lebst und gesund werden würdest, die vielleicht zum erstenmal ihre Krankheit wirklich akzeptiert und den Rest ihres Lebens für Dich geopfert haben. Sie begleiteten Dich bei der Operation, in den schwierigen ersten Tagen voller Unsicherheit. Sie, die so gut die Sprache der ärztlichen Bulletins verstanden, in ihnen nicht nur Hoffnung suchend, sondern auch verborgenes Leiden, sie machen jetzt mit Dir ihre Exerzitien und wollen, daß sie so kurz wie möglich sind. Sie wollen, daß Du weiter wieder aus der Welt der Gesunden zu ihnen kommst und nicht mitten unter ihnen bleibst. Ich bin gesund. Aber ich weiß, daß auch ich einmal die Grenze zwischen Leben und Tod überschreiten muß und daß es vielleicht ein langer und schmerzhafter Weg sein wird.
Ich danke Dir, kranker Heiliger Vater, daß Du mir das Geheimnis des Leidens erklärt hast. Entschuldige, daß ich, wie der ungläubige Thomas, zuerst sehen mußte, um zu glauben. Aber das vergesse ich nie.
Joanna N. von Krakau

X.

„Die werden mich heute ganz gewaltig in die Zange nehmen.“

„Meine Damen und Herren!
Seien Sie herzlich willkommen! Und herzlichen Dank auch für das, was Sie getan haben und tun werden, um dem großen Publikum über Presse, Radio und Fernsehen die Ereignisse in der katholischen Kirche darzustellen, die Sie während der letzten zwei Monate mehrmals nach Rom führten.“
Mit diesen Worten wandte sich der Papst „aus dem fernen Land“ an die etwa 1 500 Journalisten und Reporter, die am 21. Oktober 1978 in die Benediktionshalle des Vatikans zum ersten Treffen mit Johannes Paul II. gekommen waren. Nur fünf Tage nach der Wahl und sogar einen Tag vor seiner Amtseinführung gab der neue Papst für diese „gesellschaftlich mächtige Schicht“, wie sie die Meinungsmacher darstellen, eine Audienz!

„Ich wünsche sehr, daß die Vermittler der religiösen Informationen bei qualifizierten kirchlichen Instanzen immer die Hilfe finden, derer sie bedürfen“, betonte der Papst weiter in seiner Ansprache, was lebhaftes Echo und stürmischen Beifall findet.
„Sie sind sehr auf die Informations-, Rede- und Meinungsfreiheit bedacht, und Sie haben Recht. Schätzen Sie sich glücklich, sie zu besitzen! Nutzen Sie diese Freiheit, um die Wahrheit näher zu erkennen und zu erforschen sowie Ihre Leser, Hörer und Fernsehzuschauer in das einzuführen, was wahr ist, was ehrbar, was gerecht, was rein, was liebenswert, was ansprechend ist.“
Dann lädt der Papst die Gäste zu einem „loyalen Pakt“ ein, bei ihren Reportagen über die Kirche „noch besser die authentischen Motivationen, die tiefen und geistlichen Beweggründe des Denkens und Handelns der Kirche zu begreifen“. – „Ich bin glücklich über diesen ersten Kontakt mit Ihnen. Ich versichere Sie meines Verständnisses und erlaube mir, auf das Ihre zu zählen.“

Mit einer Empfehlung, „alle Sorgen, eigene oder familiäre, die Sie haben, der Gottesmutter anzuvertrauen, die Christus immer zur Seite steht“, segnet er Journalisten und Reporter im Namen Christi und beendet so seine Rede vor den Meistern des Wortes und der Feder.
Danach werden dem Papst einige Journalisten persönlich vorgestellt, mit denen er sich kurz unterhält. Die Mehrheit führt Gespräche unter sich und denkt langsam daran, den Saal zu verlassen. Was dann aber geschieht,verblüfft selbst die Angehörigen eines Berufszweiges, der an Überraschungen gewöhnt ist: Johannes Paul II. beginnt, in den Benediktionssaal zurückzugehen. Aber wie? Er geht auf diejenigen Audienzgäste zu, die nahe der Holzbarriere stehen, und schüttelt ihre Hände, fragt etwas. Und bald muß er nur noch antworten: Die Fachleute erfassen blitzschnell diese einmalige Chance, dem Papst einfach, inoffiziell Fragen zu stellen, die jeder von ihnen für sich gerade als die wichtigsten ansieht. Eine Flut von Fragen ergießt sich über den Papst. Diese Fragen berühren einen weiten Themenkreis. So geht Johannes Paul II. langsam an der Barriere entlang, die Seiten wechselnd, und sein „Rückzug“ von der Audienz wird als „wandernde Pressekonferenz“ bezeichnet. Fast eine Stunde brauchte er, bis er endlich den Saal verlassen konnte. Eine der ersten Fragen an den Papst lautete: „Werden Sie überhaupt Polen besuchen?“ Seine Antwort: „Sooft ich dazu Gelegenheit bekomme.“ – „Wollen Sie mal mitkommen zum Skifahren?“ „Ich weiß nicht, ob man mir das erlauben wird.“ – „Werden Sie noch einmal eine solche Pressekonferenz mit uns abhalten?“ „Das kommt darauf an, wie Sie mich behandeln werden.“
Die Stimmung ist einmalig, familiär, freundlich. Eine Begegnung wie unter alten, guten Freunden, von Freude und Heiterkeit geprägt.
Dann kommt die Frage: „Werden Sie in den Libanon reisen?“ Auf einmal wird der Papst ernst. „Wenn es notwendig und nützlich ist. Aber notwendiger ist, daß man dort rasch eine Lösung findet.“ Vor dem Abschied segnet der Papst noch einmal alle im Namen des Herrn.
Die Premiere vor den Journalisten ist hundertprozentig gelungen. So etwas hat es bisher noch bei keinem Papst gegeben, meinten am Ende alle. Der neue Papst stellte sich als

„jung, sportlich, intellektuell, hart und kämpferisch“ vor, wie eine Zeitung schrieb, und gewann die Sympathie derjenigen, die ihn schon morgen wieder und in Zukunft überall bei seinem Auftreten aufmerksam beobachten, ihm zuhören werden, um sein „Image“ in der Welt und für die Öffentlichkeit zu gestalten.
Wie wird dies in Zukunft aussehen? Das, was die Presse und Massenmedien über den neuen Papst aus Polen in den seit der Wahl vergangenen fünf Tagen geschrieben und wie sie ihn in der Welt vorgestellt hatten, war nicht schlecht. Das heutige Treffen mit ihm, vor allem die „wandernde“ Pressekonferenz versprechen noch Besseres.
Berichte, Reportagen, Kommentare über diese Samstagsaudienz wie auch über das historische Ereignis der feierlichen Amtseinführung Johannes Pauls II. am darauffolgenden Tage, dem 22. 10., haben die optimistische Hoffnung bestätigt.
Der spontane Umgang des Wojtyla-Papstes mit den Journalisten, seine Eigenschaft, aufmerksam zuzuhören, freundlich die Fragen – und welche! – zu beantworten, gewann bald das Herz der Presse-, Rundfunk- und Fernsehleute. Wer das Herz gewinnt, dem ergibt sich der Verstand.
Kaum drei Monate vergingen nach der ersten Audienz und „Pressekonferenz“, da findet eine zweite, ähnliche, jedoch unter ein wenig veränderten Umständen statt. Es sind weniger Leute, nur ca. 150–200 dabei. Der Ort ist weder der Vatikan noch überhaupt ein fester Ort auf dieser Erde. Diese zweite „wandernde“, besser gesagt „fliegende“ Pressekonferenz findet statt in einer Höhe von 9 000 bis 10 000 Metern über der Erde, bei einer Geschwindigkeit von 900 bis 1 000 km pro Stunde: Auf dem Flug von Rom nach Puebla anläßlich der ersten Auslandsreise des Papstes nach Mexiko. Diese freundlichen, persönlichen Gespräche, „Interviews“, werden künftig regelmäßig in einem Flugzeug zustande kommen. Die Sympathie für den Papst, auch seine Popularität bei den Meinungsmachern wächst unaufhaltsam, so daß bei seinem Deutschlandbesuch im November 1980 mehrmals betont wurde, daß es keine Persönlichkeit des öffentlichen Lebens gebe, die sich einer solchen Sympathie und Freundschaft bei den Massenmedien erfreuen könne wie Karol Wojtyla. So wunderte es niemanden, daß

es nach dem Mordversuch und der lebensgefährlichen Verletzung an jenem sonnigen Mittwoch-Nachmittag zuerst die Vertreter der Presse, des Rundfunks und Fernsehens waren, die durch ihre Arbeit und ihren Einsatz das Drama vom Petersplatz nicht nur der Welt in Details ergreifend dargestellt haben, sondern die auch dazu beitrugen, daß Millionen Menschen guten Willens wie ein Mann zu Johannes Paul II. standen und Gott um seine Rettung baten.

* * *

Die folgenden Seiten geben einen kleinen Überblick über die Reaktion der internationalen Presse auf das Attentat an den folgenden Tagen, außerhalb des deutschsprachigen Raumes.

Die Presse des Landes, in dem das Drama geschah, widmete einige Tage lang die ersten Seiten dem Attentat und dem Echo, welches der Mordanschlag auf den Papst bei den Politikern, Staatsmännern sowie in der Öffentlichkeit hervorgerufen hatte.

Die katholische Tageszeitung *L'Avenire* sagt in dem Leitartikel mit dem Titel ‚Jener Platz wie ein Kelch' u. a.: „Wie kann man das verstehen, was gestern auf dem St. Petersplatz geschah? Zwei Zeichen, die sich widersprechen und zusammenprallen, so haben sich auf dem Petersplatz die Gestalt des Hirten, der die Arme ausbreitet, um in den Gläubigen auf diesem großen Platz die ganze Welt zu umarmen, und der Schatten jener mörderischen Hand – fast ein Ausdruck des Bösen –, die sich gefährlich erhob, getroffen.

Das Zeichen des Widerspruchs wurde auf dem Petersplatz deutlich, das Zeichen infernalischen Hasses, aber auch und vor allem ein anderes Zeichen: das der Liebe.

Jetzt bezahlt Johannes Paul II. wie es scheint, persönlich mit seinem Körper, mit seinem Blut seine unermüdliche, ununterbrochene Aktivität für den Frieden, für die Gerechtigkeit und für ein würdiges Leben aller."

Die kommunistische Zeitung *L'Unità* betont u. a.: „Wir finden nur das eine Wort: „Bestürzung!"

Il Giornale nuovo, in Anspielung auf die Kampagne für die Abtreibung in dem Artikel ‚Früchte des Hasses', schreibt: „In Wirklichkeit reifte dieses Sakrileg in einer Atmosphäre ideologischer und emotionaler Spannungen, die es möglich machten. Er soll überleben! Die Entweihung, die heute an ihm ausgeführt wurde, zeigt eigentlich, wie sehr wir ihn brauchen."

Die sozialdemokratische *L'Umanita* schrieb in ihrem Leitartikel u. a.: „Wir haben seit etwa 10 Jahren gelernt, mit dem Terrorismus zu leben. Aus der Erfahrung wissen wir, daß die Gewalt droht, die einzige Form unseres zivilisierten Lebens zu werden, daß jeder Tag tiefer in der Barbarei endet. Aber das Attentat auf den Papst übertrifft jedes mögliche Gefühl von Entsetzen, Verunsicherung und Abscheu."

Der römische *Tempo* beginnt seinen Artikel, betitelt „Sakrileg", mit den Worten: „Mit weinendem Herzen registrieren wir das unglaubliche, aber wirkliche Ereignis des Attentates gegen den Papst. Unsere Gedanken können jetzt nur den einen Wunsch äußern: daß der Bischof von Rom und Führer der Christenheit bald zu seinem höchsten Lehramt urbi et orbi zurückkehre."

Il Giorno resümiert im Artikel ‚Bleibe mit uns, Wojtyla, denn es will Abend werden': „Wir haben nicht einmal in dieser Stunde die Kraft, Dich so zu lieben, wie Du es brauchst: in Christus. Nur jenen Schrei können wir während der ganzen Nacht wiederholen bis in den Morgen, hoffend, der Morgen möge ein Tagesanbruch der Befreiung und erfreulicher Nachrichten sein. Bleibe mit uns, Herr, denn es will Abend werden. Ein langes, ständig sich wiederholendes stummes Stoßgebet von uns Christen u. a. wird diese Nacht sein: Weil auch Du, wie der Emmauswanderer, an den die Bitte gerichtet wurde, Christus ‚bist'. Aber ihm, dem schon Auferstandenen, wurde gegeben, sich den Menschen zu zeigen, ihnen Mut zu geben und mit ihnen das Brot in einer Herberge zu brechen. Du hingegen, lieber Wojtyla, bist noch ein Mensch im Fleisch, und deshalb, weil es immer mehr Abend wird, ist es notwendig, daß Du bleibst, daß Du ein lebender Märtyrer bist und kein Phantom, das in der Nacht versinkt", so schrieb der Chefredakteur der Zeitung.

* * *

In dem Land der Muttergottes-Erscheinungen zwischen dem 13. Mai und 13. Oktober 1917, in Portugal, haben die

Die Weltpresse zum Attentat.

Zeitungen unmißverständlich auf den Zusammenhang zwischen dem 13. Mai 1981 auf dem Petersplatz und dem 13. Mai vor 64 Jahren in Fatima, dem Tag der ersten Begegnung der Hirtenkinder mit der „Schönen Frau“, hingewiesen.

Journal de Noticias, die Tageszeitung von Oporto, betont dabei, daß diesmal fast eine Million Pilger, die nach Fatima kamen, für die Gewaltlosigkeit beteten, und zitiert dabei einen Satz aus der Predigt von Joseph Kardinal Höffner, Erzbischof von Köln, den er nur einige Stunden vor dem Attentat gesprochen hat: „Nie war die Gewalt so stark wie in diesem Jahrhundert.“

Die andere große portugiesische Zeitung, *O Dia,* stellte in ihrem Leitartikel unter dem Titel: „Nie ist der Terror in der Welt so weit gegangen“, fest, daß die Menschheit sehr krank sei und die Krise, welche die Welt bedrohe, Ausmaße angenommen habe, deren Folgen keiner voraussehen könne.

In dem traditionellen katholischen Spanien haben Tageszeitungen dem Attentat gegen Papst Johannes Paul II. viel Platz eingeräumt, dabei öfters die Frage gestellt: „Wer will eigentlich den Papst töten?" Eine der größten Tageszeitungen *Ya* kommentiert von ihrer Seite: „Es ist noch zu früh, zu den finsteren Zielen des Attentates durchzudringen. Aber wir sind sicher, daß die Gestalt Johannes Pauls II. unangenehm wurde, weil er unermüdlich Christi Worte wiederholte. Und dies wird unbequem."
Die Madrider Zeitung *ABC* stellt die gleiche Frage und bemerkt: „Der Papst wußte gut, daß nicht alle ihn gernhaben, und sein klares ‚Nein' zum Materialismus, Hedonismus und zur moralischen Korruption bringt die Risiken der Unbeliebtheit mit sich."

Im Pariser *Figaro* resümierte Jean d'Ormesson, Mitglied der Französischen Akademie: „Johannes Paul stellt eine hervorragende Zielscheibe dar vor allem deshalb, weil er sich freiwillig den Schüssen aussetzt; jeden wirksamen Schutz geringschätzend, nähert er sich den Massen nicht aus dem Wunsch nach Popularität, sondern um der Brüderlichkeit und Liebe willen. Er stellt sich jeder Aggression unbewaffnet gegenüber und lehnt die Sicherheitsmaßnahmen, die ergriffen werden könnten, ab.
Eine bestimmte Zielscheibe bietet er in unserer von Krieg und Haß verwüsteten Welt auch deshalb, weil Johannes Paul II. eine der wenigen Persönlichkeiten des öffentlichen Lebens ist, deren Popularität in ihrer Liebe zum Menschen und zum Frieden verankert ist."

Die Londoner *Times* schreibt in ihrem Leitartikel: „Der Versuch, den Papst zu töten, beweist mit noch größerer Klarheit als das Attentat auf den amerikanischen Präsidenten R. Reagan den Stand der Krankheit, die die Welt erfaßt hat."
In vielen Zeitungen hat man sich gefragt, was man unternehmen könnte, um künftig solche oder ähnliche Ereignisse zu vermeiden. Die Antwort fällt nicht leicht. Alle stellten

fest, daß Johannes Paul II. sich den Menschen als ein Bruder unter Brüdern opfert. „Diese Haltung kann man nicht mit Waffen begleiten."

Daily Mirror unterstrich: „Der Versuch, Johannes Paul II. zu ermorden, ist die unglaublichste und schrecklichste, noch nie erlebte Tat in unserer an Gewalt erkrankten Welt. Dieser Papst hat geholfen, daß unzählige Menschen den Glauben wiederfanden. Wenn er stirbt, sterben mit ihm die Hoffnungen von Millionen."

„Zuerst Reagan, jetzt der Papst! Wieviel von uns werden bei dieser Nachricht gedacht haben: ‚Ist die Welt verrückt geworden?'" So fragt die *Daily Mail*. „In Amerika kann man erwarten, daß wahnsinnige Mörder berühmte Leute zu töten versuchen. Aber den Papst ..., diesen Papst, einen Menschen, dessen schlichte Güte und geistige Kraft den Respekt der Gläubigen und der Ungläubigen erobert haben! Was können wir dazu sagen? In dem Ganzen ist etwas Diabolisches. Der Kampf zwischen dem Bösen und dem Guten überschreitet die Jahrhunderte und die technologischen Spielzeuge unserer Epoche. In diesem Kampf brauchen wir dringend Menschen wie Johannes Paul II., um nicht im Abgrund des Pessimismus und in der Ablehnung der Vernunft zu versinken."

Die amerikanische Presse hat das Attentat gegen den Papst mit einer außerordentlichen Klarheit und Ausführlichkeit behandelt. Der Ton der Kommentare verriet eine Ablehnung der Gewalttat gegen den „leader", „Führer der Welt", und eine allgemeine Verurteilung des Terrorismus.

Die *New York Times* bringt die Worte eines Pilgers vom Petersplatz: „Wenn dies Verbrechen möglich ist, dann wird nichts mehr als heilig geachtet. Die Folge ist klar: keiner und nichts ist sicher vor Haß und Wahnsinn."

Der deutschsprachige *Osservatore Romano* Nr. 27 vom 3. Juli 1981 brachte ein kurzes, aber interessantes Interview von Frau Elisabeth Peter mit Bischof Hubert Frehen von Reykjavik, Island. Sie hat den Bischof auch gefragt: „Welches Image hat der Papst in diesem Land, in dem die Katholiken nur eine verschwindende Minderheit ausmachen?"

Der Bischof antwortete darauf u. a. folgendes:

„Am Tag des Attentats auf ihn und während der ersten darauf folgenden Tage berichteten die isländischen Zeitungen kaum von etwas anderem. Der lutherische Bischof sagte öffentlich, alle Christen, ob katholisch oder nicht, brauchten den Papst wegen seiner ökumenischen Einstellung, brauchten ihn als moralische Autorität. Ich erhielt zahllose Telefonanrufe von Katholiken und Nichtkatholiken, die glaubten, ich sei über das Befinden des Papstes im einzelnen unterrichtet worden (was leider nicht der Fall war). Kurz, ein paar Tage lang bangte ganz Island um den Papst, und ganz Island atmete erleichtert auf, als sich sein Zustand gebessert hatte." ... Da es wegen der geringen Zahl der Katholiken in Island weder eine katholische Zeitung noch eine katholische Radio- oder Fernsehstation gibt, war diese sehr positive Berichterstattung über den Papst besonders bemerkenswert.

* * *

Über die polnische Presse in den ersten Tagen und Wochen nach dem Attentat konnte man mit Staunen das gleiche sagen, was der Bischof Dabrowski über das polnische Fernsehen gesagt hat: „Das war unser eigenes Fernsehen, und deshalb gehört ihm unser Dank."

Ob *Trybuna Ludu,* das Organ der polnischen Kommunisten, oder *Slowo Powszechne,* die Tageszeitung der vom Staat abhängigen PAX-Bewegung, sowie alle anderen Tages- und Wochenzeitungen haben mit sorgender Liebe, angstvollem Herzen, aber dann ständig steigender Hoffnung nicht nur über den Papst als solchen, sondern als ihren weltbekanntesten Landsmann berichtet. Neben diesen Nachrichten wurden täglich die ärztlichen Bulletins über den „Pater patriae", den Vater Polens, den damals schon todkranken, fast achtzigjährigen Kardinal Wyszynski veröffentlicht, und laufend wurde über seinen sich täglich verschlechternden Zustand berichtet.

Anstelle mehrerer Zitate aus polnischen Zeitungen, hier ein Artikel der ausgezeichneten Krakauer Wochenzeitschrift *Tygodnik Powszechny** aus der Feder ihres Chefredakteurs

* „T.P.", Nr. 21, Jerzy Turowicz „Liebe und Haß".

Jerzy Turowicz. Die *Tygodnik Powszechny* hat, trotz ihrer dreijährigen Einstellung 1953–1956, zur Nachkriegsgeschichte Polens bis zum ‚polnischen Sommer' 1980 einen historischen Beitrag geleistet wie nur wenige Presseerzeugnisse. Für Kenner der polnischen Szene ist dies klar. Karol Wojtyla war schon als junger Priester, bis zu seiner Wahl zum Nachfolger Petri, einer der Mitarbeiter dieser Zeitung, eine zeitlang ihr Mitgestalter. Der ergraute Professor Turowicz, seit dreißig Jahren ihr Chefredakteur, kennt Karol Wojtyla gut und steht ihm so nahe wie nur wenige der katholischen Laien. Er schreibt unter dem Titel ‚Liebe und Haß':
„Das Attentat auf das Leben des Heiligen Vaters Johannes Pauls II. erschütterte das Gewissen aller Menschen in Polen und auf der ganzen Welt. Die Vorsehung Gottes, der Johannes Paul II. restlos die Sorge um seine Sicherheit anvertraut hatte, rettete glücklicherweise sein Leben. Er hat zwar vorübergehend das Steuer des Petri-Schiffes aus seinen Händen gleiten lassen. Aber wir dürfen hoffen, daß er schon bald die Kraft und Gesundheit wiedergewinnt und in das Amt als oberster Hirte der Kirche zurückkehren wird.

Weiter aber bleibt die Frage: Wie war das möglich, daß derjenige, welcher der ganzen Welt die Botschaft der Liebe verkündet, ein Opfer des Hasses wurde? Johannes Paul II., allgemein anerkannt als die höchste moralische Autorität, bewundert und beliebt bei allen Menschen guten Willens, unabhängig von ihrer Religion oder Überzeugung, verkündet der ganzen Welt Christus, den Sohn Gottes, der Mensch geworden ist und dadurch dem Menschen den höchsten Wert, die höchste Würde schenkte. Deshalb steht im Zentrum der ganzen Botschaft von Johannes Paul II. der von Christus erlöste Mensch, seine Würde, seine Berufung, seine Rechte. In seiner Botschaft wird die uneingeschränkte Achtung für das menschliche Leben ausgedrückt, ein entschiedener Widerspruch angesichts der Anwendung von Macht und Gewalt.

Die Schüsse, gezielt auf Johannes Paul II., werden als gegen die Menschheit gerichtet bezeichnet.

Wir wissen nicht, welche Kräfte die Hand des Attentäters gelenkt haben. Der jetzige Terrorismus beruft sich oft auf irgendeine ideologische Begründung. Keine ideologische Motivierung wird je und irgendwo die Terrorakte rechtfer-

tigen können, deren Opfer fast regelmäßig unschuldige Menschen werden. Das Ziel heiligt nie die Mittel. Das Gegenteil gilt. Schlechte Mittel erschüttern den Wert des Zieles. Aber es ist schwer, im Attentat gegen den Heiligen Vater irgendeine ideologische Motivierung zu finden. Das war einfach ein Angriff des Bösen, gerichtet gegen das Gute. Das Gute scheint gegenüber der Kraft des Bösen machtlos. Sollte das bedeuten, daß die ‚Zivilisation der Liebe', die Johannes Paul II. der Welt verkündet, nur ein Gefühl, eine Utopie, ein Hirngespinst ist, jeder Chance, im Leben verwirklicht zu werden, beraubt?
Wenn die Welt aus der quälenden gesellschaftlichen, politischen, moralischen Krise herauskommen soll, muß ihre Erneuerung auf dem Eckstein der Achtung des Menschen, jedes Menschen bauen. Man soll das ganze gesellschaftliche Leben, seine konstitutionellen Strukturen, seine zwischenmenschlichen Beziehungen im Geiste der Brüderlichkeit und Gerechtigkeit umwandeln. Die Nächstenliebe ist – trotz verbreiteter Meinungen – nicht nur ein Gefühl, eine Empfindung. Sie bedeutet vor allem, für den anderen Menschen das Gute zu wollen. Sie bedeutet Verständnis und Anerkennung seiner Würde, seines Wertes, die Verteidigung seiner Rechte, sie ist der Kampf um eine menschlichere Welt.
Johannes Paul II. verkündete diese Botschaft und gab von ihr Zeugnis. Dieses Zeugnis hat er mit Blut besiegelt.
Möge die Erschütterung, verursacht durch das Attentat auf das Leben des Papstes, den Menschen die Augen öffnen, damit sie sehen können, wo die Wurzeln des Bösen sind, damit sie bereit werden, eine echte Brüderlichkeit zu bauen, trotz aller einzelner oder kollektiver Egoismen und trotz des Hasses die Zivilisation der Liebe zu errichten. Dann wird das Opfer des auf dem Petersplatz vergossenen Blutes nicht vergeblich sein."

Zwar nicht so wie in Polen, aber doch hinreichend wurde in Ungarn und Jugoslawien, zwei weiteren Ländern des Ostblocks, über das Attentat auf Johannes Paul II. berichtet, auch in Rundfunk und Fernsehen. Aber ganz ausführlich schrieb darüber die katholische Presse, die hier zwar keine Tageszeitung, aber eine Reihe von Wochen- und Monatszeitschriften besitzt.

In der UdSSR sowie in der CSSR beschränkte man sich auf die kurze Nachricht über das Attentat, umso mehr Raum haben aber die Exilzeitungen, ob russische, ukrainische, litauische, tschechische oder slowakische, dem Drama vom St. Petersplatz gewidmet und dem verletzten Papst echte Huldigung erwiesen, nicht nur im eigenen Namen, sondern auch im Namen ihrer Leser, d. h. der freien Repräsentanten aller jener unterjochten Länder und Völker.

Im Vatikan erscheint eine Tageszeitung: Der *Osservatore Romano.* Er begeht in seiner italienischen Ausgabe dieses Jahr das Jubiläum seines 121. Jahrgangs. Dazu kommen heute sechs Wochenzeitungen gleichen Titels auf deutsch, englisch, französisch, italienisch, portugiesisch und spanisch. Seit Januar 1980 wird der *Osservatore* auch auf polnisch herausgegeben, allerdings als Monatszeitschrift, dabei aber mit größerem Umfang.
Es ist selbstverständlich, daß die Tageszeitung des Papstes, der *Osservatore Romano* auf italienisch, am umfangreichsten über das Drama vom Petersplatz und sein Echo in der Welt berichtete. Am 14. Mai erschienen sogar zwei Ausgaben – morgens und abends. Dann auch in den einzelnen Wochenausgaben der erwähnten Sprachen und Ende Mai in der polnischen Ausgabe, aus verständlichen Gründen zeitlich etwas später. Man konnte recht gute Artikel und Berichte in allen sieben Sprachen lesen.
Bemerkenswert war der Artikel des Chefredakteurs eigentlich aller Ausgaben, des Italieners Valerio Volpini, unter dem Titel: „Die Finsternis des Hasses“, den ich in gekürzter Form wiedergebe:
„Man hat auf ihn mit der offenbaren Absicht, ihn zu töten, geschossen. Unmöglich zu glauben, daß dies wirklich hätte passieren können.
Der Schmerz und die Furcht mischen sich in das Gebet, ein fragendes Gebet: Warum, o Herr? Wir wenden uns an Gott, weil er allein im Herzen eines jeden Menschen lesen kann, und wir begreifen: Es ist die ewige Antwort, die Antwort des Verzeihens, wie groß auch immer der Greuel sei.
In diesem dramatischen Augenblick, in dem sich die Verheißung des Evangeliums wieder einmal erfüllt: ‚Man wird den Hirten schlagen, und die Herde wird sich zerstreuen‘,

fühlen wir mehr als jemals den Wert unseres Glaubens lebendig, und wir sammeln alle unsere Liebesfähigkeit. Niemals so wie in diesem Augenblick hat das irdische Herz der Kirche in gleichem Rhythmus geschlagen, weil das, was passiert ist, ein furchtbares, unglaubliches und sehr deutliches Zeichen der Zeit ist, aber auch ein Zeugnis, das wir geistig, übernatürlich betrachten müssen.
Wir wissen, daß auch der Haß sein furchtbares Geheimnis hat, daß er einen teuflischen Keim in sich trägt und daß er seinen Weg im Königreich Satans, des Fürsten dieser Welt, verfolgt. Durch dieses Attentat hat der Wille des Hasses so hoch geschlagen, daß dieses Gebaren eine eigene Gotteslästerung ist, aus der man die Bosheit sehen kann. Das ist das Böse, das seine unversöhnliche Härte manifestiert: Denjenigen zu treffen, der für uns Gläubige den Stellvertreter Christi darstellt. Das Blut, das Johannes Paul II. vergossen hat, das sein weißes Gewand befleckte, hat die Farbe der Liebe, die alles gibt, die sich ohne Waffen anbietet, um alle Menschen zu umarmen.
Wie immer, können wir uns nur noch enger und bewußter um die Person des Papstes scharen, indem wir unseren Vater, der im Himmel ist, anrufen.
Du siehst, o Herr, daß Petrus hart geschlagen wurde und wie sehr die Herde, die ihm anvertraut ist, bewegt und niedergeschlagen ist. Wir, o Herr, wir empfangen dieses furchtbare Ereignis des Hasses und der Gotteslästerung als ein Zeichen, das aus einer Welt kommt, in die wir deine Liebe und dein Erbarmen tragen wollen. Gib, daß dieses schmerzhafte Zeichen uns Deiner würdig macht.
Hilf uns, aus freiem Herzen die Worte auszusprechen, die Christus, dein Sohn am Kreuz ausgesprochen hat: ‚Verzeih ihnen, denn sie wissen nicht, was sie tun.' Du, der das Böse in Gutes verwandeln kann, der aus dem Leiden und dem unschuldigen Blut ein neues Ferment für die Kirche schöpfen kann, gib, daß diese Tat in uns, in jedem der Gläubigen und in allen Menschen, unsern Brüdern, ein Aufbruch des Herzens werde und eine Erleuchtung des Geistes, damit es möglich sei, die Bande des Hasses und der Verachtung zu zerreißen, auf daß sich eine Bekehrung zur Liebe vollende.
Wir bitten dich, o Herr, für Johannes Paul II., der durch Deinen Willen an unserer Spitze steht, damit – nach dem

Zeugnis, zu dem er berufen wurde – er sehr schnell wieder in unserer Mitte sei. Du weißt, o Herr, wie nötig wir seine Gegenwart haben."

* * *

Johannes Paul II. hat beim ersten offiziellen Treffen mit Repräsentanten von Presse und Massenmedien am 21. Oktober 1978 diese Leute seines Verständnisses versichert und dabei „auf sie zu zählen" sich erlaubt.
Ihrerseits konnten sich die „Damen und Herren" im Laufe von knapp drei Jahren öfters davon überzeugen, daß der Papst sein Versprechen ehrlich gehalten hat.
Sofort nach dem Attentat vom 13. Mai 1981 und an den folgenden Tagen hat die Welt – übrigens nicht zum erstenmal – erfahren, daß Johannes Paul II. bei den Journalisten und Reportern mit einem solchen Verhalten und einer solchen Anteilnahme rechnen kann, wie kaum ein anderer Mensch in unserer Zeit ...
Vor jener ersten „wandernden Audienz", als der Hl. Vater durch die Menge in der Benediktionsaula ging, bemerkte er einen alten Freund, den langjährigen Chefredakteur der *Tygodnik Powszechny,* dem er scherzhaft in Ohr flüsterte: „Die werden mich heute ganz gewaltig in die Zange nehmen." Hätte nach der Audienz einer der Journalisten den gleichen Satz in umgekehrter Richtung an die Adresse des Papstes gesprochen, dann hätte Johannes Paul II. sich als erster dagegen gewehrt.
Der Papst hat mit seiner Ansprache, die von herzlichem Dank, ehrlicher Anerkennung ihrer schwierigen Arbeit und vollem Vertrauen wesentlich gekennzeichnet war, die tausendfünfhundert Journalisten nicht nur herzlich empfangen, sondern auch symbolisch „freundlich umarmt" und ihnen zweimal den Segen erteilt!
Sie haben jene schöne Geste mit ihren Artikeln, Berichten und Kommentaren von einzelnen unbedeutsamen Ausnahmen abgesehen, von Anfang an segensreich honoriert, aber vor allem nach dem Attentat in einer einmaligen Weise, angesichts des schwerverletzten, in die Arme seines persönlichen Sekretärs sinkenden und blutenden Johannes Pauls II. mit großem Takt, ehrlicher Ergebenheit und hohem Respekt erwidert.

XI.

Das Krankenbett des Papstes, Cathedra Petri und Schule des Leidens.

Am Sonntag, dem 17. Mai, vier Tage nach dem Attentat mit der darauffolgenden fünfstündigen Operation, als der Papst noch immer in Lebensgefahr lag, versammelten sich Zehntausende auf dem Petersplatz. „Ist das überhaupt möglich, wird der Hl. Vater wirklich sprechen und das ‚Regina caeli' beten, wie es am Vormittag kurz im Rundfunk angekündigt wurde?" fragten Römer und Pilger.
„Lautete die Nachricht wirklich so? Hatte man darin nicht den nächsten Sonntag gemeint?" fragten einige. Es fehlten nicht die Skeptiker, wenn es ihrer auch nur wenige waren, die eine Ansprache des Papstes für ausgeschlossen hielten: „So kurz nach der fünfstündigen Operation mit einem Blutverlust von 3 Litern!"
Um 12.00 Uhr öffnete sich zwar kein Fenster des päpstlichen Palastes, und es zeigte sich dort auch niemand. Aber aus den Lautsprechern tönt eine Stimme, die die Menge tief berührt. Viele der Zuhörer haben Tränen der Freude in den Augen. Alle beantworten unter riesigem Applaus schon den bekannten Gruß des Papstes: „Sia lodato Gesù Cristo", „Gelobt sei Jesus Christus" mit „sempre sia lodato" – d. h. in Ewigkeit. Und der Papst spricht weiter. Ist das seine Stimme? Unglaublich! Sie ist zwar schwach, sehr mühsam. Aber das ist er, Johannes Paul II. Die Freude ist unbeschreiblich. Tausende von weißen und farbigen Taschentüchern heben sich über die Köpfe der begeisterten Anwesenden, die sagen möchten: „Heiliger Vater, wir sind mit Dir, seit dem Mittwochabend wie noch nie bisher. Gott und Seine Mutter sollen Dich am Leben halten und uns und der Welt bewahren."
Der starke Applaus dauert nur einen Augenblick, weil sonst die schwache Stimme des Papstes nicht zu hören wäre. Er kann ja jetzt nicht unterbrechen, wie er es sonst tut, wenn er vom Fenster seines Arbeitszimmers aus die Reaktion der Pilger sieht und hört.

Es folgen noch einige kurze, aber inhaltsreiche Sätze. Die Zehntausende auf dem Petersplatz hören diese erste Botschaft des schwerverletzten Papstes, und zugleich hören sie Millionen, weil sie von Radio Vatikan an die meisten Rundfunk- und Fernsehstationen der Welt weitergegeben und von diesen ausgestrahlt wird.
Die Menschen hören still, aufmerksam, gespannt dem kranken Papst zu, der sein Lehramt jetzt vom Krankenbett aus wahrnimmt, mit einer Rede, die 90 Worte in sieben Sätzen enthält. Sie selber erfahren in den ersten drei Sätzen, daß Johannes Paul II. von ihren Gebeten, von ihrer Zuneigung zu ihm weiß: Er dankt ihnen dafür mit bewegter Stimme, segnet sie und bringt zum Ausdruck, daß er sich den beiden mit ihm zusammen verletzten Pilgern besonders nahe fühle. Dann folgen zwei Sätze, von denen einer gewiß viele in der Welt schockiert. Beide enthalten das Wesentliche des Christseins Karol Wojtylas und bezeugen sein Papsttum:
„Ich bete für den Bruder, der mich verwundet hat und dem ich aufrichtig verzeihe.
Christus verbunden, der Priester und Opfer zugleich ist, opfere ich meine Leiden auf für die Kirche und für die Welt."
Zum Schluß erneuert er sein Versprechen Maria gegenüber, der er sich seit Jahren ganz anvertraut hat. Nachher betet er das ‚Regina caeli' und segnet die Millionen in der Welt vom Krankenbett aus.
Die Äußerung des Papstes, daß er dem Attentäter, „seinem Bruder", von Herzen verzeihe, schockierte viele der Zuhörer. Sie meinten, ihm darin nicht folgen zu können. Eine Siebzehnjährige, Schülerin eines katholischen Gymnasiums in Graz, widersprach spontan dieser Geste des Papstes und konnte sie nicht verstehen: „Einem Mörder, der mich umbringen will oder lebensgefährlich verletzt, würde ich nie verzeihen."
Leider war sie in dieser ihrer – wenn auch ersten – Beurteilung nicht allein. Die gute Oma Rossi, die bei der Audienz am Mittwochabend mit ihrem Enkelkind nicht weit entfernt von dem schrecklichen Geschehen gestanden hatte, war am Sonntag noch nicht ganz frei von Schreck und Zorn. Dem Reporter von Radio Vatikan sagte sie nach der Ansprache: „Der Papst ist ein außergewöhnlich großer Mensch, weil er

jenem Verbrecher, ich sage einfach und offen Verbrecher, verziehen hat."

Mein Friseur bemerkte über den Attentäter Mohamed Ali Agca kurz: „Den Gauner sollte man sofort totschlagen!" Gott sei Dank, daß die italienische Polizei den türkischen Terroristen vor dem Lynchen beschützt hat. Ein durch zornige Pilger auf diese Art und Weise hervorgerufener Tod des Attentäters hätte den Papst gewiß schmerzlicher getroffen als die Kugel des „armen Jungen". Johannes Paul II., der in seiner Enzyklika einen Lobeshymnus wie nur wenige auf die Barmherzigkeit Gottes gesungen hat, konnte für seinen Attentäter nur beten und ihm verzeihen. Diese seine Haltung und Handlungsweise sind eine ernste Aufforderung, die elementare, heute oft vergessene Pflicht der Jünger Jesu, das Verzeihen zu praktizieren. „... Vergib uns unsere Schuld, wie auch wir vergeben unseren Schuldigern." Neben dieser aufrüttelnden Liebesgeste hat uns der lebensgefährlich verletzte Papst auch an die andere wesentliche Dimension des Christseins erinnert: An die Tragweite des Opfers, den Wert des Leidens. „Christus verbunden, der Priester und zugleich Opfer ist, opfere ich mein Leiden auf für die Kirche und die Welt." Am folgenden Sonntag, dem 24. Mai, widmete der Heilige Vater seine zweite Ansprache ganz diesem Wert des Leidens.

Aus diesen Gründen will ich mindestens diese seine ersten zwei Ansprachen hier in vollem Wortlaut wiedergeben. Sie werden nie an Aktualität verlieren und immer als Zeugnisse jener bewegten, dramatischen Tage gelten. Es ist bemerkenswert, daß der schwerverletzte Papst zwar über drei Monate lang die Audienzen nicht mehr abhalten konnte, daß aber die Sonntagsansprachen dank jener großen Mühe vom 17. Mai immer gehalten wurden. Die Ansprache vom 17. Mai 81 wird wahrscheinlich als die kürzeste überhaupt in die modernen Papstgeschichte eingehen. Sie wurde fünf Monate später von Johannes Paul II. bei der Mittwochsaudienz am 21. Oktober, in der er über die Verzeihung sprach, noch einmal wörtlich wiederholt:

„Auch heute, bei dieser willkommenen Begegnung mit euch, liebe Brüder und Schwestern, möchte ich auf das Geschehnis vom 13. Mai zurückkommen. Ich komme darauf zurück. um an das zu erinnern, was ich bereits am gleichen

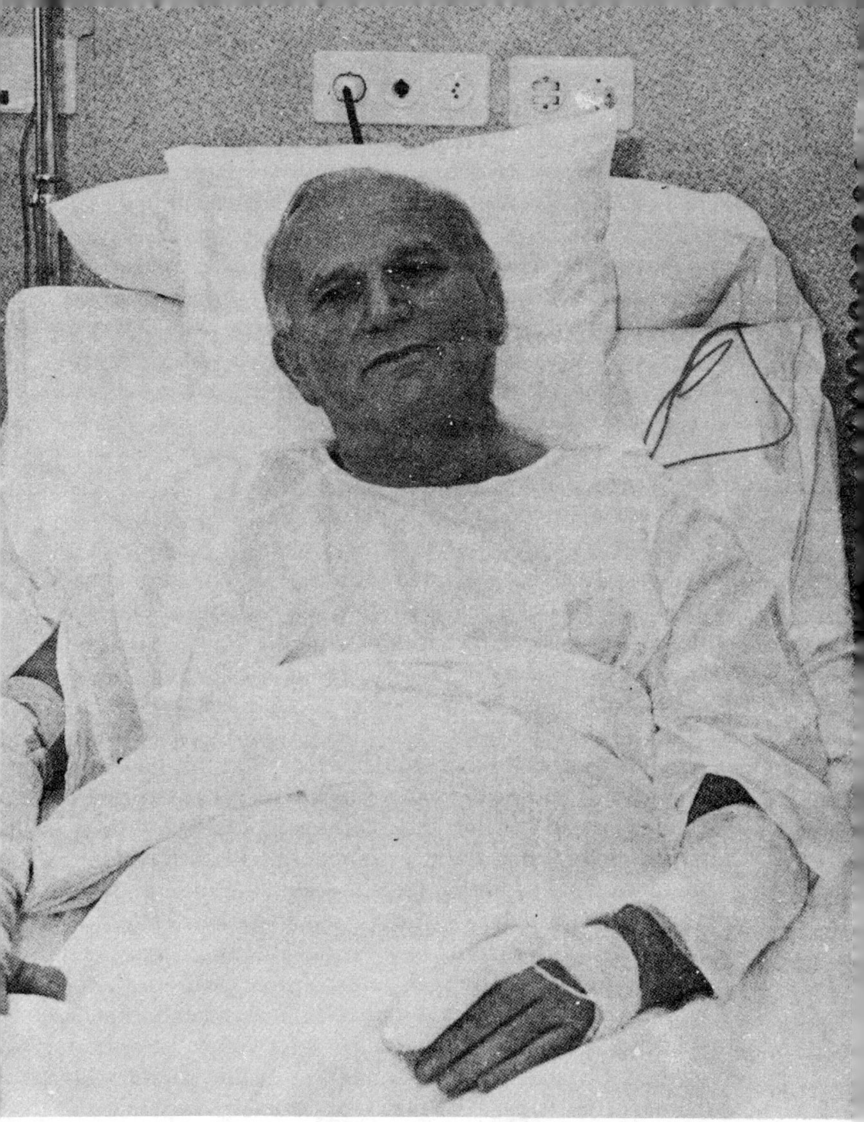

Die Hände, die Kinder aufhoben, Alte stützten, Kranke umarmten, alle Menschen segneten, sind verwundet und gebunden, auf die Hilfe anderer angewiesen.

Tag vor Christus, dem Herrn und Erlöser unserer Seelen, ausgesprochen und am darauffolgenden Sonntag, dem 17. Mai, beim Regina Caeli laut und öffentlich gesagt habe. Ich gebe diese Worte heute nicht nur wieder, sondern be-

kräftige sie auch, um der in ihnen enthaltenen Wahrheit Ausdruck zu geben, die heute wie damals die Wahrheit meiner Seele, meines Herzens und meines Gewissens ist:
Liebe Brüder und Schwestern! Ich weiß, daß ihr mir in diesen Tagen und besonders in dieser Stunde des Regina Caeli verbunden seid. Tief bewegt danke ich euch für eure Gebete und segne euch alle. Besonders nahe bin ich den Pilgern, die mit mir verletzt wurden. Ich bete für den Bruder, der mich verwundet hat und dem ich aufrichtig verzeihe. Christus verbunden, der Priester und Opfer zugleich ist, opfere ich meine Leiden auf für die Kirche und für die Welt.
Dir, Maria, verspreche ich wiederum:
Totus Tuus ego sum." „Ganz Dein bin ich."
Bemerkenswert: Von zehn deutschen überregionalen Tageszeitungen haben acht den letzten Satz, „Dir, Maria ...", ausfallen lassen. Ein Versehen? Kaum. Wohl mehr eine bewußte Zensur der Papstrede, hinsichtlich seines ersten Bekenntnisses zu Maria nach dem Attentat.

* * *

In jenen Tagen und Wochen nach dem Attentat hatte Johannes Paul II. nicht nur an den Folgen des Attentats zu leiden, wie z. B. an den starken Schmerzen nach der Verletzung und Operation, an dem Gebundensein an das Krankenbett, an der dauernden Gefahr einer Infektion und was sonst noch alles aus der Verletzung resultierte. Das alles war für ihn noch das geringere Leiden. „Als Hirte muß man auch zum Opfer bereit sein. Ich bin bereit", sagte er im Juni 1979 in Warschau beim Besuch seiner Heimat. Und er war auch jetzt zum Opfer bereit, sogar zum Opfer seines Lebens.
Noch mehr bedrückte ihn etwas anderes: Schon vor dem Attentat hatte der Papst aus Polen besorgt nach Warschau geblickt, wo Kardinal Wyszinski todkrank seinem unabwendbaren Ende jetzt rasch entgegenging. Am Tage des Dramas in Rom war der Primas von Polen schon in solch schlechter Verfassung, daß man ihm die unglaubliche, erschütternde Nachricht zuerst gar nicht mitteilen wollte. Er nahm sie später jedoch ruhig auf, mit geschlossenen Augen, tiefinnerlich betend, und sicher im Herzen auch weinend. Und das nicht nur um den Heiligen Vater, sondern auch um den „geliebten

Freund in Arbeit und Kämpfen für das Wohl der Kirche in Polen", wie er den neuen Papst am 23. Oktober 1978 in Anwesenheit von 5.000 polnischen Pilgern in seiner Begrüßungsrede bei der erste Audienz für die Polen genannt hatte.

Und wenn einer der Polen die ganze Größe des sterbenden Primas und deren Tragweite für die Geschichte Polens und der Kirche abschätzen konnte, so war es Karol Wojtyla. Ja, wenn sich jemals ein neugewählter Papst veranlaßt fühlte, öffentlich den Beitrag eines anderen zu seinem Petrus-Amt zu erwähnen, dann war das Johannes Paul II. gegenüber dem Kardinal. „Mein ehrwürdiger und geliebter Primas, erlaube mir, daß ich dir einfach sage, was ich denke. Es gäbe heute auf dem Stuhl Petri nicht diesen polnischen Papst, wenn es nicht deinen Glauben gegeben hätte, der vor Gefängnis und Leid nicht zurückschreckte. Wenn es nicht deine heroische Hoffnung gegeben hätte, dein grenzenloses Vertrauen auf die Mutter der Kirche." Mit diesen Worten brachte der neue Papst Johannes Paul II. damals zum Ausdruck, wovon jeder der 5.000 polnischen Pilger überzeugt war, die dieses Bekenntnis auch mit einem orkanartigen Applaus bestätigten. An jenem unvergeßlichen Montagnachmittag, dem 23. Oktober 1978 in Rom.

Der Papst wußte, daß in dem hohen Alter keine Arzneimittel mehr gegen den Tod helfen, und so ist das Scheiden seines geliebten Primas, des ‚Pater patriae', nur noch eine Frage der Zeit. Wie brauchte Polen eben jetzt seinen großen Anwalt.

So kommt ins Krankenzimmer der Gemelli-Klinik für den Papst zu seinem physischen Leiden noch der große Herzensschmerz, die Sorge um den Kardinal in Warschau, dessen Zustand sich von Tag zu Tag verschlechtert.

Kurz nachdem die Ärzte in der Gemelli-Klinik in Rom ihren „polnischen Patienten" als außerhalb der Lebensgefahr erklärten, schlägt die letzte Stunde für Kardinal Wyszynski. Er stirbt am frühen Morgen des 28. Mai, am Fest Christi Himmelfahrt. Am gleichen Tag schickt der Papst zum Tode des Primas an die ganze Kirche in Polen eine Botschaft und ein Telegramm an den Erzbischof von Krakau. Es lautete wie folgt:

An Kardinal Franciszek Macharski, Vizepräsident der polnischen Bischofskonferenz

„Bei der Nachricht vom Tode meines geliebten Bruders im Bischofsamt, dieses großen Sohnes der Kirche und unserer Nation, Kardinal Stefan Wyszynski, Erzbischof und Metropolit von Gnesen und Warschau, Primas von Polen, bin ich im Schmerz und im Gebet verbunden mit der gesamten Kirche in meinem Vaterland sowie mit allen meinen Landsleuten. Das Geheimnis der Himmelfahrt Christi vor Augen, erbitte ich von Gott, unserem Vater, den ewigen Lohn für den unermüdlichen Hirten und unbeirrbaren Zeugen des Evangeliums.
Ich vertraue darauf, daß Unsere Liebe Frau von Jasna Gora, die Mutter der Kirche, der er immer ein grenzenloses Vertrauen entgegengebracht hat, ihn zum Gottessohn hinführen wird.
Getragen von der Hoffnung auf eine glorreiche Auferstehung, möchte ich die von Schmerz erfüllten Herzen aller meiner lieben Brüder und Schwestern mit meinem apostolischen Segen trösten: Im Namen des Vaters, des Sohnes und des Heiligen Geistes."
Vatikanstadt, den 28. Mai 1981 *Johannes Paul II.*

Er tröstete und gab Mut den anderen, obwohl er selbst, menschlich gesprochen, beides sehr, sehr brauchte.
In seiner längeren Botschaft an die ganze Kirche in Polen, „die ich so liebe", würdigt er den verstorbenen Kardinal „als Primas des Jahrtausends" und bittet die Gläubigen „nach der alten liturgischen Tradition der Kirche um dreißigtägige Trauer um den Toten, diese Tage im Gebet zu verbringen und die Gestalt des unvergeßlichen Kardinal-Primas Stefan Wyszynski, seine Lehre, seine Rolle in einer so schwierigen Zeit unserer Geschichte im Geiste zu betrachten:
„All das macht zum Gegenstand der Betrachtung und nehmt die große und schwierige Arbeit, das Erbe einer tausendjährigen Geschichte wieder auf, der er, Kardinal-Primas Stefan Wyszynski von Polen, der gute Hirt, seinen bleibenden, unauslöschlichen Stempel aufgedrückt hat ..."
Joh. Paul II. verrät seinen Landsleuten etwas, was nicht nur für sie eine stark beeindruckende Überraschung bedeutet: »Ihr sollt wissen, daß es mein Wunsch gewesen wäre, in dieser Stunde der Trauer, des Schmerzes und des Beileids, aber auch der Hoffnung und des Glaubens bei euch zu sein, um

persönlich dem Primas die letzte Ehre zu erweisen. Gott hat anders entschieden. Sein heiliger Name sei gepriesen. Ich vereinige mich mit euch in Schmerz und im Gebet, in der Annahme des göttlichen Willens und in der Hoffnung.“
Wie innig sein Gebet und wie groß sein Schmerz beim Tod des Primas Wyszynski waren, das weiß nur Gott allein. Aber viele Menschen wissen, daß weder seine Schmerzen nach dem Attentat noch der Tod des Kardinals das größte Leid waren, das Johannes Paul II. betrübte.

* * *

Zur gleichen Zeit, als die Audienz begonnen hatte und der Papst dann blutend ins Krankenhaus transportiert wurde, warteten auf zwei anderen Plätzen Roms Hunderte von Menschen, um für die Abtreibung zu demonstrieren: Kaum zwei Kilometer nordöstlich vom Petersplatz, auf der Piazza del Popolo waren der Chef der KP, Enrico Berlinguer, sowie die Führer der Republikaner und Sozialisten darauf vorbereitet, für die Beibehaltung der geltenden Abtreibungspraxis nach dem § 194 das Wort zu ergreifen. Am folgenden Sonntag, dem 17. Mai, sollte zu dieser Frage eine Volksabstimmung stattfinden.
In ähnlicher Entfernung östlich vom Petersplatz, auf der Piazza Navona, versammelten sich die Radikalen Italiens, zu denen ihr Chef Marco Panella zu Gunsten einer noch weiteren Liberalisierung der Abtreibung sprechen sollte. Er hatte unlängst dem Papst vorgeworfen, dieser benehme sich wie der Vorsitzende einer politischen Partei. Berlinguer und andere laizistische Kräfte warfen dem Papst Einmischung in die inneren Angelegenheiten Italiens vor. Und das nicht erst seit einigen Tagen, wie z. B. seit Sonntag, dem 10. Mai, als sich Johannes Paul II. vor dem Angelus wieder einmal leidenschaftlich für den Schutz des ungeborenen Lebens einsetzte und beschwörend betonte, alles Leben sei heilig, auch das ungeborene.
Schon vorher war der Papst aus Polen für manche ein Ärgernis, weil er Wahrheiten verkündete, die ihnen unangenehm waren. Dadurch hat Joh. Paul II. neben Liebe und Zuneigung – nicht nur von Seiten der Gläubigen – bei anderen auch finstere Kräfte des Hasses geweckt. So ist es zu er-

klären, daß bei der Nachricht von den Schüssen auf dem Petersplatz einige Demonstranten auf den genannten Plätzen sogar mit Händeklatschen reagierten. Es waren zwar nur wenige, aber es gab sie.
Jene Kundgebung auf dem Volksplatz wurde für diesmal nach einer halben Stunde beendet, und die Führer dieser politischen Kräfte gaben Erklärungen ab, mit denen sie den Terrorakt verurteilten. Dann fuhren sie eilends in die Gemelli-Klinik, um sich über den Zustand des Papstes zu informieren und ihre besten Wünsche zu äußern.
An den folgenden Tagen bis zum Samstag fanden auf anderen Plätzen ähnliche Veranstaltungen statt. Bei einer derselben sprach ein spanischer Priester, der sich zur Kirche bekannte, sie aber als reaktionär und unmenschlich abstempelte, weil sie an gleichen Normen festhalte wie vor zweitausend Jahren, dabei die geschichtliche Entwicklung besonders unserer Zeit nicht berücksichtige und den Eheleuten das Leben schwer mache mit Vorschriften, wie sie und wieviele Kinder sie zur Welt bringen sollen.
Über dreißig Mädchen im Alter von siebzehn bis achtzehn Jahren in einer Gymnasiumsklasse in Rom haben unter dem Einfluß einer solchen hysterischen Kampagne feierlich geschworen, daß sie kein einziges Kind haben werden und haben wollen. Im Falle einer ungewollten Schwangerschaft würden sie sofort in ein Krankenhaus gehen, wo schon alles geregelt werden würde.
Dies alles und manches andere in diesem Zusammenhang war Johannes Paul II. längst vor dem Attentat bekannt und stellte für ihn eine Quelle echten Schmerzes dar.
Bedenkt man dazu einerseits die ungeheure Aktivität der laizistischen Kräfte, die für das Todesurteil über hilfloses, ungeborenes Leben eintraten, andererseits die mangelhafte Tätigkeit von Seiten derjenigen Kräfte, die den Papst unterstützen sollten, dann sieht man ein, daß die ganze Volksabstimmung nicht nur mit ihrem Ergebnis, sondern schon in ihrer Vorgeschichte für den Heiligen Vater eine doppelte Quelle größten Schmerzes war.
Und doch war dies alles noch nicht das ganze Leid des Papstes.

* * *

Es war vorgesehen, daß Johannes Paul II. am 15. Mai – was nun durch das Attentat nicht mehr möglich war – mit einigen Zehntausenden christlicher Arbeitnehmer Europas die Eucharistie feiern und ihnen seine Botschaft zu den Problemen der Arbeit vorlesen würde. Der Anlaß dazu war das Jubiläum der vor neunzig Jahre erschienenen, prophetischen Enzyklika von Papst Leo XIII.: „Rerum novarum". Wie wird sich der ehemalige Fabrik- und Steinbrucharbeiter Karol Wojtyla auf dieses nahe bevorstehende Treffen mit den Arbeitern gefreut haben! Wie werden sich die Arbeiter gleichermaßen auf diese Begegnung mit ihrem ‚ehemaligen Kollegen' gefreut haben und wie hätten sie applaudiert, wenn der Papst sie bewußt mit „Freunde und Brüder, die dasselbe Brot teilen", angesprochen hätte. Welche klaren Worte hätten sie gehört, von dem jetzigen Stellvertreter Christi in heiligem Zorn prophetisch verkündet: „Die Utopie eines irdischen Messianismus, von der sich die Verfechter des dialektischen und des praktischen Materialismus täuschen lassen, muß demaskiert werden. Die Kirche kann sich diesem Auftrag nicht entziehen."

Drei Wochen später sollte die Pastoralreise in die Schweiz stattfinden. Von Johannes Paul II. für Pfingstsonntag, den 7. Juni, gewünscht und auch an diesem Tage verwirklicht wurde ein einmaliges ökumenisches Treffen in Rom im Gedächtnis an das vor 1.600 Jahren abgehaltene 1. Konzil von Konstantinopel, das die Göttlichkeit des Heiligen Geistes feierlich verkündete, und in Erinnerung an das vor 1.550 Jahren stattgefundene Konzil von Ephesus, das Maria den Titel „Theotókos", „Gottesgebärerin", zuerkannte.

Bei der feierlichen Pfingstmesse im Petersdom konnte die Predigt des Papstes nur mittels Übertragung gehört werden. Vor dem „Ite, missa est" bemühte sich der Heilige Vater, vierundzwanzig Tage nach dem Attentat immer noch Rekonvaleszent und Patient, persönlich bei über zweihundert Bischöfen, dreiundfünfzig Kardinälen aus aller Welt und ehrwürdigen Vertretern aller Konfessionen auf der inneren Loggia der Petersbasilika zu erscheinen. Er begrüßte sie kurz, segnete sie und betonte, daß die Liebe Christi alle verbinde.

Dann sollte er im Juni anläßlich des Eucharistischen Kongresses Lourdes besuchen. Im Herbst sollte die Pastoralreise

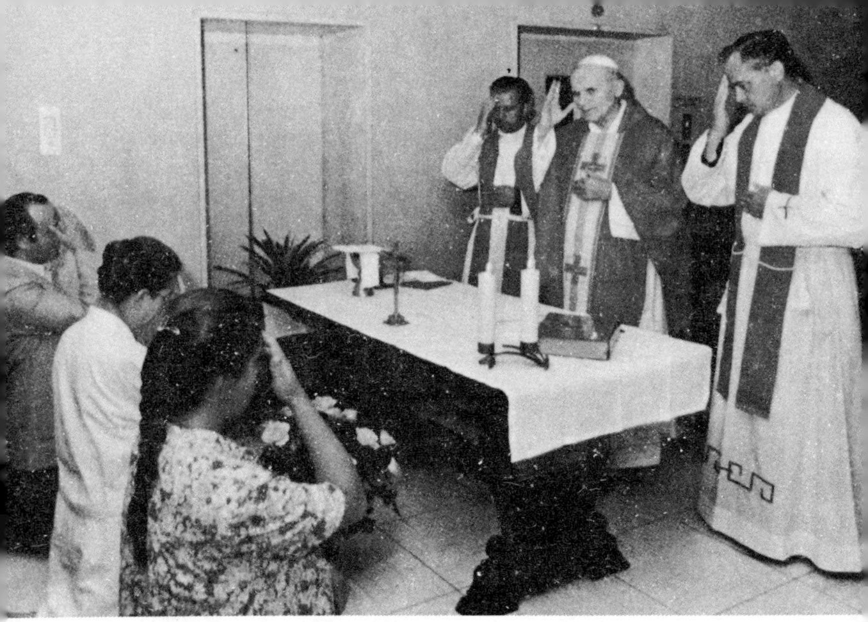

Johannes Paul II. liest die hl. Messe im Flur der Gemelli-Klinik.

nach Spanien folgen. Alles war auf einmal zunichte gemacht.
Trotz seiner Leiden und Schmerzen konnte der gute Hirte am zwölften Tage nach dem Attentat seine Schafe ermutigen:
„Jetzt freue ich mich in den Leiden, die ich für euch ertrage. Für den Leib Christi, die Kirche, ergänze ich in meinem irdischen Leben das, was an den Leiden Christi noch fehlt" (Kol. 1, 24).

* * *

Johannes Paul II. hat in jenen Tagen nach dem Attentat und der fünfstündigen Operation sein Gethsemane erlebt, ist seinen Kreuzweg gegangen bis nach Golgotha, so daß man sagen konnte: ‚Ecce homo!'. Nur der letzte Schritt, der Tod, wurde ihm vorenthalten, wie es damals eine Zeitung schrieb.

Wie einmal seinem Sohn, so war der himmlische Vater auch dessen Stellvertreter in diesen Stunden ungewöhnlich nahe, und seine Engel, seine Boten auch in menschlicher Gestalt, haben dem Leidenden den notwendigen Beistand geleistet. Infolgedessen hat der mit schwerem Kreuz beladene Papst schon von Anfang an nicht nur die Bürde des Leidens, sondern auch die andere Seite des Kreuzes, die Freuden, d. h. die Erlösungskraft, „die unvergleichliche Kraft zur Verwirklichung des göttlichen Heilsplanes" erfahren.
Bevor ich die zweite Ansprache aus dem Krankenhaus in vollem Wortlaut wiedergebe, will ich mich bei dieser für den Patienten hellen und freundlichen Seite des Kreuzes kurz aufhalten.
Die erste menschliche Hilfe wurde dem lebensgefährlich verletzten Heiligen Vater von seinem polnischen Privatsekretär Stanislav Dziwisz, diesem bescheidenen, treuen und fähigen Priester zuteil. Er fing den schmerzvoll niedersinkenden Papst mit seinen Armen auf. Während der »Fluchtfahrt« ins Krankenhaus leistete er ihm auch den wertvollen Dienst als Beichtvater und spendete später dem Patienten das Krankensakrament.
Vom Chauffeur bis zum Ärzteteam waren alle im schnellsten Einsatz, um das Leben des stark blutenden Patienten zu retten.
Beim Erwachen nach der Operation erblickte Johannes Paul II. den ersten Besucher, Sandro Pertini. Mit besorgtem Gesicht und mit einem Blick, der alle seine guten Wünsche für den Patienten zum Ausdruck brachte, berührte der italienische Präsident leicht die unverletzte Hand des Heiligen Vaters. Dieser sprach leise drei Worte: „Signor Presidente, grazie." „Danke, Herr Präsident."
Das war nur der Anfang eines riesigen Stromes bester Wünsche unzähliger Gratulanten, von denen die meisten nicht das Krankenzimmer betreten durften, die aber täglich die Gemelli-Klinik buchstäblich bestürmten.
Besonders stark war der Ansturm am Montag, dem 18. Mai, dem einundsechzigsten Geburtstag von Karol Wojtyla. Es waren Kinder, Jugendliche, Erwachsene, auch ältere Menschen.
Vor dem Krankenhaus sangen und beteten sie. Vor einem Jahr, als der Papst sechzig Jahre alt wurde, hatte er auf dem

Petersplatz mit fünfzigtausend Jugendlichen, Vertretern von Jugendorganisationen aus vielen Ländern, die meisten aus Italien, Eucharistie gefeiert. Nach der hl. Messe und dem ‚Engel des Herrn' hatten sie ihm mit Begeisterung etwas vorgespielt und -gesungen, besonders auch „100 Jahre sollst du leben" (polnisch „sto lat"). Dann erklärte der Jubilar seinen Gratulanten von seinem Fenster aus: „Ich weiß, ihr freut euch, weil ihr jung seid und der Papst alt ist. Aber ich sage euch, ich bin heute zugleich auch ein Jahr jünger geworden." Verständnisloses Schweigen der Zuhörer. Sie fragten sich wohl, wie er das meinen könnte. „Ja, ich bin heute ein Jahr jünger geworden auf dem Weg in die Ewigkeit, um ein Jahr näher der Herrlichkeit unseres himmlischen Vaters." Ein Orkan von Begeisterung und Herzlichkeit quittierte diese weise Bemerkung des „noch jüngeren" Jubilars an seinem sechzigsten Geburtstag.
Als es nun ein Jahr darauf zu dem dramatischen Ereignis gekommen war, demzufolge der Papst Wojtyla zwischen Leben und Tod schwebte, da war es nicht nur sein Nachfolger in Krakau und sein persönlicher Freund, der Erzbischof Kardinal Macharski, der in einer bewegenden Predigt bei einer heiligen Messe um Mitternacht den Herrn über Leben und Tod mit dem Herzensschrei beschwor: „Herr, es ist noch nicht Zeit. Erlaub' ihm, weiter Deine Schafe zu weiden." Viele Millionen Menschen auf der Welt haben die gleiche Bitte an Gott gerichtet, ganz besonders sicher auch jene fünfzigtausend jungen Gratulanten vom 18. Mai 1980.
Am Montagabend, 18. Mai 1981, hörte man vom Radio Vaticana ‚in lingua italiana', also in der italienischen Sendung von Radio Vatikan, um 21.45 Uhr die Worte: „Redaktion und Mitarbeiter von Radio Vatikan haben nur den einen Wunsch, daß diese Sendung dir, Heiliger Vater, ein in großer Zuneigung übermitteltes Geschenk sei.
In diesen Tagen hast du wie nie zuvor in unsere Herzen Eingang gefunden. Mit deinem stillen Leiden rufst du uns Worte zu, die stärker wirken als jede Rede. Durch dein klares, eindeutiges und ganzes ‚Ja' zu dieser schrecklichen Prüfung hast du über die Welt eine mächtige Woge der Liebe ausgeströmt, die uns eint wie nie zuvor."
Die zwei Redakteure waren auch in die Stadt und auf den St. Petersplatz gegangen, um die Stimmen, die Meinung der

Menschen auf der Straße zu hören und deren Wünsche an den Papst, der an diesem Tage sein einundsechzigstes Jahr vollendete, weiterzugeben. Hier nur einige dieser Wünsche und Stimmen.

Die Politesse Angelika vom Petersplatz: „Er soll bald zurückkehren in den Vatikan! Obwohl wir viel Arbeit haben, wollen wir ihn doch hier sehen. Ein guter Mensch. Er liebt alle, ohne Unterschied. Er fehlt uns sehr. Unsere herzlichsten Glückwünsche."

Ein Herr aus der Toscana: „Gott sei Dank. Er ist auf dem Weg der Besserung. Die ganze Welt ist auf seiner Seite, ganz unabhängig davon, ob es sich um Katholiken oder um Nichtkatholiken handelt, weil er ein alle umfassender Mensch ist. Möge er bald wieder unter uns sein. Meine innigsten Glückwünsche."

Ein Ehepaar aus Bari: „Wir sind heute mit der Absicht nach Rom gekommen, hier auf der Stelle, wo das Attentat geschah, und in der Basilika für den Papst zu beten. Wir gehen jetzt in die Gemelli-Klinik, um so dem Heiligen Vater näher zu sein und ihm im Geiste unsere besten und herzlichsten Wünsche zu sagen."

Der siebenjährige Claudio: „Er tut mir sehr leid. So etwas hätte ich nie gedacht. Und heute hat er seinen Geburtstag!"

Der Kutscher Allesandro Manzone im Namen aller seiner Kollegen: „Wir wünschen ihm heute schriftlich alles Gute! Wir freuen uns immer sehr, wenn wir ihn hier auf dem Platz sehen."

Ein zwanzigjähriges Mädchen: „Ich bete viel für den Heiligen Vater. Was ich ihm wünschen sollte? Ich glaube, das, was er am nötigsten hat. Am meisten danke ich ihm für jenen Satz der Verzeihung für den Menschen, der ihn getroffen hat. Ich finde das wunderbar."

Ein Römer: „Das Attentat hat etwas Besonderes in uns bewirkt. Es hat unseren Glauben vermehrt. Wer weiß, wieviel Menschen jenes vergossene Blut wieder zur Kirche zurückbringt. Mein Wunsch ist, daß er bald wieder unter uns ist."

Die Vatikanische Telefonzentrale wurde vom Augenblick des Attentats an einige Tage lang bestürmt mit Anrufen aus Kanada, Deutschland, Australien, kurz, aus aller Welt, von Anrufern aus allen Volksschichten und Altersklassen.

Ein Ehepaar aus Venedig: „Wir sind einfache Arbeiter. Wir

Johannes Paul II. verläßt zum zweitenmal das Krankenhaus, begleitet von den Ärzten. An seiner linken Seite der Arzt Professor Francesco Crucitti, der die fünfstündige Operation am 13. Mai durchführte.

schicken dem Heiligen Vater ein Jesusbild mit der Versicherung unseres Gebetes für ihn.“

Ein neunjähriger Junge aus Lucca: „Ich möchte wissen, ob alle Nachrichten im Rundfunk stimmen. Deshalb rufe ich Sie direkt an, die Sie ja im Vatikan sind. Wie geht's dem Papst? Er ist mein Freund; ich habe ihn bei der Audienz auf dem St. Petersplatz gesehen. Der Papst muß gesund werden, sehr bald. Er muß leben. Ich bete für ihn, weil er ein wunderbarer Mensch ist.“

Ein Herr aus Paris äußert seine aufrichtigsten Genesungswünsche, „weil der Papst ein großartiger, mutiger Mensch ist. Ein großer Mann, wie unser Jahrhundert nur wenige hat. Wir brauchen solche Männer. In allen Kirchen Frankreichs werden Gottesdienste und Gebetsstunden für seine Genesung abgehalten.“

Ein Ehepaar aus Nordamerika: „Wir sind Leute vom Lande. Wir sind nicht reich. Aber wir dachten, es lohne sich, im

Vatikan anzurufen, um zu erfahren, wie es dem Papst geht. Unsere innigsten Genesungswünsche."

Eine ältere Dame sagte: „Ich bin neunzig Jahre alt und weiß, daß ich nicht persönlich zum Papst kommen kann. Aber ich will, daß er weiß, wie notwendig wir ihn haben. Man hat ihn getroffen, der immer nur Gutes tat, wie Jesus, den man kreuzigte."

So erfuhr Johannes Paul II. in seinem Krankenzimmer neben Schmerzen und vielfältigem Leiden auch ungewöhnliche Liebe und Sympathie, echte Solidarität von den Großen dieser Welt, aber noch mehr von Millionen kleinen, unbekannten Leuten, deren Bitte Gott aber aufmerksam registrierte und deren Solidarität er auf seine Art und Weise ins Krankenzimmer seines treuen Dieners in der Gemelli-Klinik leitete. So konnte der schwerverletzte Papst Johannes Paul II. in jenen Tagen vereint mit Christus, dem Opfer und Priester, auch ungewöhnliche Kraft, Ermutigung und Freude empfinden, worüber er auch am 24. Mai, bei seiner zweiten Sonntagsansprache, zur Welt sprach. Einige Zuhörer waren der Meinung, daß seine Stimme dabei sogar schwächer gewesen sei als eine Woche zuvor. Sie hatten wahrscheinlich zuviel von einer Besserung im Befinden des Patienten erwartet. Ich empfand die Stimme bei dieser Ansprache als stärker, und die Ansprache selbst war, wie zu vergleichen ist, auch wesentlich länger. Hier der volle Wortlaut:

„Gelobt sei Jesus Christus!

Ich möchte mich heute in besonderer Weise an alle Kranken wenden und – als Kranker wie sie – ihnen ein Wort des Trostes und der Hoffnung sagen.

Als ich am Tag nach meiner Wahl auf den Stuhl Petri zu einem Besuch in die ‚Gemelli'-Klinik kam, sagte ich, daß ich ‚meinen päpstlichen Dienst vor allem auf jene stützen wollte, die leiden'.

Die Vorsehung hat es gefügt, daß ich als Kranker in die ‚Gemelli'-Klinik zurückkehrte. Ich bekräftige nun meine Überzeugung von damals: das Leiden, das in Verbundenheit mit dem Leiden Christi angenommen wird, ist von unvergleichlicher Kraft für die Verwirklichung des göttlichen Heilsplanes. Ich wiederhole daher mit dem hl. Paulus: ‚Jetzt freue ich mich in den Leiden, die ich für euch ertrage. Für den Leib Christi,

die Kirche, ergänze ich in meinem irdischen Leben das, was an den Leiden Christi noch fehlt‘ (Kol. 1, 24).
Ich bitte alle Kranken, gemeinsam mit mir Ihre Leiden Christus für das Wohl der Kirche und der Menschheit zu opfern.
Die allerseligste Jungfrau Maria gewähre uns Beistand und Trost.
Indem sich mein herzlicher Gruß auf alle erstreckt, die mit mir im Gebet vereint sind, und auf alle, die mir in diesen Tagen das Zeugnis ihrer liebenden Anteilnahme haben zukommen lassen, danke ich für ihre geistliche Nähe und versichere ihnen mein Gedenken im Herrn.“
Bei dieser zweiten Ansprache, die ganz dem Kreuz und Leiden gewidmet war, konnte die Mutter des Herrn, die immer unter dem Kreuz steht, nicht fehlen. Sie ist untrennbar mit Christus verbunden. Johannes Paul II. bat sie auch jetzt um Beistand und Trost, da er sich ihr ganz als „Totus Tuus“ anvertraut.

XII.

Wie konnte es geschehen?

Nur wenige Nachrichten in diesem Jahrhundert haben die Welt so überrascht, erschreckt und für eine Weile sprachlos gemacht, wie die Meldung von dem Mordanschlag auf Papst Johannes Paul II.

Auf Millionen Lippen bildete sich, still oder laut, die Frage: Wie konnte das geschehen?

Auf den vorangegangenen Seiten, in den Erklärungen der Kirchenmänner, Genesungswünschen der Staatsmänner, in den Briefen der Kinder und Erwachsenen wurde diese Frage öfter gestellt. Aber auch der Leser, der sich an seine eigene Reaktion auf das Attentat erinnert, weiß, daß auch er selbst sich die gleiche Frage gestellt und sie zu beantworten versucht hat.

Daß Päpste keineswegs der Welt enthoben und nicht unverletzlich sind, lehrt uns die Kirchengeschichte. Doch daß ein charismatischer, so menschenfreundlicher Papst, Anwalt der Armen und Unterdrückten, zur Zielscheibe für Haß und Gewalt wird, macht fassungslos. Wie konnte das geschehen? Diese Frage hat auch Kardinal Franz König in einer bewegenden Ansprache beim Gottesdienst für den Papst im Wiener Stefansdom, einen Tag nach dem Attentat, auf dramatische Art fünfmal gestellt. Der Kardinal gab zwar keine Antwort darauf; er gab seinen Zuhörern aber eine wichtige Antwort auf eine andere Frage, die mit dem Mordanschlag in Zusammenhang steht: „Was können wir Menschen dagegen tun? Wir können den Haß auflösen, die Gleichgültigkeit aufbrechen nur durch die Liebe. Das ist in Wirklichkeit die einzige Lösung. Nur die Liebe kann uns retten."

Der Kardinaldekan Carlo Confalonieri stellte beim Gottesdienst am 18. Mai in St. Peter anläßlich des 61. Geburtstages von Papst Johannes Paul II. ebenfalls die Frage: „Wie und warum konnte das geschehen? Weshalb stürzt man sich auf den Papst, den unbewaffneten Verkünder der Frohbotschaft, den Verteidiger des Menschen, den unermüdlichen Zeugen des Friedens und der Liebe auf den Straßen der Welt? Warum erhebt sich die von Gewalt und Haß bewaff-

nete Hand gegen den, der seine Hände nur erhob, um Kinder in die Arme zu schließen, Kranke zu ermutigen, alle, die zu ihm kommen, zu trösten und zu segnen? Warum?
Auf diese Frage gibt es, wie wir wissen, keine rationale Antwort, weil sich die Tat im Dunkel des Absurden verliert. Das Geheimnis des Bösen bleibt den Versuchen der Vernunft gegenüber undurchdringlich. Trost kann unseren aufgeschreckten und erschütterten Herzen nur vom Wort Christi kommen, das auch heute noch für uns gilt: „Der gute Hirt gibt sein Leben für seine Schafe." Eben, weil er gut ist, entzieht sich der Hirte nicht, denn das würde bedeuten, daß er seine eigene Herde verließe.
Wie diese Kirchenmänner, so stellte auch die Weltpresse öffentlich die Frage: Wie konnte das passieren? War der Täter ein Geistesgestörter? Handelte er im Alleingang? Oder ist er nur das letzte Glied der Kette einer von anderen geplanten Aktion?
Nach den ersten Untersuchungen der italienischen Polizei in enger Zusammenarbeit mit türkischen und deutschen Fahndungs-Spezialisten wurde bald klar: Der Attentäter ist kein Alleingänger und der Mordversuch nicht das Werk eines mehr oder weniger Verrückten. Die Zeitungen brachten dazu täglich breite Kommentare: „Es gibt Gründe zu denken, daß Mehmet Ali Agca nur der sichtbare Ausführer einer Aufgabe ist, gestellt von unsichtbaren Kräften, die ihn als Werkzeug ausgesucht, geführt, protegiert haben", schrieb ‚Paris Match' am 29. Mai 1981. In einem ausführlichen Artikel unterzieht die Autorin, Suzanne Labin, in sachlicher, gut fundierter Weise den linken wie den rechten internationalen Terrorismus einer Analyse. Sie unterstreicht dabei die bekannte Tatsache, daß die Ausbildungsstätten nicht nur für den linken, sondern auch für den rechten Terrorismus in den Ostblockländern, besonders in der UdSSR, Bulgarien, CSSR, DDR wie auch in Kuba und in Libyen liegen. Und der KGB, der dies alles regiert, bedient sich beider Richtungen, je nach Bedarf. So stellt die Verfasserin die begründete Frage: „Wenn dieser Terrorist nun ein Agent des KGB war?"
Diese Möglichkeit wurde schon am 19. Mai in dem Bericht eines westlichen Geheimdienstes geäußert mit folgenden Argumenten: Es ist bekannt, daß Moskau von den Danziger

Ereignissen im Sommer 1980 erschreckt wurde und sich mit der Weiterentwicklung der Lage in Polen nicht abfinden konnte und wollte. Die „Schuld“ an dieser ganzen Bewegung der Entstehung der unabhängigen Gewerkschaft ‚Solidarnosc‘, wie an dem wiedererwachten nationalen Bewußtsein, wird der Kirche zugeschoben, mit Kardinal Wyszynski an der Spitze, aber ganz besonders dem polnischen Papst, der seit dem Besuch seiner Heimat 1979 als geistiger Vater der Ereignisse in Polen bezeichnet wird. Darüber hinaus stelle er weiter durch sein Wort und sein Tun eine starke moralische Unterstützung der polnischen Bewegung dar. Gemeint sind seine, wenn auch kurzen, gelegentlichen Ansprachen mit ermutigenden Appellen an seine Landsleute sowie auch der Empfang der Repräsentanten der freien Gewerkschaften in Rom Mitte Januar 1981 mit ihrem Führer Lech Walesa an der Spitze.

In dem betr. Bericht heißt es weiter: Im Herbst vorigen Jahres erlangte auch der Kreml Kenntnis davon, daß die Krankheit Kardinal Wyszynskis in das definitiv letzte Stadium gekommen sei und dem Kranken nur noch wenige Lebensmonate bleiben würden. So wollte man die von der Natur gebotene Gelegenheit nützen, den Tod des alten, kranken Kardinals mit der Tat eines „Verrückten“ zu koppeln, die den Papst in Rom ausschalten sollte.

Ein entsprechender Vorschlag sei von Verteidigungsminister General Ustinov (UdSSR) während einer Geheimtagung mit seinen Kollegen des Warschauer Paktes Ende November 1980 vorgetragen worden. Weil nicht alle Anwesenden damit einverstanden waren, vor allem die Rumänen nicht, sei der Vorschlag gemildert worden in der Form, daß man den Papst mittels einer Verletzung für sein Amt untauglich machen wollte.

Mit der Operation wurde die GRU (Nachrichtendienstliche Hauptverwaltung, Abteilung des sowjetischen Generalstabs) beauftragt. Deshalb hatte der Verteidigungsminister Ustinov auch die volle Verantwortung für die Aktion übernommen. Die GRU verlangte vom KGB (Komitee der Staatssicherheit) einen der besten Rechtsterroristen. Die Wahl fiel auf Mehmet Ali Agca, der seit einiger Zeit unter den ersten Rechtsterroristen auf der Liste des KGB war. Die GRU organisierte die Flucht des schon zum Tode verurteil-

Rom, St. Petersplatz, 13. Mai 1981
17.16 Uhr: Johannes Paul II. reicht die kleine zweijährige Sandra Bartoli ihrem glücklichen Vater zurück.

Eine Sekunde später fallen einige Schüsse.
Der Heilige Vater wird lebensgefährlich verletzt.

So beginnt um 17.17 Uhr ein Drama, das die Welt eine Zeitlang in Atem halten wird.

ten Terroristen aus dem Gefängnis durch Mithilfe einiger türkischer Offiziere schon Ende des Jahres 1979. Diese türkischen Rechtsoffiziere, hierbei Komplizen der Sowjets, haben sehr wahrscheinlich geglaubt, daß Ali Agca einige Männer der türkischen Linken im Ausland ausschalten würde. Mehmet Ali Agca hat nach der ermöglichten Flucht eine Zeit in einem Ausbildungslager in der Nähe von Simferopol auf der Krim zugebracht, wo er weiter instruiert wurde. Er übte das Schießen auf ein in langsamer Bewegung befindliches Schattenbild. Man machte ihm klar, falls er seine Aufgabe nicht erfüllte, würde man ihn der Türkei übergeben, und drohte ihm den Tod an für den Fall, daß er seinen Auftrag einer westlichen Polizei verraten würde. Nach diesbezüglichen Quellen sollten seine ‚Kontrolleure', zwei Männer und zwei Frauen, ihn sehr wahrscheinlich beseitigen, falls er nicht den Mut fände, auf den Papst zu schießen. Ungefähr so lautet die Information des Geheimdienstes. Die zahlreichen Reisen Ali Agca's in verschiedene Länder werden als eine Taktik bezeichnet, um die Spuren des Attentäters zu verwischen.

* * *

Ich bin mir dessen bewußt, daß auch ein Geheimdienst-Bericht nicht immer hundertprozentig der Wahrheit entspricht. Aber neben diesem Bericht und jenem Artikel häuften sich in der Weltpresse viele solcher Stimmen, die sich alle darin einig waren – und es heute noch in verstärktem Maße sind –, daß der türkische Terrorist nicht im Alleingang handelte. Seine verworrenen und verwirrenden Aussagen nach dem Attentat: „Ich habe auf den Papst geschossen, um gegen den Imperialismus der Sowjetunion und der Vereinigten Staaten und die von ihnen begangenen Völkermorde in Afghanistan und in El Salvador zu protestieren", dann sein Schweigen vor dem gerichtlichen Prozeß und sein Verlangen, er wolle dem Vatikan übergeben werden, beweisen, daß er seine Rolle ausgezeichnet spielt, wenn auch sein Regisseur nicht hundertprozentig nachweisbar ist.
Hier hilft es auch wenig, den Vater der kommunistischen Revolutionstheorie, W. I. Lenin, selbst zu zitieren, nach dessen Meinung man „die Praxis der Erschießung ausweiten soll"*.
Vielleicht wird sich der Leser nach der Lektüre des außerordentlichen Buches von dem Sowjetologen John Barron über den KGB eine richtige Meinung bilden können**.
Wenn man bedenkt, daß der heutige KGB sowie die GRU nach Lenins Revolutiontheorien arbeiten, noch dazu angereichert durch ungeheuere langjährige Revolutionspraxis,

* Lenin, Sämtliche Werke, 5. Aufl., Band 45, S. 189.
** John Barron: „KGB, Arbeit und Organisation des sowjetischen Geheimdienstes in Ost und West", Scherz-Verlag, Bern und München, 1976. (Auch als Knaur-Taschenbuch erschienen.)

dann ist der Mordversuch in Rom nur ein Kinderspiel in der Szenerie des blutigen Dramas, wie viele Menschen im Osten und aus dem Osten ausgewiesene ehemalige Häftlinge meinen, so z. B. auch der russische Schriftsteller Maximow in Paris.

Ich will mich jeden Urteils enthalten, aber doch einige Tatsachen erwähnen, die mit dem tragischen Ereignis in Rom in engem Zusammenhang stehen, viel enger, als man glauben möchte. Es gibt nämlich nicht nur die Pistolenschüsse eines oder vieler Terroristen. Es ist doch klar, daß man auch mit anderen Waffen ‚schießen' kann, die genau so verletzen, sogar den einen oder anderen zum Schweigen bringen können. Bekannt ist der Propaganda-Aufruf des Schriftstellers Heinrich Böll: „Schweigen wir über den Herrn Wojtyla!" So wollte Böll den Papst „treffen". Oder man denke an die häßliche Kampagne gegen den Besuch Johannes Pauls II. in Deutschland im November 1980: Einige, ganz wenige Menschen wollten den Papst unter dem heuchlerischen Argument, „das Geld für die Papstreise sollte man den Armen geben", nicht im Lande haben und ihn so totschweigen. Die Worte des Heiligen Vaters nach dem Kuß des deutschen Bodens am Ende seiner ersten Ansprache: „Gott segne alle Deutschen in der Welt. Gott beschütze die Bundesrepublik Deutschland", und sein letztes Wort vor dem Abflug nach Rom: „Gott segne dieses Land und alle seine Bewohner", galten auch jenen, die sich mit ihrer ‚aufrichtigen Liebe zu den Armen' gegen den Besuch eines wahren Boten des Friedens, der Liebe und Freude um jeden Preis profilieren wollten, ob sie Norbert Greinacher, katholischer Pastoraltheologe, Uta Ranke-Heinemann, Heinrich Albertz, Ex-Bürgermeister von Berlin, oder wie sie sonst auch immer heißen mögen. Es ist legitim zu fragen, für welchen Frieden sie demonstrieren, wenn sie sich solche Mühe gegeben haben, den Wojtyla-Papst daran zu hindern, in Deutschland für den Weltfrieden und die Einheit der Deutschen zu sprechen. Darf man dazu bemerken, daß sie sich damit nolens volens in das Lager jener anderen Wortschützen einordnen, die sich nicht mehr als Christen darstellen und offen und direkt Johannes Paul II. angreifen?

Es ist interessant und nicht ohne Bedeutung, im Zusammenhang mit diesen „Abschießmethoden" an die Tatsache

zu erinnern: Unmittelbar nach der Wahl Karol Wojtylas zum Oberhaupt der katholischen Kirche wurden einige Reporter und Journalisten, dann noch mehr die kleinen Parteifunktionäre in der CSSR und UdSSR so flexibel in ihrem propagandistischen Eifer, daß sie jenes weltüberraschende Ereignis vom 16. Oktober 1978 als einen Pluspunkt für ihre eigene gesellschaftliche Ordnung, ihr System, aus dem der neue Papst kommt, buchen wollten.
Diese eifrige, voreilige Propaganda dauerte kaum eine Woche und war mehr ein Ausdruck der Ratlosigkeit als eine wahre, aufrichtige Beurteilung des neuen Papstes, der aus dem benachbarten offiziell kommunistischen Polen stammt.
Wenn man die Glückwunsch-Telegramme von Gustav Husak und Leonid Breschnew zur Wahl Kardinal Wojtylas zum Papst, ihre herzlichen Worte und die Betitelung „Eure Heiligkeit" mit den Beileidstelegrammen der gleichen Absender anläßlich des Attentats vergleicht, stellt man eine wesentliche Wende fest. Diese Wende erfolgte schon am 22. Oktober, dem Tag der Amtseinführung Johannes Pauls II., nach seiner Ansprache, in der er auch folgendes ausrief: „Brüder und Schwestern! Habt keine Furcht, Christus aufzunehmen und seine Herrschergewalt anzuerkennen! ... Öffnet, ja reißt die Tore weit auf für Christus! Öffnet die Grenzen der Staaten, die wirtschaftlichen und politischen Systeme, die weiten Bereiche der Kultur, der Zivilisation und des Fortschritts seiner rettenden Macht! Habt keine Angst! Christus weiß, ‚was im Innern des Menschen ist'. Er allein weiß es!"
Diese ‚in Demut flehende Bitte' reichte aus, daß man sich auch in Prag und Moskau ein anderes Urteil über das neue Oberhaupt der Weltkirche bildete: Dieser Aufruf konnte doch nur als eine ‚klare Einmischung in innere Angelegenheiten' verstanden werden, indem die Herrschergewalt Christi der Machtgewalt der Partei entgegengestellt wurde. „Das war doch eine politische Ansprache und Kampfansage", so hörten es die Parteifunktionäre in ihren vertraulichen Versammlungen von ihren politischen Leitern, um das weiter unter das Volk zu bringen. Jedenfalls wurde der Papst auf einmal die ‚letzte Hoffnung und Stütze des absterbenden Kapitalismus'.

Diese Verleumdungskampagne hat leider besonders in der ČSSR seither nicht aufgehört, und nach dem Attentat bis in die jüngste Zeit wurden die Angriffe sogar noch verstärkt. Wie man aus der Kreml-Zentrale hören kann, soll die Haltung der einzelnen Ostblockländer dem Papst gegenüber unterschiedlich sein. Während aus der Heimat des Papstes kein einziges schlechtes Wort an seine Adresse gerichtet wird, verhalten sich die DDR, Ungarn und Rumänien neutral. Die UdSSR und besonders die CSSR wollen die Tätigkeit des Papstes Wojtyla „kritisch" betrachten. Wie das in der Praxis aussieht, dafür ein Beispiel aus jüngster Zeit.
Die ideologische Wochenzeitschrift der tschechischen KP, *Tribune* Nr. 38 vom 23. September 1981 brachte auf der Titelseite den Artikel „Im Dienste der Konterrevolution". Der Redakteur Karel Horàk beschäftigt sich mit dem Kongreß der freien Gewerkschaften ‚Solidarnosc'. Neben seinen scharfen Angriffen auf die polnischen Arbeiterführer und die zum Kongreß eingeladenen ausländischen Gäste, greift er auch ungewöhnlich grob und lügnerisch Johannes Paul II. an: „Der Papst unterstützt und regt jene Kräfte in Polen an, die um die Liquidation der Ergebnisse des antifaschistischen Kampfes bemüht sind, und demagogisch vergleicht er die konterrevolutionäre Aktivität der ‚Solidarnosc' mit dem Kampf des Volkes gegen die deutschen Gurgelabschneider. Um die Arbeiter zu verwirren und mitzuhelfen, sie unter dem Einfluß dieser antisozialistischen Organisation zu halten, scheut er sich nicht, das Gedächtnis von sechs Millionen Toten mit Füßen zu treten und zu beschmutzen."
„Solches Vokabular, in Inhalt und Form, wie es Genosse Horàk gebraucht und wie er die Worte des Papstes bewußt verdreht, disqualifiziert den Autor selbst", kommentierte ein westlicher tschechischer Sender.
Die römische Tageszeitung *Il Tempo* vom 24. September bemerkte zu diesem verbalen Angriff: „Es ist nicht das erste Mal, daß das tschechoslowakische Regime so den polnischen Papst angreift. Aber diesmal hat der Angriff so brutale Züge, daß er seinen drohenden Ton nicht verbergen kann. Hier geht es wirklich um eine Drohung."
Was war der eigentliche Grund jenes Angriffes?
Am Sonntag, dem 6. September 1981, hatte Johannes Paul II. in Castel Gandolfo nach seiner Angelus-Ansprache

die polnischen Gewerkschaftler aus Bromberg und Krakau begrüßt und zu ihnen gesagt: „Weil ihr hier seid, können wir bei unserem heutigen Gebet nicht die bedeutenden Ereignisse vergessen, die sich vor einem Jahr in Danzig, Stettin und in anderen Teilen Polens abgespielt haben. Wir können auch nicht den Kongreß vergessen, der in diesen Tagen begonnen hat, nämlich der Kongreß der ‚Solidarnosc', abgehalten anläßlich des ersten Jahrestages der genannten Vorfälle .. Ich meine, daß die vorjährigen Geschehnisse sehr eng verbunden sein sollen – besonders jetzt zu Anfang September – mit den Ereignissen, zu denen es vor zweiundvierzig Jahren kam und von denen ich letzten Sonntag sprach. Es ist die Erinnerung an den Beginn des Krieges, der gerade an unseren Grenzen ausbrach. Mit Bewegung vernahm ich die Nachricht, daß auf der Westernplatte, einem der Punkte, an denen die polnische Grenze zuerst überschritten worden war, wieder ein Kreuz aufgestellt wurde, dort, wo es früher stand.
Am letzten Sonntag haben wir auch der zahlreichen Opfer gedacht, die jener Krieg in unserem Volk gefordert hat: Sechs Millionen Menschen starben an den Fronten oder in Gefängnissen und anderswo, und wir gedachten dieser großen Ernte des Todes. Wir sind davon überzeugt, daß diese ungeheueren Opfer der Beitrag waren, den unser Volk gegeben hat für seinen Willen zu leben, für das Recht auf Leben, eigenes Leben des Volkes, das seine Kultur, seine eigenartigen Gesichtszüge, seine Ansichten über die sozialen Fragen und die Probleme der menschlichen Arbeit hat. Dies alles bildet das Erbe, bestätigt von den Opfern während des Zweiten Weltkrieges. Aus diesen Opfern entspringt natürlich auch das Recht auf Unabhängigkeit, auf staatliche Souveränität. Wir müssen uns das wieder klar machen – ich sprach darüber vor einem Jahr, und ich wiederhole es auch heute – und es ist notwendig, daran zu erinnern, gerade im Zusammenhang mit den Ereignissen vom 1. September 1939. Und man soll dem immer hinzufügen, daß die Respektierung dieser Rechte unseres wie auch jedes anderen Volkes die Vorbedingung internationaler Eintracht und des Weltfriedens ist. Deshalb beten wir jetzt gemeinsam für diese erhabenen Ziele, und das nicht nur für uns, sondern für alle Völker."

Diese Worte Johannes Pauls II. waren der Grund jenes drohenden Angriffes in der Wochenzeitung der tschechischen Kommunisten. Der Leser soll selbst die Gefährlichkeit solcher ‚Schüsse' beurteilen, die potentiell nicht nur einen Ali Agca, sondern ein Dutzend Agcas in eine dem Papst lebensgefährliche Nähe bringen können.
Der Heilige Vater hat bei jener Begrüßung seiner polnischen Landsleute auch die folgende Bemerkung gemacht, die ich absichtlich aus dem Text ausfallen ließ, um sie erst jetzt wiederzugeben: „Wenn ich polnisch spreche, denke ich an alle unsere slawischen Brüder, die eine etwas andere Sprache sprechen als wir, aber mit denen wir uns leicht verstehen. Ich begrüße auch sie, Slowaken, Tschechen, alle."
So grüßt der Papst auch den Autor des Artikels in der *Tribune,* und zum Schluß segnet er ihn wie auch seine Kollegen, die in ihrem Blatt solche „Schüsse" auf Johannes Paul II. abgefeuert haben, was nicht das erste- und wohl auch nicht das letztemal war. Und sein Segen und Gebet gelten allen ähnlichen Autoren und sind nicht nur auf das Parteiorgan *Tribune* und auf die CSSR begrenzt.
Gruß und Segen des Karol Wojtyla galten auch jenem Offizier der Staatlichen Sicherheit in Prag, der mit „diesem Polen" am liebsten kurzen Prozeß machen möchte.
Der dreißigjährige katholische Priester Maly wurde Anfang des Jahres 1981 polizeilich verhört, übrigens nicht das erste Mal. Der Grund dafür: Der mutige junge Geistliche läßt sich nicht von einem Diener des gottlosen Staates vorschreiben, wann, wo, wie und wem er Christi Botschaft verkünden soll. Bei jenem Verhör hatte der Polizeibeamte die Geduld und auch die Nerven verloren und warf schließlich seinen „Gast" mit Händen und Füßen zu Boden. Dieser wagte es, sich in seiner kritischen Lage mit mühsamer Stimme auf Johannes Paul II. zu berufen und seinen Satz zu zitieren, daß die „religiöse Freiheit die sicherste Grundlage und beste Garantie für jede Freiheit" sei. Der zornige Polizist wurde noch wütender und erklärte: „Ja, mit eurem Papst, eurem ‚Heiligen Vater', würde ich noch anders umgehen als mit dir und schneller mit ihm fertig sein!" –
Damit es bei dem westlichen Leser nicht zu einem Mißverständnis komme, sind hier folgende Bemerkungen nötig: Erstens, weder dieser Polizeioffizier noch jener Redakteur

des Parteiorgans handelten im Alleingang, auf eigene Faust. Sie handelten genau nach dem Rahmenplan, der vom höchsten Gremium der KP ausgearbeitet und befürwortet wurde. Zweitens, wenn ich diese menschlich wenig attraktiven Handlungsweisen erwähne, dann nicht, um bei irgendeinem der Leser Antipathie oder gar Haß gegenüber den Akteuren zu schüren. Ganz im Gegenteil. Ich bete täglich für diese meine „slawischen Brüder", um ihnen von Gott die Gnade der Umkehr und des Hinfindens zu Christus zu erbitten. Darüber aber mehr im letzten Kapitel.
Zum ersten allerdings teile ich nicht den billigen Optimismus, den im Westen manche Beobachter der Ereignisse in den kommunistischen Ostländern, besonders hinsichtlich ihrer Motive hegen, einen Optimismus, über den die Autoren jener Geschehnisse, ob in Moskau, Prag oder Ostberlin, nur recht kräftig lachen können.
Zum zweiten kann ich andererseits nicht schweigen, nicht nur als Christ, sondern einfach als Mensch, über jenen und ähnliche Propagandaartikel, die der Wahrheit kraß widersprechen und den Papst sträflich verleumden, auch nicht über jene mir bekannten Taten, die den Menschen in seinen elementarsten Rechten brutal verletzen und ihm anstatt des seit Jahrzehnten ständig versprochenen Paradieses eine wahre Hölle bereiten.
Nach dem oben Erwähnten ist die Frage nach der Wertung des Mordversuchs am Papst und nach dem eigentlichen Urheber für jeden, der den Tatsachen an die tiefste Wurzel geht, eigentlich zweitrangig, ob nun der KGB dank einer List gegenüber den türkischen Rechtsextremisten das Attentat organisierte, wie es *Paris Match*, dann der Bericht eines Geheimdienstes und viele andere andeuten, oder ob hier zuerst der türkische Geheimdienst – aus welchen Gründen auch immer – mit Hilfe des KGB am Werke war, wie es das italienische Magazin *Il Borghese* vom 13. September 1981 in einer „sensationellen Enthüllung" berichtet.

* * *

Auf der schnellen Fahrt vom Petersplatz zur Gemelli-Klinik, unter starkem Bluten und ungewöhnlichen Schmerzen, die man von seinem Gesicht ablesen konnte und die von den

Ein ungewöhnliches Bild vom Peters-Platz: Die Stelle, von der aus die Schüsse auf den Papst abgefeuert wurden. Einige Geschoßhülsen liegen noch da.

Ärzten später bestätigt wurden, wiederholte der Heilige Vater auf polnisch die Worte: „Jesus, Marija. Jesu milosierdzie, Marija ufam Tobie“, d.h. „Jesus, Maria. Jesus, Barmherzigkeit. Maria, Dir vertraue ich.“ Und dann auch ein- oder zweimal: „Der arme Junge“, gemeint war der Attentäter.
Vier Tage später hörte die Welt, teils schockiert, eine schwache Stimme aus der Gemelli-Klinik in Rom: „Ich bete für den Bruder, der mich verwundet hat und dem ich aufrichtig verzeihe.“ Demnach spielte es für den Heiligen Vater keine wesentliche Rolle, ob der Täter aus eigenem Antrieb oder als Werkzeug anderer den Mordanschlag auf ihn verübt hat. Der Papst verzeiht genau so auch den Hintermännern und betet auch für sie, wie sie auch heißen und wo sie auch sitzen mögen.
In den Exerzitien vor Ostern 1976, die der damalige Kardinal Karol Wojtyla für Papst Paul VI. und seine Mitarbeiter hielt, hatte er in der ersten Betrachtung den greisen Simeon vorgestellt, wie er das Jesuskind auf den Armen der Mutter am Eingang des Tempels erblickt und dabei die Worte spricht: „Seht, dieser ist dazu bestimmt, daß viele in Israel

durch ihn zu Fall kommen und viele durch ihn aufgerichtet werden; er wird ein Zeichen sein, dem widersprochen wird" (Luk 2, 34).
Dies war praktisch das Leitmotiv aller Betrachtungen der damaligen Exerzitien*. Karol Wojtyla deutete in seinen Ansprachen öfter an, daß der Papst als Stellvertreter Christi das am meisten anvisierte Objekt jener Kräfte des Widersachers, des ‚Fürsten dieser Welt' sei. Der Erzbischof von Krakau ahnte damals nicht, daß er nur wenige Jahre später als Nachfolger Petri selbst in ungewöhnlicher, ja blutiger Weise ein Ziel dieses Widersachers Christi sein würde.
So kann man auf die Frage, wie das Attentat passieren konnte, nach Meinung vieler die einzig befriedigende Antwort in den Worten des greisen Simeon finden: „Er wird ein Zeichen sein, dem widersprochen wird." Wie für Christus, so gilt dies auch für seinen Stellvertreter Johannes Paul II. Er hatte schon immer an einer solchen Gegebenheit keinen Zweifel. Er hat das auch später als Papst ganz konkret erwähnt. Einige Wochen nach seiner Wahl hat er durch seine mehrmaligen, unerwarteten Besuche in seiner Diözese nicht nur Römer überrascht, sondern auch die Polizei in der Ewigen Stadt beunruhigt und in Verlegenheit gebracht. Die Journalisten kamen bald mit ihren Fragen hinsichtlich des Lebensrisikos, wenn er sich so frei in der Menge bewegte: Was kann da die Polizei machen! „Ich weiß, daß der Schutz durch die Polizei notwendig und gut ist. Es ist mir aber klar, wenn man mich ausschalten möchte, könnte man das tun. Aber ich bin in Gottes Hand. Ich habe einen Auftrag zu erfüllen, so weit, wie Er das will", lautete seine Antwort. Also kam der Mordanschlag auf Johannes Paul II. für ihn selbst nicht überraschend. Dem Heiligen Vater waren sogar Name und Absicht des Attentäters schon seit mehr als eineinhalb Jahren bekannt. Während seiner ökumenischen Reise in die Türkei machte der Terrorist von sich reden. Er schrieb an eine Zeitung, daß er aus dem Gefängnis geflüchtet sei, um den größten Feind des Islams, Johannes Paul II., zu töten. Viele Redakteure und das Begleitpersonal des Papstes konnten ihre Besorgnis nicht ganz verbergen. Ein polnischer Journalist, ein alter Bekannter von Kardinal Wojtyla, teilte

* Karol Wojtyla: Zeichen des Widerspruchs, Benziger/Herder, 1979.

ihm den Mordplan des Türken und auch dessen Namen mit. Johannes Paul II. wurde daraufhin sehr nachdenklich und bemerkte: „Also Ali Agca heißt er."
Manche weisen auf die Worte hin, die er Anfang Mai 1981 zu den Schweizer Gardisten gesprochen hatte: „Gott beschütze den Vatikan vor dem Terror!" Und nach dem Angelus am 10. Mai, nur drei Tage vor dem Attentat, sagte der Papst nach den üblichen Begrüßungen gegen alle Gewohnheit noch etwas still für sich, aber es wurde über das Mikrophon doch vernehmbar: „Herr, bleibe bei uns, denn es will Abend werden ..." Hat er vielleicht etwas von dem kommenden Unheil geahnt?
Der Heilige Vater sprach am 21. Oktober, bei der dritten Audienz auf dem Petersplatz nach seiner Genesung, über die Verzeihung, wie sie uns Christus gelehrt hat. Er kam auf das Attentat und den Attentäter zurück und auf die Motive des Mordes. In der Kurzfassung für die deutschen Pilger faßte er seine Ansprache folgendermaßen zusammen:
„Liebe Brüder und Schwestern!
Herzlich heiße ich euch alle zu dieser Audienz willkommen. Unsere Gedanken gehen heute noch einmal zurück zum tragischen Geschehen vom 13. Mai. Schon am Tage des Attentats und beim nachfolgenden sonntäglichen Angelusgebet habe ich dem Attentäter in christlicher Liebe verziehen. Christus selbst hat uns dazu nachdrücklich ermahnt und uns in seiner eigenen Todesstunde ein leuchtendes Beispiel gegeben, indem er am Kreuz für seine Henker betete: ‚Vater vergib ihnen, denn sie wissen nicht, was sie tun' (Lk 23, 34). Seit Kains Bluttat ist jeder Mord ein Brudermord, dessen Blut von der Erde laut zu Gott gen Himmel schreit. Beten wir für alle, die sich auch heute noch dadurch ihre Hände und ihr Gewissen beflecken: ‚Vergib uns unsere Schuld, wie auch wir vergeben unseren Schuldigern'."

XIII.

Totus Tuus

Als Johannes Paul II. am 15. November 1980 nach Deutschland kam und sich in Köln auf den Flughafen Butzweiler zum ersten Gottesdienst begab, sah er unter anderem auch seinen Wahlspruch „Totus Tuus", den Jugendliche auf einem Spruchband trugen und den eine Gruppe dazu laut skandierte. Trotz des regnerischen Wetters und des kalten Novemberwindes lächelte der Papst freundlich und fragte: „Hoffentlich könnt ihr mehr Latein als nur diese zwei Wörter?"

Als vier Tage später, nach der hl. Messe in Altötting, ein Fernsehreporter einen etwa dreißigjährigen Priester nach seinen Eindrücken fragte, insbesondere, was er von der Marienverehrung Johannes Pauls II. halte, antwortete der Befragte mit Begeisterung: „Erstens, die Eindrücke und das Erlebnis sind überwältigend. Zweitens, obwohl ich mit einer gewissen Skepsis der Haltung des Papstes aus Polen zur Mutter Gottes gegenüberstand, finde ich diese Verehrung jetzt ausgezeichnet. Sie ist nämlich christozentrisch und biblisch richtig."

Der junge Priester zeigte sich als „wahrer Israelit". Er war bereit, seine unbegründete Meinung zu ändern, nachdem er sich selbst auf Grund nur einer Gebetsansprache Johannes Pauls II. vor dem Gnadenbild in Altötting am 18. November 1980 ein eigenes, etwas anderes Bild von der Marienverehrung des Papstes machen konnte. Hätte sich dieser Priester schon lange vor dem Besuch in Altötting, sofort nach der Wahl des Kardinals Wojtyla zum Papst, mit dessen marianischen Ansprachen oder entsprechenden Gebeten beschäftigt, wäre für ihn ‚Altötting' in dieser Hinsicht keine Überraschung und Entdeckung gewesen, wie es auch keinen überrascht hat, der die Marienverehrung schon des jungen Priesters Karol Wojtyla vor dreißig Jahren kannte oder seit drei Jahren als die des Papstes kennt. Jedenfalls brachte der junge Geistliche in Altötting mit seiner erfreulichen Feststellung nichts anderes zum Ausdruck als das, was das Wappen, das der achtunddreißigjährige Bischof Karol Wojtyla

sich entwarf, ein großes Kreuz, unter dem linken Querbalken ein „M" (für Maria) und der Wahlspruch: „Totus Tuus" ihrem Inhaber bedeuten und wie er sie schon vor Jahren verstand.
Die Gebetsansprache Johannes Pauls II. beim Gnadenbild in Altötting beinhaltet, nach meiner Auffassung, in wenigen Sätzen die wesentlichen Züge der Marienverehrung Karol Wojtylas.
Es scheint mir aus mehreren Gründen angebracht, die Gebetsansprache des Papstes in Altötting dem deutschen Leser hier in ganz leicht gekürzter Form noch einmal nahezubringen, erstens, um zu zeigen, wie diese jenem Wappenzeichen des Bischofs Wojtyla wesentlich entspricht, und dem Wahlspruch „Totus Tuus" treu bleibt; zweitens, damit der Leser sie selbst kritisch betrachten kann.
Johannes Paul II. beginnt seine Ansprache mit bewegtem Gruß. „Sei gegrüßt, Mutter der Gnaden in Altötting." Dann erwähnt er kurz, daß er einige Tage als Pilger durch das Land geht, welchem der heilige Märtyrer Bonifatius den christlichen Glauben gebracht hat.
In Altötting wird ihm als dem Nachfolger Petri erneut klar: „Wenn ich Christus verkündige, ‚den Sohn des lebendigen Gottes, Gott von Gott und Licht vom Licht, eines Wesens mit dem Vater', dann bekenne ich zugleich mit der ganzen Kirche, daß er so Mensch geworden ist durch den Heiligen Geist und geboren wurde von der Jungfrau Maria. Dein Name, Maria, ist untrennbar mit seinem Namen verbunden. Deine Berufung und dein Ja gehören fortan unlösbar zum Geheimnis der Menschwerdung. Zusammen mit der ganzen Kirche bekenne und verkündige ich, daß Jesus Christus in diesem Geheimnis der einzige Mittler zwischen Gott und den Menschen ist; denn seine Menschwerdung hat den Kindern Adams, die der Macht der Sünde und des Todes unterworfen sind, die Erlösung und Rechtfertigung gebracht. Zugleich bin ich jedoch zuinnerst davon überzeugt, daß niemand so tief wie Du, die Mutter des Erlösers, in dieses machtvolle und überwältigende göttliche Geheimnis eingeführt worden ist; und niemand ist besser imstande, uns, die wir es verkünden und selbst daran teilhaben, leichter und klarer darin einzuführen als Du allein, Maria.
In dieser Glaubensüberzeugung lebe ich seit langem."

Johannes Paul II. in Altötting am 18. 11. 1980 beim Gottesdienst anläßlich seines Deutschlandbesuches.

Mit der „gleichen Überzeugung" komme er heute an ihre Gnadenstätte nach Altötting, wo sie, die Mutter der Gnaden, von Verehrung und Liebe umgeben sei: „Gestatte mir, diese Überzeugung aufs neue zu bekräftigen und Dir mit diesem Gebet vorzutragen.

Auch hier möchte ich Dir, unserer Mutter, die Kirche anvertrauen, da Du ja im Abendmahlsaal zugegen warst, als die Kirche durch die Herabkunft des Heiligen Geistes auf die Apostel sich offen kundgetan hat. Ich vertraue Dir heute vor allem die Kirche an, die seit vielen Jahrhunderten in diesem Lande besteht und eine große Glaubensgemeinschaft bildet inmitten der Völker, die dieselbe Sprache sprechen.

Dir, Mutter, empfehle ich die gesamte Geschichte dieser Kirche und ihre Aufgaben in der heutigen Welt: ihre vielfältigen Initiativen und ihren unermüdlichen Dienst für alle Landsleute in ihrem Vaterland wie auch für so viele Gemeinschaften und Kirchen in aller Welt, denen die Christen Deutschlands so bereitwillig und hochherzig Hilfe leisten.

Maria, die Du selig bist, weil Du geglaubt hast (vgl. Lk 1, 45), Dir vertraue ich an, was das Wichtigste im Dienst der Kirche in diesem Land zu sein scheint: ihr kraftvolles Glau-

benszeugnis gegenüber der heutigen Generation der Männer und Frauen dieses Volkes angesichts einer zunehmenden Verweltlichung und religiösen Gleichgültigkeit. Dieses Zeugnis möge stets die klare Sprache des Evangeliums sprechen und so einen Zugang zu den Herzen finden, vor allem der jungen Generation. Es ziehe die Jugend an und begeistere sie für ein Leben nach dem Bild des ‚neuen Menschen' und für die verschiedenen Dienste im Weinberg des Herrn.
Mutter Christi, der vor seinem Leiden gebetet hat: ‚Vater ... alle sollen eins sein' (Joh 17, 11.12) – wie sehr ist mein Weg durch die deutschen Lande gerade in diesem Jahr mit der drängenden und demütigen Sehnsucht nach Einheit unter den Christen verbunden, die seit dem 16. Jahrhundert getrennt sind! Kann einer inniger als Du wünschen, daß sich das Gebet Christi im Abendmahlssaal erfülle? Und wenn wir selbst dabei bekennen müssen, mitschuldig an der Spaltung geworden zu sein, und heute um eine neue Einheit in der Liebe und Wahrheit beten, dürfen wir dann nicht hoffen, daß Du, Mutter Christi, zusammen mit uns betest? Dürfen wir nicht hoffen, daß die Frucht dieses Gebetes zu gegebener Zeit einmal das Geschenk jener ‚Gemeinschaft des Heiligen Geistes' (2 Korr 13, 13) sein wird, die unerläßlich ist, ‚damit die Welt glaube' (Joh 17, 21)?
Dir, Mutter, vertraue ich die Zukunft des Glaubens in diesem alten christlichen Land an, und eingedenk der Bedrängnisse des letzten furchtbaren Krieges, der besonders den Völkern Europas so tiefe Wunden zugefügt hat, vertraue ich Dir den Frieden in der Welt an. Unter diesen Völkern möge eine neue Ordnung entstehen, die sich auf die volle Achtung der Rechte einer jeden Nation und eines jeden Menschen in seiner Nation gründet, eine wahrhaft sittliche Ordnung, in der die Völker zusammenleben können wie in einer Familie durch den gebührenden Ausgleich von Gerechtigkeit und Freiheit. Dieses Gebet richte ich an Dich, Königin des Friedens und Spiegel der Gerechtigkeit, ich, Johannes Paul II., Bischof von Rom und Nachfolger des heiligen Petrus, und hinterlasse es an Deiner Gnadenstätte in Altötting zum bleibenden Gedenken. Amen."
Außer im Gebet vor dem Gnadenbild sprach Johannes Paul II. auch in seiner Predigt über die Mutter des Herrn und stellte sie als ein Beispiel des Glaubens vor.

Vielleicht haben, wie der junge Priester in Altötting, auch andere Priester und Laien ihre Meinung über den polnischen Papst und seine Marienverehrung nach seinem Besuch in Deutschland korrigiert. Manche hatten falsche, unbegründete Vorurteile und fragten: „Wie kann er mit seiner polnischen Frömmigkeit, seiner gefühlvollen Marienverehrung hier im Westen auftreten? Was kann er uns geben? Wir sind doch ganz anders!" Sie stellten sogar die wenig Verständnis verratende Frage: „Wer ist eigentlich Karol Wojtyla?"
„Wer ist eigentlich Karol Wojtyla?" diese Frage stellte kurz nach der Papstwahl auch ein italienischer Reporter im Radio Vatikan seinen Zuhörern. Nach Aufzählung der äußeren Lebensdaten des Papstes fragte er weiter: „Ist er ein Philosoph, ein Schriftsteller, ein Sportler?" Dies alles kann man über den neuen Papst denen sagen, die ihn nicht kennen, brauchte es aber nicht den wählenden Kardinälen zu sagen, die ihn gut kannten und hochschätzen." Gut kannten ihn, schon lange vor dem Konklave, auch die deutschsprachigen Kardinäle, wie man weiß, und sie haben unter Führung des Heiligen Geistes dazu beigetragen, daß Karol Wojtyla Papst wurde.
Wenn ein Mensch den neugewählten Papst schon vor der Wahl sehr gut kannte und über ihn etwas sagen konnte, dann war das sicherlich Kardinal Wyszsynski. Am Tag nach der Papstwahl hat er dieses Ereignis seinen Landsleuten im Radio Vatikan u. a. mit folgenden Worten kommentiert:
„Unter den Kardinälen suchte man einen Menschen des lebendigen Glaubens, innigen Gebetes und mit pastoralem Eifer, darüber hinaus einen Menschen mit gutem Herzen, mit Güte und Freundlichkeit für das Volk, einen Menschen dessen Augen die Liebe Gottes zu seiner Welt ausstrahlen …
Seit dem Augenblick vor zwanzig Jahren, als ich den Priester Wojtyla kennenlernte, um ihm den Willen des Hl. Vaters bekanntzugeben, der ihn zum Weihbischof ernannt hatte, erblickte ich in seinem lächelnden Angesicht ein besonderes geistiges Format. Hier ist ein Mensch, für den das Gebet ein unentbehrliches Lebenselement darstellt, das er auf den Knien und mit vollen Händen ausschöpft, alles noch aus dem kindlichen Glauben. Diese reiche Persönlichkeit des

Philosophen und Moraltheologen strahlte immer, in jedem Augenblick, ganz gleich, was er tat, den Geist des Gebetes aus ...
Gaude, Mater Polonia, freue dich, Mutter Polen! Hast du doch deinen besten Sohn, der in den Kämpfen und Leiden der Nation erzogen wurde, der Kirche und ihrer Mutter geschenkt!“
Daß Johannes Paul II. ein Mensch „lebendigen Glaubens, innigen Gebetes, pastoralen Eifers und zugleich gütigen Herzens“ ist, das wissen heute schon Millionen. Wieviele aber hinsichtlich der Marienverehrung des polnischen Papstes noch Vorurteile hegen, weiß man nicht. Aber man weiß, daß es vielen noch unbekannt und deshalb für sie erwähnenswert ist, auf welchem Boden diese Marienverehrung entstand und wuchs, bis sie durch den jungen Priester Karol Wojtyla auch den ihm anvertrauten Gläubigen erfahrbar wurde, wie er darüber hinaus dieser Haltung zur Mutter Gottes als Bischof und Kardinal bis zum Papst immer treu geblieben ist und sich öffentlich dazu bekannt hat.

* * *

Gewiß ist Karol Wojtyla als Pole der Sohn seiner Heimat, seines Vaterlandes auch in dieser Hinsicht. Mit Recht. Seine Ortskirche hatte sicher auf ihn schon als Kind Einfluß. Aber zuerst war es die häusliche Kirche, die kleinste Kirche, die Familie, seine tiefgläubigen und gottesfürchtigen Eltern.
Liebe und Frömmigkeit zur Jungfrau Maria sind schon in sein Herz gesät worden, bevor er in die Schule ging. Das Bild von der „Mutter der Immerwährenden Hilfe“, welches in der Pfarrkirche seines Heimatortes Wadowice verehrt wird, hat sehr wahrscheinlich auf den kleinen Karl Einfluß gehabt und im Leben Karol Wojtylas eine nicht geringe Rolle gespielt wie das ein Kenner seines Lebens meint. Freilich nicht nur das. Das alles ist aber seine intime Sphäre, die nur er und Gott vollkommen kennen. Anzunehmen ist, daß er seine entscheidendste Glaubensschule in seiner Familie bekam. Seine erste Katechetin war seine Mutter. Sie erzählte ihm als erste vom lieben Gott und führte so den Kleinen in das für den Menschen größte und wichtigste Geheimnis ein. Sie hat ihn, zuerst in den Armen, später an der Hand haltend, in die

nur ein paar Schritte entfernte Kirche und auch zu jenem Bild gebracht, so daß er dann schon bald allein dorthin fand und später mit seinen Schulkameraden vor dem Unterricht in der Kirche ein regelmäßiger Gast wurde.
Dazu kam noch ein anderer wichtiger Umstand: Zirka zwölf Kilometer von Wadowice entfernt befindet sich nämlich ein berühmter Marien-Wallfahrtsort, Kalwaria Zebrzydowska. Die schöne Landschaft, die kleinen Hügel mit den einzelnen Kalvarienwegstationen, die ganze Atmosphäre halfen, ja, zwangen fast zum Lob des Herrn, der aus seiner schöpferischen Hand solches Meisterwerk hervorgebracht hatte. So entstand das Gebet hier als eine ganz natürliche Erhebung der Herzen bei vielen Pilgern, den kleinen Karol nicht ausgenommen, der hier, wie einer seiner Landsleute bemerkte, ein sehr eifriger Pilger war. Er ging dorthin mit seinen Freuden und Sorgen. Diese fehlten im Leben des kleinen Karol nicht. Schon als Neunjährigen traf ihn ein schwerer Schlag, eigentlich der härteste Schlag, den ein Kind erleiden kann, der Verlust seiner geliebten Mutter.
Als Jugendlicher hat er dieses menschlich so schmerzliche Ereignis in dem Gedicht „Über deinem weißen Grab“ teilweise verraten. Er beschreibt darin die „Blumen des Lebens“, die aus dem Grab der Mutter sprießen, während er, der Sohn, sich vor der Toten verneigt und ihrer im Gebet gedenkt. Aus diesen Versen spricht die Traurigkeit über den Verlust seiner irdischen Mutter. Welchen unschätzbaren Dienst hat sie ihm erwiesen, als sie ihn in das Geheimnis der Liebe seiner himmlischen Mutter eingeführt und ihn gelehrt hat, in vollem Vertrauen auf diese rechnen zu können! Es war ganz natürlich, daß nach dem Tod seiner leiblichen Mutter die Liebe und das Vertrauen zur himmlischen Mutter wuchsen. Sie wurde seine geistliche Mutter. Und der junge Karol bemühte sich mit allen Kräften, ihr würdiger Sohn zu sein. Als Gymnasiast wurde er Leiter der Marianischen Kongregation. Er pilgerte im Jahre 1936 zum erstenmal mit seinem Vater und der ganzen Pfarrgemeinde nach Tschenstochau, wo er in die Hände der ‚Schwarzen Madonna‘ auf dem Jasna Gora sein ganzes weiteres Leben legte.
In der Kriegszeit 1943 kam er mit anderen Studenten wieder in das nationale Heiligtum Tschenstochau, um hier geheim die Versprechen zu erneuern, die sie sieben Jahre zuvor der

Schwarzen Madonna abgegeben hatten. In einem anderen Gedicht aus der Jugendzeit, im „Magnificat“, preist er Gott für die Schönheit der Welt, für seine Jugend, für die Poesie und für die Leiden.

* * *

Es ist anzunehmen, daß die Mutter Gottes eine bedeutende Rolle bei seiner priesterlichen Berufung spielte.

Als er zum Priester geweiht war, erfuhr seine Verehrung der Gottesmutter neue Impulse. Er empfahl und vertiefte sie bei den Gläubigen.

Er hat viel und gründlich über die vollkommene Frömmigkeit und Verehrung der Muttergottes nachgedacht, betrachtet. Beispiel war ihm L. M. Grignion von Montfort. Dessen Buch* „Abhandlung über die wahre und echte Frömmigkeit zur Jungfrau Maria“ wurde eines der liebsten Bücher des jungen Priesters Karol Wojtyla. Er betrachtete seinen Inhalt, betete aus ihm und erzählte seinen Studenten von Ludwig M. Grignion v. Montfort.

Als Papst Pius XII. am 4. Juli 1958 Karol Wojtyla zum Weihbischof von Krakau ernannte, entschied dieser sich für das christozentrische Wappen, ein großes Kreuz, in dem aber ein unverzichtbarer Platz für Maria bleibt, was in einem

* Ludwig Maria Grignion v. Montfort, *„Das goldene Buch“,* 1. Kap. 14: „Ich bekenne mit der ganzen Kirche, daß Maria als bloßes Geschöpf, welches aus der Hand des Allerhöchsten hervorgegangen ist, im Vergleich zu seiner unendlichen Majestät geringer ist als das winzigste Stäublein oder vielmehr, daß sie gar nichts ist, da Gott allein ‚Derjenige ist, der da ist‘. Deshalb bedurfte dieser große Herr, der immer unabhängig ist und sich selbst genügt, der heiligsten Jungfrau nicht, noch bedarf er ihrer jetzt, um seine Absichten zu verwirklichen und seine Herrlichkeit zu offenbaren. Er braucht nur zu wollen, um alles zu vollbringen. Die Dinge jedoch vorausgesetzt, wie sie sind, sage ich: Da Gott seit Erschaffung der heiligsten Jungfrau seine größten Werke durch sie beginnen und vollenden wollte, so ist anzunehmen, daß er seine Handlungsweise in alle Ewigkeit nicht ändern wird. Denn er ist Gott und ändert sich weder in seinen Gesinnungen noch in seinem Handeln.“

Dieser Abschnitt stellt ein Glaubensbekenntnis dar an den einen, einzigen Gott und ist eine klare Anerkennung der Seinsbedingung Mariä, als einem Geschöpf vor dem Schöpfer.

Ihr Platz in der Heilsgeschichte entspringt nicht einer Notwendigkeit, sondern dem Wohlgefallen Gottes (2. Vatik. Konzil, LG 60).

Das bischöfliche Wappen von 1958 behielt Karol Wojtyla auch als Papst bei.

etwas kleineren M zum Ausdruck kommt. Er wählte sich dazu einen mariologischen Wahlspruch mit den beiden lateinischen Worten „Totus Tuus". Diese Worte stammen zwar vom hl. Bonaventura, gingen in die christliche Frömmigkeit aber erst durch die Schriften des hl. Ludwig Maria Grignion von Montfort ein, woher sie auch Karol Wojtyla übernahm und mit denen er sein Amt wie sich selbst der Gottesmutter ganz anvertraute.

Die Worte des gekreuzigten Herrn: „Frau, siehe da deinen Sohn", und zu dem Jünger: „Siehe da deine Mutter", wurden das Motiv des Wappens und Wahlspruchs Bischof Wojtylas.

Wie Jesus kurz vor seinem Tod sich an seine Mutter wandte und ihr Johannes anvertraute, so gab er dem „geliebten Jünger" seine eigene Mutter. Und Karol Wojtyla nahm die

Empfehlung und das Recht in Anspruch, zur Mutter Jesu volles Vertrauen zu haben, weil sie mit diesem Augenblick Mutter aller Jünger Christi geworden ist und jeder Getaufte im Namen Jesu das Recht hat, der Mutter des gekreuzigten Jesus Christus zu vertrauen.
Seit seiner Bischofsweihe 1958 versuchte er, seinen Priestern die Bedeutung Mariens zu erklären und die Erkenntnis über sie zu vertiefen.
So sagte er in einer Ansprache vor Priestern in Tschenstochau: „Das Priestertum Christi, an dem jeder von uns teilnimmt, führt uns zur tieferen Erkenntnis Mariens."
Er behielt sein Wappen und seinen Wahlspruch auch nach seiner Ernennung zum Erzbischof von Krakau (am 8. März 1964) bei. Damals sagte er: „Ich möchte mit Christus im priesterlichen Amt und im seelsorgerlichen Dienst durch seine Mutter Maria verbunden sein. Ihr Ort in der Heilsgeschichte ist wenig bekannt. Wir wollen ihn immer tiefer verstehen und in unsere Arbeit hineinstellen, denn Maria spielt eine einzigartige Rolle im Erlösungswerk Jesu Christi. Seit langer Zeit bin ich davon überzeugt, daß es äußerst schwierig ist, das Christusgeheimnis ohne seine Mutter Maria zu begreifen. Daher wünsche ich zuerst, mich selbst darin zu vertiefen, um dann auch euch, und zwar durch Maria, in das Geheimnis der Erlösung einzuführen, damit alle gemeinsam in verantwortungsvoller Weise den göttlichen Auftrag erfüllen, den mystischen Leib, die Kirche, aufzubauen und wahre Jünger Jesu zu werden."
Als 1966 die Tausendjahrfeier der Taufe Polens begangen wurde, rief er nach dem Glaubensbekenntnis vor allen Bischöfen Polens und vor 500 000 Gläubigen aus: „Du bist Christus, der Sohn des lebendigen Gottes, der Sohn Mariens!"

* * *

Auch nach dem weltüberraschenden Ereignis vom 16. Oktober 1978, als Karol Wojtyla zum Papst gewählt wurde, blieb er seinem Wappen und Wahlspruch treu. Unmittelbar nach der Wahl, als er sich der auf dem Petersplatz wartenden Menschenmenge als der neue Nachfolger Petri vorstellte und sie begrüßte, erwähnte er seine anfängliche Furcht, die-

ses Amt zu übernehmen. Dann aber habe er es angenommen im Geiste des Gehorsams gegenüber unserm Herrn und in vollem „Vertrauen auf seine Mutter, die allerheiligste Jungfrau. So stelle ich mich vor euch alle, um unseren gemeinsamen Glauben zu bekennen, unsere Hoffnung und unser Vertrauen zur Mutter Christi und der Kirche."
Am Morgen des darauffolgenden Tages, in seiner ersten Botschaft, hat der Papst diese Haltung zur Mutter Gottes ergänzt und bekräftigt: „In dieser Stunde voll Schwierigkeiten und Angst kann ich mich nur an die Jungfrau Maria wenden, die im Geheimnis Christi immer als Mutter lebt und mitwirkt. Ich wende mich ihr in kindlicher Verehrung zu und wiederhole die Worte: ‚Totus Tuus', ‚Ganz Dein', die ich vor zwanzig Jahren am Tag meiner Bischofsweihe in mein Herz und in mein Wappen geschrieben habe."
Am Schluß seiner ersten Enzyklika „Redemptor Hominis" vertraut er der Mutter Gottes und Mutter der Kirche die ganze Menschheit an, die sich dem dritten Jahrtausend ihrer christlichen Geschichte nähert: „Ich bitte vor allem Maria, die himmlische Mutter der Kirche, sie möchte während dieses Gebetes im neuen Advent der Menschheit bei uns bleiben, die wir die Kirche bilden, den mystischen Leib ihres eingeborenen Sohnes. Ich hoffe, daß wir dank eines solchen Gebetes den Heiligen Geist aus der Höhe empfangen können und so Zeugen Christi werden ‚bis an die Enden der Erde', wie jene, die am Pfingsttag aus dem Abendmahlssaal in Jerusalem in die Welt hinausgegangen sind."
Als Karol Wojtyla im Juni 1979 als Papst seine Heimat besuchte, bekannte er in Kalvaria Zebrzydowska, zurückblikkend auf sein Leben, öffentlich: „Immer häufiger bin ich allein hierhergekommen und konnte, während ich die schmalen Wege Jesu und seiner Mutter entlangschritt, über die mit ihnen verbundenen Heilsgeheimnisse meditieren und Christus durch die Vermittlung Mariens die besonders schwierigen Probleme und die besonderen Verantwortungen im Rahmen meines Amtes empfehlen. Ich kann sagen, daß fast alle diese Probleme hier zur Reife kamen, während ich im innigen Gebet im Angesicht dieses großen Glaubensgeheimnisses versunken war, das dieser Wallfahrtsort Kalvaria in sich birgt."

Am Nationalheiligtum in Tschenstochau sagte der Papst aus Polen u. a.: „Dir, der Tschenstochauer Mutter der Kirche, übergebe ich mich selbst in die Gefangenschaft Deiner mütterlichen Liebe, nach den Worten meines Wahlspruchs „Totus Tuus". Dir empfehle ich die ganze Kirche überall, bis zu den entferntesten Enden der Erde. Dir empfehle ich alle Menschen, meine Brüder, alle Völker und alle Nationen. Dir empfehle ich Europa und alle Kontinente. Ich empfehle Dir Rom und Polen, vereint durch Deinen Diener mit einem neuen Band der Liebe.

TOTUS
TUUS

Der Wahlspruch des ehemaligen Bischofs von Krakau und jetzigen Bischofs von Rom.

Mutter, nimm uns an, verlaß uns nicht und führe uns!"
Er bekannte dort öffentlich: „Ich bin ein Mann großen Vertrauens, das habe ich hier gelernt." Dieses große Vertrauen Johannes Pauls II. konnte auch nicht eine solch ungeheuer harte Probe erschüttern, wie der Mordversuch gegen ihn, die lebensgefährliche Verletzung am 13. Mai. Ganz im Gegenteil! Auf der schnellen Fahrt vom Petersplatz zur Gemelli-Klinik unter heftiger Blutung und ungewöhnlichen Schmerzen, wiederholte der Hl. Vater auf polnisch die Worte: „Jesu, Marija, Jesu milosierdzie, Maria ufam Tobie" d. i. „Jesus, Maria. Jesus Barmherzigkeit. Maria, Dir vertraue ich." Vier Tage später, von seinem Krankenbett aus, bekannte er vor der ganzen Welt sein großes Vertrauen: „Dir, Maria, wiederhole ich, Totus Tuus ego sum!"
Das in diesem Kapitel Gesagte bietet nur einen kurzen Überblick über die Entstehung und Reifung der Marienverehrung Karol Wojtylas. Seit dem 16. Oktober 1978 spricht Johannes Paul II. offen über seine Haltung der Gottesmut-

ter gegenüber, und jeder, der daran interessiert ist, kann sich durch seine Worte und Schriften ein klares Bild davon machen. Würden manche ihre Kritik nicht auf ihren Vorurteilen aufbauen, sondern sich mehr mit den Darlegungen des Papstes beschäftigen, kämen sie wohl zu dem gleichen Schluß, wie der junge Priester in Altötting.

Es drängt sich auf, hier noch die Ansprache von Johannes Paul II. zur festlichen Pfingstliturgie in S.Maria Maggiore am 7. Juni 1981 wenigstens auszugsweise wiederzugeben. Diese Ansprache wurde gerichtet an die Teilnehmer des imposanten ökumenischen Pfingsttreffens, Bischöfe aus aller Welt und Vertreter anderer kirchlicher Gemeinschaften. Leider konnte der Papst, damals immer noch Rekonvaleszent, nicht persönlich bei diesem Treffen anwesend sein, weshalb diese Ansprache übertragen wurde.

Diese Ansprache gliedert sich in drei Teile: Im ersten Teil wird vor allem der Heilige Geist in Christus verehrt. Im zweiten Teil dankt Johannes Paul II. dem Heiligen Geist „für das Pfingstereignis, ... für die Geburt der Kirche, ... für die Mutterschaft Marias, die sich der Kirche mitteilte und weiterhin mitteilt. Danken wir für die Mutter, die immer im Pfingstsaal gegenwärtig ist! Danken wir, daß wir sie auch Mutter der Kirche nennen dürfen ... Die Gottesmutter ist, wie schon der heilige Ambrosius lehrte, der Typus der Kirche hinsichtlich des Glaubens, der Liebe und der vollkommenen Einheit in Christus."

Der dritte Teil kann ein Lob an die Gottesmutter, Mutter der Kirche, genannt werden, der Johannes Paul II. in dieser feierlichen Stunde, vor dieser hervorragenden Versammlung, die Kirche und die Menschheit anvertraut. Hier folgen wenigstens einige Auszüge daraus:

„O Maria, die Du mehr als jeder andere Mensch dem Heiligen Geist anvertraut warst, hilf der Kirche Deines Sohnes, in derselben Überantwortung zu verharren, damit sie allen Menschen die unaussprechlichen Gaben der Erlösung und der Heiligung weitergeben kann – für die Befreiung der ganzen Schöpfung (Röm 8, 21)!

O Maria, die Du mit der Kirche warst beim Urbeginn ihrer Sendung, tritt für sie ein, damit sie hinausgehe in alle Welt und alle Völker ohne Unterlaß zu Jüngern mache und jeder Kreatur das Evangelium verkünde! Möchten das Wort der göttlichen Wahrheit und der Geist der Liebe Zugang finden zu den Herzen der Menschen, welche ohne diese Wahrheit und ohne diese Liebe nicht wahrhaft in Fülle leben können.

O Mutter der Menschen und der Völker, Du kennst alle ihre Leiden und Hoffnungen. Du fühlst mit mütterlicher Anteilnahme alles Kämpfen zwischen Gut und Böse, zwischen dem Licht und der Dunkelheit, von der die Welt befallen ist. – Erhöre unseren Ruf, den wir im Heiligen Geist unmittelbar an Dein Herz richten. Umfange mit der Liebe der Mutter und der Magd des Herrn jene, die diese liebende Zuneigung am meisten ersehnen, und zugleich auch diejenigen, auf deren Vertrauen Du besonders wartest! Nimm die ganze Menschheitsfamilie, die wir mit liebender Hingabe Dir, o Mutter, anvertrauen, unter Deinen mütterlichen Schutz. Mögen allen Menschen Zeiten des Friedens und der Freiheit, Zeiten der Wahrheit, der Gerechtigkeit und der Hoffnung beschieden sein! ..."

Am 7. Juni 1981 hat der Wojtyla-Papst nicht das erste Mal die Menschen und die Völker der Gottesmutter anvertraut. Er selbst hat sich ihr schon vor mehr als zwanzig Jahren öffentlich übereignet. Wann er es im Stillen innerlich das erste Mal tat, ist schwer zu sagen. Heute weiß man jedenfalls, daß er es nicht vergeblich getan hat.

Sie bewies ihre Treue diesem Sohn gegenüber besonders deutlich am 13. Mai 1981 und demonstrierte ihre von Gott erhaltene Macht, indem sie Johannes Paul II., den „Ganz-Ihrigen", vor den Kräften des Bösen und dem gewaltsamen Tod errettete.

XIV.

Die Ereignisse im Tal Cova da Iria im Jahre 1917

Nur einige Stunden vor dem Drama auf dem St. Petersplatz am 13. Mai 1981 feierte der Kölner Erzbischof, Joseph Kardinal Höffner, in Fatima mit Hunderten von Priestern vor knapp einer Million Pilgern die heilige Messe vom Tagesfest, d. h. zu Ehren der Gottesmutter von Fatima. Ihr Fest wird an jedem 13. Mai, dem Tag ihrer ersten Erscheinung im Tal Cova da Iria, gefeiert. In seiner Predigt, die die Gläubigen zu noch größerem Einsatz für den Frieden in der Welt aufforderte, bemerkte der Kardinal u. a.: „Noch nie war der Terrorismus so weit, noch nie hat er ein solches Ausmaß erreicht wie in unserer Zeit, in unseren Tagen."
Obwohl der Kardinal die Plage unserer heutigen Welt so treffend charakterisierte, konnten weder er selbst noch seine neunhunderttausend Zuhörer auch nur im geringsten ahnen, auf welche schreckliche Weise die Worte des Predigers noch am gleichen Tage, vielleicht fünf Stunden später, um 17.17 Uhr ihre Bestätigung finden würden.
Obgleich um diese Zeit schon die Mehrheit der Pilger, d. h. mehrere Hunderttausende, Fatima verlassen hatte, blieben noch immer viele Tausende auf dem riesigen Platz wie auch in der Basilika in Gebet und Betrachtung zurück. Die unfaßbare Nachricht aus Rom schlug ein wie ein Blitz aus heiterem Himmel. Die Pilger mußten genauso erschrocken und sprachlos wie die auf dem Petersplatz anwesenden Augenzeugen sein, vielleicht sogar noch mehr als jene. Denn diese Fatima-Pilger, meistens Portugiesen, aber auch Ausländer, sind wahre, tiefe Verehrer der Mutter unseres Herrn, mit der sie im Laufe der Zeit persönliche Erfahrungen machten, ihr vollkommen vertrauend, weil sie wissen, daß niemand unerhört bleibt, der Maria um Hilfe angerufen hat und ihre Fürbitte erflehte. Und jetzt, ausgerechnet an ihrem Tag, dem 13. Mai, sollte vielleicht der Widersacher ihres Sohnes dessen Stellvertreter auf Erden, Papst Johannes Paul II., aus dem entscheidenden Kampf ausschalten? Noch dazu denjenigen Menschen, der sich schon vor Jahren als „Totus Tuus"

ihr ganz anvertraut und in den letzten Jahren schon öfter die ganze Menschheit der Mutter Jesu anempfohlen hatte? Wozu dann unser langjähriges Flehen, unsere Gebete und Opfer? Soll das auf einmal alles zunichte gemacht werden? Nach solchen ersten, verzweifelten Fragen einiger Pilger begann das innige Gebet, beschwörender Appell der erschreckten Kinder an die gütige, mächtige Mutter. Das volle Vertrauen kehrte zurück, in Fatima wie auf dem Petersplatz. Nicht nur in Fatima und in Rom, sondern überall in der Welt haben viele katholische Christen an die Vorfälle im Tal Cova da Iria gedacht, die genau um diese Zeit vor 64 Jahren, am 13. Mai 1917, begannen. Die kleine portugiesische Ortschaft Fatima kam wieder ins Gespräch. Interessanter- und vielleicht nicht zufälligerweise war einige Tage vor dem Attentat in Zeitungen, Rundfunk und Fernsehen der Name Fatima häufig aufgetaucht. Der Grund: Ein ehemaliger Trappistenmönch wurde zum Flugzeugentführer, weil er so die Veröffentlichung des „dritten Geheimnisses von Fatima“ erzwingen wollte. Diese Flugzeugentführung Anfang Mai 1981 wie auch der blutige Mordanschlag auf Johannes Paul II. bewirkten, daß die Geschehnisse des Jahres 1917 in der Cova da Iria, um das Dorf Fatima herum, vielen, hauptsächlich jungen Menschen erstmals bekannt wurden. In welchem Lichte sie dargestellt wurden und ob der Wahrheit entsprechend, das ist eine andere Sache. Es wurde wieder teils Sensationelles, teils Unsachliches geredet und geschrieben.

Was ist eigentlich in Cova da Iria, im Tal von Iria, das zu dem kleinen Dorf Fatima gehörte, in der Zeit vom 13. Mai bis 13. Oktober 1917 geschehen?

Solche Fragen scheinen vielen katholischen Christen, besonders solchen der älteren Generation, überflüssig zu sein. Aber sie geben zu, daß manche davon wenig wissen und viele aus der jüngeren Generation der Christen wahrscheinlich überhaupt nichts. Erfreulicherweise gibt es zu jenem Geschehen schon genügend Literatur in den europäischen Hauptsprachen, so auch in deutscher Sprache. Jeder, der aufrichtig daran interessiert ist, sich über jene Ereignisse objektiv und kritisch zu informieren, kann das tun und sich ein eigenes, von allen tendenziösen wie billigen Vorurteilen und jeder falschen Propaganda unabhängiges Urteil bilden. Das

Standardwerk bleibt das heute in alle Weltsprachen übersetzte Buch von Prof. Dr. L. Gonzaga da Fonseca S. J., das über die Vorfälle in Fatima mit der höchstmöglichen wissenschaftlichen Zuverlässigkeit informiert*. Seine Quelle bleiben die Aussagen der drei Seherkinder aus dem Jahre 1917, dann die späteren Angaben Schwester Lucias, die sie in vier ‚memorias', Erinnerungen, und anderen Schriften niederlegte. Sie begann zu schreiben am 31. August 1941 im Auftrag des Bischofs von Leiria, in dessen Diözese sich Fatima befindet.

Das Fatimabuch von Professor L. G. da Fonseca „ist das vollständige, authentische, mit neuen und gründlichen dokumentarischen Belegen ausgestattete und in alle Weltsprachen übersetzte Buch über die Geschehnisse in Fatima. Wer sich in sie vertieft, wird erkennen, daß sie seit der Zeit ihres Beginnes nicht nur in Portugal, sondern in der ganzen Welt geschichtliche Bedeutung erreicht haben", schrieb zur letzten Auflage die französische Zeitschrift *L'Echo littéraire,* Ribeauville.

Die *Theologische-Praktische Quartalschrift,* Linz, ging bei ihrer Rezension dieses Buches in seiner 17. deutschen, vermehrten Auflage von 1977 zurück auf die vor Jahren geäußerte Kritik des flämischen Jesuitenpaters E. Dhanis und stellte dabei fest: „Die seinerzeit besonders von dem Löwener Theologieprofessor E. Dhanis S. J. geäußerten Zweifel** an der Glaubwürdigkeit der Seherkinder, insbesondere Lucias, hatten das Gute, daß man die Quellen neuerdings überprüfte und Lucia wiederholt befragte. Das berühmte Werk informiert mit der höchstmöglichen wissenschaftlichen Zuverlässigkeit über die Geschehnisse in Fatima und

* Prof. Dr. L. Gonzaga da Fonseca S. J. *„Le Meraviglie die Fatima"*, 26. italienische Auflage 1981, deutscher Titel: *„Maria spricht zur Welt"*, Fatimas Geheimnis und weltgeschichtliche Sendung. Siebzehnte, vermehrte Auflage 1977, Paulusverlag, Freiburg, Schweiz.

** Zu der kritischen Schrift des P. Dhanis hat P. Fonseca ausführlich schon 1951 Stellung ggenommen. P. Dhanis betont in der Erwiderung darauf seine positive Einstellung zu Fatima, distanziert sich von Bedenken, die in verschiedenen Zeitschriften mit ungerechtfertigter Berufung auf seine Kritik geäußert wurden. Er klärt jene Punkte auf, die mißverstanden und mißdeutet wurden (A propos de *„Fatima et la critique"*, Nouvelle Revue Théologique 84M 1952, 580–606).

Ao chegar, mais ou menos a meio da encosta, quasi junto d'uma azinheira grande que ai havia, vimos outro relampago, e dados alguns passos mais adiante vimos sobre uma carrasqueira, uma Senhora, vestida Tôda de branco, mais brilhante que o sol, espargindo luz, mais clara e intensa que um copo de cristal, cheio d'agua cristalina atravessado pelos raios do sol mais ardente. Páramos surpreendidos, pela aparição. Estávamos tam perto que ficavamos dentro da luz que a cercava ou que Ela espargia, talvez a metro e meio de distancia mais ou menos.

Então Nossa Senhora disse-nos; não tenhais medo, eu não vos faço mal. De donde é vossemecê? lhe preguntei. Sou do Ceu. E que é que vossemecê me quer? Vim para vos pedir que venhais aqui seis meses seguidos, no dia 13 a esta mesma hora, depois vos direi quem sou e o que quero. Depois voltarei ainda aqui uma setima vez. E eu, tambem vou para o Ceu? Sim, vais. E a Jacinta? Tambem. E o Francisco? Tambem, mas tem que rezar muitos terços.

deutet die weltgeschichtliche Sendung dieses Gnadenortes.“

Die Kirchenzeitung von Mainz *Glauben und Leben* hat einen neuralgischen Punkt des Fatimageschehens hervorgehoben und auf das geschichtliche Dilemma, in dem die heutige Menschheit steht, d.h. Krieg oder Frieden, hingewiesen, ein die Welt beängstigendes Dilemma, zu dem dieses Buch eben das Wichtigste zu sagen hat: „Schon die Tatsache, daß dieses Buch nun in der 17. Auflage erscheint, ist zugleich eine beredte Aussage. Hier wird Wesentliches geboten. Hier wird das entscheidene Wort in unsere Zeit gesprochen, und gesprochen von Maria, der Mutter des Herrn.

chegar, mais ou menos, a meio encosta, quase junto duma azieira grande que aí havia, vimos tro relâmpago e, dados alguns ssos mais adiante, vimos, sobre na carrasqueira, uma Senhora stida toda de branco, mais briante que o sol, espargindo luz ais clara e intensa que um copo cristal cheio de água cristalina, avessado pelos raios do sol mais dente. Parámos surpreendidos la Aparição. Estávamos tão perto, e ficávamos dentro da luz que A rcava, ou que Ela espargia. Talvez metro e meio de distância, mais menos.

Então, Nossa Senhora disse-nos:

— Não tenhais medo. Eu não vos ço mal.

— De donde é Vossemecê? — rguntei-Lhe.

— Sou do Céu.

— E que é que Vossemecê me ıer?

— Vim para vos pedir que nhais aqui seis meses seguidos, dia 13, a esta mesma hora. epois vos direi quem sou e o que ıero. Depois, voltarei ainda aqui na sétima vez.

— E eu também vou para o Céu?

— Sim, vais.

— E a Jacinta?

— Também.

— E o Francisco?

— Também; mas tem que rezar uitos Terços. Lembrei-me, então, perguntar por duas raparigas ıe tinham morrido há pouco. Eram inhas amigas e estavam em inha casa a aprender a tecedeiras om minha irmã mais velha.

— A Maria das Neves já está no éu?

Arrivati piú o meno, a mezza costa, quasi presso un grande leccio che era in quel luogo, vedemmo un altro lampo e, fatti alcuni passi, vedemmo sopra un leccio, una Signora, vestita tutta di bianco, piú brillante del sole, diffondendo una luce piú chiara e intensa d'un bicchiere di cristallo pieno d'acqua cristallina attraversato dai raggi del sole piú ardente. Ci fermammo, sorpresi per l'apparizione. Eravamo cosí vicini che restavamo dentro della luce che La circondava, o che Lei diffondeva. Forse a un metro e mezzo di distanza, piú o meno.

Allora, la Madonna ci disse:

— Non abbiate paura. Non vi faccio del male.

— Da dove viene Lei?, — le domandai.

— Vengo dal Cielo.

— E cose vuole da me?

— Son venuta a chiedervi di venire qui per sei mesi consecutivi, il giorno 13, a questa stessa ora. Poi vi dirò chi sono e cosa voglio. Quindi, tornerò qui di nuovo una settima volta.

— E anch'io andrò in Cielo?

— Sí.

— E Giacinta?

— Anche lei.

— E Francesco?

— Anche lui, ma deve recitare molte Corone.

Mi ricordai allora di chiederLe di due ragazze che erano morte da poco tempo. Erano mie amiche, e venivano a casa mia per imparare da tessitrici con la mia sorella maggiore.

— Maria das Neves è già in Cielo?

— Sí, è là. — (Mi pare che doveva essere sui 16 anni).

— E Amelia?

— Resterà in Purgatorio fino alla fine del mondo(1) (Mi pare che avesse

Al llegar más o menos a la mitad de la ladera, casi junto a una encina grande que allí había, vimos otro relámpago y, unos pasos más adelante, vimos sobre una carrasca una Señora vestida toda de blanco, más brillante que el sol y esparciendo luz más clara e intensa que un vaso de cristal lleno de agua cristalina atravesado por los rayos del sol más ardiente. Nos paramos sorprendidos por la aparición. Estábamos tan cerca que quedábamos dentro de la luz que la cercaba o que Ella esparcía. Como a metro y medio de distancia, más o menos.

Entonces nos dijo nuestra Señora:

— No tengais miedo, yo no os hago daño.

— ¿De dónde es Vd.?, le pregunté.

— Yo soy del cielo.

— ¿Y qué es lo que Vd. quiere de mí?

— Vengo para pediros que volvais aquí durante seis meses seguidos el día trece y a esta misma hora. Después os diré quién soy y lo que quiero. Y todavía volveré una séptima vez.

— ¿Yo también iré al cielo?

— Sí, vas a ir.

— ¿Y Jacinta?

— También.

— ¿Y Francisco?

— También, pero tiene que rezar muchos rosarios.

Me acordé entonces de preguntar por dos jovencitas que habían muerto hacía poco. Eran amigas mías y estaban en mi casa aprendiendo a tejer con mi hermana mayor.

— María de las Nieves, ¿está ya

Prof. Antonio Maria Martins SJ. hat als letzter die Niederschriften Lucias kritisch geprüft und in einem 530 Seiten umfassenden Band veröffentlicht: „Documentos. Fatima" (Porto 1976.). Die linken Buchseiten zeigen die handschriftlichen Aufzeichnungen Lucias. Die rechten Buchseiten geben jeweils den entsprechenden Text in drei Spalten wieder: In fehlerfreiem Portugiesisch (Lucia hat nur drei Jahre die Grundschule besucht), in italienisch und spanisch.

Wirklich, Maria spricht zur Welt. Wer in diesem Buch anfängt zu lesen, der hört sobald nicht auf. Es ist leicht möglich, daß von diesem Buch bzw. von unserem Verhalten diesem Buch und seiner Botschaft gegenüber in Wahrheit Krieg und Frieden abhängen. Der Menschheit Zukunft ist so wirklich in unsere Hand gegeben."

Die *Bücherei-Nachrichten*, Salzburg, betonten in ähnlicher Richtung den politischen und technischen Aspekt unserer gegenwärtigen Lage: „... Da aber diese 17. Neuauflage gewissenhaft bereichert wurde durch Aussagen der Seherin und andere diesbezügliche Dokumente, kommt ihr wiederum größere Kraft zu, all denen die Augen zu öffnen, die sehen wollen. Der gläubige – nicht zu verwechseln mit leichtgläubige – Leser wird vom Anliegen und Geheimnis Fatimas her einen anderen, d.h. einen besseren Zugang finden können zu den weltgeschichtlichen Vorgängen, die sich zur Stunde im Raum der Politik und der Technik abspielen. Möge das Buch mithelfen, daß mehr und mehr ‚Kinder des Tränentals' auf die Mutter hören."

* * *

Nach dem Hinweis auf die entsprechende Literatur* kann ich mich eigentlich auf einen kurzen historischen Überblick hinsichtlich der sechs Erscheinungen der Mutter Gottes vor den drei Hirtenkindern beschränken. Diese Voraussagen Marias in Fatima besitzen eine weltpolitische bzw. militärische Tragweite, und ihre Bestätigung ist für jeden Menschen, unabhängig von seinem Glauben, gerade in einer kritischen Konfrontation nachprüfbar und in eindeutiger Weise festzustellen, wie das im folgenden Kapitel gezeigt wird.
Bevor die Mutter Gottes Jacinta, Francesco und Lucia das erste Mal erschien, wurden die drei Kinder durch eine „göttliche Pädagogik" von dem „Engel des Friedens und dem Patron Portugals" auf die Begegnung mit der Gottesmutter vorbereitet**. Das geschah erstmalig schon im Frühjahr des Jahres 1916, auf dem Berge Cabeco: „Fürchtet euch nicht! Ich bin der Engel des Friedens" sprach bei einem plötzlichen Wind ein Jüngling von 14–15 Jahren die Kinder an. „Betet mit mir: *‚O mein Gott, ich glaube an Dich, ich bete Dich an, ich hoffe auf Dich, ich liebe Dich. Ich bitte Dich um Verzeihung für jene, die nicht an Dich glauben, die Dich nicht anbeten, die nicht auf Dich hoffen, die Dich nicht lieben!'*" Dann

* Am Schluß dieses Kapitels findet der Leser noch einige Titel zu diesem Thema.

** Bezüglich der langjährigen Kritik an den Engelserscheinungen und ihrer Ausräumung vgl. G. da Fonseca, S.J., *„Maria spricht zur Welt"*, S. 125 u.f. Die scheinbaren Vorbehalte sind heute definitiv aufgeklärt.

sprach der Engel zu den Kindern: „Betet so! Die heiligsten Herzen Jesu und Mariä werden achthaben auf eure Bitten." Einige Monate später erschien der Engel den Kindern wieder und bat sie um ihr Gebet und Opfer. Die Kinder sahen den Engel im Garten hinter Lucias Elternhaus. Zum dritten und letzten Mal kam der himmlische Bote im Herbst des gleichen Jahres 1916 und lehrte sie das Gebet zur Heiligsten Dreifaltigkeit. Plötzlich umstrahlte sie ein Licht, und der Engel erschien. Er hielt in der Hand einen Kelch und über dem Kelch eine Hostie, aus der Blutstropfen in den Kelch fielen. Dann ließ er den Kelch und die Hostie frei in der Luft schweben, kniete neben den Kindern nieder und betete dreimal: *„Heiligste Dreifaltigkeit, Vater, Sohn und Heiliger Geist, ich bete Dich in tiefster Ehrfurcht an und opfere Dir auf den kostbaren Leib, das Blut, die Seele und die Gottheit unseres Herrn Jesus Christus, der in allen Tabernakeln der Welt gegenwärtig ist, zur Sühne für die Schmähungen und Entweihungen und für die Gleichgültigkeit, wodurch Er beleidigt wird. Um der unendlichen Verdienste seines Heiligsten Herzens willen und auf die Fürbitte des Unbefleckten Herzens Mariä hin bitte ich Dich um die Bekehrung der armen Sünder."*

Dann erhob sich der Engel und ergriff wieder den Kelch und die Hostie. Die Hostie reichte er Lucia, und den Kelch gab er Jacinta und Francesco zu trinken. Dabei sprach er die Worte: *„Empfanget den Leib und das Blut Jesu Christi, der so schrecklich beleidigt wird durch die undankbaren Menschen. Sühnet ihre Sünden und tröstet euren Gott."*

„Habt keine Furcht!"

Erst nach dieser Vorbereitung kam es am Sonntag, dem 13. Mai 1917 in der Cova da Iria zur ersten Begegnung der Kinder mit der „wunderschönen Dame", die zu den erschrockenen Kindern gütig sagte: „Habt keine Furcht. Ich tue euch nichts zuleide." –

Schließlich faßte Lucia Mut und fragte: „Woher seid Ihr?"

„Ich bin vom Himmel."

„Und was wollt Ihr von uns?"

„Ich bin gekommen, euch zu bitten, daß ihr sechsmal nacheinander zur gleichen Stunde wie heute, am dreizehnten jedes Monats hierher kommt bis Oktober. Im Oktober werde

ich euch sagen, wer ich bin und was ich von euch will. Ich werde dann noch ein siebentes Mal kommen."
Dann fragte sie die Kinder: „Wollt ihr euch Gott schenken, bereit, jedes Opfer zu bringen und jedes Leid anzunehmen, das er euch schicken wird, als Sühne für die vielen Sünden, wodurch die göttliche Majestät beleidigt wird, um die Bekehrung der Sünder zu erlangen und als Genugtuung für die Flüche und alle übrigen Beleidigungen, die dem unbefleckten Herzen Mariens zugefügt werden?" „Ja, das wollen wir", sagte in freundlicher Begeisterung Lucia im Namen der drei.
„Gut, ihr werdet viel zu leiden haben; aber Gottes Gnade wird euch helfen und euch immer stärken."
Bei diesen Worten öffnete die „wunderschöne Frau" die Hände. In einem Lichtglanz, der von der Erscheinung ausging, sahen die Kinder sich selbst in Gott, der das Licht ist. Dann fielen sie auf die Knie und beteten: „O heiligste Dreifaltigkeit, ich liebe Dich! Mein Gott, ich liebe Dich im heiligsten Sakrament!" Nach einigen Augenblicken sagte die ‚strahlende Frau': „Betet täglich den Rosenkranz, um den Frieden für die Welt und das Ende des Krieges zu erlangen." Darauf verschwand die Erscheinung.

„Verliere nicht den Mut!"

Am 13. Juni waren schon sechzig Menschen aus Neugier dabei, als die wunderbare Frau kam. Lucia fragte sie, was sie wünsche. Sie antwortete: „Kommt am 13. des folgenden Monats wieder hierher. Unterlaßt nicht, jeden Tag den Rosenkranz zu beten. Ich will, daß ihr lesen lernt; dann werde ich sagen, was ich wünsche."
Weiter eröffnete die Erscheinung Lucia, daß Jacinta und Francesco bald sterben würden und sie, Lucia, als einzige länger am Leben bleiben werde. Als diese darüber erschrocken war, hörte sie die tröstlichen Worte:
„Verliere nicht den Mut! Ich werde dich nie verlassen. Mein unbeflecktes Herz wird deine Zuflucht sein und der Weg, der dich zu Gott führen wird."

„Was wollt Ihr von mir?"

Am 13. Juli strömten schon 5000 Menschen nach der Cova da Iria, um die Erscheinung, die sie aber selbst nicht sehen konnten, mitzuerleben. Die Mehrheit von ihnen glaubte schon an die Echtheit der Erscheinungen, aber einige waren noch immer mißtrauisch. Die mutigere Lucia fragte die Frau wieder: „Was wollt Ihr von mir?“ Die Frau wiederholte die Bitte, sie sollten am 13. jedes Monats hierher kommen, und alle Tage den Rosenkranz beten, um der Welt den Frieden und das Ende des Krieges zu erlangen. Denn durch sie allein könne Hilfe kommen.

„Im Oktober werde ich euch sagen, wer ich bin, und auch ein großes Wunder wirken, damit alle glauben. Opfert euch für die Sünder und sagt oft: ‚Jesus, aus Liebe zur Dir und für die Bekehrung der Sünder, als Genugtuung für die Beleidigungen, die dem Unbefleckten Herzen Mariens zugefügt werden‘.“

„Bei diesen Worten“, so berichtet Lucia später, „sollten wir etwas Schreckliches, das Leiden der Verlorenen in der Hölle sehen. Die Vision der Hölle war der erste Teil des Geheimnisses. Der zweite Teil betraf die Verehrung des Unbefleckten Herzens Mariä. Lucia berichtet: „Wie hilfesuchend schauten wir zur seligsten Jungfrau empor, die uns voll Güte und Traurigkeit sagte: ‚Ihr habt die Hölle* gesehen, wohin die Seelen der armen Sünder gelangen. Um sie zu retten, will der Herr die Andacht zu meinem ‚Unbefleckten Herzen‘ in der Welt begründen. Wenn man tut, was ich euch sage, werden viele Seelen gerettet werden, und es wird Friede sein. Der Krieg geht seinem Ende entgegen. Wenn man aber nicht aufhört, Gott zu beleidigen, dann wird unter dem Pontifikat von Papst Pius XI. ein anderer und schlimmerer Krieg beginnen. – Wenn ihr eine Nacht erhellt sehen werdet durch ein unbekanntes Licht**, dann wisset, daß dieses das Zeichen ist, das Gott euch gibt, daß er die Welt strafen wird für die Missetaten durch Krieg, Hungersnot, Verfolgung der Kirche und des Heiligen Vaters. Um das zu verhüten, werde

* P. Luigi Facenda S. J. betont in seinem Buch: *„Sono stato a Fatima“* (Ich war in Fatima), daß die Jungfrau Maria den drei Hirtenkindern die Hölle in einer sehr materiellen Auffassung darstellt, um sich ihrer Mentalität anzupassen. Die Definition der Kirche lautet: „Die Hölle ist das ewige Leiden an dem Verlust Gottes, unseres Glückes.“

** Lucia glaubt, daß das Nordlicht, das in der Nacht zum 25. Januar 1938 in ganz Europa gesehen werden konnte, das ‚Zeichen Gottes‘ für den Zweiten Weltkrieg war.

ich kommen, um die Weihe Rußlands an mein Unbeflecktes Herz und die Sühnekommunion an den ersten Samstagen des Monats zu verlangen. Wenn man auf meine Wünsche hört, wird Rußland sich bekehren, und es wird Friede sein. Wenn nicht, dann wird es seine Irrlehren über die Welt verbreiten und wird Kriege und Verfolgungen der Kirche heraufbeschwören.
Die Guten werden gemartert werden; der Hl. Vater wird viel zu leiden haben; verschiedene Nationen werden vernichtet werden. Aber am Ende wird mein Unbeflecktes Herz triumphieren. Der Hl. Vater wird mir Rußland weihen, das sich bekehren wird, und eine Zeit des Friedens wird der Welt geschenkt werden."
Nach einigen Augenblicken des Schweigens sagte die Erscheinung: „Wenn ihr den Rosenkranz betet, dann sagt nach jedem Gesätzchen: *‚O Jesus, verzeih uns unsere Sünden; bewahre uns vor dem Feuer der Hölle; führe alle Seelen in den Himmel, und hilf besonders jenen, die Deiner Barmherzigkeit am meisten bedürfen.'*"

„Wollt ihr das Opfer bringen?"

Die bisherigen drei Erscheinungen bewirkten bei den Menschen ein steigendes Interesse an den Geschehnissen von Fatima. Dazu trug – wenn auch indirekt und ungewollt – die Presse bei, aber nicht die katholische, die eine sehr zurückhaltende und abwartende Position gegenüber diesen Ereignissen einnahm, ähnlich, wie es auch die kirchlichen Stellen taten. Es war die der Kirche wenig freundlich gesonnene Presse, die in den Vorkommnissen in der Cova da Iria einen „Betrug" sah, die Kinder als Lügner hinstellte und das ganze Geschehen in geringschätziger Weise lächerlich machen wollte.
Aber eben durch solche Berichterstattung sollten die Erscheinungen der Gottesmutter in ganz Portugal und im Ausland bekannt werden. Am 13. August versammelten sich 20 000 bis 25 000 Pilger in der Cova da Iria. Sie beteten den Rosenkranz, sangen Marienlieder und erwarteten die Kinder. Diese kamen aber nicht. Was war passiert? Der Bezirkskommissar Artur d'Oliveira Santos aus dem Kreisstädtchen Gurem, ein erklärter Freimaurer, hatte die drei Kinder mit List in sein Haus gebracht. Unter dem Vorwand,

„Vater, ich danke Dir, daß Du dies den Unmündigen geoffenbart hast …" (Matt. 11, 25). So hat Gott auch 1917 in Fatima durch seine Mutter sich den kleinen Kindern zugewandt und sie mit einer großen Mission für das 20. Jahrhundert betraut. Francesco und Jacinta starben bald. Ihre Grabstätten sind Orte ständigen Pilgergebetes geworden. Ihr Seligsprechungsprozeß ist im Gange. Der jetzige Papst steht ihm wohlwollend gegenüber, weil ihm der Gedanke an das heilige Leben vieler Kinder sehr vertraut ist. Lucia, einzige Überlebende, ist Karmeliterin.

sie zum Erscheinungsort zu fahren, hatte er sie in seinen Wagen gelockt.
Nun versuchte er mit Versprechungen, Drohungen, Quälereien bis zu Todesdrohungen, die Kinder zu dem „Geständnis“ zu bringen, alles wäre ein Betrug. Man brachte sie für zwei Tage ins Gefängnis. Doch selbst die Drohung, sie lebendig in siedendem Öl zu verbrennen, wenn sie nicht gehorchten, dieser ganze psychische Druck, die qualvollen Augenblicke im Gefängnis, vor allem die lügnerische Art, den Kindern vorzureden, einer nach dem andern von ihnen sollte getötet, verbrannt werden, das alles konnte die Standhaftigkeit der Kinder nicht brechen, auch nicht die scheinbar beginnende Exekution: Der Bezirksvorsteher verlangte, zuerst die kleine Jacinta von den anderen zu trennen und zuerst zur Verbrennung zu bringen, falls sie nicht das „angebliche Geheimnis“ verriete. Demgegenüber blieb die Haltung der Kleinen ruhig. Sie waren entschlossen, eher zu sterben, wie das Francesco äußerte: „Wenn sie uns töten, wie sie sagen, sind wir bald im Himmel. Wie schön ist das! Ich mache mir nichts daraus zu sterben.“
Das alles bewies die übernatürliche Kraft, die außerordentliche Hilfe, die von dorther kamen, woher auch die „wunderschöne Frau“ war, vom Himmel. Die Stunde der Prüfung hatte für die Kinder geschlagen. Sie bewiesen zugleich, daß sie ihr Versprechen vom 13. Mai, sich Gott zu schenken und auch jedes Opfer zu bringen, ernst nahmen und heldenhaft hielten.
Am 15. August, am Fest Mariä Aufnahme in den Himmel, wurden sie endlich freigelassen. Am 19. August hielten die Freimaurer in Fatima eine Protestversammlung gegen die „Komödie der Erscheinungen“ ab. Am gleichen Tag aber hatten die Kinder die große Freude, die Frau wieder zu sehen und sprechen zu hören.
Diesmal mahnte sie die kleinen Seher aufs neue, täglich den Rosenkranz zu beten und in den folgenden Monaten Tag und Stunde der Verabredung einzuhalten. Für die Rettung der Sünder forderte sie erneut zu eifrigem Gebet und kleinen Abtötungen auf: „Betet viel und bringt viele Opfer für die Sünder; denn es kommen viele in die Hölle, weil niemand für sie opfert und betet.“

„Damit alle glauben."

Nach der Entführung und zweitägigen Haft der Kinder und bei ihrer trotz allem Druck heroischen Haltung zweifelte das Volk nicht mehr an der Echtheit der Erscheinungen in der Cova da Iria. Am 13. September versammelten sich wieder über 20000 Menschen an dem Ort. Mittags kamen auch die Kinder. Sie beteten den Rosenkranz. Plötzlich unterbrach Lucia das Gebet und rief, strahlend vor Freude: „Da ist sie. Ich sehe sie." Bei dieser Erscheinung forderte Maria, wie bei den früheren Erscheinungen, die Kinder wieder auf, eifrig den Rosenkranz zu beten. Sie fügte diesmal noch hinzu: „... um das Ende des Krieges zu erbitten." Dann versprach sie: „Im Oktober wird auch der Heiland kommen und Unsere Liebe Frau von den Sieben Schmerzen und vom Karmel sowie der hl. Josef mit dem Jesuskind, um die Welt zu segnen." Dann fügte sie hinzu: „Gott ist zufrieden mit euren Opfern; aber er will nicht, daß ihr mit dem Bußstrick schlaft; tragt ihn nur während des Tages."

Ihr letztes Wort war: „Im Oktober werde ich ein Wunder tun, damit alle glauben."

Das Sonnenwunder am 13. Oktober

Mit brennender Erwartung sah ganz Portugal dem 13. Oktober entgegen, dem Tag, an welchem das versprochene Wunder geschehen sollte. Die Kinder blieben ruhig und zuversichtlich. Sie waren davon überzeugt, daß die himmlische Frau sie nicht im Stich lassen würde.

Es kamen ungefähr 60 bis 70000 Menschen zur Cova da Iria.

Nach Lucias Bericht ergab sich bei dieser letzten Begegnung folgendes Zwiegespräch:

Lucia: „Wer seid Ihr und was wollt Ihr von mir?"

„Ich bin die Rosenkranzkönigin. Ich will, daß man an diesem Ort eine Kapelle zu meiner Ehre errichte. Man soll fortfahren, alle Tage den Rosenkranz zu beten. Erfüllt man diese Bitte, so geht der Krieg seinem Ende entgegen, und die Soldaten werden bald wieder heimkehren. Die Menschen sollen sich bessern und um Verzeihung für ihre Sünden bitten."

Bei diesen letzten Worten legte sich ein Schatten tiefer Traurigkeit auf das Antlitz der Heiligen Jungfrau, und mit flehender Stimme sprach sie nun jene tief ins Herz einschneidenden Worte, die das letzte Wort und zugleich der Kernpunkt der Botschaft von Fatima sein sollten: „Sie sollen den Herrn nicht mehr beleidigen, der schon zuviel beleidigt wurde."

Noch einmal öffnete die himmlische Frau ihre Hände. Die ihnen entströmenden Lichtstrahlen drangen zum Himmel hinauf in Richtung auf die Sonne.

Dann waren 60000 Menschen Zeugen eines wunderbaren Schauspiels, des „Sonnenwunders".

„Das Sonnenwunder" nach dem gekürzten Bericht eines Augenzeugen, des Dr. José Maria Proenca de Almeida Garret, Universitätsprofessor in Coimbra:

„,... Es war fast zwei Uhr nachmittags. Der Regen stürzte in Strömen auf die Köpfe der Wartenden. Die Sonne durchbrach die dichte Wolkenschicht mit ihren Strahlen. Aller Augen richteten sich auf sie, wie magnetisch angezogen. Sie sah aus wie eine Scheibe mit klaren Umrissen, glänzend, aber nicht blendend. Sie hatte die klare, schillernde Helligkeit, die an den Glanz einer Perle erinnerte. Sie sah aus wie ein glänzendes Rad, das der silbernen Hülle einer Muschel entnommen zu sein schien. Sie hatte auch keine Spur von Ähnlichkeit mit der Sonne, wie sie aussieht, wenn sie durch eine Nebelwand scheint. Die Sonnenscheibe war nicht undeutlich oder verschleiert, sondern sie hob sich klar von ihrem Hintergrund und ihrem Umkreis ab. Diese bunte und leuchtende Scheibe schien in rasender Bewegung. Sie kreiste mit ungeheurer Geschwindigkeit um sich selbst, löste sich jedoch gleichzeitig vom Firmament und näherte sich blutrot der Erde, alles unter ihrer feurigen Wucht zu zermalmen drohend. Es waren schreckliche Augenblicke! ..."

Andere Zeugen berichten weiter: „Ein vielstimmiger Schreckensschrei gellte auf. Dann klang es durcheinander: ‚Ein Wunder, ein Wunder!' – ‚Ich glaube an Gott!' ‚Ave Maria!' – ‚Mein Gott, Barmherzigkeit!' – Und die Leute warfen sich in dem Schlamm auf die Knie und beteten einen Reueakt.

Dieses Schauspiel dauerte gut zehn Minuten. Es wurde von ca. 50 000 Personen gesehen, von Gläubigen und Ungläubigen, einfachen Bauern und gebildeten Städtern, Wissenschaftlern, Journalisten. Und sie erlebten das Wunder ohne irgendwelche Vorbereitung, ohne eine andere Beeinflussung, als es der Ruf eines Mädchens ist: ›Schaut die Sonne*!“

Die Kinder haben nach ihren Angaben dann auch die Heilige Familie gesehen, wie es ihnen die Muttergottes versprochen hatte.

Die kirchlichen Stellen waren auch weiterhin sehr zurückhaltend. Sie äußerten sich vorläufig noch nicht zu den Ereignissen. Erst nach einer langen und gründlichen Untersuchung, zuerst durch den Ortspfarrer von Fatima, dann durch eine Kommission, die sich aus gelehrten und frommen Priestern zusammensetzte, später durch den Bischof von Leiria selbst, Msgr. José Alves Correia da Silva, wurde das Urteil über die Erscheinungen von Fatima ausgesprochen.

Am 13. Oktober 1930, genau 13 Jahre nach der letzten Erscheinung, hat der Diözesanbischof von Leiria zu Fatima in der Cova da Iria in Gegenwart von mehr als 100 000 Menschen amtlich und feierlich erklärt, es sei glaubwürdig, daß Maria den drei Hirtenkindern erschienen ist, und die Verehrung „Unserer Lieben Frau von Fatima“ werde durch die kirchliche Obrigkeit gutgeheißen.

* * *

„Eines der größten Ereignisse des 20. Jarhunderts war die Erscheinung der Gottesmutter in Fatima. In jenen Tagen, als in Rußland der große Abfall im Gange war, brachte die Gottesmutter die Botschaft von der Möglichkeit der Reue und der Wiedergeburt Rußlands. Dabei rief die Gottesmutter die Christen der ganzen Welt zum Gebet für Rußland auf.“ Diese Worte stammen weder von einem Mitglied der Blauen Armee oder des Fatima-Apostolates, noch von dem zuständigen Bischof für Fatima, sondern sie stammen von russisch-orthodoxen Christen, Laien und Priestern, die sich am 1. Oktober 1978, d.h. nach dem Tod des Papstes Luciani, an den neuen, noch nicht gewählten Papst mit einem be-

* Vgl. Gonzaga da Fonseca S.J.: *„Maria spricht zur Welt“*, S. 93 u.f. Der Verfasser bemerkt dazu: „Das Mädchen hatte nicht die Absicht, die Aufmerksamkeit der Leute auf die Sonne zu lenken, denn ‚es war sich nicht einmal ihrer Anwesenheit bewußt‘. Es rief, weil ein innerer Impuls es dazu drängte.“

Seitdem die Kirche im Jahre 1930 offiziell erklärt hat, daß die Ereignisse von Fatima im Jahre 1917 einen übernatürlichen Charakter besitzen, pilgern alljährlich Millionen von Gläubigen dorthin. Besonders in der Zeit vom 13. Mai bis 13. Oktober wird dieser Gnadenort ein Mittelpunkt für Gebet und Buße.

merkenswerten Brief* gewandt haben, in dem sie ihre Not, ihre Hoffnungen dem Nachfolger Petri dargelegt haben und in einem Teil des Briefes auf das Geschehen in Fatima eingegangen sind.
Sie fuhren weiter fort: „Der Aufruf der Gottesmutter an die Christen, für Rußland besonders zu beten, scheint uns bedeutsam; er zeugt vor allem davon, daß es für die Gottesmutter keine Trennung der Kirchen gibt, sondern daß die Orthodoxen und die Katholiken, Kinder des Einen Vaters, auch Glieder des Leibes Christi sind, und daß diese Einheit über allen Meinungen steht.
In Zeiten der Verfolgung muß sich die christliche Liebe vor allem in der Gemeinschaft mit den Verfolgten zeigen."
Bemerkenswert ist, daß die Fatima-Botschaft in den Herzen der orthodoxen Christen einen innigen und festen Platz gefunden hat, trotz großer Hindernisse auf den Informationswegen und der damit verbundenen Risiken. Wird nämlich jemand in der UdSSR dabei ertappt, daß er etwas über die Vorfälle von Fatima weiß und diesbezüglich Informationen verbreitet, droht ihm harte Gefängnisstrafe.

• • •

Fürchtet Fatima jemanden oder wer fürchtet Fatima?

„Fürchte dich nicht, Maria; denn du hast Gnade vor Gott gefunden" (Luk 1, 30), begrüßte der Engel Gabriel das erschrockene Mädchen Miriam in Nazareth, als er ihm den Willen des Herrn verkündete.
„Fürchtet euch nicht, denn ich verkünde euch eine große Freude, die dem ganzen Volk zuteil werden soll", verkündete ein Engel des Herrn den Hirten auf dem Felde von Bethlehem. Dann sang und verkündete ein Heer von Engeln: „Verherrlicht ist Gott in der Höhe, und auf Erden ist Friede bei den Menschen seiner Gnade" (Luk 2, 10 und 14).
„Fürchtet euch nicht. Ich bin der Engel des Friedens", so sprach der Bote Gottes die drei Kinder Lucia, Jacinta und Francesco an, bevor sie von der Gottesmutter begrüßt wurden.

* Der volle Wortlaut des Briefes, siehe Informationsheft: pro fratribus Nr. 30/79.

„Habt keine Furcht! Ich tue euch nichts zuleide. Ich komme vom Himmel“, lauteten die ersten Worte der „schönen Dame“ an die drei Hirtenkinder. –
Immer wenn eine Botschaft vom Himmel zu den Menschen kommt, weckt sie keine Angst, verursacht sie keine Furcht , sondern Frieden, Freude und Heil. Und wenn die eine oder andere Botschaft vom Himmel eine Mahnung und Warnung bedeutet, wie es bei den Propheten geschah, dann ist auch diese nur positiv zu werten. Weil sie uns warnt und mahnt, den falschen Weg zu verlassen und der Gefahr zu entkommen, birgt auch sie Frieden und Heil.
So sind auch die Erscheinungen und Botschaften der Jungfrau Maria, der „Königin der Propheten“, zu verstehen. Die Fatima-Botschaft läßt in dieser Hinsicht keinen Zweifel aufkommen. Sie sagt mehr als deutlich: „Betet und bringt Opfer, beleidigt meinen Sohn nicht mehr, der schon so viel beleidigt wird.“ So sprach die Mutter Gottes zwar eine Warnung und Mahnung aus, die uns aber, falls wir sie ernst nehmen, Frieden und Rettung bringen sollen. So fürchtet die Fatima-Botschaft weder jemanden noch irgendeine Kritik. Es gab aber von Anfang an und gibt noch Menschen, die vor der Botschaft von Fatima Furcht hatten bzw. haben wie – um es volkstümlich auszusprechen – der Teufel vor dem Weihwasser. Sie versuchten und versuchen auch heute noch, der Wahrheit zu widersprechen, um jeden Preis und mit jedem Mittel. Aber vergebens. Mehr noch: Oft benutzt Gott diesen Widerstand, dessen wahrer Urheber der Vater der Lüge ist, zur Ausbreitung seiner Botschaft.
Als Lucia, Jacinta und Francesco die „schöne Frau“ zum viertenmal treffen sollten, am 13. August 1917, und die Gottesgegner Furcht vor dem Eingreifen des Himmels verspürten, hat der Bezirkskommissar von Vila Nova de Ourèm, Arturo d'Oliveira Santos, ein erklärter Freimaurer, die drei Hirtenkinder auf listige Weise in sein Haus entführt, ohne Rücksicht auf die Eltern der Kinder und auf die fünfzehn- bis zwanzigtausend Pilger, die, am Erscheinungsort versammelt, vergebens auf die drei kleinen Hirten warteten. Der Bezirkskommissar versuchte mit allen Mitteln, zuerst mit Schmeicheleien, dann mit Drohungen, die Kinder von ihrem „Schwindel und Betrug“ abzubringen. Vergebens! Die Kinder zeigten einen Mut, der nicht in ihrer Natur be-

gründet war. Das alles hatte nur zur Folge, daß noch mehr Menschen an die Aufrichtigkeit der Kinder glaubten und zu der Überzeugung kamen, hier handele es sich wirklich um übernatürliche Geschehnisse.

„Nach den Erscheinungen im Jahre 1917 dachte niemand daran, für Fatima zu werben. Die Leute kamen von selbst, in der Hoffnung, an dem Gnadensegen Anteil zu erhalten, den die Rosenkranzkönigin in so reichem Maß spendete. An Werktagen kamen anfangs vereinzelte Wallfahrer oder hier und da kleine Gruppen von Pilgern. An Sonn- und Festtagen jedoch, am 13. jedes Monats, vor allem aber am 13. Mai und am 13. Oktober, strömten Tausende und Zehntausende in der Cova da Iria zusammen.

Im Jahre 1919 errichtete das Volk an der Erscheinungsstelle eine ärmliche Kapelle. Fatima wurde als neues Lourdes betrachtet. Hierher kamen die Pilger, um Hilfe zu erbitten oder für erhaltene Gnaden zu danken, um durch Rosenkranzgebet und fromme Lieder der Madonna zu huldigen. Je mehr Pilger nach Fatima strömten, desto heftiger wurde der Kampf, den die Freimaurer gegen den Klerus und den „wachsenden Aberglauben von Fatima" führten. Man begnügte sich nicht mit Hohn und Verleumdungen, mit denen die glaubenslose Presse vom Juli 1917 an mehrere Jahre hindurch nicht sparte; man ließ sich zu Gewaltakten hinreißen und fand dabei die Unterstützung der Behörden, die damals völlig unter dem Einfluß der Loge standen.

Den Anfang der Gewalttaten stellte die Verhaftung der Kinder dar. Dann wurden die freimaurerischen Attacken fortgesetzt mit

- einer Propaganda- und Protestversammlung „gegen die klerikalen Umtriebe" die von den Freimaurerlogen mit Unterstützung der Behörden organisiert und am Sonntag, der auf den 19. August 1917 folgte, in Fatima abgehalten wurde,
- der Profanierung und sakrilegischen Plünderung von Andachtsgegenständen in der Cova da Iria, die in der Nacht vom 22. zum 23. Oktober geschah, mit der darauffolgenden Parodie einer nächtlichen Prozession, wobei unanständige Lieder gesungen und Reden gehalten wurden, die von Gotteslästerungen strotzten und womit die gut

hundert Mitglieder der Geheimbünde die Stadt Santarem entehrten,
– der boshaften und gewalttätigen Verfolgung des Klerus von Fatima und Umgebung, die in den Jahren 1918 bis 1920 besonders heftig war,
– Maßnahmen, die in den Jahren 1920 bis 1924 direkt von der Regierung ergriffen wurden, um den Pilgerzügen im Mai und im Oktober Schwierigkeiten zu bereiten.

Die Erfolglosigkeit ihrer Maßnahmen versetzte die Freimaurer in solche Wut, daß sie in der Nacht zum 6. März 1922 die kleine Gnadenkapelle mit Dynamit in die Luft sprengten. Es wurde als Zeichen des Himmels angesehen, daß von den fünf gelegten Bomben nur eine nicht explodierte: jene unter der Steineiche, über der die Himmelskönigin erschienen war.

Dieses Sakrileg wurde durch die Presse in ganz Portugal bekannt und erregte allgemeine Entrüstung. Von allen Seiten erhoben sich Proteste gegen ein solches Vorgehen, sogar im Parlament, obwohl der Minister gedroht hatte, die Maßnahmen gegen Fatima noch zu verschärfen.

Es wurden Sühnewallfahrten veranstaltet. Schon acht Tage nach dem Vorfall, am 13. März, fand auf Anregung des Pfarrers von Fatima eine Prozession zu den Ruinen der Kapelle statt, an der ungefähr zehntausend Personen teilnahmen, die durch ihre Ehrfurcht und kindliche Liebe der Gottesmutter Genugtuung leisten wollten ... Für den 13. Mai 1923 wurde eine große Landeswallfahrt als Sühne für die Untat angesetzt. Die Zahl der Teilnehmer an diesem Pilgerzug wird mit 60.000 angegeben. Alle Provinzen, alle Gesellschaftsklassen und alle Berufe waren vertreten.

Es besteht kein Zweifel, daß alle Feindseligkeiten und Gewaltakte den Ruhm Fatimas nur vermehrten*."

Wie damals, beginnend mit der Entführung der Kinder am 13. August 1917, und in den folgenden Jahren, so kann sich auch heute der Fürst dieser Welt, der Vater der Lüge, nicht mit den Erscheinungen und der Botschaft von Fatima abfinden. Deshalb haben seine Attacken nicht aufgehört, bis in die heutige Zeit. Zwar ist es nicht mehr möglich, mehrere

* Prof. Dr. L. Gonzaga da Fonseca SJ.: „*Fatimas Geheimnis und weltgeschichtliche Sendung*", S. 207 u.f., 17. Aufl. 1977.

Millionen von Pilgern jährlich von ihrer Wallfahrt abzuhalten. Aber ihr Ziel, den Gnadenort und seine Geschichte zu verleumden und auf diese Weise unglaubwürdig zu machen, wird noch immer versucht. Im Jahre 1977 erschien in Frankreich das Buch: „Fatima – Untersuchung eines Betruges", von Gérad de Sède, herausgegeben vom ‚Bund französischer Atheisten'. Es stellt eine Sammlung von Verleumdungen, Gemeinheiten und Fälschungen dar, mit denen man versucht, „mit Fatima abzurechnen", Wert und Kraft der Fatima-Botschaft lächerlich zu machen und ihre Glaubwürdigkeit zu widerlegen, wenn es schon nicht gelingt, den Glauben an die Macht Mariens, die Millionen in ihrem täglichen Leben erfahren haben, aus den Menschenherzen zu reißen*.

Das Unternehmen der französischen Atheisten überrascht mich überhaupt nicht, ganz im Gegenteil, es ist ganz verständlich. Die Hölle kann und wird auch in der Zukunft nicht ruhig bleiben bei einer „Explosion des Übernatürlichen", wie die Erscheinungen und die Botschaft von Fatima von einem anderen Franzosen, und zwar von keinem geringeren als Paul Claudel, genannt wurden. Und Kardinal Suenens bemerkt: „Wer zu Gott ‚nein' sagt, der tritt in's Kampffeld gegen diejenige, die zu Gott ihr absolutes ‚Ja' sprach."

„Jedes Mißtrauen der Fatima-Botschaft gegenüber ist eine Verletzung der Wahrheit, von Maria verkündet, die ihr mütterliches, liebevolles und leuchtendes Antlitz den Kindern und den Armen zeigte, zur Heilung unserer modernen Welt", erklärte Paul VI., der als erster Papst im Mai 1967 nach Fatima pilgerte.

Es ginge über den Rahmen dieses Buches und meine Absicht hinaus, würde ich mich hier ausführlicher mit den Gegnern der Fatima-Botschaft auseinandersetzen. Es ist aber nicht auszuschließen, daß dies bei einer anderen Gelegenheit und an einer anderen Stelle geschieht. Jedoch will ich hier auf die folgende Überlegung nicht verzichten, obwohl sie sich, wie ich meine, für jeden, der die Rolle Mariens in Gottes Heilsplan anerkennt, erübrigt.

Es stimmt, daß die Heilige Schrift über die Gottesmutter nur spärlich berichtet. Die Evangelien erzählen das geschichtli-

* Luigi Bianchi: „*Vangelo secondo Maria*", Gera Lario, November 1981

che Leben Jesu und sagen nur vereinzelt etwas über die Mutter Jesu aus. Diese Aussagen zeigen uns aber deutlich ihre unentbehrliche Rolle in der Heilsgeschichte, von Nazareth, wo sie ihr „Fiat“ sprach, bis hin zum Kalvarienberg, wo sie unter dem Kreuz stand, wenn auch immer im Hinblick auf die Sendung ihres Sohnes. Kurz gesagt, ihr war während des Lebens Jesu die Rolle der ‚niedrigen Magd‘ im Dienste ihres Herrn zugeteilt (Luk. 1, 48).
Manche Kritiker der Marienverehrung oder überhaupt alle diejenigen, die die Gottesmutter teilweise oder ganz ablehnen und von Christus trennen wollen, würden wahrscheinlich erstaunt und überrascht, wenn nicht sogar ärgerlich sein bei dem Gedanken, daß wir heute ruhig ein ‚fünftes Evangelium‘ besitzen könnten, und zwar das Evangelium nach Maria. Wer hätte vollkommener, ausführlicher über Jesus berichten können, als seine eigene Mutter? Wer kannte ihn besser und wäre aufgrund ihrer besonderen Begnadung fähiger dazu gewesen? (Luk 1, 28) Denn: „Seine Mutter bewahrte alles, was geschehen war, in ihrem Herzen“ (Lk 2, 51). Während die Evangelien Maria in den Hintergrund stellen, schiebt Johannes sie in der Apokalypse ganz deutlich in den Vordergrund und beschreibt ihre zukünftige Glorie, die ihrer geschichtlichen Aufgabe entspricht, als eine ‚mit der Sonne bekleidete Frau‘, als ein ‚großes Zeichen‘ am Himmel (Off 12, 1). Er stellt ‚die Frau‘ auch dar im ‚Kampf mit dem Drachen‘. Darüber ausführlicher im nächsten Kapitel.
Jedenfalls zeigt sich in der Geschichte des christlichen Volkes und Glaubens, daß die Jungfrau Maria eine gewichtige Stellung innehat. Man braucht nur an die marianischen Andachten, aber vor allem an die marianischen Wallfahrtsorte zu denken und die Volksfrömmigkeit zu beobachten, (Abweichungen finden sich überall, sind aber nicht maßgeblich). Die Andachten und Gebete zur Mutter Gottes, mit einem Wort, die marianische Verehrung ist nicht das Ergebnis vieler Schriftstellen oder theologischer Reflexionen, sie ist vielmehr die Frucht des persönlichen Erlebens, der religiösen Erfahrung des christlichen Volkes mit der helfenden, befreienden Macht Mariens durch die Jahrhunderte. Millionen aus dem Volke waren einfache Analphabeten, wie die meisten Zuhörer Jesu, Gottes Arme, so daß sie sich aus den

theologischen Schriften nicht belehren konnten. Aber jeder einzelne von ihnen und alle gemeinsam haben sie besondere Erfahrungen gemacht mit der liebenden Macht, mit der ‚sonnenumkleideten Frau'.
Nicht nur die Masse des christlichen Volkes, sondern auch die großen Konvertiten und Konvertitinnen (z.B. Sigrid Undset, Paul Claudel) haben ähnliche Erfahrungen mit Maria gemacht und auch unzählige Heilige, die plötzlich eines Tages in ihrem Leben die Macht und Kraft der Mutter Christi entdeckten, sie in ihr persönliches geistliches Leben wie in ihre Tätigkeit eingeschaltet haben, sei es der hl. Franziskus, der hl. Dominikus*, der hl. Ignatius von Loyola** oder Ludwig Maria Grignon von Montfort, Johannes Don Bosco oder der sel. Maximilian Kolbe mit seinem Einsatz für die Immakulata, um nur einige zu erwähnen. Was hat P. Kolbe, dieser ‚Patron unseres Jahrhunderts', wie ihn Johannes Paul II. nannte, im Dienste der Unbefleckten und mit ihrer Hilfe geschafft, in seiner Heimat wie in Japan, sei es in der Verbreitung der Frohbotschaft ihres Sohnes, sei es auf dem Gebiet des modernen Presse-Apostolats. Den größten Sieg hat Maximilian Kolbe jedoch nicht im Leben, sondern durch seinen Tod erreicht: Sein großherziges Angebot, für einen anderen Menschen sein Leben hinzugeben, bedeutete in jener Hölle, wie sie das KZ in Ausschwitz darstellte, den Sieg der Liebe über den Haß, des Himmels über die Hölle, der starken Frau über den Drachen. Dieser freiwillige Märtyrer wurde zum Hungertod verurteilt, aber dann durch eine Zyankalispritze vorzeitig getötet, und zwar am 14. August, der Vigil des Festes Mariä Aufnahme in den Himmel. In seinem vollen Vertrauen auf Maria war er in seinem Dienst für die Immakulata bereit, bot ihr einmal wörtlich an, sich für sie bis zu Staub zu verzehren. Sie hat sein Angebot ernstgenommen: Pater Maximilian Kolbe wurde im KZ-Verbren-

* Bekannt als eifriger Verbreiter des Rosenkranzgebetes.

** Ignatius begann sein dreifaches Colloquium – Zwiegespräch – als Höhepunkt aller seiner Exerzitien (geistlichen Übungen) immer mit der Bitte an „Unsere Liebe Frau", ihm die der Betrachtung entsprechende Gnade von ihrem Sohn zu erlangen. Dann erst wandte er sich mit der Mutter an den Sohn, ihm diese Gnade vom Vater zu erflehen. Der ehemalige baskische Offizier nannte die Mutter unseres Herrn seine Herrin und ernannte sie zur Königin der Gesellschaft, die er nach Jesus benannte. Er mußte dafür Erfahrungsgründe haben.

nungsofen in wenigen Minuten vom Feuer verzehrt und buchstäblich zu Staub verwandelt.
Ein großer Marienverehrer war auch der Gründer jener vielgliedrigen, internationalen Schönstatt-Bewegung, der dieses Werk ganz der Gottesmutter weihte, Pater Josef Kentenich. Er ging freiwillig in das Dachauer KZ. Man hat ihn und P. Maximilian Kolbe „Brüder im Geist" genannt. Der Seligsprechungsprozeß von P. Kentenich wurde eröffnet.
Neben den Erfahrungen der Heiligen und Seligen kann man noch andere Beispiele erwähnen: Wenn Kardinal Wyszynski gegen Ende seines Lebens und bei seinem Tod von den Polen der ‚Pater patriae', Vater des Vaterlandes, genannt wird im Hinblick auf sein Lebenswerk zum Wohle der Kirche sowie seiner geliebten Heimat, dann soll man dabei nicht vergessen, daß er sich schon vor Jahren total Maria geweiht hatte, und bei der Verbannung im September 1953 zweifelte er nie daran, daß sie ihn eines Tages wieder in sein Amt und seine Residenz bringen würde. Drei Jahre später erfüllte sich seine Hoffnung. Der Mut des Kardinals sowie seine Dankbarkeit und sein Vertrauen auf die starke Frau wurden dadurch bestätigt.
Das Wappen und der Wahlspruch wie die ganze apostolische Aktivität Karol Wojtylas zeigen, was die Mutter unseres Herrn ihm bedeutet, wie er zu ihr steht, ihr vertraut. „Maria, Dir vertraue ich", sprach mehrmals der blutende Papst aus, nach dem lebensgefährlichen Attentat. Hat er doch zuerst sich selbst und später die Kirche und die ganze Welt ihr anvertraut.
Diese Erfahrungen beschränken sich weder auf die Heiligen noch auf katholische Christen. Tatjana Goritschewa, bekannte russische Dissidentin, orthodoxe Christin, berichtete von ihrer Erfahrung mit der Gottesmutter. Sie wurde 1947 in einer atheistischen Familie geboren. Von Kind an erfuhr sie über die Religion nur Abfälliges, so z.B., daß sie Opium für das Volk und eine Angelegenheit alter Leute sei. Sie hat Germanistik und Philosophie studiert und war sogar eine zeitlang Lehrerin für Marxismus-Leninismus. Im Jahre 1972 fand sie zu Gott. Sie gab später die Zeitschrift „Maria" heraus. In ihren „Briefen über Gebete zur Mutter Gottes"*

* Aus *„Die Frau und Rußland"*, Kapitel „Frau und Kirche", S. 179–184, Verlag Frauenoffensive, München.

schreibt sie u. a.: „Wir waren bereits verloren, aber wurden errettet. Die Mutter Gottes nennt man bei uns ‚Retterin der Verlorenen', man bedenke, nicht der Untergehenden, sondern der bereits Verlorenen, Hoffnungslosen. Nur ein Wunder konnte uns retten, und dieses Wunder geschah. Die Gottesmutter ist die Fürsprecherin des Menschengeschlechtes vor Gott; sie zügelt seinen Zorn. Ihre Barmherzigkeit ist unermeßlich, denn nur Barmherzigkeit und Liebe können das überwinden, was wir auf dem Hügel Golgatha unseres Atheismus auf uns luden: die schreckliche Blöße und die Unbarmherzigkeit des Daseins ...
In der orthodoxen Überlieferung steigt die Mutter Gottes in die Hölle hinab. Nicht umsonst habe ich so oft Erzählungen einfacher russischer Frauen über ein Zusammentreffen mit ihr gehört. Den Mühen der menschlichen Existenz steht sie unglaublich nahe. Sie hört jedes Seufzen, trocknet jede Träne. ‚Wir haben keine andere Hilfe, wir haben keine andere Hoffnung', singt unser Volk in der Kirche über Sie."
Man kann folgendes dazu bemerken: die Macht Mariens läßt sich theologisch nicht vollständig erklären. Aber ihre Macht ist zu erfahren und sie ist so groß, daß sie für uns unerschöpflich ist. So dürfen wir daraus schließen, daß sich der wahre Grund, die Quelle dieser Macht Mariens, erfahren durch Millionen von Christen im Laufe der Jahrhunderte, bis in unsere Tage im Herzen Gottes verbirgt (Gottesmutter!).
Die Charakteristiken jener Macht sind nicht passiv, wie es manche Theologen erklären möchten, wenn sie sich darauf beschränken, nur über gewisse Eigenschaften der Gottesmutter zu diskutieren. Die von den Christen erfahrene Macht Mariens ist eine aktive Macht und Kraft, und sie ist wirksam nicht nur bei den einzelnen, sondern auch in der Geschichte der Kirche und der Völker. Man denke nur an die Rolle der Schwarzen Madonna von Tschenstochau für die Polen seit sechshundert Jahren, oder an den Sieg über die Türken in Lepanto im Jahre 1571, der durch die Hilfe Mariens vom Rosenkranz eintrat. In Lourdes zeigt sich Maria als die ohne Erbsünde Empfangende. In Fatima zeigt sie die wirksame Hilfe auf gegen den modernen Unglauben, mehr noch, als Hilfe im Kampf gegen Bestrebungen, die sich den Menschen ohne Gott zum Ziel gesetzt haben. Mariens

Macht stellt ein von Gott geplantes stellvertretendes Eingreifen dar. Wenn wir einzelne Schritte dieses Eingreifens und die in den letzten Jahrhunderten zu den Sehern (z. B. in la Salette, Lourdes, Fatima) gesprochenen Worte prüfen, können wir feststellen, daß die Jungfrau Maria in der Erfahrung des Kreuzes ihres Sohnes die listige Verderbtheit und Niedertracht des Widersachers kennenlernte. „Virgo cognovit potestatem Satanae" – die Jungfrau hat die Macht des Satans erkannt.
Es ist nicht uninteressant, hier zu bemerken, daß dieses geschichtliche Eingreifen Mariens weder über die Theologen noch über die Repräsentanten der kirchlichen Hierarchie erfolgte, sondern meistens mittels einfacher, kleiner Gläubigen. Die Hierarchie erfuhr davon nur notwendigerweise durch Vermittler. So war es überall und auch in Fatima. Man könnte sich daraufhin fragen, ob die Mutter in dem entfesselten Kampf gegen ihren Sohn und Seine Kirche nicht schon jetzt mit ihrer Macht und Liebe die Verlassenen, Armen, Leidenden und Kleinen sammelt, die morgen eine entscheidende Kraft der kämpfenden Kirche sein werden, wie es die Apokalypse andeutet. Die Botschaft von Fatima, insbesondere die Hinwendung der Jungfrau Maria zu den Hirtenkindern und ihre eindringliche Bitte um Gebet, Opfer, Sühne, die jeder Mensch erfüllen kann, weisen in diese Richtung. Jedenfalls zeigte sich Maria in Fatima als Missionarin des Glaubens und Verwalterin der Sache ihres Sohnes. Millionen folgten und folgen weiter ihrem Ruf, meistens einfache Gläubige, aber auch einige Repräsentanten der geistlichen Elite, alle aber auf Grund ihrer persönlichen Erfahrungen mit der rettenden und liebenden Macht Mariens. Welche Kraft haben hierbei schon theoretische Diskussionen oder gemeine Verleumdungen wie diejenigen der französischen Atheisten oder ähnliche?
Im ‚freien Westen' sind es heute manche erklärte Atheisten, die das Übernatürliche nicht akzeptieren wollen und mit den gleichen Methoden wie die portugiesischen Freimaurer nach 1917 versuchen, Fatima als Betrug darzustellen. Aber auch die heutigen Logenmitglieder haben ihre Einstellung gegenüber Fatima nicht geändert.
Im Osten dagegen zeigen die Kommunisten deutliche Furcht vor der Fatima-Botschaft und bestrafen ihre Ver-

breitung, wie es aus manchen Verhören von Christen durch den KGB hervorgeht.
Sie beweisen nur indirekt und ungewollterweise die Macht Mariens, die sie zwar nicht anerkennen, der sie sich selbst aber nicht entziehen können. Deshalb ihre Wut und ihre Angriffe, deren wahrer Absender letztlich der Widersacher Christi ist.
Und das ist die Antwort auf die Frage, wie es möglich ist, daß eine Botschaft wie die von Fatima nach sechzig Jahren voller persönlicher, positiver Erfahrungen von Millionen, nach detaillierten kritischen Studien und sorgfältigen Untersuchungen nicht von allen anerkannt und angenommen wird.
Hier haben die vernünftigen Worte Gamaliels Gültigkeit: „Wenn dieses Werk von Menschen stammt, wird es zerstört werden. Stammt es aber von Gott, so könnt ihr es nicht vernichten, sonst werdet ihr noch als Kämpfer gegen Gott dastehen" (Apg. 5, 38–39). Die Fatima-Pilger, Beter und Sühner zählen jedes Jahr Millionen, und ihre Anzahl steigt. Die Verehrung der Mutter Gottes von Fatima ist in der ganzen Welt verbreitet, weil die unzähligen Gläubigen unwiderlegbare Erfahrungen mit der liebenden Macht Mariens in großen wie in kleinen Anliegen gemacht haben.
Und eine besonders erfreuliche und fast überraschende Tatsache: Die Kinder und die gläubige Jugend haben aufmerksame und offene Ohren für die Botschaft von Fatima, die sie mit frohen Herzen annehmen. Eigentlich sollte uns das nicht überraschen. Kinder öffnen sich der Wahrheit spontan, und Jugendliche sind zu allererst zum Opfer bereit.
Das nächste Kapitel wird kritisch die Voraussagen Mariens vom 13. Juli 1917 und ihre geschichtliche Erfüllung im Laufe der seither vergangenen 65 Jahre behandeln. Die Botschaft von Fatima fürchtet aber keine Kritik, wohl aber ihre Gegner fürchten sich vor Fatima.

* * *

Evangelische Christen und Fatima

Unter dem Leitsatz „Über alles die Wahrheit" veröffentlichte eine Gruppe evangelischer Christen aus Dresden, darunter auch Theologen, Mitte der fünfziger Jahre ein

Memorandum über die Marienverehrung in der evangelischen Kirche*. Hier folgt eine Wiedergabe des Teils, der die Erscheinungen der Gottesmutter in Lourdes und Fatima betrifft:

„Die Verehrung der Jungfrau Maria, die bis in die ersten christlichen Jahrhunderte zurückreicht und in der katholischen Kirche bis zum heutigen Tage nie verstummt ist, hat seit den Erscheinungen der Jungfrau Maria mit ihrem weltweiten Widerhall, sei es in Lourdes im Jahre 1858**, sei es in Fatima 1917***, einen neuen gewaltigen Antrieb erhalten, der seit dem von Papst Pius XII. verkündeten ‚Marianischen Jahr' immer mehr einem Höhepunkt zustrebt.

Eine vorurteilslose Kritik steht in Lourdes, Fatima und anderen marianischen Gnadenorten vor übernatürlichen Tatsachen, die in engster Verbindung mit der Jungfrau Maria stehen – seien es ihre Erscheinungen oder die nachfolgenden wunderbaren Gebetserhörungen auf Anrufung ihrer Fürbitte hin – und für die es einfach keine natürliche Erklärung gibt. Wir wissen, wie streng wissenschaftlich in Lourdes und Fatima die Krankenheilungen auch von nichtkatholischen Ärzten untersucht werden und wie lange es dauert, ehe die katholische Kirche dazu schreitet, eine Krankenheilung als ein Wunder zu erklären. In Lourdes wurden bisher von den Ärzten 1.200 Heilungen als „medizinisch unerklärlich" anerkannt. Von diesen hat die katholische Kirche im ganzen nur 44 für „wunderbar" erklärt, weil sie offensichtlich jenseits der Grenze liegen, zu der die Wissenschaft jemals fortschreiten kann.

In Fatima wird ebenfalls nur ein Bruchteil der Heilungen als wirklich wunderbar anerkannt. Hauptbedingungen sind die absolute Plötzlichkeit und Totalität der Heilung, bei vorausgegangener wissenschaftlich erhärteter Unheilbarkeit, die im allgemeinen durch Röntgenaufnahme bestätigt sein muß. Dabei haben alle Ärzte, gleich welcher Religion oder Weltanschauung, Zutritt zu den Untersuchungen.

Was für einen Sinn haben diese Zeichen vom Himmel in Gottes Heilsplan? Kommt Gott nicht in erschütternder

* Das Memorandum wurde veröffentlicht in „Una-Sancta"-Heft Nr. 2/1956.

** Vgl.: Franz Werfel: *Das Lied der Bernadette.*

*** Vgl. L. G. da Fonseca: *Maria spricht zur Welt.*

Weise dem modernen Unglauben entgegen? Wie will der Ungläubige, der um diese Tatsachen weiß, sich jemals rechtfertigen, wenn er weiter in seinem Unglauben beharrt? Und gehen wir nicht – sehr zu unserem eigenen Schaden und zu unserer erschreckenden Verantwortung – an all dem vorüber, ohne es auch nur einer Erwägung, geschweige denn einer ernsthaften, vorurteilslosen Prüfung zu unterziehen? Sind das Tatsachen, die ein Christ einfach ignorieren kann, nur weil sie eben in der katholischen und nicht in der evangelischen Kirche vorkommen? Oder sind es nicht vielmehr Tatsachen, die einfach dazu drängen, die Gottesmutter auch in die evangelische Kirche wieder heimzuholen?

Wenn Maria bei ihren Erscheinungen zur Welt spricht, kann es nur mit Gottes Willen geschehen. Kann es da nicht unheilvollster Irrtum sein, wenn wir ohne weiteres die Ohren dagegen verschließen? Können wir deutsche evangelische Christen diesen Tatsachen gegenüber in unserer Ablehnung oder Gleichgültigkeit verharren? Soll alles Zeitgeschehen mehr und mehr den Mächten der Finsternis verfallen, ohne daß wir diese gottgegebene Macht des Lichtes zu unserer Rettung erfassen?

Geht aus allem oben Gesagten nicht unabweisbar hervor, daß Maria eine ungeheuer wichtige Rolle in unserem Zeitgeschehen zugewiesen ist? Es lohnt sich, die Frage zu prüfen und sie nicht aus altgewohnter Abneigung gegen alles, was mit der katholischen Kirche zusammenhängt, unbesehen abzulehnen – sehr zu unserem und der ganzen Welt Schaden! Die Verantwortung liegt bei uns, die wir Tatsachen zu untersuchen und nicht zu übersehen und totzuschweigen haben.

Heute, wo es um Sein oder Nichtsein des Christentums in diesem oder jenem Lande geht, wäre es letzte Verantwortungslosigkeit, die Stimme Gottes, die durch Maria zur Welt spricht, nicht hören zu wollen – nur, weil sie über die katholische Kirche zu uns dringt.

Auf keinen Fall dürfen diese Dinge bei uns noch länger totgeschwiegen werden! Wir müssen sie prüfen: vorurteilslos, gründlich und ohne Aufschub, denn der Untergang droht an unseren Grenzen, und es besteht die Möglichkeit, daß wir durch Nichtanerkennung und Nichtbefolgung der Botschaf-

Die drei Hirtenkinder sahen eine „wunderschöne Frau", die kein Bild wiedergeben kann, was Lucia besonders betont.

ten Gottes durch Maria die rettende Hand, die der Himmel uns noch einmal reicht, zurückstoßen.
Sind diese Erscheinungen nicht zu widerlegen, so müssen auch alle Konsequenzen daraus gezogen werden."
Zum Schluß stellten die Verfasser des Memorandums fest: „Also nicht etwa Luther und die Reformation, sondern erst die von einem fanatischen Haß gegen alles Katholische erfüllten evangelischen Theologen nach dem Dreißigjährigen Krieg und das glaubenszerstörende Zeitalter der Aufklärung um 1750 haben die hochheilige Gottesmutter aus den evangelischen Kirchen vertrieben und dem evangelischen Glauben seine Innigkeit geraubt."

XV.

Die geschichtliche Bestätigung der Voraussagen in der Cova da Iria vom Jahre 1917

Wer über die Vorfälle in Fatima vom Jahre 1917 spricht, nach ihrer geschichtlichen Bestätigung und zugleich nach ihrer andauernden, noch immer steigenden Aktualität fragt und dies alles kritisch prüft, der muß seinen Blick unbedingt auch auf ein anderes historisches Geschehen richten, das unvorstellbare gesellschaftliche Konsequenzen für die ganze Welt hatte und weiter hat: auf die „Russische Oktoberrevolution", die nur drei Wochen nach der letzten Erscheinung in Fatima in Petersburg (seit 1924 Leningrad) stattfand. Die Gottesmutter hatte sie den drei Hirtenkinder schon am 13. Juli sehr klar angekündigt: „Wenn man meine Bitten erfüllt, wird Friede sein. Wenn nicht, dann wird Rußland seine Irrtümer in der ganzen Welt verbreiten." Zwar folgten nach dem Ende des I. Weltkrieges 20 Friedensjahre (außer in Rußland), aber das bedeutet nicht, daß wir Menschen schon damals die Bitten der Mutter unseres Herrn, Ihn nicht mehr zu beleidigen, in entsprechender Weise ernst genommen hätten. Im Gegenteil. Beweis: die geopolitische Expansion Rußlands mit allen seinen Irrtümern.

„Der Kommunismus ist das unmenschlichste System, das die Menschheit in ihrer bisherigen Geschichte kennt." Mit diesem in aller Ruhe und überzeugender Aussagekraft gesprochenen Satz schockierte Andrej Amalrik* Millionen Italiener und erregte auch darunter manchen Kommunisten der Halbinsel im Frühling 1977 während eines knapp zweistündigen Fernseh-Interviews. Amalrik hatte sein Urteil mit erschreckenden Fakten aus der UdSSR belegt.

Die „Große sozialistische Oktoberrevolution", auch heute noch in den Kindergärten, ob in Leningrad oder Budapest,

* Andrej Amalrik war russischer Dissident, Autor des Aufsehen erregenden Buches: „Wird die UdSSR das Jahr 1984 überleben?" Er befand sich jahrelang in den sowjetischen KZ-Lagern. Im Jahre 1976 wurde er in den Westen ausgewiesen. Er ließ sich in Holland nieder. Im Dezember 1980 starb Amalrik in Spanien, infolge eines Auto-Unfalls. Er war auf dem Wege zur Madrider Helsinki-Nachfolgekonferenz.

ob in Moskau oder Prag, als ein „neuer Sonnenaufgang“ und – bemerkenswerter Weise im Zusammenhang mit der letzten Erscheinung in Fatima am 13. Oktober – wie ein von W.I. Lenin verursachtes „Sonnenwunder“ besungen, das eine neue Epoche einleitete, hat allein in dem ersten sozialistischen Staat der Welt, in der UdSSR, nach zuverlässigen Angaben das Leben von etwa sechzig Millionen unschuldigen Menschen auf ihrem Konto.
Wer außerdem noch die Vorgänge in der Cova da Iria kennt, und sie mit der bisherigen Geschichte des Weltkommunismus konfrontiert, der wird gezwungen sein, darüber nachzudenken, wie jene Voraussagen der Mutter Gottes sich auf eine schockierende Weise erfüllt haben.
Die russisch-orthodoxen Christen nennen die Vorfälle in Fatima, auf die sie ihre Hoffnung setzen, eines der größten Ereignisse unseres Jahrhunderts. Und hat Wladimir Iljitsch Uljanow – genannt Lenin – Hauptfigur der Oktoberrevolution – Fatima nicht in erschreckender Weise bestätigt? Am Vorabend der Revolution, zwölf Tage nach der letzten Erscheinung in Fatima, erklärte Lenin im Kreise seiner engsten Mitarbeiter: „Bei der Revolution geht es mir keineswegs nur um Rußland. Auf Rußland spucke ich. Rußland ist nur ein Durchgangsstadium zur Ergreifung der Weltrevolution, zur Herrschaft über die ganze Welt ... Mir ist lieber ein Millionär oder Kapitalist, der Gott verneint, als ein Bauer oder Arbeiter, der an Gott glaubt ... Wir werden von nun an erbarmungslos mit allen umgehen und alles Existierende zerstören, um auf diesen Ruinen unseren Tempel zu erbauen*.“
Zu diesem Ausspruch Lenins ist es notwendig, folgendes zu bemerken: Die „Russische Oktoberrevolution“ war weder russisch noch war sie im herkömmlichen Sinne des Wortes eine Revolution. Die von Lenin inspirierte „Revolution“ vom 25. Oktober fand erst sieben Monate nach der Abdankung des Zaren Nikolaus II., März 1917, statt. Die sozialen

* A. Signoretti, „Morire a Mosca“, Mailand 1967 („Sterben in Moskau“), S. 54.
G. Solomon, „Lenin et sa famille“ („Lenin und seine Familie“), Paris 1931, S. 33.
Vergl. Wolfe Bertram, „I tre artefici della Rivoluzione d’Ottobre“, („Drei Urheber der Oktoberrevolution“), Paris-Florenz 1953, S. 112.)

Klassen waren bereits abgeschafft. Die letzte sozialdemokratische Regierung unter Kerenskij war durch das sogenannte militärische Exekutiv-Komitee ersetzt worden. Freiheit und Gleichheit aller, einschließlich des Rechtes auf Nutznießung aller materiellen Güter, waren zugesichert und garantiert in der berühmten Erklärung des Volkes „Zemlia i wolja“ (Land und Freiheit). Lenin zerstörte also durch seinen Aufstand nicht den zaristischen Absolutismus, sondern ein schon in Anfängen existierendes demokratisches System, um es durch Diktatur zu ersetzen. Der wesentliche Aspekt jener „Revolution“ und ihres Führers ist nicht mehr das Wohl der unterdrückten und ausgebeuteten Menschen, sondern der Wille, „erbarmungslos mit allen umzugehen, alles Existierende zu zerstören, um auf diesen Ruinen unseren Tempel zu erbauen.“

Bemerkenswert ist der Ausdruck, mit dem der Diktator das umschrieb, was er aufbauen wollte: „unseren Tempel“, als Gegengewicht zu Gottes Tempel und all jenen religiösen und moralischen Werten, die seit Jahrtausenden von den Menschen anerkannt und bewahrt werden und die in Gott ihren höchsten Garanten haben.

„Das ist das neue Evangelium, das der bolschewistische und atheistische Kommunismus als Heilsbotschaft und Erlösung der Menschheit bietet! Ein System von Irrtum und Trugschlüssen, das ebenso der gesunden Vernunft wie der göttlichen Offenbarung widerspricht. Es bedeutet Umsturz jeder gesellschaftlichen Ordnung, weil Vernichtung ihrer tiefsten Grundlagen! Es ist Verkennung des wahren Ursprungs, der Natur und des Zweckes des Staates! Es ist Entrechtung, Entwürdigung und Versklavung der menschlichen Persönlichkeit“, so beschrieb zwanzig Jahre später Pius XI. in „Divini Redemptoris“* den Aufbau jenes „Lenin-Tempels“.

Die Gebote dieses „Tempels“ durch Lenin wandelten Rußland in einen atheistischen Staat um, den ersten der Welt, und legten dem auf Freiheit hoffenden russischen Volk das Joch einer Tyrannei auf, wie sie die Welt bisher noch nicht erlebt hatte.

Während die früheren Formen des Atheismus vorwiegend theoretischer Natur waren, nahm der von Lenin erklärte

* Pius XI. Divini Redemptoris, Rom 1937, Nr. 77

Atheismus sofort alle Aspekte einer ihrem Wesen nach subversiven Praxis an, unter diesen vor allem die theoretische und praktische Verneinung Gottes und verbunden damit die offene Kriegserklärung an den Gottesglauben. Lenin bezeichnete sich selbst als „persönlichen Feind Gottes“*.
Nicht weniger klar waren die öffentlichen und privaten Erklärungen seiner engsten Mitarbeiter und Mit-Errichter jenes „Tempels“ einer Menschheit ohne Gott: Bucharin, zum Beispiel, verlangte „die Vernichtung der christlichen Nächstenliebe“ als „den gefährlichsten Feind des Kommunismus“ und „das Mittel zur Eroberung der Welt“; Lunartscharskij definierte den Haß als „die Religion des russischen Kommunismus“: für Jaroslavskij schließlich bestand das erste Ziel des Kommunismus darin, „einen Weltbrand zu entzünden, um alle Kirchen der Welt zu zerstören“**.
Im Lichte dieser Erklärungen sowie der ihnen folgenden Geschehnisse erscheint der im Oktober 1917 in Rußland begonnene Umsturz mit all seinen Folgen also als keine Revolution mehr im herkömmlichen Sinne des Wortes, sondern er stellt das dar, was er in Wirklichkeit ist: Eine ungewöhnliche Rebellion des Menschen gegen Gott, die an den biblischen Aufstand Luzifers erinnert.

Die historische Zusammenschau Fatima – Oktoberrevolution läßt uns unwillkürlich an die zwei „großen Zeichen“ in der „Apokalypse“ denken: an die sonnenbekleidete Frau, Sinnbild der Himmelsbraut und der Gemeinschaft der Heiligen, und an den Drachen, Sinnbild des Bösen.
„Dann erschien ein großes Zeichen am Himmel: eine Frau, mit der Sonne bekleidet; der Mond war unter ihren Füßen und ein Kranz von zwölf Sternen auf ihrem Haupt. Sie war schwanger und schrie vor Schmerzen in ihren Geburtswehen.“ (Joh Off. 12, 1–2)

* M. Piovanelli, Un vincitore all'est (Ein Sieger im Osten), S. 87

** Bucharin, ein bedeutender russ. Theoretiker des Kommunismus und Ratgeber Lenins, in ‚Pravda‘, Moskau, 30. 3. 1930
Lunartscharskij, Volkskommisionär für die Öffentlichkeitsarbeit, in: Revue de Deux Mondes, Paris, 1. 1. 1934;
Jaroslavski, Mitglied des Zentralkommitee der KPdSU, in: Pravda, Moskau, 30. 3. 1937.

„Eines Tages werdet ihr die Statue der Unbefleckten im Zentrum Moskaus, auf der höchsten Zinne des Kreml sehen!“ (P. Maximilian Kolbe) „In den Zeiten der Verfolgung muß sich die christliche Liebe vor allem in der Gemeinschaft mit den Verfolgten zeigen“, schrieben orthodoxe Christen aus Moskau an den Papst. Erfüllen wir diese Bitte und haben auch wir das Vertrauen P. Kolbes auf die Unbefleckte; dann können wir in den begonnenen achtziger Jahren die Statue der Gottesmutter auf dem Kreml sehen! Bei Gott ist nichts unmöglich.

„Das „große Zeichen“, das der Apostel am Himmel sah, die Frau mit der Sonne umkleidet, wird von der Liturgie der katholischen Kirche nicht mit Unrecht auf die seligste Jungfrau Maria gedeutet, die auf Grund der Gnade Christi, unseres Erlösers, die Mutter aller Menschen ist.“

Mit diesen Worten aus der Apokalypse: ‚das große Zeichen – Signum magnum', begann Papst Paul VI. sein Apostolisches Schreiben, das er anläßlich des 50. Jahrestages der Erscheinungen in Fatima und anläßlich seiner eigenen Pilgerreise dorthin, am 13. Mai 1967, verfaßte. Durch dieses Schreiben gab der Hl. Vater den Ereignissen und der Botschaft von Fatima eine biblische Deutung.

„Ein anderes Zeichen erschien am Himmel: ein Drache, groß und feuerrot, mit sieben Köpfen und zehn Hörnern und mit sieben Diademen auf seinen Köpfen. Sein Schwanz fegte ein Drittel der Sterne vom Himmel und warf sie auf die Erde herab.

Der Drache stand vor der Frau, die gebären sollte; er wollte ihr Kind verschlingen, sobald es geboren war. Und sie gebar ein Kind, einen Sohn, der über alle Völker mit eisernem Zepter herrschen wird. Und ihr Kind wurde zu Gott und zu seinem Thron entrückt. Die Frau aber floh in die Wüste, wo Gott ihr einen Zufluchtsort geschaffen hatte ...

Da geriet der Drache in Zorn über die Frau, und er ging fort, um Krieg zu führen mit ihren übrigen Nachkommen, die den Geboten Gottes gehorchen und an dem Zeugnis für Jesus festhalten." (Joh. Off. 12, 3–6, 17)

So führt die Offenbarung nur das näher aus, was Gott schon nach dem Sündenfall der ersten Menschen im „Proto-Evangelium" angekündigt hat: Feindschaft setze ich zwischen dich und die Frau, zwischen deinen Nachwuchs und ihren Nachwuchs. Er trifft dich am Kopf, und du triffst ihn an der Ferse." (Genesis 3, 15).

Auf diesem Hintergrund des „Proto-Evangeliums" und der Offenbarung können wir die Ereignisse in Fatima, die Erscheinungen und Worte der Gottesmutter, als einen Ausdruck der besonderen Barmherzigkeit Gottes ansehen, der uns durch die Jungfrau Maria warnt und zeigt, wie wir der großen Gefahr, dem Aufbau eines „Babylonischen Turmes" im 20. Jahrhundert erfolgreich widerstehen können.

Ich will die Worte der Gottesmutter, ihre Voraussagen, ein wenig frei in drei Gruppen gliedern:

1) Kriege, Hungersnöte, Vernichtung der Nationen und Marterung der Guten,
2) Verfolgung der Kirche, Leiden der Päpste,
3) Sieg Mariens: Weihe und Bekehrung Rußlands.

Dabei kann ich auf deren historische Bestätigung nur in Stichworten hinweisen.

• • •

„Kriege werden hervorgerufen"

Darunter sind wohl auch Bürgerkriege, Revolutionen, Guerillakämpfe und Terrorismus zu verstehen, wie wir das alles seit der russischen Oktoberrevolution bis in unsere Tage erlebt haben. Die Gottesmutter konnte ja mit den kleinen Hirtenkindern kein fachmännisches Gespräch über die verschiedenen Arten von Krieg führen.

Die blutige Ouvertüre jenes Umsturzes vom 25. Oktober 1917 traf zuerst Rußland und die in ihm versklavten Nationen, verwandelte sich dann in einen Bürgerkrieg, der erst nach Jahren endete mit Millionen Todesopfern, Verletzten, Hungernden und Obdachlosen. Das war der Anfang jenes „Tempelbaues", des „Wir werden erbarmungslos mit allen umgehen ..."

Der Beginn jener „russischen Oktoberrevolution" wurde durch die Schüsse des Kriegsschiffes „Aurora", das im russischen Kriegshafen 50 km westlich von Petrograd lag, eingeleitet. Diese Schüsse gaben das Signal zum Sturm auf den Winterpalast. Jene vorbildlich revolutionären Matrosen werden in den Lektionen des Marxismus-Leninismus noch immer in ihrem Kampf als besondere Helden gelobt: aber kein einziges Wort wird darüber gesagt, daß diese Herolde, die Lenin erst dazu verhalfen, an die Macht zu kommen, die es ihm überhaupt ermöglichten, sein Programm, „alles Existierende zu zerstören", in Angriff zu nehmen, einige Monate später, als sie sich gegen die neue Diktatur von Lenin wehrten, auf seinen Befehl hin erbarmungslos niedergeschlachtet wurden.

Der Bürgerkrieg in Spanien in der zweiten Hälfte der dreißiger Jahre mit seinen Opfern war ein Versuch, die kommunistische Revolution auch außerhalb der UdSSR zu installieren.

Der Feldzug gegen Polen im September 1939 war auch nicht nur Sache Hitler-Deutschlands. Nach einer diplomatischen Absprache überfiel die Stalin-Armee Polen am 17. Sep-

tember. Die Morde an weit mehr als sechstausend polnischen Offizieren im Katynwald und in russischen Lagern lassen die spätere Erklärung Moskaus aus der Nachkriegszeit, die UdSSR hätte mit dem Kriegseintritt Polen teilweise retten wollen, als eine zynische Lüge, die Norm Leninscher Moral, leicht erkennen.
Hitlers Drang nach Osten als Ausdruck einer verrückten Ideologie führte dann im Juni 1941 zum ‚überraschenden' Angriff gegen die Sowjetunion und dann zum 2. Weltkrieg. Das Ende dieser großen Tragödie hat aber nicht den Kommunisten in Moskau mit Stalin an der Spitze das Recht verliehen, nach dem Ende des Krieges 1945 die anderen, angrenzenden Länder Osteuropas ganz oder teilweise gewaltsam zu annektieren. Der Wille jener Völker nach sozialer Gerechtigkeit, nationaler Selbständigkeit und Freiheit, der sich zuerst in Ost-Berlin, Ungarn, Polen, dann in der CSSR und wieder in Polen gezeigt hatte, wurde nur unter Anwendung sowjetischer Panzer erstickt. Der Krieg in Korea in den fünfziger Jahren sowie die langjährigen Tragödien in Vietnam und Kambodscha wären überhaupt nicht zustande gekommen, wenn die Nachfolger Lenins in Moskau die Freiheit und Souveränität der Völker respektieren würden und ihre eigenen Pläne, „alles Existierende zu zerstören" und ihren „Tempel zu bauen", nicht um jeden Preis verwirklichen wollten.
Der Überfall auf Afghanistan zu Weihnachten 1979 von Seiten der imperialistischen UdSSR und das polnische Drama seit dem 13. Dezember 1981 sind die neuesten Beweise dafür; aber auch die schleichende Sowjetisierung Nicaraguas und die über Kuba gesteuerten Einflüsse auf die Entwicklung in Guatemala und den blutigen Bürgerkrieg in El Salvador.

„Viele Nationen werden vernichtet."

Diese weitere Voraussage der Mutter Gottes hängt einerseits eng zusammen mit der ersten, den Krieg betreffenden Aussage. Sie deutet zugleich hin auf den sogenannten „proletarischen Internationalismus", eine der Natur des Völkertums widersprechende Illusion des Kommunismus, die nichts anderes ist als ein sowjetischer Deckmantel für die

Beherrschung einzelner Nationen oder ihre Vernichtung. Es ist heute klar, daß der erste „kommunistische" Vielvölkerstaat, die UdSSR, ein künstliches, durch Gewalt zusammengehaltenes Staatsgebilde und ein rein ideologischer Begriff ist. Sie ist – genauso wie das alte zaristische Rußland – ein Nationen-Gefängnis, vielmehr noch ein riesiges Konzentrationslager* mit der Absicht, einzelne, insbesondere kleinere Nationen ihrer Kultur, Geschichte, Tradition und Sprache zu berauben. Einige von ihnen sollten ganz untergehen. So wurden in den Jahren 1944–45 völkische Gruppen aus ihrer Heimat vertrieben, wie z.B. die Krimtataren, die Kalmükken (220 000 Bewohner), die Kobardinen, die Karatschaier (150 000 Bewohner) die Inguschen (ca. 92 000 Köpfe), die den nordöstlichen Kaukasus bewohnten, und andere. Davon kamen mehr als die Hälfte um. In den geographischen Karten, gedruckt 1947 im Staatlichen Geographischen Institut in Geodesia-Moskau, kommen diese Volksgruppen nicht mehr vor, weder als autonome Republiken noch als autonome Provinzen, wie es bis dahin der Fall war. Sie wurden damals einfach aus den geographischen Karten gestrichen. Die Wolga-Deutschen erlitten ein ähnliches Schicksal. Die kleinen baltischen Staaten Litauen, Lettland, Estland sind nur dank ungeheurer Opfer, ihrer unerschrockenen Standhaftigkeit und ihres starken Willens, sich der Sowjetisierung zu widersetzen, noch nicht aus den geographischen Karten verschwunden. Immerhin sind viele Angehörige dieser Völker, z.B. etwa ein Viertel der Litauer, nach Sibirien deportiert oder durch Terror in der Heimat umgekommen. Was von 1917 bis 1945 schreckliches Schicksal einiger Nationen in der UdSSR war, nach dem Krieg auch vieler anderer Ostländer, breitet sich in den letzten zwanzig Jahren, besonders aber in den siebziger Jahren über manche Länder Asiens, Afrikas und Lateinamerikas aus. Dies alles geschieht zielbewußt im Rahmen der kommunistischen Weltrevolution.

* Außer dem Werk Solschenizyns über den „Gulag" gibt es jetzt einen ausgesprochenen „Reiseführer" durch die Lager und Gefängnisse: Avraham Shifrin, „UdSSR-Reiseführer durch Gefängnisse und Konzentrationslager in der Sowjetunion, nach Städten, Gebieten und Bezirken geordnet", 1980 bei Stephanus-Edition, Uhldingen.

Tschechei und Slowakei mit ihren Hauptstädten Prag und Preßburg. Darüber die UdSSR in Form eines Stiefels, mit Hammer und Sichel. So sah ein junger slowakischer Karikaturist beide Nationen nach der „brüderlichen Hilfe“ im Sinne des proletarischen Internationalismus vom August 1968. Die UdSSR – ein künstliches, durch Gewalt zusammengehaltenes Staatsgebilde.

Allein in Kambodscha kamen drei Millionen Menschen ums Leben, und ein Ende dieses Genozids ist noch nicht abzusehen.

„Hungersnöte werden kommen ...“

Zuerst kamen sie für viele Menschen nach dem Ende des Krieges 1918 als logische Konsequenz. In der UdSSR dauerte der Hunger aber infolge der Revolution und des Bürgerkrieges wesentlich länger an.
Viele Jahre nach dem Krieg, nämlich 1929, hat wieder eine schreckliche Hungersnot Rußland heimgesucht. Besonders waren davon die südlichen Teile und die Ukraine betroffen, ausgerechnet jene Ukraine, die einige Jahre zuvor noch als „Kornkammer Europas“ bezeichnet wurde. Der Hunger suchte alle Orte, Städte und Dörfer heim. Der Grund dieser katastrophalen Lage war nicht zuerst im trockenen Wetter oder in alles vernichtenden Stürmen zu suchen, sondern in der Zwangskollektivierung der Landwirtschaft, die ein-

schließlich des Terrors zehn bis zwölf Millionen Menschen das Leben gekostet hat.
Und wenn heute die Polen die Hilfe der freien Welt benötigen, um dem Hungertod zu entgehen, so ist das auf ihre 36-jährige Abhängigkeit von den Kremlherren zurückzuführen.

„Viele Gute werden gemartert ..."

Nikita S. Chruschtschow hat auf dem XX. Parteitag der KPdSU 1956 bekanntgemacht, daß Stalin selbst ca. sechs Millionen Kulaken (Mittelbauern) zählte, die auf seinen Befehl hin erschossen oder sonstwie umgebracht worden sind, und zehn Millionen wurden während des Massenmordes ‚ausgeschaltet', was seiner Meinung nach „notwendig gewesen sei, um den Marxismus-Leninismus in den Fabriken und auf dem Lande vollständig zu verwirklichen*." Was der Diktator selbst zugegeben hat, war eigentlich ein Viertel von allen Opfern der Lenin- und Stalin-Ära. Wieviel Gute darunter waren, selbst unter den Kommunisten, ist schwer festzustellen. Viele haben dieses System zwar angenommen in der Überzeugung, daß die schönen Slogans über die soziale Gerechtigkeit, persönliche Freiheit, nationale Selbständigkeit sowie alle Versprechungen auch der Wirklichkeit entsprächen. Wenn sie dann eines Tages feststellten, daß dies nicht stimmt, daß sogar das Gegenteil gilt, dann kamen sie in Konflikt mit dem Marxismus, hörten auf an ihn zu glauben und verloren so oft den Sinn ihres Lebens.
„In meinem Leben halte ich jenen Zeitabschnitt für den verzweifeltsten, in dem ich mit dem Marxismus in Konflikt kam, aufhörte, an ihn zu glauben und dadurch meine ganze damalige Welt verlor"**, bekannte einer von ihnen, wie viele vor und nach ihm.

* N. S. Chruschtschow: Der Bericht auf dem XX. Parteitag der KPdSU im Februar 1956.

** Prof. Eugen Loebl, *„Trýzeň svedomia"* („Qual des Gewissens"), Toronto 1978. E. Loebl war einer der ersten namhaften slowakischen Marxisten der dreißiger und vierziger Jahre. Einer seiner Schüler war auch G. Husak, jetziger Präsident der CSSR und Erster Sekretär der KP. Seit August 1968 lebt Loebl in den USA.

Im Sommer 1949 erhielt Loebl für seine Leistung im Handelsministerium eine hohe staatliche Auszeichnung. Einige Monate später, am 24. November wurde er überraschend verhaftet. In „Qual des Gewissens" schildert Loebl seine dreijährige Untersuchungshaft bis zum 24. November 1952, den Prozeß und die acht Jahre im Gefängnis bis zu seiner Begnadigung 1960. Das Todesurteil wurde in lebenslängliche Gefängnisstrafe umgewandelt. Im Gefängnis versuchte er in seiner Verzweiflung, sich das Leben zu nehmen, indem er seine Pulsadern zerbiß und sich mit Schmutz von den Wänden das Blut vergiften wollte.
In seinem Buch, das man auch eine Beichte nennen kann, bekennt sich der ehemalige prominente Marxist und kommunistische Politiker aufrichtig zu seinem Irrtum. In tiefer, überzeugender Analyse zeigt er zugleich, daß die wesentlichen Grundlagen der kommunistischen Ideologie aus Lüge und falschen Versprechungen bestehen, die auf Unmenschlichkeit und Terror gestützt werden. Durch die Qual seines Gewissens und nach dem Leid in den stalinistischen Gefängnissen kommt Loebl zu persönlichem Ausgleich und innerem Frieden.
Viele andere Kommunisten mußten ihren „guten Glauben" mit dem Leben oder der Deportation in den Gulag bezahlen; ganz zu schweigen von den Millionen, die aus religiösen und sittlichen Gründen umgekommen sind. Von diesen wird noch die Rede sein*.

●●●

„Die Kirche wird verfolgt"

Diejenigen Leser, die seit fast zehn Jahren unser ‚pro fratribus'-Informationsheft lesen und unterstützen, denen dieses Buch auch als Geschenk zugedacht ist, wissen, welches Ausmaß diese Verfolgung, in der CSSR oder in der UdSSR erreicht hat, und wie auch diese Voraussage der Mutter Got-

* Mit den Martermethoden in der UdSSR beschäftigte sich das erste Sacharow-Hearing in Kopenhagen an drei Tagen: vom 17. bis 19. Oktober 1975. Das gesamte Material erschien im Naumann-Verlag, Würzburg: Hardmann/Wippermann, „24 Zeugen; Dokumente des Terrors, Sacharow-Hearing Kopenhagen".

tes von Fatima ihre geschichtliche Bestätigung fand. Denn es gibt heute schon ganze Bibliotheken zu diesem Thema, ob von katholischer oder anderer christlicher Seite aus. Ich will mich hier nur auf folgende Bemerkungen beschränken.
In dem Zeitabschnitt von 1917 bis 1939 wurden im Verlauf der Kirchenverfolgung in der UdSSR ca. vierzigtausend orthodoxe Priester und Ordensleute, unter ihnen zwei Metropoliten und dreihundert Bischöfe und Prälaten, verfolgt, unterdrückt und großenteils umgebracht. In dem gleichen Zeitraum wurden fünfundvierzigtausend Kirchen und einundzwanzigtausend Kapellen entweder zerstört oder für profane Zwecke mißbraucht*.
Ähnlicher Verfolgung war Anfang des Jahres 1945 auch die katholische ukrainische Kirche ausgesetzt, wie aus dem Bericht Kardinal Joseph Slipyjs** hervorgeht. Zwölf Bischöfe, vierzehnhundert Priester, achthundert Ordensschwestern und Tausende von Laien wurden verhaftet, und viele von ihnen kamen in den Gefängnissen um.
Für meine Heimat Slowakei ist hinsichtlich der brutalen Verfolgung der Kirche die Nacht vom 13. zum 14. April 1950 schon ein geschichtlicher Begriff geworden. Damals holten bewaffnete Milizen in der ganzen CSSR um Mitternacht zweitausend Ordensmänner aus ihren Betten. Sie durften eine Tasche mit den nötigsten Sachen mitnehmen, und unter Waffendrohung wurden sie wie gefährlichste Verbrecher zu Lastautos geführt und dann, nach stundenlanger Fahrt in eine unbekannte Gegend, in ein Internierungslager gebracht. In den folgenden zwei Jahren wurden über zehntausend Ordensschwestern auf die gleiche Art und Weise aus ihren Schulen, Kindergärten, Kranken- und Altenhäusern weggeholt und interniert. Von zwölf Priesterseminaren sind seit Sommer 1950 nur zwei offen geblieben. Dann wurden alle achtzehn Bischöfe des Landes auf einmal verhaftet, von denen drei in Hausarrest verblieben. Die übrigen wurden in verschiedenen Schauprozessen zu meist lebenslänglichen Strafen verurteilt. Dem alten, siebzigjährigen Bischof aus Zips, Ján Vojtašák gegenüber war man so-

* Die statistischen Angaben wurden veröffentlicht von N. Struve und von Protopresbyter Polsky in ‚Novyje Mucenniki Rossijskije‘ (die neuen russischen Märtyrer). Jordanville, USA, 1949–1957.
** Kongreß ‚Kirche in Not‘, Juli 1980, Königstein.

gar barmherzig, ihm gab man zwar keine lebenslängliche Strafe, sondern ‚nur' dreißig Jahre. Bald kamen die katholischen Laien an die Reihe, die in Verbänden, in der Presse oder der Katholischen Aktion tätig waren. Es folgte das Presse- und Organisationsverbot. So begann es; so ging es weiter. Und heute haben wir in der CSSR eine echte religiöse Apartheid, in der die Christen als Bürger dritter Klasse behandelt werden, beginnend bei den Kindern, bis hin zu den Alten.

Die kleinen Kinder aus christlichen Familien spüren oft die unerträgliche Kälte und finstere Macht des kommunistischen Atheismus schon im Kindergarten. Belächelt oder ausgelacht wegen ihres Glaubens an Gott, können sie sich weder gegen die eigene Erzieherin verteidigen, noch können sie ihre Erniedrigung verkraften. Ratlosigkeit und große Tränen in den Augen sind ihre einzig mögliche Reaktion.

Neben dieser religiösen Apartheid fehlen in den letzten Jahren, sowohl in der UdSSR (z.B. Litauen) wie auch in der CSSR nicht drastische Fälle von Mißhandlungen und gewaltsam verursachte Todesfälle. So wurde im Januar 1981 in Bratislava der geheime Priester Przemysl Coufal von der Staatssicherheit ermordet.

Ende Oktober 1981 brachen wiederum ungefähr hundertfünfzig bewaffnete Milizionäre in ein Priester-Altersheim in Mähren ein. Sie brachen Schlösser auf, traten Türen ein und drangen mit Hunden in das Haus ein. Sie durchsuchten auch die Bettlägerigen und durchwühlten die Betten. Die Aktion dauerte von mittags halb eins bis in die Frühe des nächsten Morgens, währenddem die alten Priester dauernd wach sein mußten. Die Eindringlinge ‚beschlagnahmten' religiöse Literatur, Gebetbücher, Geld, Uhren, Tonbänder, Schreibmaschinen, Schokolade, Kaffee, Einkaufsbons.

So sieht die in der Verfassung der CSSR garantierte religiöse Freiheit Ende des Jahres 1981 in der Praxis aus.

„Der Heilige Vater wird viel zu leiden haben"

Ich will hier nur kurz auf zwei historische Tatsachen eingehen, die sich als besondere Quellen des Schmerzes und des Leidens für die Stellvertreter Christi erwiesen haben und die

in Fatima mit aller Deutlichkeit vorausgesagt wurden: Krieg oder Kriegsgefahr und die bis dahin nicht gekannte Verfolgung der Christen. Man erkennt schnell, welches Kreuz die Päpste trugen und vorläufig weiter zu tragen haben.
Benedikt XV., dessen Pontifikat am 3. 9. 1914 begann, was fast mit dem Beginn des Ersten Weltkrieg zusammenfiel, veröffentlichte schon am 1. November des gleichen Jahres seine Eintrittsenzyklika: „Ad beatissimi Apostolorum principis ...", wo er auf die Wurzel und Ursache jener Tragödie hinweist, indem er den Mangel an Liebe, Mißachtung der Autorität, Klassenkampf und Besitzgier der Menschen als Grundübel des entstandenen Krieges bezeichnete. Der Papst bemühte sich, trotz mancher Anfeindungen den kriegführenden Seiten in unparteilicher Weise die Leiden zu mildern und für den Frieden zu wirken, ohne Ansehen von Nationalität und Konfession.
Am 1. August 1917 machte Benedikt XV. allen Kriegführenden einen Friedensvorschlag für einen dauerhaften Frieden. Die Stimme Christi jedoch wurde nicht gehört.
Nach dem Kriege galt seine Sorge dem hungernden Österreich, Deutschland und auch Rußland, trotz der bereits dort einsetzenden Christenverfolgung. Erst der Tod im Januar 1922 setzte dem großen Leiden des Papstes Benedikt XV. ein Ende.
Am 6. Februar 1922 ging aus dem Konklave Kardinal Achilles Ratti als Papst Pius XI. hervor. Schon sein Wahlspruch, „Pax Christi in regno Christi", (Frieden Christi im Reiche Christi) deutete auf die Aufgabe hin, die der neue Nachfolger Petri als die wichtigste vor sich sah und der er mit allen seinen Kräften dienen wollte.
So gab Pius XI. in der Enzyklika vom 14. 3. 1937, „Mit brennender Sorge", eine Antwort auf die unchristliche und unmenschliche Rassenideologie des Nationalsozialismus. Fünf Tage später, mit der Enzyklika „Divini Redemptoris", verurteilt er nicht nur den Kommunismus, sondern zeigte auch Mittel auf gegen jene falsche Erlösungsideologie und alles zerstörende Revolutionsidee. Der von großer Gelehrsamkeit und politischem Weitblick gekennzeichnete Pius XI. war sich der Anfälligkeit des Friedenszustandes gut bewußt. Stets um Erhaltung des Friedens bemüht und in größter Sorge, daß ein neuer Weltenbrand entstünde, starb er am

Vorabend des Zweiten Weltkrieges, der einige Monate nach der Wahl Eugenio Maria Pacellis zum Papst Pius XII. begann.
„Opus iustitiae – pax“, „der Friede, Werk der Gerechtigkeit“, das wurde sein Wahlspruch, der schon ein Programm bedeutet in der Zeit, in welcher der bis jetzt schrecklichste Krieg der Weltgeschichte begann. Pius XII. versuchte in den ersten Monaten seines Pontifikates, die deutliche Kriegsgefahr zu bannen, aber er konnte den Ausbruch der Tragödie nicht mehr verhindern, obwohl er die Kriegstreiber mit den Propheten beschwor: „Wehe den Nationen, die Krieg entfesseln!“ und mahnte: „Mit Verhandlungen kann der Friede gerettet werden; mit dem Krieg wird alles zerstört.“ Nach Kriegsausbruch leitet Papst Pius XII. durch das Päpstliche Hilfskomitee und durch den päpstlichen Nachrichtendienst umfassende Hilfsmaßnahmen für Kriegsgefangene, Flüchtlinge, Deportierte ein. Der Papst vermittelte den Juden Hilfe in großem Umfang, unterstützte sie finanziell und erwirkte ihnen allen möglichen Schutz*.
Der ersehnte Friede trat auch nach dem Ende des Krieges nicht ein. Die osteuropäischen Völker fielen unter der neuen kommunistischen Diktatur dem sowjetischen Imperialismus zum Opfer. Dort setzte sich eigentlich der Krieg fort, wenn auch in anderer Form: Im Kampf gegen Gott und seine Jünger, wie er schon seit 1917 in der Sowjetunion im Gange war.
Die Christenverfolgungen in den neuen kommunistischen Länder zwangen Papst Pius XII. zu dem unbeliebten Schritt der Exkommunikation. Er wandte sie gegen alle diejenigen an, die den Kommunismus ‚aktiv‘ unterstützten. Das geschah am 1. 7. 1949 und stellte sich als notwendig heraus, um sich dem massiven Druck und dem listigen kommunistischen Versuch, die Kirche in jenen Ländern zu spalten und von Rom zu trennen, zu widersetzen. Bis zum Tode Pius' XII. im Oktober 1958 wurde weder der Friede in der

* Paul Rassinier: „Die Operation ‚Stellvertreter‘“, Damm Verlag München 1966. Ein bemerkenswertes Buch in doppeltem Sinne: Der französische Autor, erklärter Atheist, zugleich Pazifist, hielt es für seine Pflicht, die gegen Pius XII. vorgebrachten Beschuldigungen, er hätte zur Judenverfolgung geschwiegen, zurückzuweisen und auf Grund historischer Dokumente zu widerlegen.

Welt sicherer noch milderte sich die Christenverfolgung. Im Gegenteil! Welches Leid dem Papst aus all dem erwachsen war, weiß nur Gott.

Nachfolger Pius XII. wurde der Patriarch von Venedig, Kardinal Giovanni Battista Roncalli als Johannes XXIII. Kaum drei Monate nach seiner Wahl verkündete er Ende Januar 1959 aus Sorge um die Kirche die Einberufung des Zweiten Vatikanischen Konzils für den Herbst 1962. Um den Frieden stand es auch zu jener Zeit nicht besonders gut. Kurz vor seinem Tod konnte er der Menschheit seine überall mit starkem Echo aufgenommene Enzyklika „Pacem in terris", „Friede auf Erden", – seine wahrscheinlich größte Sorge – gleichsam als sein Testament schenken. Der Kampf gegen die Christen, ihre Diskriminierung gingen jedoch unvermindert weiter.

In den letzten Tagen und Stunden seiner großen körperlichen Schmerzen verweigerte er die Annahme der schmerzstillenden Medikamente, um für den Erfolg des Konzils, für die verfolgten Christen und ihre Verfolger, insbesondere für einen gerechten und dauerhaften Frieden in der Welt sein ‚kleines Opfer' zu bringen.

Sein Nachfolger wurde Ende Juni 1963 der Mailänder Kardinal Giovanni Montini als Paul VI. Das Konzil wurde fortgesetzt. Welche Verantwortung und Sorge für den neuen Papst!

Außerdem begleiteten die Besorgnis um den Weltfrieden sowie der Wunsch, den bedrängten Christen in vielen Ländern pastoral behilflich zu sein, auch diesen Papst während seines ganzen Pontifikats und waren eine ständige Leidensquelle für ihn. 1967 rief er den ersten Januar als jährlichen Weltfriedenstag aus, der alle Menschen, besonders die Großen dieser Welt dazu auffordern sollte, sich ehrlich Gedanken über die Erhaltung eines gerechten Friedens zu machen und sich mit allen Kräften verantwortlich dafür einzusetzen.

„Der integrale Fortschritt ist ein neuer Name für den Frieden", wiederholte der Papst nach der Veröffentlichung seiner Enzyklika „Populorm progressio" – „Fortschritt der Völker", mit der Paul VI. an das Gewissen der Welt, insbesondere an die Privilegierten und Mächtigen appellierte, sich um die Lösung der sozialen Probleme, vor allem jener

der unterentwickelten Völker, zu bemühen und damit einen gerechten Frieden zu sichern.
Seine pastoralen Bemühungen in den osteuropäischen Ländern brachten ihm mehr Kritik als Erfolg, was Paul VI. besonders schmerzte.
So waren die fünfzehn Jahre seines Pontifikats ein ständiges unblutiges Martyrium, und zwar von jenem 30. Juni 1963 an bis zum 6. August 1978, dem Fest der ‚Verklärung des Herrn', wobei eine Symbolik sehr deutlich zum Ausdruck kam. „per crucem ad lucem" – „durch das Kreuz zum Licht".
Der Nachfolger Pauls VI. wurde Kardinal Albino Luciani aus Venedig als Johannes Paul I. Sein Pontifikat war eines der kürzesten in der Papstgeschichte, aber auch keinesfalls ohne Leiden, Schmerzen und Kreuz. Nur einen Vorteil hatte dieser „lächelnde Papst" gegenüber seinen Vorgängern: Sein Kreuzweg, seine Leiden als Stellvertreter Christi währten nur dreiunddreißig Tage.
Sein Nachfolger wurde Johannes Paul II. Von den Schmerzen und Leiden dieses Papstes nach dem Attentat konnte sich der Leser durch das ganze XI. Kapitel dieses Buches ein Bild machen. Neben der eigentlichen Hauptaufgabe jedes Papstes, der Sorge um die Kirche, blieben für den Nachfolger Petri weiter die Besorgnis um den Weltfrieden, die Warnung vor der Gefahr eines Atomkrieges mit apokalyptischen Folgen. Johannes Paul II. hat dies mehrmals, zwar ohne Panik zu schüren, aber mit aller Deutlichkeit, vor der Welt geäußert. Auf eine besonders dramatische Weise tat er das bei seinem Besuch in Japan im Februar 1981, in Hiroshima und Nagasaki. Und Ende des Jahres 1981 schrieb er in der Sache des Friedens an die Staatsoberhäupter der Großmächte. Von Beginn seines Pontifikats an ließ er keine Möglichkeit ungenutzt, gegenüber den Mächten der Zerstörung die Kräfte des Friedens, des Guten zu fördern!
Seine erste Enzyklika, „Redemptor hominis", „Erlöser des Menschen" (1979), ist eine Magna Charta für den von Christus erlösten Menschen. Würden die Mächtigen und Verantwortlichen dieser Welt den Einzelnen wie die Gemeinschaft so einschätzen, wie sähe die Welt doch anders aus! So bleiben die Sorgen um den Frieden und um den Menschen und seine Würde für Johannes Paul II. Ursachen seines gro-

Die Amtseinführung Johannes Pauls I. am 3. September 1978 auf dem St. Petersplatz.
Welcher Mensch hat ahnen können, daß kaum zwei Monate später der Erzbischof von Krakau selbst Nachfolger des Papstes Luciani sein würde?

ßen Leidens. Das Attentat auf den Papst, vor seinem Haus, in der blutigen Weise und unter den bekannten Umständen, erschreckte die Welt und stellte so in der Skala der Leiden, wie sie die Mutter Gottes 1917 in Fatima für die Päpste vorausgesagt hatte, den Höhepunkt dar. Ist dieses Drama vom Petersplatz auf Tag und Stunde genau 64 Jahre nach der ersten Erscheinung der Jungfrau Maria in der Cova da Iria nicht Grund genug, daß wir die Fatima-Botschaft endlich ernst nehmen? Der Heilige Vater wird viel zu leiden haben ...! Welches Zeichen erwarten wir noch vom Himmel?

● ● ●

„Am Ende wird mein unbeflecktes Herz triumphieren; der Heilige Vater wird mir Rußland weihen,

das sich bekehren wird, und der Welt wird eine Zeit des Friedens geschenkt werden", so hörten es die drei Hirtenkinder am 13. Juli 1917 von der Gottesmutter, nach den vorausgegangenen Hiobsbotschaften von Krieg, Verfolgung und Hunger.

Nach dem neuen Liturgischen Kalender wird an dem auf das Herz Jesu-Fest folgenden Tag ein Fest des Unbefleckten Herzens Mariens in der Kirche gefeiert. Damit kehrte man zurück zum historischen Ursprung dieser Andacht, die besonders in Frankreich im Mittelalter sehr verbreitet war. Der hl. Johannes Eudes (XVII. Jahrhundert) hat in seinen liturgischen Schriften die Herzen Jesu und Mariä nie getrennt. Neun Monate lang pulsierte das Leben Jesu, des Gottessohnes, der Fleisch geworden ist, im gleichen Rhythmus mit dem Leben seiner Mutter Maria. Eine Bindung, die nie unterbrochen wurde, die vielmehr gefestigt wurde durch die Aufnahme Mariens mit Leib und Seele in den Himmel. Maria, die Mutter des Herrn, war voll der Gnade, d.h. voll des Heiligen Geistes, und wurde total vor der Sünde bewahrt. Sie ist die ‚Immaculata', die Unbefleckte. So hat sie sich selbst am 11. Februar 1858 in Lourdes durch Bernadette Soubirous vorgestellt.

Die Ausbreitung der Andacht zum Unbefleckten Herzen Mariens und die Weihe an dieses Herz wurden ganz besonders durch die Erscheinungen in Fatima bewirkt.

Am 31. Oktober 1942 sandte Pius XII. eine Radiobotschaft an die Katholiken von Portugal. An diesem Tage wurden in Fatima die Feiern zum 25. Jahrestag der ersten Erscheinung der Jungfrau Maria vor den drei Kindern in Cova da Iria abgeschlossen. Der Tag dieses wunderbaren Ereignisses vom 13. Mai 1917 war auch der Tag der Bischofsweihe Eugenio Maria Pacellis. Es ist nicht verwunderlich, daß der Papst persönlich den Wunsch hatte, Portugal und Fatima anläßlich dieses Doppeljubiläums zu grüßen. Etwa einen Monat später, am 8. Dezember, weihte Pius XII. in einer feierlichen Zeremonie in St. Peter die Welt dem Unbefleckten Herzen Mariens. Bei beiden Anlässen gab der Papst im Rahmen der Lobpreisung Mariens nach einer Kritik am „Neuheidentum“ einen kurzen aber unmißverständlichen Hinweis auf Rußland:
„Gib Frieden den durch Irrtum oder Zwietracht getrennten Völkern, vornehmlich jenen, die für Dich eine besondere Verehrung hegen und wo es kein Haus gab, in dem Deine ehrwürdige Ikone (die jetzt vielleicht für bessere Zeiten verborgen wird) nicht in Ehren gehalten worden wäre, und führe sie zu dem einen Schafstall Christi unter dem einen wahren Hirten.“
Mit der Zeremonie in St. Peter weihte er „Rußland“ nicht der Gottesmutter. Das geschah erst nach dem Krieg, am 7. Juli 1952, in der Enzyklika „Sacro vergente Anno“*.
Es erscheint angebracht, hier mindestens einige Auszüge aus der Enzyklika wiederzugeben, die mit dem väterlichen Gruß: „Papst Pius XII. den vielgeliebten Völkern Rußlands Heil und Frieden im Herrn!“ eingeleitet wird. Der Papst fährt dann fort:
„Nach der feierlichen Verkündigung des Dogmas von der Aufnahme Mariens mit Leib und Seele in den Himmel wurden Wir von vielen Menschen aus allen Teilen der Welt um die Weihe Rußlands an das Unbefleckte Herz Mariens gebeten. Dieser Bitte kamen Wir gern nach.
Wie es die Verantwortung unseres Amtes verlangt, haben Wir die Irrtümer der kommunistischen Ideologie verurteilt

* P. Robert A. Graham SJ.: „Fatima-Prophezeiungen und Rußland in der Kriegspropaganda 1942–45“, ‚*L'Osservatore Romano*‘ vom 5. 2. 82, deutsche Ausgabe.

und zurückgewiesen. Die Irrenden aber weisen Wir nicht zurück, sondern Wir wollen, daß sie zur Wahrheit und zum Guten zurückkehren ... Wir wissen, daß unter Euch viele sind, die im Innersten ihrer Seele am christlichen Glauben festhalten, daß sie den Feinden des Glaubens keineswegs zustimmen, sondern vielmehr brennend danach verlangen, die christliche Lehre, die das einzige sichere Fundament des staatlichen Lebens ist, zu bekennen, und zwar nicht nur privat und geheim, sondern auch öffentlich, wie es sich für freie Menschen ziemt. Und Wir wissen auch um Eure Verehrung der Gottesmutter. Selbst im Moskauer Kreml befindet sich eine Kirche, die der Gottesmutter geweiht ist; in der aber heute leider kein Gottesdienst mehr stattfindet; aber sie bezeugt die Liebe Eurer Vorfahren zu Maria.

Wir wissen, daß dort, wo die heiligste Gottesgebärerin in aufrichtiger Liebe und tätiger Liebe verehrt wird, die Hoffnung auf das Heil niemals fehlt.

Möge es der gütigsten Mutter gefallen, auch jenen ihre barmherzigen Augen milde zuzuwenden, die die Scharen der Gottesleugner und Gotteshasser anführen und anfeuern. Sie möge ihren Geist mit dem Licht von oben erleuchten und ihre Herzen mit der Göttlichen Gnade zum Heile lenken. Wir aber wollen, damit unsere und Eure Gebete und Bitten leichter erhört werden und damit Wir einen einzigartigen Beweis des Wohlwollens gegen Euch liefern, wie Wir vor wenigen Jahren das gesamte Menschengeschlecht dem Unbefleckten Herzen der jungfräulichen Gottesmutter weihten, so nun alle Völker Rußlands demselben Unbefleckten Herzen in ganz besonderer Weise übergeben und weihen, in der Hoffnung, daß das, was Wir, was Ihr, was alle Guten an wahrem Frieden, an brüderlicher Eintracht und an Freiheit, wie sie allen, vor allem der Kirche geschuldet wird, wünschen, durch die machtvolle Fürbitte der Jungfrau Maria sobald wie möglich glückliche Wirklichkeit werde, das heilbringende Reich Jesu Christi, das ein „Reich der Wahrheit und des Lebens", ein „Reich der Heiligkeit und der Gnade", ein „Reich der Gerechtigkeit, der Liebe und des Friedens" ist, überall auf Erden fest begründet werde.

Gegeben zu Rom beim Heiligen Petrus, am 7. Juli, Fest der Heiligen Cyrill und Methodius, im Jahre 1952, dem 14. unseres Pontifikates."

Pius PP. XII.

Diese Auszüge sowie die ganze Enzyklika lassen das Drama der Christenverfolgung in Rußland spüren und zeugen von der Liebe und Sorge Pius XII., sowohl für die Verfolgten wie auch für die Verfolger. Sie beweisen zugleich das große Vertrauen des Papstes auf die Gottesmutter und ihren endgültigen Sieg. Die Entwicklung bis in unsere Tage hat gezeigt, daß sein Vertrauen und seine Hoffnung berechtigt waren, daß mit der Hilfe der Gottesmutter alle Irrtümer, alle Gottlosigkeit überwunden und besiegt werden können.

„Rußland wird sich bekehren"

So lautet die hoffnungsvolle Voraussage der Gottesmutter. Nach 65 Jahren jenes gottlosen Leninschen „Tempelbauens" ist zwar die Bekehrung Rußlands noch keine vollendete Tatsache; aber der Prozeß der Bekehrung ist schon seit Jahren im Gange, und mit der Zeit wird er immer deutlicher. „Die Wächter am Grabe in Moskau, Prag, Warschau und anderswo sind beunruhigt durch den Aufschrei nach Gott und nach Freiheit, der ihnen immer lauter entgegenschallt," schrieb in diesem Zusammenhang im Jahre 1977 Werenfried van Straaten, ein weltbekannter Apostel der Armen und Notleidenden und guter Kenner des Kommunismus.
„Rußland steht an der Schwelle eines neuen Jahrtausends seit seiner Taufe. Welche Gaben für dieses Jahrtausend bringt es dem Herrn dar? Es gab nicht wenige große Heilige in Rußland, nicht wenige wirkliche Diener Gottes. Vor dem geistigen Auge der großen russischen Heiligen offenbarten sich die zukünftigen Prüfungen und die kommende Wiedergeburt Rußlands. Uns ist das Glück gegönnt zu sehen, daß diese Wiedergeburt schon begonnen hat.
Indessen liegt vor uns noch ein langer und schwerer Weg. Ob wir ihn erfolgreich gehen können, hängt in vielem von der geistigen und tätigen Unterstützung unserer christlichen Brüder im Westen ab." Dies schrieben u. a. die orthodoxen Christen in dem schon erwähnten Brief an den Papst im Oktober 1978*.

* Siehe Informationsheft pro fratribus 30/79

Es gibt heute schon eine Fülle von Literatur*, die klar und über jeden Zweifel erhaben beweist, daß Lenin und seine Genossen ihr Ziel, dem Glauben an Gott, der Kirche und jeder Religion ein Ende zu setzen, nicht erreicht haben. Das Gegenteil gilt, wenn dies auch manchem im ersten Augenblick als kaum glaubhaft erscheint. Die wahre Kraft der Christen, der Kirche liegt im tiefen Glauben, in der Bereitschaft bis zu dem Punkt, das eigene Leben um des Glaubens willen zu opfern, wofür die Christen in den Ländern der UdSSR und nach 1945 auch in anderen kommunistisch regierten Ländern unzählige Beispiele gebracht haben, bis in unsere Tage. So wird Tertullian immer Recht behalten mit dem Wort, daß das „Blut der Märtyrer der Same neuer Christen" sei. Die moderne Sklaverei, die der Kommunismus als Endeffekt der marx'-leninschen Ideologie hervorbringt, hat zweifellos bei vielen dazu beigetragen und trägt weiter dazu bei, den Weg zu Gott zu finden, zu Jesus Christus, in dem jeder seine wahre, d.h. innere Freiheit und menschliche Würde finden kann.

Im Ursprungsland der russischen Revolution lebt der Glaube nicht nur bei den alten Leuten, wie oft angenommen wird, sondern er ist lebendig ebenso bei der mittleren Generation, wie uns das viele Berichte über Prozesse gegen Gläubige dieser Altersklasse bei Orthodoxen, Katholiken, Baptisten, Pfingstlern beweisen.

Die Ablehnung des Marxismus, die Suche nach dem Sinn des Lebens und die Zuwendung zu Gott sind besonders auffällig bei vielen Jugendlichen, die ja schon die dritte oder vierte Generation nach der Oktoberrevolution darstellen. Unter diesen Jugendlichen sind es besonders die Studenten und andere Intellektuelle, die, enttäuscht von der offiziellen materialistischen Ideologie, Hunger und Durst verspüren nach absoluten Werten, nach Gott, der sie sucht.

Seit den siebziger Jahren wurde dieser Aufbruch der Jugend in der UdSSR besonders deutlich. Ich kann mich hier nur auf einzelne Hinweise und Beispiele beschränken.

Die Intellektuellen und Studenten versammeln sich geheim, besonders in sogenannten Jugend-Seminaren, in denen über

* Ein solches Buch haben unsere Leser im Jahre 1978 als Geschenk bekommen: *Samizdat – Chronik eines neuen Lebens in der UdSSR*. Hrsg. pro fratribus 1977.

Gott und Religion diskutiert wird. Das erste dieser Seminare entstand 1974 in Moskau. Dessen Gründer, Alexander Ogorodnikow, wurde ständig von den Behörden schikaniert und dann verhaftet und im Jahr 1980 zu elf Jahren Freiheitsentzug verurteilt.
In Leningrad enstand 1975 ein solches Seminar unter der Leitung von Tatjana Goritschewa, die in ihm bis zum Juli 1980, bis zu ihrer Ausweisung aus der UdSSR, wirkte.
Schon in der UdSSR und nach ihrer Ausweisung ließ sie manches über ihre Bekehrung und über die Lage der Gläubigen in der UdSSR verlauten. Vielleicht ist es gut, sie hier selbst zu Worte kommen zu lassen:
„Bei uns hat der Marxismus und überhaupt die staatliche Ideologie das eigentlichen Gesicht bereits enthüllt. Der Marxismus ist eine tötende und mordende Kraft, die alles vernichtet, nicht nur das Christliche und antisowjetische Ideen und Weltanschauungen, sondern alles, was lebendig ist. Wir sehen, daß diese totalitäre Ideologie den Kampf gegen das Leben führt. ... Wir sind glücklich darüber, daß die Lebensbedingungen uns zu absoluten Werten zwingen, denn die relativen Werte sind hier furchtbar. Wir alle (Intellektuelle, die Christen geworden sind) sind Kinder von atheistischen Familien, in denen man alle Bestrebungen nach Geist überhaupt vergessen hat. Unsere Eltern sind eine verlorene Generation, unglückliche Menschen. Wir müssen viel für sie beten. Meine Eltern beschimpfen mich wegen meiner Religion. Mir kommt es vor, als ob sie meine Kinder wären und ich ihre Mutter. Ich muß sie mit unendlicher Geduld und Schweigen lehren ... Ich bin bei einem Besuch im Kloster von Petschory/Pskow Christ geworden. In jenem Kloster wird ein intensives geistliches Leben gelebt. Das Kloster von Pskow ist ein wunderbarer Platz des Heilens, auch körperlichen Heilens, und der Seelsorge. Wir brauchen Stille. Das heutige Leben ist voll Lärm. Das Evangelium ist Stille ...
Aus Steinen kann Gott Kinder Abrahams schaffen. Er hat auch uns zu seinen Kindern gemacht, obwohl wir von Angst und Geistlosigkeit versteinert waren. Viele von uns sind ganz unerwartet Christen geworden und haben ganz besondere Offenbarungen vom Himmel erhalten. Wir suchten jahrelang keinen Gott, weil wir ihn nicht kannten. Gott

sucht uns, und er findet uns. Das ist die größte Wahrheit unserer Umkehr ... Das totale Böse können wir nur durch das Gebet überwinden. Das Gebet als ständiger Dialog mit Gott ist für uns jetzt natürlicher als die Luft. Es ist unsere Rettung. Die Kirchenschriftsteller, die Kirchenväter sind wieder unsere Lehrer geworden. Die Philokalia – Sammlung von Gebeten großer Mönche – ist unser Tischbuch geworden. Die Erfahrung unserer Umkehr ist der Beweis dafür, daß die Geschichte nicht von den Kräften des Menschen, sondern vom heiligen Geist bewegt wird und daß die Kirche Gottes stärker ist als alle menschlichen Anstalten und die Höllenpforten sie nicht überwinden werden*."

Wie Tatjana Goritschewa für ihre russische Heimat und die Orthodoxe Kirche, so gibt der Metropolit Kardinal Josef Slipyj für seine ukrainische katholische Kirche, deren Oberhaupt er ist, einen Beweis dafür, daß die Voraussagen der Gottesmutter in Fatima über die Bekehrung Rußlands und ihren Sieg über die Irrtümer sicher in Erfüllung gehen, in seinem schon erwähnten Bericht** über die Lage der ukrainisch-katholischen Kirche.
„Trotz der Verfolgung, die bereits 35 Jahre andauert, können wir mit Dankbarkeit feststellen, daß unsere zum Untergang verurteilte Kirche nicht nur lebt, sondern sogar wächst, in der West- wie in der Ostukraine und überall in der Sowjetunion, wo unsere Deportierten leben, vor allem in Sibirien. Unsere Kirche zählt in der Sowjetunion wenigstens vier Millionen Gläubige, die Rom treu geblieben sind. Ihr Glaube ist so stark, daß er reiche Früchte trägt: wir haben Priester, Mönche, Ordensfrauen, zahlreiche Berufungen und eine Geheimhierarchie. Es ist dem atheistischen Syystem nicht gelungen, den Glauben zu vernichten."
Die Gläubigen Litauens, des einzigen fast geschlossenen katholischen Landes der UdSSR, haben seit der gewaltsamen sowjetischen Okkupation im Jahre 1945 öfters die Aufmerksamkeit der Weltöffentlichkeit auf sich gezogen durch ihren Widerstand, dessen Grund im tiefen Glauben dieses Volkes zu suchen ist. In den siebziger Jahren fanden viele

* Auszüge aus „Gespräche mit T. Goritschewa", P. J. Förg, Linz.
** Kongreß ‚Kirche in Not', Juli 1980, Königstein.

Prozesse statt, einerseits wegen des mutigen Auftretens einzelner Priester und Laien, andererseits im Zusammenhang mit der schon gut bekannten Untergrundzeitschrift „Chronik der katholischen Kirche Litauens". Nijole Sadunaite, eine Mitarbeiterin dieser Zeitschrift, wurde deswegen am 24. September 1974 verhaftet. Im Juni 1975 begann vor dem Obersten Gericht Litauens die Verhandlung gegen sie. Seit dieser Zeit ging ihr Name durch die Weltpresse, infolge ihrer tapferen Haltung und Verteidigung ihrer Position. Nijole Sadunaite weigerte sich, die Fragen des Gerichtes zu beantworten mit der Begründung, daß Sie nicht schuldig sei. Auch auf den Beistand eines Verteidigers verzichtete Nijole, wobei sie u.a. erklärte:
„Da ich, Ihrer Meinung nach, eine für den Staat besonders gefährliche Verbrecherin bin und da ich nicht die Absicht habe, Ihren Schrecken auf jene herabzuziehen, die mir einen Rechtsanwalt besorgen müßten, verzichte ich auf ihn. Dies ist die eine Seite der Medaille. Die andere ist die, daß die Wahrheit nicht verteidigt werden muß, weil sie allmächtig und unbesiegbar ist! Allein Betrug und Lüge brauchen – weil sie angesichts der Wahrheit machtlos sind – die Waffen, Soldaten und Gefängnisse, um so ihre infame Herrschaft zu verlängern und auch das jedenfalls nur momentan. Es heißt – richtigerweise, – daß eine Parteidiktatur sich mit ihren eigenen Händen das Grab schaufelt. Ich bin im Recht und für die Wahrheit bin ich auch bereit, die Freiheit zu verlieren; für sie gäbe ich mit Freude auch das Leben hin. Es gibt kein größeres Glück, als für die Wahrheit und für den Menschen zu leiden. Deshalb benötige ich keinen Verteidiger.

Heute, da ich mich der ewigen Wahrheit – Jesus Christus – nähere, kommt mir seine vierte Seligpreisung in den Sinn: „Selig jene, die die Gerechtigkeit suchen, denn sie werden sie finden!" Wie soll man sich nicht freuen, da der allmächtige Gott versprochen hat, daß das Licht die Finsternis besiegen wird und die Wahrheit den Irrtum und die Lüge! Und damit dieses so schnell wie möglich Wirklichkeit wird, bin ich bereit, nicht nur ins Gefängnis, sondern auch in den Tod zu gehen."
Indem sich der Kommunismus nach der Oktoberrevolution 1917 nicht nur auf Rußland begrenzte, sondern über die

Welt ausbreitete, begann überall, wohin er kam, auch die Christen- und Religionsverfolgung.
Die „Bekehrung Rußlands“ und der Sieg Mariens werden wiederum nicht nur auf dieses Land, Rußland, begrenzt sein, sondern in allen jenen Ländern geschehen, auf die sich der größte „Irrtum Rußlands“, nämlich die Gottlosigkeit des Kommunismus, erstreckt hat. Dies gilt auch z. B. für die Slowakei.

Nach den Angriffen gegen die Kirche in der CSSR im Jahre 1950 (siehe Seite 227) erklärte der damalige Kultusminister A. Cepicka, in dessen Ressort die Liquidierung der Kirche lag, stolz:
„Die Kirche liegt auf den Knien, tödlich getroffen, und ihr Ende wird bald kommen, es ist die Frage der Zeit.“ Menschlich betrachtet konnte man diesen Schluß ziehen; denn das Regime war davon überzeugt, daß es mit der Kirche definitiv aus wäre, wenn man ihre Struktur zerstörte, ihre führenden, besten Leute beseitigte oder mundtot machte. Die Kommunisten glaubten, daß die Kraft der Kirche einzig und ausschließlich in ihrer Organisation läge, nach dem Lenin'schen Slogan: „Organisation ist alles.“ Und daher ihr verfrühter Triumph.
Der slowakische Bischof Dr. Edward Necsey aus Nitra, einer von drei Bischöfen, die nicht in Schauprozessen verurteilt, sondern unter Hausarrest gestellt wurden, hat 1952 unter Wertung all dieser Ereignisse folgendes bemerkt: „Die Gottesfeinde haben nach menschlichem Ermessen alle Elemente einkalkuliert, um die Kirche zu zerstören: Die meisten Bischöfe, tausende von Priestern und Ordensleuten sowie aktiver Laien landeten in Gefängnissen. Unsere Schulen, Verbände und unsere Presse wurden aufgelöst und verboten. Das kirchliche Eigentum wurde beschlagnahmt. Die Kirche als Organisation ist praktisch gelähmt. Aber einen Faktor haben Gottes und unsere Feinde vergessen: den Heiligen Geist. Und darum werden sie diesen Kampf verlieren! Ich bin sicher, unser christliches Volk wird siegen, wird dem Herrgott und der Kirche treu bleiben, weil es so echt und tief das Herz Jesu und seine Mutter verehrt ...“
Die schon über dreißig Jahre andauernde Christenverfolgung in meiner Heimat, der Slowakei, beweist mit aller

Deutlichkeit, daß nicht der Kultusminister mit seiner stolzen Feststellung Recht hatte, sondern der demütige Bischof, der sein Vertrauen auf Gott und Maria gesetzt hatte.
Ende der sechziger Jahre, verstärkt in den siebziger Jahren, wurden im Westen nicht nur einzelne mutige Christen bekannt, wie z.B. Arbeiterbischof Jan Korec, sondern viele andere, vor allem aus der Jugend, die sich ohne Angst zum Glauben an Gott, zur Kirche bekennen. Im Sommer 1979 wurde folgender Brief an die Brüder in der freien Welt verfaßt:
„Unsere lieben Brüder!
Wir Gläubigen aus der östlichen Slowakei grüßen Euch ganz herzlich. Die Gelegenheit, sich frei auszusprechen, nützen wir aus und wollen Euch deshalb etwas über unser Leben schreiben.
Wir wenden uns an Euch als unsere Brüder, die bessere Bedingungen und auch Mittel für das geistliche Leben haben. Wir haben davon wenig. Aber die Wunder, die bei uns in der Heimat geschehen, sind sichtbar. Die Slowakei steht auf!
- obwohl wir die Massenmedien überhaupt nicht benutzen können,
- obwohl wir keine eigene gute religiöse Literatur haben,
- obwohl diejenigen unserer Priester, denen der Staat noch erlaubt, Gottesdienstes zu feiern, immer mehr und mehr an ihrer Tätigkeit gehindert und die Isolation gedrängt werden,
- obwohl man mit uns Gläubigen in den Formen eines brutalen Rassismus umgeht,
- obwohl viele Gläubige, die bessere Stellungen innehatten, wegen ihres öffentlich bekannten Glaubens an Christus aus diesen entlassen wurden,
- obwohl die jungen Christen nicht zur Hochschule und Universität zugelassen werden,
- obwohl Jugendliche und Erwachsene, die sich bemühen, ihr Christentum verantwortlich zu leben, oft polizeilich verhört und von der Staatssicherheitsbehörde und ihren Spitzeln verfolgt werden.
- obwohl man gegen uns Christen Formen des psychischen Drucks anwendet,

leben wir dennoch und wollen mit unserem Ideal, Christus, weiter leben!

Am 8. November 1981 besuchte Johannes Paul II. das Slowakische Institut der Heiligen Cyrill und Methodius in Rom. Bei seiner Predigt in einwandfreiem Slowakisch dankte er den Slowaken für ihre Treue zum geistigen Erbe ihrer Apostel und bat sie, diesen Glaubensschatz ihrer Vorfahren weiterhin in Treue zu bewahren. Der Besuch des Heiligen Vaters galt den Slowaken in aller Welt, aber ganz besonders jenen vier Millionen, die in ihrer Heimat wegen ihres Glaubens an Gott ihren schon 35jährigen Kreuzweg gehen. Das Kreuz mit zwei Querbalken im slowakischen Staats-Emblem wurde Ende der fünfziger Jahre von den Gottesfeinden durch eine lodernde Flamme ersetzt. Ein christliches Symbol hat im „Lenintempel" keinen Platz. Man kann das Kreuz von der Wand entfernen und in dem Emblem ersetzen, aber kein System ist imstande, den Glauben, den das Kreuz symbolisiert, aus den menschlichen Herzen zu reißen.

Brüder, wir bitten Euch: Falls Ihr die Möglichkeit habt, andere über unsere Situation zu informieren, nützt sie aus. Helft Ihr uns mit Eueren Gebeten.
Wir wollen leben, wie Christen es sollen.
Der Wille Gottes geschehe mit uns.
Ihr aber helft uns, damit wir aushalten."
Im Sommer 1980 gelangte ein mehrseitiger „Brief junger slowakischer Katholiken an die Christen in der freien Welt" nach Westen. Er rief kein geringes Echo hervor.

Die jugendlichen Verfasser dieses hoffnungsvollen Dokumentes beschreiben im ersten Teil die totalen Machtansprüche des atheistischen Staates über die Kirche, der die Christen in eine völlige Unfreiheit verweist und der gesetzlichen Willkür ausliefert.
Im zweiten Teil des Briefes bekennen sich die jungen Christgläubigen mutig auch zu eigener Schuld und den Versäumnissen der älteren Generation auf dem Gebiet des Glaubens- und Christus-Zeugnisses. Sie wollen das mit einem authentisch christlichen Leben wie die ersten Christen wieder gutmachen und sich bemühen, trotz allem auch in das öffentliche Leben durchzudringen.
Im dritten und letzten Teil des Dokumentes bringen die slowakischen Jugendlichen ihre Hoffnungen konkret zum Ausdruck.
Die größte Hoffnung ist der lebendige Christus, der in einer Gesellschaft, die seit Jahren vom staatlich erzwungenen Atheismus gequält und vom Marxismus entäuscht ist, eine große Chance hat.
Der Brief endet mit einem kurzen Gebet. Dieses wenigstens gebe ich hier wörtlich wieder:
„Herr, die Probleme, vor welchen die Kirche in der Slowakei steht, sind groß. Unsere Gegner haben bereits das Urteil über uns gefällt. Unser Geschick liegt in Deinen Händen, Herr. Du bist unsere große Hoffnung. Du verleihst Kraft und Sinn unserem Dasein. Dank sei Dir für alles Gute, in Vergangenheit und Zukunft. Es schmerzt uns, wenn unsere Mitbürger, unsere Landsleute uns für ihre Feinde halten. Das wollen wir doch nicht! Aber wir wollen und können auch Dich nicht verlassen! Wir bitten, Herr, hilf diesen Zwiespalt zu überwinden zum Wohl der Kirche in unserer Heimat.
Die Gnade und der Friede unseres Herrn Jesus Christus sei mit Euch allen!“

Der Hungerstreik der Preßburger Seminaristen im Herbst 1980, ihr mutiges Auftreten gegen die gesetzwidrigen Eingriffe der staatlichen Macht in das Seminarleben und ihre theologische Ausbildung, kurz gesagt, ihr Protest gegen die Unterwerfung der Kirche durch den Staat, hat nicht nur die Kommunisten in Preßburg schockiert, sondern auch viele

Menschen im Westen überrascht. Man konnte sich kaum vorstellen, daß in einer Atmosphäre, die jahrelang von Schikanen, Terror, Drohungen geprägt ist, ein solcher Schritt möglich wäre. Man könnte aber noch weitere, ähnliche Beispiele aus dem täglichen Leben der Christen in der Slowakei beibringen; von Kindern bis zu alten Leuten, wie sie sich mutig in ihrem Glauben an Gott und in der Treue zur Kirche erweisen. Die jetzige Entwicklung zeigt unzweifelhaft, daß der Versuch, Gott aus den Menschenherzen, aus dem Leben des Volkes wie des Einzelnen herauszureißen, gescheitert ist. Er hat zwar viele Schäden angerichtet, quantitativ der Kirche Verluste gebracht. Qualitativ aber hat die Kirche infolge jenes Kampfes wie durch einen Reinigungsprozeß gewonnen. Abgesehen von jener unaufhaltsamen Entwicklung, die besonders bei der jüngeren Generation durch den Abschied vom Marxismus mit seinem eiskalten, erzwungenen Atheismus und die Zuwendung zu den geistigen, absoluten Werten, also zu Gott, charakterisiert ist, gibt es viele einzelne Ereignisse, welche die Voraussagen der Gottesmutter von Fatima auf bewegende Weise bestätigen. Hier nur eine von diesen „Episoden“:
Ende der siebziger Jahre lag Professor Jaroslav Dubnicky auf dem Sterbebett. Der ehemalige Dekan der Philosophischen Fakultät in Bratislava, marxistischer Publizist und Historiker, Parteifunktionär, hatte intensiv die Kirche bekämpft und in seinen Artikeln und Büchern jahrelang als „reaktionär und volksfeindlich“ dargestellt. Jetzt als Schwerkranker spricht er mit einem Bekannten über Gott und die Kirche, allerdings in einem ganz anderen Ton als man von ihm gewohnt war. Sein Gesprächspartner ist total überrascht. Er denkt darüber nach und berichtet einem geheimen Arbeiterpriester davon. Dieser hatte zu Anfang der fünfziger Jahre bei Dubnicky zwei Semester Geschichte studiert und entschloß sich nun, seinen ehemaligen Professor zu besuchen. „Herr Professor, Sie erinnern sich vielleicht nicht mehr an ihren ehemaligen Studenten. Ich hörte, daß sie krank sind, und so wollte ich Sie gern besuchen ...“ Der Patient war erfreut über den Besuch. Das freundliche Gespräch ging in herzlicher Atmosphäre weiter. Auf einmal sagte der Gast höflich, aber deutlich: „Herr Professor, ich kam zuerst, um Sie als Kranken zu besuchen. Aber ich kam

auch aus einem anderen Grund. Ich bin geheimer Priester. Darf ich Ihnen in dieser Stunde als solcher behilflich sein? Ich weiß ..." Da unterbricht der Professor seinen ehemaligen Studenten. Er kann nicht weiter warten. Aus seinen ungewöhnlich großen Augen fallen die ersten Tränen. Er spricht langsam, mühsam. Der Besucher ist innerlich bewegt von dem, was er hört: „Ich hatte gehofft, daß mich ein Priester besucht. Ich bat Gott um Verzeihung für alles, was ich öffentlich gegen Ihn und seine Kirche gesagt habe. Gott zeigte sich größer als meine Rebellion. Sie kamen zur rechten Zeit." Es folgte diesen Worten ein ehrliches Lebensbekenntnis über die letzten vierzig Jahre. Nach der heiligen Kommunion blieb der Professor längere Zeit ganz still mit Jesus Christus, dessen Kirche er während fast seines ganzen bisherigen Lebens bekämpft hatte. Bevor er sich bei seinem ehemaligen Studenten herzlich bedankte und mit einer freundschaftlichen Umarmung verabschiedete, bekannte er, daß ihm der Gedanke an seine Mutter und an deren Liebe zur Jungfrau Maria viel zu seinem Vertrauen auf Gott verholfen hätte. Als „refugium peccatorum" – Zuflucht der Sünder – hat sich die Mutter Jesu hier wieder einmal gezeigt. Ich habe keinen Zweifel daran, daß die ehemaligen Genossen Professor Dubnickys, sei es an der Slowakischen Universität, sei es im Zentral-Komitee der KP, dessen Mitglied der Professor eine Zeitlang war, oder sei es in der Slowakischen Akademie der Wissenschaften, genau so überrascht wären wie ich, nur mit ganz anderen Gefühlen, wenn sie von diesem Ereignis erfahren würden.
Gott hat immer Zeit. Er ist immer anders, und seine Barmherzigkeit ist immer größer als unsere Untreue und Sünde. Einen Monat später starb Professor Dubnicky, und im Himmel war sicher größere Freude über ihn als über hundert Gerechte.
„Am Ende wird mein Unbeflecktes Herz siegen. Rußland wird sich bekehren ..."
Bekehrungen dieser Art sind weniger bekannt als solche, von denen besonders jüngere Leute öffentlich berichten. Sie sind aber deshalb nicht weniger bedeutsam, und sie bestätigen ebenso den Sieg Mariens, der letzten Endes den Sieg ihres Sohnes darstellt.

* * *

Würde ich das Kapitel jetzt abschließen, könnte der mit der Fatima-Botschaft vertraute Leser unter den Voraussagen und Versprechen Mariens einige vermissen. So will ich dazu bemerken, daß von dem Sonnenwunder – der ersten Erfüllung der Versprechen der Gottesmutter – schon im vorausgegangenen Kapitel die Rede war, genauso wie auch das „helle Zeichen" vom Januar 1938 als Vorbote eines neuen Weltkrieges erwähnt wurde. Bezüglich des weiteren Versprechens, „Portugal wird den wahren Glauben bewahren", will ich mich auf die von vielen* vertretene Feststellung beschränken, daß sich in Portugal, bei aller stürmischen politischen Entwicklung und Veränderung der Situation in den Jahren 1974/75, der Kommunismus nicht als herrschende Kraft und Macht im Lande Fatimas etablieren konnte, obwohl die Chance der KP, ihre Unterstützung von außen, so groß waren wie in keinem anderen Land zuvor, wo die Leninerben zur Macht kamen.
So bleibt als letzte Voraussage und zugleich als Versprechen: „Wenn man tut, was ich euch sage, werden viele Seelen gerettet werden, und es wird Friede sein. – Wenn man aber nicht aufhört, Gott zu beleidigen, dann ..."

* Vgl. P. Dr. Otto Bohr: Rom, Moskau, Fatima. Verlag Wort und Werk.

XVI.

Die einzige Chance in größter Gefahr, wozu fordert uns das auf?

Nach allem, was der Leser bis jetzt aus diesem Buch erfahren hat, und besonders bei kritischem Nachdenken über die Ereignisse in Fatima im Jahre 1917 und über ihre buchstäbliche geschichtliche Bestätigung bis hin zu dem tragischen Nachmittag des 13. Mai 1981 auf der Piazza San Pietro, wird er sich vielleicht auch fragen, was er und wir gemeinsam eigentlich tun können, nicht nur für eine beschleunigte Bekehrung Rußlands, sondern darüber hinaus und vor allem für einen wahren, gerechten Frieden in der Welt, von dem – bei dem heutigen technischen Fortschritt und zugleich moralischen Rückschritt – nicht nur die Existenz eines Staates oder eines Kontinentes, sondern sogar Sein oder Nichtsein unseres ganzen Planeten abhängen.
Mit der schon erwähnten Flugzeugentführung nur wenige Tage vor dem Attentat auf Johannes Paul II. wollte der Entführer die Veröffentlichung des „dritten Geheimnisses" von Fatima erzwingen. Dabei flackerten wieder einzelne Gerüchte auf, Sensationshascherei und Unglücksprophezeiungen. Und einige Übereifrige gingen soweit zu behaupten, Johannes Paul II. habe sich bei seinem Deutschlandbesuch in Fulda am 17. November 1981 in diesem Sinne über das „dritte Geheimnis" geäußert, was aber nicht stimmt. Freundlich gesagt, diejenigen, die den Ereignissen von Fatima vertrauen, noch mehr, im Sinne der Botschaft arbeiten, beten und sühnen, sollten sich im Interesse dieser Botschaft von solchen schädlichen Gerüchten distanzieren und auf das Wesentliche jener Ereignisse, ‚Aufruf zur Umkehr', besinnen.
Um allen falschen Gerüchten ein Ende zu setzen, wurde der Bischof von Leiria (Fatima), Alberto Cosme do Annival, nach Wien eingeladen*, wo er bei einer Predigt in der Wiener Stadthalle anläßlich der Mariä-Namen-Feier am 12. September 1981 vor ca. 25.000 bis 30.000 Gläubigen dazu ein klärendes Wort gesprochen hat:

* Von Kardinal Franz König.

„In letzter Zeit wurde nicht selten der dritte Teil des Geheimnisses von Fatima für alarmierende Nachrichten benutzt. Auch ich als Bischof von Fatima habe von diesen Texten Kenntnis genommen und mußte immer wieder dazu Stellung nehmen. Ich habe alle Wege benutzt, die zur Verfügung standen, um diese Texte zu prüfen. Ich konnte Sr. Lucia selbst die Texte vorlegen, und sie sagte mir: ‚Das ist alles Erfindung, ist nicht wahr, das alles hat mit der Botschaft von Fatima nichts zu tun. Deswegen glaubt denen nicht, Brüder und Schwestern, die die Botschaft von Fatima heute auf diese Weise als Unglücksprophetie hinstellen wollen! Alle diese Texte sind falsch.‘

Es ist bekannt, daß die Gottesmutter am 13. Juli 1917 den kleinen Seherkindern ein Geheimnis geoffenbart hat, das aus drei Teilen unterschiedlichen Inhalts besteht. Francisco und Jacinta nahmen das Geheimnis mit ins Grab. Lucia hütete es in ihrem Herzen, bis der Augenblick kam – es war der 31. August 1941 – um es im religiösen Gehorsam gegenüber dem damaligen Oberhirten der Diözese Leiria (Fatima), Bischof José Correia da Silva, niederzuschreiben.

Bischof Correia da Silva hat die ersten zwei Teile bereits im Jahre 1942 veröffentlicht*. Den Text des Dritten Teils ließ er erst im Jahre 1943 niederschreiben und bewahrte ihn in einem versiegelten Umschlag. Sein Nachfolger, Bischof Joao Pereira Venancio, hat den versiegelten Brief im Jahre 1957 durch den Apostolischen Nuntius in Lissabon nach Rom weitergeleitet, um dessen Geheimnis-Charakter besser wahren zu können.

Kardinal Alfredo Ottaviani, als Präfekt des Hl. Offiziums in Rom, berichtete am 11. Februar 1967, bei der feierlichen Sitzung der Pontificia Academia Mariana Internationalis (*L'Osservatore Romano* vom 13–14. II. 1967), daß Lucias Brief von Papst Johannes XXIII. im Jahre 1958 geöffnet wurde. Auch Kardinal Ottaviani durfte den Text lesen. Er erklärte gleichzeitig, daß nur der Heilige Vater darüber zu entscheiden habe, ob und wann der Inhalt der Weltöffentlichkeit bekanntgegeben wird. Dies hat der Heilige Vater bis heute noch nicht getan.

Seit Jahrzehnten wird die Botschaft von Fatima, auf Grund der Dokumente und mit Hilfe von Sr. Lucia, die noch lebt,

* Jacinta, Dr. José Galamba des Oliveira, 1942.

von Fachleuten unter Aufsicht der Kirche studiert. Ich als Bischof des Gnadenortes sage euch, daß die Botschaft Fatimas in vollem Einklang mit dem Evangelium und dem kirchlichen Lehramt steht und daß sie als eine mütterliche Mahnung des Unbefleckten Herzens Mariens, der Mutter Christi und Mutter aller Menschen, aufgefaßt und von der Kirche ausgelegt wird.

Uns obliegt nun die ernste Pflicht, diese ‚evangelische Botschaft von Gebet und Buße' (Papst Paul VI.) an die Menschen weiterzugeben. Wir alle, Bischöfe und Priester und Gläubige, sollen auf diese mütterliche Mahnung Mariens hören und sie verwirklichen, damit unser Jahrhundert den wahren Weg zum Frieden findet und zu Gott, der allein die Leere des Menschenherzens füllen und unsere Welt glücklich machen kann, denn, wie Augustinus sagt: „Unruhig ist unser Herz und wird nicht stille, bis es ruht in Dir, o mein Gott"*.

Man kann dem Bischof von Leiria für sein deutliches, klärendes Wort nur dankbar sein. Obwohl die Fatima-Botschaft keine Unheilsprophetie, keine Drohbotschaft ist, bleibt sie jedoch eine ernste Mahnung für die ganze Menschheit und ein dringender Appell an alle Christen, den Herrgott nicht mehr zu beleidigen.

„Wenn man aber nicht aufhört, Gott zu beleidigen, wird noch unter dem Pontifikat von Papst Pius XI. ein anderer und schlimmerer Krieg beginnen."

Wären jene Warnung des unbefleckten, mütterlichen Herzens Mariä und die Bitte, wie sie am 13. Juli 1917 von der Gottesmutter geäußert wurde, von den Christen ernster genommen worden, hätte die Menschheit mit großer Wahrscheinlichkeit, oder besser gesagt mit Sicherheit, vor dem Schrecken des Zweiten Weltkrieges wie auch vor den Irrtümern Rußlands bewahrt werden können. Die Sprache Mariens war sehr deutlich, und die zukünftigen Ereignisse waren an Bedingungen geknüpft, nämlich: „Wenn man aber nicht aufhört, Gott zu beleidigen, dann wird.."

Man muß hier unterscheiden und darf die Mahnung und Warnung nicht mit Drohung verwechseln.

Wenn die Worte der Mutter Christi vor 64 Jahren ernst zu nehmen waren und die Menschheit vor großen Gefahren

* Bote von Fatima, Nr. 10/1981.

bewahren sollten, so haben sie heute sogar noch dringendere Aktualität und lassen uns spüren, welchen Katastrophen die Menschheitsfamilie von heute entgegengeht, falls die Christen den Aufruf von Fatima zur Umkehr und zum Leben aus dem Glauben nicht ernst nehmen und jeder einzelne sowie ganze gesellschaftliche Gruppen sich nicht von dem „schändlichsten Verbrechen, mit dem sich der Mensch beflecken kann, nämlich dem Haß gegen Gott“ (Pius XII.), reinigen und befreien.
So gesehen zeigt sich die Botschaft von Fatima als ein Gnadenangebot Gottes, vorgetragen durch Maria, das uns die Wege zeigt, jene möglichen Katastrophen zu verhindern. Diese Behauptung hat nichts zu tun mit Panikmacherei oder Unheilsprophetie, die mir genauso fremd sind wie der billige Optimismus mancher anderer, die meinen, unsere Welt ist heil und gut, und unsere Zukunft wird noch besser werden. Zwar bin ich als Christ in jeder Lage Optimist, allerdings zuerst für meine Person. Denke ich aber nur ein wenig weiter, z. B. an mir bekannte Familien mit kleinen unschuldigen Kindern, an die Jugendlichen, denen die Zukunft der Welt gehört, dann frage ich mich besorgt...

* * *

Ein Gespenst geistert um die Welt. Nicht das Gespenst eines „nur begrenzten“ Atomkrieges, sondern das einer allgemeinen Vernichtung der gesamten Menschheit. Denkt man daran, daß in Ost und West mehr als 50.000 Atombomben einsatzbereit lagern, dann kann man sich das Ausmaß der umfassenden Katastrophe einer wahren „Apokalypse“ vorstellen. Wir sitzen auf einem Pulverfaß, das jeder Narr oder Verbrecher anzünden kann, wie es so oft betont wird.
Im Herbst 1981 haben die Mitglieder der Päpstlichen wissenschaftlichen Akademie einen Bericht ausgearbeitet über Gefahr und Folgen eines möglichen Atomkrieges. Der Heilige Vater wandte sich dann mit diesem Bericht und einem eigenen Brief an die Staatsoberhäupter der Atommächte und bat sie, alles zu tun, um einen gerechten Frieden herzustellen und der wahnsinnigen Aufrüstung ein Ende zu setzen. Aus dem erwähnten Bericht der weltberühmten Wissenschaftler geht hervor, daß im Falle eines Atomkrieges

Ruine in Hiroshima, Erinnerung an den Atomangriff vom August 1945, und das Friedensdenkmal. Davor der betende Papst im Februar 1981. Wird die Welt wieder um Frieden beten und so überleben?

jede medizinische und jede Lebensmittelversorgung total zusammenbrechen würde. Die wenigen Überlebenden wären mit unheilbaren Krankheiten verseucht. Ich kann mir denken, daß die Überlebenden die Toten beneiden werden. Trotz dieser Vernichtungsgefahr werden ständig lokale Kriege, Guerilla- und Revolutionskämpfe mit ihren blutigen Spuren in vielen Teilen der Welt geführt. In ihnen spiegeln sich die Interessen der Supermächte wider, welche die akute Gefahr eines Zusammenstoßes mit jenen apokalyptischen Folgen enthalten.

Neben diesen Auseinandersetzungen besteht schon seit Jahrzehnten fast in der ganzen Welt ein besonderer

„Krieg“, der ungerechteste, den es überhaupt gibt, und der oft mit massiver Unterstützung der Regierungen und Oppositionsparteien, sogar gegen das eigene Volk, gegen die eigene Nation, geführt wird: Der Krieg gegen die wehrlosesten Geschöpfe, die es gibt. Mehr noch: Man tötet nicht nur das menschliche Leben, sondern man tötet auch das Gewissen der Menschen, ganz zu schweigen von der feigen und barbarischen Art, wie dieser Krieg gegen das ungeborene Leben geführt wird. Man will den Frieden auf der Erde schaffen, wie dies Politiker und Staatsmänner aller Schattierungen erklären, und man führt Krieg gegen den Himmel, gegen Gott, den einzigen Herrn über den Tod und das Leben, das Er für unantastbar erklärte.
Noch ein anderer Krieg tobt in der heutigen Gesellschaft, der zwar nicht mit materiellen Waffen geführt wird, sondern mit Ideen, mit dem gesprochenen, geschriebenen oder bildlich dargestellten Wort.
Bedenkt man, daß die Wahrheit die Waffe des Friedens, die Lüge, Verleumdung aber die Waffe des Krieges ist, dann kann man sich täglich selbst ein klares Bild von diesem „Krieg“ machen. Es wird dabei rücksichtslos nicht nur auf den einzelnen Menschen und seine Würde, auf gesellschaftliche Gruppen sowie auf menschliche und göttliche Institutionen geschossen, sondern letzten Endes auch auf Gott, der die Wahrheit ist. Daß dabei das Gottesvolk, die Kirche und ihr sichtbares Haupt ganz besondere Zielscheiben dieses Krieges schon seit Jahren, im Westen wie im Osten, sind, ist bekannt. Daß sich an diesem „Krieg“ nicht nur Leute beteiligen, die Gott oder der Kirche fernstehen, sondern auch manche, die sich ihr zugehörig fühlen, ist leider kein seltener Fall, wie mehrere Äußerungen kurz nach dem Attentat zur Genüge beweisen. Eine davon in einer zweisprachigen polnisch-englischen Monatszeitschrift aus Chikago* insbesondere machte mich sehr nachdenklich: „Johannes Paul II. gilt in den Augen einiger Katholiken als Feind der Menschen des 20. Jahrhunderts, weil er ihre Forderungen und Ansprüche nicht berücksichtigt. Diese Katholiken greifen zwar nicht nach Steinen, aber ihre Worte vom ‚Türzuschlagen vor

* „Przeglad Powszechny – Sodalis Marianus“, Polish Catholic Monthly, Juli 1981/Nr. 6.

der Erneuerung‘ und von der ‚Verunsicherung‘ in der Kirche können genauso schmerzen wie ein Steinwurf. Solche Worte waren nicht selten, besonders im Falle Küng. Weder Küng selbst noch dessen Verteidiger schämten sich des Versuches, Johannes Paul II. zur Relativierung dogmatischer Wahrheiten und moralischer Grundprinzipien zu drängen. Sie beriefen sich dabei auf die Gewissensfreiheit und auf die Notwendigkeit einer Anpassung der christlichen Ethik an die wechselnden Tendenzen der heutigen Zivilisation. Auf eindeutige Absage gestoßen, verkündeten sie, der Papst verstünde nicht mehr die Situation, in welcher die Menschen der Gegenwart leben. Sie leben und leiden, die ‚unbarmherzige Kirche verlassend, die doch ihnen dienen sollte‘. Jene wollen nichts davon wissen, daß die schwierige Lage nicht das Werk der Kirche oder des Papstes ist, sondern jener, die sich mit dem Lehramt und der Autorität der Kirche entzweiten. Es zeugt von gewisser intellekuteller und moralischer Perversion, wenn man die Kirche für Übel und Unglück verantwortlich macht, die verursacht wurden durch die Brechung der Gebote Gottes, die doch allen Menschen den Weg zum wahren Glück zeigen.“ Soweit die Zeitschrift.

„Der Widerstand gegen Christus auch von Seiten jener, die sich seine Jünger nennen, unter gleichzeitiger Berufung auf ihn, ist ein besonderes Merkmal der Zeit, in der wir leben“, sagte der Erzbischof von Krakau während der letzten Betrachtung in den Exerzitien für Paul VI. im Jahre 1976*. Und was wäre hier zu sagen über den langjährig geführten und öffentlich proklamierten Widerstand gegen Christus und seine Kirche, die tägliche Leugnung der Wahrheiten über Gott, den Menschen und die Welt, also über die offene Zurückweisung des Evangeliums, von der sich der Leser schon auf den vorangegangenen Seiten ein Bild machen konnte. Wie kann der Mensch Frieden haben, wenn er seinem Schöpfer den Kampf ansagt?

Eine weitere Art von Krieg oder, besser gesagt, eine tiefe Quelle ständiger Unruhen, die zum Krieg führen, ist der Egoismus mancher Reicher und Mächtiger dieser Welt, für die der Mitmensch nur Mittel oder Objekt des Gewinnes bedeutet.

* Karol Wojtyla: Zeichen des Widerspruches, Benziger-Herder.

Gewinnsucht anstatt Interesse am Menschen verursacht soziales Elend und bereitet, ebenso wie Flüchtlings- und Hungersnöte es tun, den besten Nährboden für kommunistische Illusionen.
So zeigt sich einerseits ein atheistischer Liberalismus in der Form des Kapitalismus, der unermeßliche Not über unzählige Menschen bringt und die Armen auspreßt. Andererseits ist es der atheistische Sozialismus in seiner Endstufe, dem Kommunismus, der das Elend Millionen Armer dazu benützt, mit listigen Versprechen das irdisch-materielle Paradies auf Erden in Aussicht zu stellen und gleichzeitig offen zu einer Revolte gegen Gott aufzurufen, um Sein Reich zu zerstören. Aber kann der Mensch überhaupt Frieden haben, wenn er Krieg gegen Gott führt und verbreitet?
Als der ehemalige deutsche Bundeskanzler Willy Brandt im Herbst 1981 Moskau besuchte, erfuhr er angeblich u. a., daß der Kremlchef fürchterlich um den Frieden zittere. Der Gast konnte nicht begreifen, daß viele Menschen im Westen dafür kein Verständnis zeigten. Ein Kommentator bemerkte dazu: „Breschnew zittert zuerst vor seinem belasteten Gewissen; man braucht nur an das Netz von KZ's in seinem Reich oder an Afghanistan und Polen zu denken, um das zu erkennen. Und ganze Völker zittern vor dem ‚Frieden', den Breschnew und seine Männer in der Welt stiften und verbreiten wollen." Grundsätzlich: um den Frieden braucht man nicht zu zittern, wer zittert, hat keinen inneren Frieden, und seine Furcht vermehrt die Furcht bei anderen.
Zu den erwähnten Kriegsarten und Kriegsgefahren zähle ich auch den weltweit verbreiteten Terrorismus. Lenin hat ihn als ganz wesentliches und „legitimes" Mittel seines Kampfes und Tempelbaus propagiert.
Der Mordanschlag eines Terroristen auf den Papst, das Drama vom St. Petersplatz, zeigte vor der ganzen Welt, wohin diese Art von Krieg führt und daß sie auch vor dem Stellvertreter Christi nicht haltmacht.
Der beim Fernsehpublikum beliebte Showmaster H. Rosenthal bemerkte nach dem Attentat ernst: „Ich fürchte um diese Welt, wenn so etwas passieren kann."
Der Widersacher Jesu konnte zwar den Stellvertreter Christi lebensgefährlich treffen, aber in dem Augenblick trat dem Drachen die „sonnenumkleidete" Frau entgegen, Mut-

ter Jesu, getreu ihrer Sendung: „Frau, siehe da deinen Sohn." Und sie hat die von dem erfahrenen Killer abgefeuerten und genau gezielten Schüsse nur ‚ein wenig abgelenkt', um denjenigen, der ihr ganz gehört, in diesem hochdramatischen Moment zu retten. Es war der 13. Mai, Ihr „Fatima-Tag". Sie hatte den Plan Satans schon damals 1917 in der Cova da Iria erkannt, es durch die Kinder der Welt mitgeteilt: „Der Heilige Vater wird viel zu leiden haben."

Ein älterer Pfarrer, immer gelassen, von tiefem Glauben und unerschütterlichem Optimismus getragen, bemerkte am Tag nach dem Attentat: „Der Teufel wollte die heiligste Jungfrau als eine Lügnerin darstellen, indem einer ihrer besten Söhne bei der Ausübung seiner Friedensmission durch den ‚Menschenmörder von Anbeginn' getötet werden sollte. So versuchte er an ihrem Festtag, am 13. Mai, 64 Jahre auf den Tag nach ihrer ersten Erscheinung in Fatima, nicht nur vor den Tausenden von Pilgern auf dem Petersplatz, sondern vor der ganzen Welt zu beweisen, daß ihre Voraussagen und Versprechen Humbug seien. Der Vater der Lüge hat sich aber verrechnet wie immer, wenn er gegen sie ins Feld tritt."

Besinnt man sich auf den Komplex dieser Zusammenhänge und gleichzeitig auf das Endziel des Kommunismus, die Welteroberung, dann ist man nicht überrascht, daß es heute mit dem Frieden in der Welt nicht zum Besten steht.

„Wenn man meine Bitten erfüllt, wird Rußland sich bekehren, und es wird Friede sein. Wenn nicht, dann wird es seine Irrtümer in der Welt verbreiten; Kriege, Verfolgungen" etc. sagte die Gottesmutter am 13. Juli 1917 voraus. Was damals aktuell war, ist heute von höchster Dringlichkeit. Heute zeigt sich der Aufruf von Fatima auf eine dramatische Art, als ein Rettungsring, uns angeboten vom allmächtigen, barmherzigen Gott durch Maria.

Die Bitten Mariens an die Hirtenkinder und durch sie an uns alle kann man kurz auf drei Hauptnenner bringen:

– unaufhörlich beten
– Buße tun und schwere Sünden meiden
– für andere sühnen.

Unaufhörlich beten

Auch jene, die sich als „christozentrisch" bekennen und nur um die Nachfolge Jesu bemühen, werden zugeben, daß der Herr gebetet, gebüßt und gesühnt hat für uns, für die ganze Welt. Nichts zeigt so deutlich den evangelischen Charakter der Botschaft von Fatima wie diese dreifache Aufforderung. Der Ruf zum ständigen Gebet zieht sich wie ein roter Faden durch das Evangelium und ist zugleich ein Ruf, den die Madonna von Fatima mehrmals an die drei Kinder richtete, verbunden mit jenem, Buße zu tun und für andere Sühne zu leisten. Was das Gebet betrifft, richtete die ‚wunderschöne' Frau bei ihren Erscheinungen an die Kinder die dringende Bitte um das Rosenkranzgebet; zuletzt bezeichnete sie sich selbst als die Rosenkranzkönigin. Die drei Hirtenkinder haben diese Verpflichtungen sehr ernst genommen und begonnen, den Rosenkranz täglich mit großer Andacht zu beten. Alle, die dieses so einfache und wunderschöne Gebet vollziehen und das, was „das kürzeste Evangelium" genannt wird, betrachten, kennen seinen Wert und seine Wirkungskraft. Der größte Apostel der Jugend, der hl. Don Bosco, erklärte sich aus genannten Gründen bereit, auf alle anderen täglichen Andachten zu verzichten, nie aber auf den Rosenkranz, den er als ‚das Gebet, das der Teufel am meisten fürchtet', bezeichnete.

Die Königin des Rosenkranzes hat schon oft ihre von Gott erhaltene Macht nicht nur in den kleinen und großen Anliegen der Einzelbeter, sondern auch in der Kirchen- und Weltgeschichte erwiesen.

Das jüngste Beispiel in dieser Hinsicht bietet Österreich mit seiner am 15. Mai 1955 wiedererlangten Souveränität. 500 000 Österreicher, von einem Ordensmann* zum Sühnekreuzzug aufgerufen, beteten jahrelang den Rosenkranz

* Im Jahre 1947 gründete der Franziskaner-Pater Petrus Pavlíček in Wien die RSK (Rosenkranz-Sühne-Kreuzzug)Gebetsgemeinschaft für den Frieden der Welt, die von der österreichischen Bischofskonferenz anerkannt wurde. In 107 Ländern der Welt wurde sein Ruf gehört, und 1 950 000 Menschen haben sich bis heute bereit erklärt, die drei großen Bitten Unserer Lieben Frau von Fatima zu erfüllen. „Es müssen zwei Millionen (Mitglieder) werden", sagte Johannes Paul II. am 6. Mai 1981, genau eine Woche vor dem Attentat, zu P. Petrus († 1982).

für ihr Vaterland. Der damalige Bundeskanzler Raab kommentierte das Ergebnis, nachdem alle Okkupationssoldaten, auch die sowjetischen, das Land verlassen hatten, so: „Die Gottesmutter hat uns geholfen, daß wir den Staatsvertrag bekamen.“
Noch Jahre danach waren die kommunistischen Führer in Moskau erstaunt, wie es eigentlich damals zu einem solchen für sie politisch wie strategisch schwachen Schritt – zu einer so „unmarxistischen Entscheidung“ seitens der UdSSR hatte kommen können. Bei dem Sturz N. S. Chruschtschows (1964) wurde diesem auch jene Entscheidung angelastet. Die Kremlherren konnten nicht fassen, daß dabei Gott und Christi Mutter entschieden hatten, die Gebet und Sühne von etwa einer Million ihrer österreichischen Kinder nicht unerhört lassen, ihr tiefes Vertrauen nicht enttäuschen konnten. Ein überzeugendes Beispiel eines solchen tiefen Vertrauens auf die Mutter unseres Herrn, die in der Geschichte öfters ihren Einfluß auf die Weltprobleme ausübt, gab unlängst Johannes Paul II., als er sich am 13. Mai 1982 in Fatima nach der Predigt und dem Weiheakt mit einem vertrauensvollen Gebet an die Madonna wandte.
„Mit einem besonderen Gebet wende ich mich an Dich, Mutter, die Du die Ängste und Sorgen Deiner Kinder kennst. Ich bitte Dich und flehe Dich voll Schmerz an: Setze Dich für den Frieden in der Welt ein, für den Frieden unter den Völkern, die in den verschiedenen Teilen der Erde infolge unterschiedlicher nationaler Interessen und ungerechter Gewalttaten in blutige Auseinandersetzungen geraten. Ich bitte Dich besonders, daß die Feindschaft aufhört, die seit mehreren Monaten zwei Länder im Südatlantik gespalten und schmerzliche Verluste an Menschenleben verursacht hat.
Veranlasse bitte, daß endlich eine gerechte und ehrenhafte Lösung zwischen den beiden Seiten gefunden wird, nicht nur wegen der Streitfrage, die beide Seiten spaltet und ihnen mit unvorhersehbaren Konsequenzen droht, sondern insbesondere auch deshalb, um wieder einen Frieden zwischen ihnen herzustellen, der ihrer Geschichte, Zivilisation und ihrer christlichen Tradition entspricht.
Sorge dafür, daß die ernste und bedrückende Streitfrage bald überwunden und beendet wird, so daß auch mein Pa-

storalbesuch in Großbritannien sich glücklich verwirklichen läßt, nicht nur, um meinen Wunsch zu erfüllen, sondern den Wunsch aller derer, die meinen Besuch sehnlich erwarten und ihn mit großem Einsatz und ganzem Herzen vorbereitet haben."

An dieser Stelle erlaube ich mir erstmals eine ganz persönliche Bemerkung: Als am 13. Mai 1982 der Papst in Fatima jenes innige Gebet sprach, befand ich mich ca. 20 Meter von ihm entfernt. Mir, einem Menschen mit kleinmütigem Glauben und geringem Vertrauen, schien die Erfüllung jenes Wunsches, nach Großbritannien zu pilgern, unter den damaligen Verhältnissen unmöglich. Im Geiste sagte ich zum Papst: „Heiliger Vater, du verlangst, menschlich gesprochen, etwas Unmögliches. Der Krieg tobt in aller Härte. Dein Besuch könnte nur durch ein Wunder zustande kommen. Und wenn dieses nicht geschähe, kompromittiertest du die Gottesmutter!"

Allerdings stand ich mit dieser Überlegung nicht allein. Durch Indiskretionen einiger Journalisten in Rom wurde bekannt, daß eigentlich noch wenige Tage vor dem Beginn der Pilgerreise im Vatikan außer dem Papst kaum einer seiner engsten Mitarbeiter jenen Pastoralbesuch für opportun oder realisierbar gehalten hatte, aus „vernünftigen Gründen", wie zu hören war. Was dann folgte, ist bekannt. Der Papst reiste nach Großbritannien und machte sogar einen Blitzbesuch in Argentinien.

Der Krieg wurde bald beendet. Wer dies nur der militärischen Überlegenheit einer Seite zuschreiben möchte, der sollte an den für beide Seiten gefährlichen Verlauf jener militärischen Auseinandersetzungen denken und an die akute Gefahr, daß sich jener lokale Brand hätte unaufhaltsam in die Welt ausbreiten können. Ich bin davon überzeugt, daß das Gebet des weisen Pilgers aus Rom und der Millionen Menschen in der Welt, die seinem Aufruf und Beispiel gefolgt sind, mit dem raschen Aufhören dieses Krieges belohnt wurde.

Das Gebet, einbezogen das Rosenkranzgebet, ist eine Waffe, die schneller als Raketen zum Himmel steigt und nicht Zerstörung und Vernichtung, sondern Segen und wahren Frieden herabholt.

Buße tun und schwere Sünde meiden

„Kehrt um und glaubt an das Evangelium" (Mk. 1,15). Unser Jahrhundert wird in die Geschichte als eine Epoche der größten technischen Revolution eingehen, wegen der Eroberungen auf der Erde, im Meer und im Weltall, zugleich aber auch als ein Jahrhundert der größten Grausamkeiten und Barbareien. Es genügt, an die beiden Weltkriege zu erinnern, die wir auf den vorangegangenen Seiten kurz erwähnt haben, gemeinsam mit so vielen unmenschlichen Abscheulichkeiten. Es gibt einige, die unser Jahrhundert „das Jahrhundert der Sünde gegen den Heiligen Geist" nennen, wegen des offenen Kampfes gegen Gott, der letzten Endes auch Kampf gegen den Menschen ist.
„Wären eure Sünden rot wie Scharlach, werden sie weiß wie Schnee", ermutigt uns die Heilige Schrift. Allerdings unter einer Bedingung: daß wir Buße tun. Die Barmherzigkeit Gottes ist in Wirklichkeit immer größer als jede Sünde und jede menschliche Niedertracht. „Die Menschen sollen aufhören, meinen Sohn zu beleidigen, der schon so viel beleidigt wird", diese Mahnung wiederholte die Gottesmutter in Fatima mehrmals. Klingt es nicht wie ein Echo der Aufrufe Johannes des Täufers oder des Propheten?
„Kehrt zu mir um von ganzem Herzen, denn ich bin gnädig und barmherzig!" (Joel 2,12–13). Das Bild des barmherzigen Vaters, der uns trotz unseres Versagens in liebevoller Treue mit ausgebreiteten Armen erwartet und alles verzeiht, ermutigt uns zur Umkehr, indem wir von unserem persönlichen Recht auf das Bußsakrament Gebrauch machen.
Im Jahre 1949 trafen sich in Karlsbad einige hochrangige Kommunisten aus den damals schon unter Moskauer Herrschaft stehenden Ostländern, um eine gemeinsame Strategie für den Kampf gegen Gott und seine Kirche auszuarbeiten. Die Leitung hatte der bekannte sowjetische Minister Valerian Zorin. Einer dieser „Genossen", Mitte der siebziger Jahre immer noch in hoher Funktion, ein Gottes- und Kirchenbekämpfer, äußerte sich mit einer gewissen Schadenfreude und zugleich mit Verwunderung im engsten Kreis: „Wir bekämpfen die katholische Kirche mit allen Mitteln. Eines ist uns bis jetzt kaum gelungen, nämlich die Leute von

„Zusammen mit mir werdet ihr jedoch mit schmerzlicher Sorge feststellen, daß der persönliche Empfang des Bußsakramentes in euren Gemeinden während der letzten Jahre sehr stark zurückgegangen ist. Herzlich bitte ich euch, ja, ermahne ich euch, alles zu tun, daß der Empfang des Bußsakramentes in der persönlichen Beichte wieder selbstverständlich wird für alle Getauften. Dahin wollen die Bußgottesdienste führen, die einen sehr wichtigen Platz in der Bußpraxis der Kirche einnehmen, aber unter normalen Bedingungen nicht den persönlichen Empfang des Bußsakramentes ersetzen können. Bemüht euch aber auch selbst um den regelmäßigen Empfang des Bußsakramentes", sagte Johannes Paul II. zu den Priestern und Seminaristen im Dom zu Fulda am 17. November 1980.
Aus der Schilderung eines Wochenablaufs Papst Johannes Pauls II. durch den Chefredakteur des polnischen *Osservatore Romano,* P. Boniecki, vom November 1981 geht hervor, daß der Heilige Vater wöchentlich das Bußsakrament empfängt. (Bild: Der Papst als Beichtvater in der St. Peter-Basilika.)

der Beichte abzuhalten. Wir wissen gut, daß manche unserer kleinen Funktionäre, sogar Polizeiangehörige, ab und zu insgeheim einen bekannten Priester aufsuchen und bei ihm beichten. Wo das stattfindet, sind unsere Diener nicht ganz die ‚Unsrigen'. Im Westen hat die Kirche diese ihre stärkste Waffe von sich aus ihrer Hand entgleiten lassen. Das ist kaum zu verstehen."
Auf Grund persönlicher Erfahrungen in den Jahren 1948 bis 1963 sowie der letzten Nachrichten aus meiner Heimat

Slowakei (die auch für Polen, Litauen etc. zutreffen) muß ich jenem atheistischen „Genossen", von seinem kommunistisch-ideologischen Standpunkt aus, hundertprozentig recht geben.
Es ist eine Tatsache: In jenen Pfarreien, in denen die Gläubigen, von eifrigen Geistlichen aufgefordert, die alte Tradition pflegen, an den ersten Freitagen bzw. Samstagen jedes Monats zur hl. Beichte zu gehen, wächst das religiöse Leben, trotz des verhärteten Kirchenkampfes und der Diskriminierung der Christgläubigen in jenen Ländern. In dieser Hinsicht könnte man viele Beispiele anführen.
Neben dem Bußsakrament als einer wesentlichen Bußform, die den Frieden mit Gott und dem Nächsten bewirkt, gibt es noch eine Reihe anderer Formen der Buße. Es genügt, an das geduldig getragene alltägliche Kreuz, sei es Krankheit, sei es Alter, Verlassenheit, sei es ähnliches, zu erinnern. Welche Geschichten könnten viele Geistliche erzählen über ihre Kranken!
In der letzten Zeit wird allmählich wieder eine alte, klassische Form der Buße praktiziert: das Fasten. Es war in unserer Wohlstandsgesellschaft bei vielen ganz in Vergessenheit geraten. Aber nun beginnt es, wieder modern zu werden. Es ist hier nicht das Fasten bei einer Schlankheitskur gemeint, sondern das Fasten als Mittel, für die Kraft und das Licht des Heiligen Geistes aufnahmefähiger zu werden. Diese Art der Buße tun in den östlichen Ländern viele Menschen, um in der Verfolgung standhaft zu bleiben und vielen anderen Menschen, insbesondere den Verfolgern selbst, außer durch Gebet auch durch das Fasten die Gnade der Umkehr zu erbitten.
Auf dem 87. Deutschen Katholikentag, der Anfang September 1982 in Düsseldorf stattfand, bekam ein Dokument aus der Slowakei ein überaus lebhaftes Echo: Der Brief der jungen slowakischen Katholiken*. Er war Anfang Juli des gleichen Jahres anläßlich einer nationalen Wallfahrt nach Levoča/Ostslowakei verfaßt und an die deutsche katholische Jugend in Düsseldorf adressiert worden. Unter etwa 100 000 Pilgern waren ca. 70 000 Jugendliche, die diese Wallfahrt nach Levoča ihren „Katholikentag" nannten und

* Siehe: pro fratribus Nr. 40/82.

sich mit einer brennenden Bitte an die jungen Christen in Düsseldorf wandten: „Vergeßt uns nicht, betet für uns, fastet für uns!“ Der nachfolgende Abschnitt des Briefes zeigt nicht nur die Aktualität des Fastens, sondern bestätigt zugleich jene Sünde unseres Jahrhunderts gegen den Heiligen Geist.

„Wir leben in einer Zeit der Unsicherheit, des ständigen Risikos, ja sogar der offenen Verfolgung der Gläubigen von seiten eines politischen Systems, das bei uns, genauso wie überall, wo immer es ihm gelang, an die Macht zu kommen, einmal blutig, ein anderes Mal unblutig, immer und überall aber auf eine schädliche, raffinierte und konsequente Weise alle unterdrückt, die entschlossen auf der Seite Gottes, Jesu Christi, der Kirche und der Gewissensfreiheit stehen. Nie in ihrer Geschichte war die Menschheit mit einem so radikalen Feind von allem, was an Gott, an die Ewigkeit und die geistigen Werte erinnert, konfrontiert, wie ihn dieses System darstellt.

Das zwang und zwingt noch immer die Getauften, zu glauben oder aufzuhören zu glauben, den Glauben zu bekennen oder ihn zu verschweigen, die Kirche zu verlassen oder zu ihr zu halten mit allen Konsequenzen, die damit verbunden sind. Jedes Taktieren – wie das z.B. unsere regimetreuen Priester aus der „Pacem in terris“-Bewegung tun – ist eine Anbiederung an die Feinde Gottes, ist Mitarbeit an der Zerstörung der Kirche.

Wir berührten damit einen sehr schmerzvollen Punkt der Kirche bei uns. Um diesen Priestern zu helfen, sich von der gefährlichen Umarmung der Feinde zu befreien, entschlossen wir uns, dieses Jahr zu besonders wirksamen Gnadenmitteln zu greifen. Als Vorbereitung auf Pfingsten organisierten wir eine 24stündige Aktion des Betens und des strengen Fastens, um damit unseren Priestern aus der „Pacem in terris“-Bewegung das Licht des Heiligen Geistes zu erbitten und die Kraft, alle Forderungen des geistlichen Standes auf sich zu nehmen.“

Dies ist kein einmaliger Fall, sondern der Ausdruck einer weit verbreiteten Praxis. So haben sich z.B. nach dem Attentat auf den Papst viele Gruppen von Jugendlichen gebildet, die für seine Genesung intensiv gebetet und streng gefastet haben. Nachher haben diese jungen Leute eine Aktion ins Leben gerufen mit dem Ziel, daß weiterhin tagtäglich von einigen Angehörigen der Gruppen gefastet und gebetet wird, damit der Heilige Vater in Zukunft vor Anschlägen dieser oder ähnlicher Art verschont werden möge.

„Kehrt um und tut Buße!“ Dieser Ruf geht besonders uns an, die wir uns für Gotteskinder und Jünger Jesu halten. Die wesentliche Bedingung für eine „Metanoia“, Sinnesänderung besteht darin, zu bekennen, daß wir sündige Menschen sind. Die moderne materialistische Sklavenmentalität des Konsums und der moralischen Permissivität versucht, diese Tatsache einfach zu leugnen, und konsequenterweise leugnet sie auch das Böse und die Sünde; zumindest bemüht sie sich darum. Aber während ihre Existenz geleugnet wird, verbreiten sie sich immer mehr, auch unter den Christen, wobei manche von uns auf diesem falschen Weg schnell bereit sind, sich selbst zu rechtfertigen. Es ist kein seltener Fall, daß Priester bei der Einladung zur Beichte zur Anwort bekommen: »Beichten? Was soll ich eigentlich beichten?“

„Die schwerste Sünde unserer Zeit besteht in dem Bestreben, die Sünde zu leugnen.“, sagte Pius XII. „Wenn wir sagen, daß wir keine Sünde haben, betrügen wir uns selbst, und die Wahrheit ist nicht in uns“ (1 Joh 1.8).

Der polnische Minorit P. Flavius, seit 25 Jahren Beichtvater in der St.-Peter-Basilika, sagte in einem Interview im Radio Vatikan zu dem Attentat folgendes: „Gott ist in seinen Taten bewunderungswürdig. Er hat das zugelassen, damit er dann in der Kirche und Welt triumphiert. Als Beichtvater, der in vielen Sprachen Beichten hört, habe ich erfahren, daß in den Tagen nach dem Attentat so viele Bekehrungen stattgefunden haben wie noch nie. Die Menschen sind aufgewacht. Diese Gotteszulassung war nötig, damit die Menschen aufgerüttelt werden und erkennen können, wo die Wahrheit und wo die Lüge, wo die Gerechtigkeit, und wo das Unrecht, wo die Liebe ist und wo der Haß. Durch sein Blut und seine Schmerzen hat der Hl. Vater die Welt gerührt, und die dadurch verursachten Bekehrungen waren so zahlreich, daß wir in den Beichtstühlen völlig überfordert waren. Gebe Gott, daß diese Ernte die ganze Welt erfaßt!“

Für andere sühnen

Von den drei Seherkindern wissen wir, und deren einzige Überlebende, Schwester Lucia, bestätigte es mehrmals, daß die ersten Worte, die sie von der ‚wunderschönen Frau' hörten, lauteten: „Wollt ihr das tägliche Kreuz, das euch der Herr schicken wird, für die Rettung der Sünder aufopfern?" Und weiter: „Betet viel und sühnt, tut Buße für die Sünder. Viele kommen in die Hölle, weil niemand für sie betet und sühnt."

Vor einigen Jahren hielt ich in einem Frauenkloster einen Vortrag über die Christenverfolgung, wie sie schon im Jahre 1917 in Fatima vorausgesagt wurde. Zu meiner Überraschung sprach mich die Oberin nach dem Vortrag auf folgende Weise an: „Pater, wir sollten für diejenigen beten und sühnen, die den Christen seit Jahrzehnten alles Böse antun, sie verfolgen und in Gefängnisse einsperren wie Kriminelle? Das geht doch nicht! Ich versichere Ihnen, daß ich das nie getan habe und auch nie tun werde."

„Schwester, soll das ein Scherz sein?"

„Nein! Ich sage das in vollem Ernst. Wie kann man für diejenigen beten, die Gott hassen, die Kirche verfolgen und unseren Glaubensbrüdern und -schwestern jedes Unrecht und alle Niederträchtigkeiten antun?"

Da wurde auch ich ernst: „Schwester, haben Sie denn nie das Evangelium gelesen, das von uns fordert: ‚Liebt eure Feinde und betet für diejenigen, die euch verfolgen' (Mt 5,44)? Wer sollte denn für sie beten, wenn nicht wir? Christus ist für alle gestorben. Er betete für seine Mörder ‚Vater, verzeih ihnen, denn sie wissen nicht, was sie tun'. Und schon am Kreuz brachten seine unendliche Barmherzigkeit und seine Liebe ihre ersten Früchte: die Bekehrung eines mit Ihm gekreuzigten Räubers. Und der hl. Stefanus, der erste Märtyrer, betete nicht auch er für seine Feinde und Mörder, während der junge Saulus, der sich später bekehrte und der größte Apostel wurde, über ihre Kleider wachte? Wieviele Verfolger wurden und werden immer noch eifrige Jünger Christi dank einer solchen Haltung der Verzeihung und des fürbittenden Gebetes …"

Die Oberin wurde still und nachdenklich. Zuletzt entschuldigte sie sich beinah und sagte mir leise: „Pater, in diesem

Licht werde ich mich bemühen, für die Gottesfeinde zu beten, wie Sie es uns in Ihrem Vortrag ans Herz legten. Vielleicht wird mein Gebet auch ein bißchen zur Bekehrung Rußlands beitragen."

Schwester Lucia von Fatima hat mehrmals über Rußland gesprochen und geschrieben und dabei versichert, daß sie täglich für dieses Land bete. In einem ihrer Briefe aus dem Jahre 1950 an die Exil-Russen im Westen schrieb sie: „Unsere himmlische Mutter liebt dieses Volk, und ich liebe es auch. In Verbundenheit mit den innigen Wünschen ihres Unbefleckten Herzens wünsche auch ich sehnlichst die Rückkehr Rußlands auf den richtigen Weg. Ich weiß, daß das russische Volk großmütig und hochherzig ist. Es besitzt eine reiche Kultur und Tradition, und ich weiß, daß es imstande ist, auf dem Weg der Gerechtigkeit, Wahrheit und Güte zu gehen. Als ich die Großzügigkeit der Gottesmutter diesem Volk gegenüber sah, betrachtete ich es wieder als meinen Bruder, und ich wünsche mir nichts anderes als sein Heil. Ich weiß, daß der wahre Glaube, der Glaube an Christus, unter Euch lebendig ist. Ich weiß, daß unter Euch viele auserwählte Seelen in der Hand Gottes ein Instrument des Heiles sind für diejenigen, die sich von Ihm entfernt haben. Diese große Berufung kann kein anderer besser als sie erfüllen. Es handelt sich nicht um die Aufgabe eines Tages, sondern um viele Jahre des Gebetes und des Apostolats. ‚Zum Schluß wird mein Unbeflecktes Herz triumphieren', und wir werden glücklich sein im Bewußtsein, daß auch wir für diesen großen Sieg ein bißchen gearbeitet und geopfert haben. Hört nicht auf, alles, was Ihr könnt, für das Heil Eures Volkes und Vaterlandes zu tun."

Am 14. Mai 1982, einen Tag nach dem Besuch Johannes Pauls II. in Fatima, hatte ich dank der Vermittlung des Bischofs Paul Hnilica SJ die außergewöhnliche Gelegenheit, eine Stunde mit Schwester Lucia zu sprechen. Mich beeindruckten ihre geistige Klarheit, ihre fröhliche Offenheit und ganz besonders ihr Optimismus, als sie Bemerkungen über Rußland und seine Zukunft machte. Das bedeutet aber nicht, daß sie hinsichtlich Gegenwart und Zukunft unserer Welt unbesorgt wäre. Bei aller ihrer Zurückhaltung im Gespräch kann sie doch nicht ihren Schmerz und ihre Trauer darüber verbergen, daß der Ruf der Madonna aus dem Jahre

1917 zu Umkehr und Buße von vielen Christen und manchen ihrer Hirten nicht im notwendigen Umfang angenommen und befolgt wurde. Auf einen Nenner gebracht, geht es hierbei um die bekannte Bedingung: „Wenn man meine Bitte erfüllt, so wird sich Rußland bekehren, und es wird Friede sein, wenn aber nicht, dann ..."
Hamisch Fraser, ehemals namhafter schottischer Kommunist, bekannte: „Ich habe den Glauben nicht gesucht. Ich habe ihn vielmehr heftig bekämpft, wo immer ich ihm begegnet bin. Nichts hat mir ferner gelegen als der Wunsch, katholisch zu werden. Wenn mir nun trotz meinem Widerstand der Glaube geschenkt wurde, bin ich mir heute darüber klar, daß ich dies ausschließlich dem Gebet anderer verdanke."
Fraser fand den Glauben interessanterweise eigentlich in Fatima und vertiefte sich dann in die Botschaft von Fatima. Als Exkommunist betrachtete er mit besonderer Aufmerksamkeit jene Prophezeiungen, die Rußlands Gegenwart und Zukunft betreffen. Er schrieb u.a.: „Ich weiß, daß das Gebet Rußland bekehren kann. Aber ob Rußland sich bekehren oder nicht bekehren wird, ob der Dritte Weltkrieg sein oder nicht sein wird, das alles hängt von unserer Antwort auf die Bitte Mariens ab. Sind wir bereit, das zu tun, was sie von uns verlangt? Die Verbrechen des Kommunismus entstanden auch durch unsere Schlappheit, Gleichgültigkeit, Feigheit, mit anderen Worten: durch unser wenig glaubwürdiges christliches Zeugnis. Wenn wir unsere hohe Verantwortung ernst nehmen, unser Christentum lebendig machen, dann wird der Kommunismus wirkungslos sein."
Hamisch Fraser ist nicht der einzige, der seine Umkehr dem Gebet anderer Menschen zu verdanken hat. Es gibt heute viele ehemalige Kommunisten und kämpferische Atheisten, die Gott fanden durch das Gebet anderer. Sie alle behaupten das gleiche wie Fraser. Ohne das Gebet anderer Menschen wäre sicherlich auch dieses Buch nicht entstanden.
Es ist eigentlich unser aller Pflicht, zugleich ein Vorrecht, das aber eine große Verantwortung enthält: für andere Menschen zu beten, Buße zu tun und zu sühnen! Die drei kleinen Kinder Lucia, Jacinta und Francesco haben diese Pflicht und zugleich ein Privileg freudig angenommen und mit einem viele Erwachsene beschämenden Ernst erfüllt.

Liest man, wie sie ihre Leiden und Schmerzen großzügig annahmen und kleine wie große Opfer brachten, ist man erstaunt über den ungewöhnlichen Heroismus der kleinen Kinder! So wie diese Kinder kann auch jeder Christ handeln. Das ist eigentlich das Großartige an der Fatima-Botschaft, daß jeder Mensch mitmachen kann, ob er klein oder groß, jung oder alt, gesund oder krank ist. Die Kranken, die Verlassenen, die Leidenden und Verfolgten, die Verachteten sind eigentlich die Privilegierten in diesem Heilsprogramm für unser bewegtes Jahrhundert. Auch hier zeigte sich die Gerechtigkeit Gottes, daß die Gottesmutter die Kleinsten auserwählte. – Aber keiner ist ausgeschlossen.
Die drei Bitten der ‚wunderschönen Frau' von Fatima, unaufhörlich zu beten, Buße zu tun und für die anderen zu sühnen, sind von historischer Tragweite. Wie mir scheint, ist es aber vor allem die letzte Bitte, weil Gott hier durch die Mutter Seines Sohnes ganz deutlich unser Mittun wünscht. Von unserer Erfüllung dieser Bitte hängt es ab, ob die heutigen Gottesfeinde (mögen es militante Atheisten marxistischer Prägung im Osten wie im Westen sein, oder manche andere, ebenso unversöhnliche Gottes- oder Kirchenfeinde, wie die westlichen Freimaurer) zu Gott finden, oder ob sie mit ihrem schändlichen Kampf gegen Gott und die Jünger Jesu auf mancherlei Weise weiter die Welt vergiften und den Weltfrieden aufs Spiel setzen.
In jedem Fall können wir uns als Christen unserer historischen Verantwortung nicht entziehen.

* * *

Hamisch Fraser, einst militanter Atheist, später, nach der Gnade der Bekehrung, ein engagierter Christ und guter Kenner der Fatimabotschaft, weiß, worüber er spricht, wenn er die Frage nach der Bekehrung Rußlands (die heutige UdSSR ist gemeint) und dem Weltfrieden bzw. dem apokalyptischen Krieg mit der Bitte der Gottesmutter in Fatima verbindet und die Lösung jener Frage von unserer Erfüllung dieser Bitte abhängig macht.
„Die Lüge des Kommunismus ist die Lüge der Gottlosigkeit. Hier liegt die Quelle des ganzen Unheils", schrieb ein-

mal Berdjajew*, der doch anfangs für die kommunistische Revolution, wegen ihrer sozialen Versprechen, eine gewisse Sympathie zeigte, dann aber einer ihrer schärfsten Kritiker wurde.

Obwohl das riesige wie unsinnige Waffenarsenal in der Welt überall, im Westen wie im Osten, eine beschämende Tatsache für die Menschheit ist und einen wahren Skandal darstellt, bleibt das kostspielige wie für die Welt lebensgefährliche „Spielzeug" an sich, ohne menschliche Einwirkung ungefährlich. Denkt man aber kritisch und historisch und ist man sich bewußt, daß seit jener Oktober-Revolution 1917 durch den Kommunismus weltweit 143 Millionen Menschen laut „Figaro-Magazin" ums Leben gekommen sind, weil „das Rußland" – unter neuem Namen „UdSSR, Sowjetunion" – seine Irrtümer immer mittels Gewalt** in die ganze Welt ausgebreitet hat und sie weiter ausbreitet und ausbreiten will bis zum definitiven Sieg, dann wird man mit Recht besorgt. Man wird ängstlich und nicht allein wegen jener Waffendepots, sondern auch deshalb, weil über einen großen Teil dieser Waffen solche Menschen zu entscheiden haben, die schon in der Oktober-Revolution Gott selber den Kampf angesagt hatten und ihren Kreuzzug gegen Ihn und alles, was heilig ist, nicht aufgeben wollen. Ich sehe hierin die größte Gefahr, weil: ‚Impii non habent pacem – die Gottlosen keinen Frieden haben', wie uns die Schrift sagt. Jene Menschen, abgesehen von ihrer direkten oder indirekten Schuld als Anhänger dieser gottfeindlichen Ideologie und jenes Systems, das nach Lenins Worten „auf den Ruinen neue Tempel bauen wird", könnten ein Werkzeug in der Hand von Gottes Widersacher werden, der ein eminentes Interesse daran hätte, das Werk des Schöpfers, die Schöpfung zu vernichten, und dabei auch das Werk der Erlösung, der zweiten Schöpfung, vorzeitig zu beenden.

* Nikolai Berdjajew: Wahrheit und Lüge des Kommunismus, Edition Neue Mitte, Wien.

** 143 Millionen Tote, das sind mehr als in zwei schrecklichen Weltkriegen ums Leben gekommen sind. In Wirklichkeit ist dies schon der 3. Weltkrieg, den der Kommunismus gegen die ganze Menschheit führt (C. P. Clausen).

Aber darüber hat nur der allmächtige und barmherzige Gott zu entscheiden. „*Denn du hast die Welt mit all ihren Kräften ins Dasein gerufen und sie dem Wechsel der Zeit unterworfen. Den Menschen aber hast du auf dein Bild hin geschaffen und ihm das Werk deiner Allmacht übergeben. Du hast ihn bestimmt, über die Erde zu herrschen, dir, seinem Herrn und Schöpfer zu dienen und das Lob deiner großen Taten zu verkünden durch unseren Herrn Jesus Christus. ... Du hast uns durch deinen menschgewordenen Sohn Rettung und Heil aus unserer menschlichen Sterblichkeit gebracht*", wie dies die Kirche in ihren Sonntagspräfationen feierlich der Welt verkündet. Diese Souveränität und Liebe Gottes schließt aber nicht automatisch viel Leid, Elend, Katastrophen, Kriege aus, welche die Menschen sich zufügen.
Wenn wir jedoch annehmen, daß der Weltkommunismus als Gottesgeißel für die Menschheit zu betrachten sei, insbesondere für uns Christen wegen unseres Versagens, dann ist die Ausbreitung des Kommunismus ein weiterer Beweis für unsere Schlappheit, Feigheit (Fraser) und ganz besonders für unsere Gleichgültigkeit dem Ruf der Gottesmutter von Fatima gegenüber. Hier liegt eigentlich für uns Christen der Schlüssel zu jenen Problemen des Weltfriedens, des Überlebens. Altbischof Dr. Rudolf Graber hat schon vor Jahren mit einer erstaunlichen Klarheit diese unsere Nachlässigkeit gegenüber der einzigen Chance kurz in einer Predigt so zum Ausdruck gebracht: „Wenn ich weiß, daß diese Erde vernichtet werden kann oder mehrere Nationen vernichtet werden, und das ist heute mit den ABC-Waffen (also den atomaren, biologischen und chemischen) durchaus möglich, wenn ich auf der anderen Seite ebenso genau weiß, daß dies durch Gebet, Buße, Sühne, die Weihe an das Herz Jesu und das Unbefleckte Herz der Gottesmutter, verbunden mit dem täglichen Rosenkranzgebet, wie es Maria 1917 in Fatima verlangte, abgewendet werden kann, dann ist es meine heiligste Pflicht, diese Mittel einzusetzen. Und wenn ich es unterlasse, mache ich mich mitschuldig an der Vernichtung dieser Völker. Die Unterlassung von Gebet, Buße und Sühne – ich sage es in heiligem Ernst – ist ein Verbrechen an der Menschheit!"
Andererseits gilt: jeder, der heute für den gerechten Frieden in der Welt und – sogar zuerst – für den wahren Frieden vie-

ler Menschenherzen mit Gott, für die Bekehrung seiner Feinde betet, büßt und sühnt, der gehört zu den größten Wohltätern der Menschheit. Gott sei Dank, es gibt schon viele, die seit Jahren eifrig in dem Sinne der Botschaft von Fatima beten, büßen und sühnen, täglich privat oder öffentlich an den Wallfahrtsorten und bei verschiedenen Gelegenheiten, und ihre Anzahl wächst. Das gibt uns Hoffnung und Zuversicht. Das ist zugleich eine Herausforderung, insbesondere an viele Geistliche, ihre Gemeinden, und Bischöfe, ihre Diözesen dazu zu bringen.
Möge die Christenheit das Wort Mariens bei der dritten Erscheinung in Fatima am 13. Juli 1917 beherzigen: „Wenn man meine Bitten erfüllt, so wird sich Rußland bekehren, und es wird Friede sein", sonst bleibt jene mütterliche, aber ernste Mahnung: „... wenn nicht, dann wird Rußland seine Irrtümer in der Welt verbreiten und Krieg und Verfolgungen der Kirche hervorrufen ...", bedrohlich aktuell!
Ein künftiger Krieg zwischen den beiden Machtblöcken würde für Millionen Menschen das Ende bringen und unvorstellbar verheerende Folgen für die Überlebenden, »die die Toten beneiden werden«.
Jedoch sollen wir weder in Fatalismus noch in Panik verfallen! Wir sollen uns vielmehr für die Beachtung jenes Rufes zur Umkehr und damit für den Weltfrieden ehrlich einsetzen, nicht zuerst aus Angst um unser Leben, sondern aus Sorge um das ewige Heil, das Gottesreich, das Fortschreiten der Erlösung der Seelen.
Die drei kleinen Hirtenkinder, Lucia, Jacinta und Francesco, waren zu jedem Opfer bereit, nicht zuerst, um sich selbst zu retten, sondern die armen Sünder, damit sie nicht das ewige Glück, nämlich Gott, für immer verlören und daß sie der Hölle, der Quelle ewigen Leidens, entkämen. Wenn uns schon die Unschuld dieser Kinder fehlt, sollten wir, um so mehr, als wir die Folgen der Schuld kennen, mindestens die Opferbereitschaft jener Kinder zeigen, die Worte, den Anruf Mariens annehmen und uns für die Ärmsten der Armen, für die Gotteshasser, aufopfern. So würde die Bitte der Mutter unseres Erlösers, der sein Blut für alle Menschen vergossen hat, am sichersten erfüllt. Der Weltfriede wäre dann die Konsequenz.

XVII.

Johannes Paul II. in Fatima

Mit seinem Besuch in Fatima hat Johannes Paul II. nicht nur den Zusammenhang zwischen dem Attentat und den Erscheinungen in der Cova da Iria bestätigt, sondern hat er auch vor der ganzen Welt die Bedeutung und Aktualität jener Botschaft demonstriert. Wenn dies schon allen denjenigen, die mit der Botschaft vertraut sind und sie ernst nehmen, eine große Freude bereitete, kann man sich leicht vorstellen, wie groß dann die Freude für den Autor dieses Buches sein mußte.

Kaum hatte der Papst am 12. Mai 1982 in Lissabon den portugiesischen Boden berührt und geküßt, sagte er: „Ich bin in Portugal, um einen sehr lieben Traum zu verwirklichen, als Kirchenmann, der wünscht, Fatima persönlich kennenzulernen.“ Bei seiner Ankunft in Fatima begründete der Papst die Beziehung dieses Ortes zum Attentat mit den folgenden Worten: „Seit längerer Zeit hatte ich den Wunsch, nach Fatima zu kommen, wie ich es schon bei meiner Ankunft in Lissabon äußerte. Als ich vor einem Jahr nach dem bekannten Attentat auf dem St. Petersplatz mein Bewußtsein wiedergewonnen hatte, richtete sich mein erster Gedanke sofort auf dieses Heiligtum mit dem Wunsch, hierher zu kommen, um der Gottesmutter zu danken, weil sie mich aus jener Gefahr errettet hat. Bei allem, was mir zustieß, sah ich – und ich werde nie müde, das zu wiederholen – einen besonderen Schutz der Madonna. Und in dem Zufall, daß es an jenem Tag geschah – aber es gibt in den Plänen von Gottes Vorsehung keinen Zufall – sah ich auch einen Appell, vielleicht einen Ruf, der Botschaft mehr Aufmerksamkeit zu schenken, die vor 65 Jahren von hier durch drei kleine Kinder, Kinder des bescheidenen Volkes vom Lande, ausgegangen ist, durch die Hirtenkinder von Fatima, wie sie allgemein bekannt sind.“

Erst während der Eucharistiefeier am 13. Mai in Fatima entfaltete er seine Gedanken ausführlicher: „Ich bin heute hierher gekommen, gerade weil am selben Tag des vergangenen Jahres auf dem Petersplatz in Rom das Attentat auf

Der Papst mit dem Bischof von Leiria, Alberto Cosme do Amaral, bei der Ankunft in Fatima.

den Papst geschehen ist, ein Ereignis, das auf geheimnisvolle Weise zusammentraf mit dem Jahrestag der ersten Erscheinung von Fatima, die am 13. Mai des Jahres 1917 stattfand. Diese beiden Daten sind derart zusammengetroffen, daß ich glaube, darin einen besonderen Ruf zu diesem Besuch heute und hier zu erkennen. Und so bin ich nun hier. Ich bin gekommen, um der göttlichen Vorsehung an diesem Ort zu danken, den die Gottesmutter in so auffallender Weise erwählt zu haben scheint."

Johannes Paul II. sprach unter dem Eindruck seines persönlichen tiefen Dankgefühls, aber auch als der universelle Hirte, der uns allen zeigt, wie Fatima in den Heilsplan einzuordnen ist. Er entwickelt detailliert die Lehre „der Mutterschaft der Madonna", ausgehend von den Worten, mit denen Christus am Kreuz seine Mutter dem Jünger Johannes und diesen ihr anvertraut hatte. Der Papst sieht hier „ein wunderbares Testament", wodurch die Gottesmutter auch Mutter der Menschen wurde, und so fügte er hinzu: „Im Lichte des Geheimnisses der geistigen Mutterschaft Mariens versuchen wir, die außerordentliche Botschaft zu verstehen, die von Fatima aus mit dem 13. Mai 1917 in der Welt zu erschallen begann und über fünf Monate hin bis zum 13. Oktober desselben Jahres weiter zu hören war. Es sei hier deutlich unterstrichen, daß ‚die Offenbarung in Jesus Christus ihre Vollendung gefunden hat' … die Kirche wertet und beurteilt Privatoffenbarungen – und Fatima ist eine solche – nach dem Maß ihrer Übereinstimmung mit jener einen öffentlichen Offenbarung.

Wenn die Kirche die Botschaft von Fatima angenommen hat, dann vor allem darum, weil sie eine Wahrheit und einen Ruf enthält, die in ihrem wesentlichen Inhalt die Wahrheit und der Ruf des Evangeliums selbst sind. ‚Kehrt um, tut Buße und glaubt an das Evangelium!' (Mk 1,15): das sind die Worte des Messias, die er an die Menschheit richtet. Die Botschaft von Fatima ist in ihrem wesentlichen Kern der Aufruf zu Umkehr und Buße, wie im Evangelium.

Andererseits ist dieser Ruf nicht bloß eine einfache Wiederholung der bekannten evangelischen Botschaft: Dieser Ruf ist zu Beginn des 20. Jahrhunderts ergangen; er richtet sich darum in besonderer Weise an dieses Jahrhundert. Die Hohe Frau dieser Botschaft liest gleichsam die ‚Zeichen der Zeit' mit besonderer Eindringlichkeit, die Zeichen unserer Zeit! Der Ruf zur Buße verbindet sich wie immer mit dem Ruf zum Gebet. In Übereinstimmung mit der Tradition vieler Jahrhunderte weist die Frau der Botschaft von Fatima auf den Rosenkranz hin, den man zu Recht ‚das Gebet Mariens' nennen kann: das Gebet, durch das sie sich in vorzüglicher Weise mit uns verbunden fühlt. Sie selbst betet mit uns. Dieses Gebet umfaßt die Probleme der ganzen Welt.

Die Worte der Botschaft richteten sich damals an Kinder im Alter von sieben bis zehn Jahren. Kinder, wie auch Bernadette von Lourdes, sind bei diesen Erscheinungen der Gottesmutter besonders bevorzugt. Daraus erklärt sich auch, daß ihre Sprache einfach ist, nach dem Maß der Auffassungskraft jener Kinder. Die Kinder von Fatima sind die Gesprächspartner der Frau der Botschaft geworden und sogar ihre Helfer.

Mit den Worten am Kreuz: ‚Frau, siehe, dein Sohn' (Joh 19,26) öffnete Jesus in neuer Weise das unbefleckte Herz seiner Mutter und offenbarte ihr die neue Dimension und Tragweite der Liebe, zu der sie im Heiligen Geist durch die

Kraft des Kreuzopfers berufen war. Die Worte von Fatima klingen wie ein Echo dieser Dimension der mütterlichen Liebe, die mit ihrem Schein den ganzen Weg des Menschen zu Gott umfängt ... Die Sorge der Mutter des Heilandes ist die Sorge um das Heilswerk, um das Werk ihres Sohnes, ist die Sorge um das ewige Heil aller Menschen.
65 Jahre nach jenem 13. Mai 1917 kann man schwerlich übersehen, daß diese Heilsliebe der Mutter in besonderer Weise unserem Jahrhundert gilt. Im Lichte der mütterlichen Liebe verstehen wir die ganze Botschaft der Frau von Fatima. Was sich dem Weg des Menschen zu Gott direkt entgegenstellt, ist die Sünde, das Verharren in der Sünde und schließlich die Leugnung Gottes: die geplante Streichung Gottes aus der Gedankenwelt des Menschen, die Abtrennung aller irdischen Tätigkeit von Ihm, die Zurückweisung Gottes von Seiten des Menschen. Kann die Mutter, die mit der ganzen Kraft ihrer vom Heiligen Geist genährten Liebe das Heil eines jeden ersehnt, zu dem, was dieses Heil von Grund auf gefährdet, schweigen? Nein! Sie kann nicht schweigen. Deshalb ist die mütterliche Botschaft der Frau von Fatima zugleich so kraftvoll und entschieden. Sie wirkt streng wie die Predigt Johannes des Täufers am Jordan. Sie ruft sanft und mahnt: zur Buße, zum Gebet, zum Rosenkranz. Die Botschaft wendet sich an jeden Menschen. Die Liebe der Mutter des Heilandes reicht so weit wie das Heilswerk. Sie bemüht sich um alle Menschen unserer Zeit und zugleich um die Gesellschaft, die Nationen, die Völker, um die von Glaubensabfall und sittlichem Verfall bedrohte Gesellschaft. Der Zusammenbruch der Sittlichkeit führt zum Niedergang der Gesellschaft."
Bevor der Papst nach der heiligen Messe die Welt in einem Gebet dem unbefleckten Herzen Mariens anvertraute und weihte, versuchte er, den Sinn dieses Weiheaktes zu erklären:
„Die Welt dem unbefleckten Herzen Marias anvertrauen heißt, daß wir uns mit der Fürsprache dieser Mutter dem Lebensquell selber nahen, der auf Golgotha entsprang. Aus dieser Quelle sprudeln ununterbrochen Erlösung und Gnade. Andauernd geschieht in ihr Genugtuung für die Sünden der Welt. Andauernd ist sie Ursprung neuen Lebens und neuer Heiligkeit.

Die Welt dem unbefleckten Herzen der Mutter anvertrauen heißt, sich wieder unter das Kreuz ihres Sohnes stellen, ja diese Welt dem durchbohrten Herzen des Heilands anvertrauen, sie wieder zur Quelle ihrer Erlösung bringen. Die Erlösung ist immer größer als die Sünde des Menschen und die ‚Sünde der Welt'. Die Macht der Erlösung übersteigt unendlich alle Formen des Bösen im Menschen und in der Welt.
Das Herz der Mutter weiß darum wie sonst keines im ganzen Kosmos – dem sichtbaren und dem unsichtbaren. Und deshalb ruft sie. Und zwar nicht nur zur Umkehr; sie ruft, daß wir uns von ihr, der Mutter, helfen lassen bei der Rückkehr zur Quelle der Erlösung."
Johannes Paul II. unterstreicht dann die Kontinuität dieser Praxis in der Tradition der Kirche, wobei er den Zusammenhang der Erscheinungen in Fatima mit Rußland verdeutlicht:
„Der Weckruf von Fatima ist inhaltlich im Evangelium und in der ganzen Tradition so tief verwurzelt, daß sich die Kirche dieser Botschaft verpflichtet fühlt. Ihre Antwort gab der Diener Gottes, Pius XII. (dessen Bischofsweihe genau am 13. Mai 1917 vollzogen wurde), als er die Menschheit und besonders die Völker Rußlands dem unbefleckten Herzen Marias weihte. Hat er damit nicht die rechte Antwort auf den im Evangelium gründenden Ruf von Fatima gegeben ...?
Wie tritt heute Johannes Paul II., der Nachfolger Petri, der das Werk von Pius, Johannes und Paulus fortsetzt und besonderer Erbe des II. Vatikanischen Konzils ist, vor die Mutter des Sohnes Gottes in ihrem Heiligtum in Fatima?
Er tritt vor sie hin, indem er noch einmal mit Bangen jenen mütterlichen Aufruf zu Buße und Umkehr liest: jenen eindringlichen Aufruf des Herzens Mariens, der vor 65 Jahren in Fatima erklungen ist. In der Tat, er liest ihn mit bangem Herzen, weil er sieht, wieviele Menschen und Gesellschaftsgruppen, wieviele Christen in die entgegengesetzte Richtung gegangen sind, als sie ihnen von der Botschaft von Fatima angegeben worden ist. Ein solch starkes Bürgerrecht hat die Sünde in der Welt gefunden, und so weit hat sich die Leugnung Gottes in den Ideologien, in den Auffassungen und Programmen der Menschen ausgebreitet! Aber gerade

deswegen ist die Einladung zu Buße und Umkehr im Geist des Evangeliums, die durch die Worte Mariens an uns gerichtet worden ist, immer aktuell. Heute noch aktueller als vor 65 Jahren und dazu noch dringlicher …
Der Nachfolger Petri tritt auch hier auf als Zeuge der ungeheuren Leiden der Menschen, als Zeuge der fast apokalyptischen Bedrohungen, die über den Nationen und der Menschheit lasten. Diese Leiden sucht er mit seinem eigenen schwachen, menschlichen Herzen zu umfangen, während er dem Geheimnis des Unbefleckten Herzens Marias gegenübertritt:
Im Namen dieser Leiden und eingedenk des Bösen, das sich in der Welt ausbreitet und den Menschen, die Nationen, die Menschheit bedroht, kommt der Nachfolger Petri hierher mit einem um so größeren Glauben an die Erlösung der Welt, an die Liebe des Erlösers, die immer stärker, immer mächtiger ist als alles Böse …"
Wieviele gibt es heute auch unter den Christen, die sich als berufene Deuter der ‚Zeichen der Zeit' verstehen! Der Papst deutet hier maßgebend ‚jene Zeichen der Zeit' im Lichte Fatimas, wobei er Mahnungen, Rufe, Hoffnungen und Versprechen aus der Botschaft für die ganze Menschheit zieht.

Die Weihe der Welt an die Gottesmutter

Nach der heiligen Messe weihte Johannes Paul II. die Welt der Gottesmutter und Mutter der Menschen in einem feierlichen Gebetsakt, den er mit folgenden Worten begann:
„Unter Deinen Schutz und Schirm fliehen wir, o heilige Gottesmutter! Mit den Worten dieses Gebetes, mit dem sich die Kirche Christi seit Jahrhunderten an Dich wendet, knie ich heute an diesem Ort, den Du, Mutter, erwählt hast und in besonderer Weise liebst. Dabei weiß ich mich mit allen Oberhirten der Kirche durch jenes besondere Band geeint, durch das wir eine Körperschaft und ein Kollegium bilden, so wie Christus die Apostel mit Petrus geeint sehen wollte. In solcher Einheit verbunden, spreche ich die Worte dieses Weiheaktes, in den ich noch einmal die Hoffnungen und Ängste der Kirche in der Welt von heute einschließen möchte.

Vor vierzig Jahren und zehn Jahre danach hat Dein Diener, Papst Pius XII., angesichts der schmerzlichen Erfahrungen der Menschheitsfamilie, die ganze Welt und vor allem jene Völker, denen Deine besondere Liebe und Sorge galten, Deinem unbefleckten Herzen anvertraut und geweiht.
Diese Welt der Menschen und Völker habe ich heute vor Augen, da ich die Überantwortung und Weihe, die von meinem Vorgänger auf dem Stuhl Petri vollzogen wurde, erneuern möchte: die Welt des zweiten Jahrtausends, das sich seinem Ende zuneigt, die Welt unserer Zeit, unsere heutige Welt!"
Auch in diesem Weiheakt wird an jene Völker erinnert, die das Opfer der kommunistischen Geißel geworden sind, wie die Madonna in Fatima voraussagte. „Vor allem überantworten und weihen wir Dir jene Menschen und Völker, die dieser Überantwortung und Weihe besonders bedürfen...
Wie weh tut uns alles, was sich in der Kirche und bei jedem von uns der Heiligkeit und der Weihe entgegenstellt. Wie weh tut es uns, daß die Einladung zu Buße, Umkehr und Gebet nicht jene Aufnahme fand, die ihr zukam! Wie weh tut es uns, daß viele die Erlösungstat Christi so halbherzig mitvollziehen! ... O unbeflecktes Herz, hilf uns, die Gefahr des Bösen zu überwinden, das sich so leicht in den Herzen der heutigen Menschen einnistet und dessen unvorstellbare Auswirkungen über unserer Gegenwart lasten und den Weg in die Zukunft zu versperren scheinen!"
Der Papst läßt in seinem leidenschaftlich vorgetragenen Weihegebet die Voraussagen der Madonna von Fatima widerhallen; er spricht mit der himmlischen Mutter aus tief besorgtem Herzen über die Probleme unserer Welt. Auf sie setzt er seine ganze Hoffnung, und er schließt dieses Weihegebet mit einer Reihe von Bittanrufungen ab:
„Befreie uns von Hunger und Krieg, Atomkrieg, von unkontrollierbarer Selbstzerstörung und jeder Art des Krieges; von den Sünden gegen das Leben der ungeborenen Menschen, vom Haß und von der Mißachtung der Würde der Söhne und Töchter Gottes; befreie uns von jeder Ungerechtigkeit im sozialen, nationalen und internationalen Leben; von leichtfertiger Übertretung der Gebote Gottes, von der Versuchung, in den Herzen der Menschen die Wahrheit Gottes zu ersticken, von den Sünden gegen den Heiligen Geist: befreie uns!"

Johannes Paul II. während der Predigt in Fatima. Wird die Welt, mindestens die Christenheit, seinen leidenschaftlichen Appellen zum Frieden mit Gott und so zum Weltfrieden folgen?

Wie in einer dramatischen Szene, die sich ihrem Finale nähert, steigert sich die Stimme des Papstes immer mehr, bis sie in ihrer vollen Stärke den großen Platz beherrscht, auf dem eine Million ergriffener Pilger bewegt und still zuhören. Die letzten Worte Johannes Pauls II. klingen wie der Schrei eines der frühen Propheten: „Höre, Mutter Christi, diesen Hilfeschrei, in welchem die Not aller Menschen zu Dir ruft, die Not ganzer Völker! Noch einmal zeige sich in der Geschichte der Welt die unendliche Macht der erbarmenden Liebe, daß sie dem Bösen Einhalt gebiete! Daß sie die Gewissen wandle! In Deinem unbefleckten Herzen offenbare sich allen das Licht der Hoffnung!"
So erkennt Johannes Paul II. in den geschichtlichen Ereignissen den Weg, den die Gottesmutter uns vor 66 Jahren gezeigt hatte: Von der Oktoberrevolution 1917 bis zum Attentat auf dem St. Petersplatz. Der Papst trägt der Menschheit den Ruf unserer himmlischen Mutter vor und gibt uns ein Beispiel jenes Gebetes und Vertrauens auf Gott und seine Mutter, die einzig die Welt vor der endgültigen Katastrophe bewahren können.

Die wiederholte Weihe der Welt an die Gottesmutter in Rom

In vollem Einklang mit jenen Bittanrufungen des Papstes in Fatima, die er im Sinne der Botschaft der hohen Frau aussprach, standen auch die folgenden Bitten, die Johannes Paul II. bei der Eröffnung des unerwartet, aber nicht ohne ernste Gründe verkündeten Jubiläumsjahres der Erlösung im Petersdom am 25. März 1983 an Jesus Christus richtete: „Jesus Christus, Sohn des lebendigen Gottes, gib, daß alle sich zur Liebe bekehren, indem sie in Dir, dem Sohn der ewigen Liebe, den Vater erkennen, der ‚voll Erbarmen' ist (Eph. 2,4). Möge die gesamte Kirche im Verlauf dieses Jahres den Reichtum Deiner Erlösung wieder neu empfinden, wie er sich zeigt in der Vergebung der Sünden und in der Reinigung von ihren Folgen, die auf den Seelen lasten, die doch zu unsterblichem Leben berufen sind. Hilf uns, Gleichgültigkeit und Trägheit zu überwinden! Gib uns das Bewußtsein für Sünde und Schuld! Erschaffe uns, Herr, ein neues Herz, und gib uns einen neuen, beständigen Geist (Ps. 51,12). Herr hilf uns, die wachsenden Bedrohungen und Gefahren der heutigen Welt abzuwenden! Richte den Menschen wieder auf! Beschütze die Nationen und Völker! Laß das Werk der Zerstörung nicht zu, das die heutige Menschheit bedroht!

Herr Jesus Christus, das Werk Deiner Erlösung erweise sich als stärker! ... Um all das bittet Dich die Kirche in diesem Jahr durch die Fürsprache Deiner Mutter, die Du selbst uns als Mutter aller Menschen gegeben hast."

Am Fest der Unbefleckten Empfängnis, am 8. Dezember des Jahres 1983, hat Johannes Paul II. an alle Bischöfe der Kirche die Bitte gerichtet, mit ihm zusammen am 25. März 1984 die Welt dem Unbefleckten Herzen Mariens zu weihen. Der Papst begründete diesen Akt mit folgenden Worten:

„Am heutigen Tag, dem Fest der Unbefleckten Empfängnis, betrachtet die Kirche die errettende Macht der Erlösung Christi in der Empfängnis jener Frau, die die Mutter des Erlösers werden sollte. Darin liegt ein weiterer Anstoß dafür, daß wir angesichts der Bedrohungen für die heutige Menschheit, die ihre Wurzeln in der Sünde haben, im Zu-

sammenhang des Jubiläums einen noch stärkeren Hilferuf an die Macht der Erlösung richten. Wenn der Weg zur Überwindung der Sünde über die Bekehrung führt, so geschieht der Anfang dieses Weges wie auch sein weiterer Verlauf immer im Bekenntnis der unendlichen rettenden Macht der Erlösung.
Während des Heiligen Jahres der Erlösung möchte ich zusammen mit Euch und mit der ganzen Kirche diese Macht bekennen: Ich möchte sie bekennen durch das Unbefleckte Herz der Gottesgebärerin, die diese erlösende Macht in außerordentlichem Maße erfahren hat."

Wenn sich der Heilige Vater in diesem Schreiben auch nirgends auf die Forderung Unserer Lieben Frau von Fatima (vom 13. Juli 1917) bezieht, so wollte er doch auf sehr deutliche Weise den Zusammenhang zu dieser Botschaft herstellen, indem er nämlich die Gnadenstatue aus der Erscheinungskapelle in Fatima trotz gewisser Widerstände in seiner nächsten Umgebung nach Rom bringen ließ und vor ihr den Weiheakt vollzog.

Wer die einmalige Gelegenheit hatte, Johannes Paul II. am 13. Mai 1982 in Fatima beim Weihegebet und beim Weiheakt zu sehen und zu hören und die gleiche Möglichkeit am 25. März 1984 in Rom, der kann gegenüber den brennenden Aufrufen des Papstes nicht mehr gleichgültig bleiben. Er wird sich tief besinnen und die wiederholten Aufrufe zur Umkehr, zum Leben aus dem Evangelium ernst nehmen. Dabei wird er entsprechend seinen Möglichkeiten einen wichtigen Beitrag leisten, damit die Welt von morgen von jenen Bedrohungen und Katastrophen einer apokalyptischen Vision verschont bleibt, die uns nicht erst der Papst, sondern fast täglich die Massenmedien vor Augen stellen. Von diesem apokalyptischen Bild sprechen heute fast alle. Leider Gottes denken sie aber nicht daran, daß die Rettung aus diesem ‚Teufelskreis' einzig und allein von Gott kommt, von Gott, von dem alles Gute stammt und zuallererst der wahre und gerechte Friede.

Hier hilft es wenig, wie dies der eine oder andere ungeduldig und fast panisch verlangte, daß der Heilige Vater bei der Weihe der Welt an die Gottesmutter ausdrücklich Rußland nennen sollte und dann die Welt von allem Unheil definitiv gerettet werde. Dazu muß gesagt werden, daß, während in

den dreißiger Jahren die irrige Lehre Rußlands und der damit verbundene Kampf gegen Gott und seine Bekenner nur auf das durch Gewalt zusammengehaltene neue Staatsgebilde der UdSSR mit dem Herzstück Rußland begrenzt war, die heutige Weltlage in dieser Hinsicht ein ganz anderes Bild bietet. Millionen von Menschen und viele Nationen werden von jenem Irrtum mit allen seinen Konsequenzen betroffen. Nur so ist die ausführliche Bitte des Heiligen Vaters zu verstehen: „... In besonderer Weise überantworten und weihen wir dir jene Menschen und Nationen, die dieser Überantwortung und Weihe besonders bedürfen."
Weiter ist zu bemerken, daß die Weihe nicht ein kurzes, einmaliges, fast ‚magisches' Mittel ist, sondern nur der Beginn eines mühsamen Prozesses, eines dauerhaften Auftrages zum täglichen Gebet, zur Buße, einfach zur täglichen Umkehr, zur ständigen Metanoia. Der Papst aus Polen hat auf diesem Gebiet Erfahrungen gesammelt, wie nur wenige Kirchenführer. Die Kirche Polens und ihre Gläubigen haben anläßlich des tausendjährigen Jubiläums des Christentums eine Novene zur Gottesmutter gehalten, die volle neun Jahre andauerte und 1966 erfolgreich beendet wurde. Während dieser Zeit wanderte das Bild der Schwarzen Madonna durch das ganze Land, durch alle Städte und Dörfer. Nicht um Sensationslust zu wecken, vielmehr sollte jeder unter diesem Bild innig beten, das eigene Gewissen prüfen und mit tiefer Reue in einer persönlichen Beichte die verlorene Gnade Gottes wiedergewinnen oder sie stärken. Wieviele Konversionen, Bekehrungen sind in jener Zeit erfolgt! Und wer will als Kenner der geistigen und geistlichen Szene Polens bestreiten, daß die heutige Erneuerung, trotz aller Widerstände der Gottesfeinde, von deren Seite die Ermordung Einzelner nicht auszuschließen ist, ihren Ursprung u.a. auch in dieser Novene hat. Dasselbe gilt für die historische Tatsache, daß seit Oktober 1978 auf dem Stuhl Petri ein Sohn dieses Volkes sitzt.
Jene religiöse Erneuerung während der Novene mit der Weihe an die Muttergottes brachte das Gottesvolk in Polen näher zu ihrem Sohn Jesus Christus, und das ist ja der eigentliche Sinn jeder Weihe an seine Mutter. „Per Mariam ad Jesum" – „Durch Maria zu Jesus", gilt heute wie gestern und

wird auch morgen gelten, trotz einer ‚marianischen Eiszeit' in unseren Tagen, die langsam einem Tauwetter weicht. Andererseits ist es tief zu bedauern, wenn der eine oder andere verantwortliche Kirchenführer der Bitte des Papstes kaum oder garnicht nachkommt. Deshalb braucht man auch nicht zu staunen, daß das religiöse Leben in den Gemeinden nicht wächst, was ja durch das Konzil erhofft wurde, sondern daß mitunter das Gegenteil eingetreten ist. Wenn Johannes Paul II. sich nach der Weihe 1982 in Fatima dafür entschieden hat, diese noch einmal knapp zwei Jahre später in Rom – in Verbundenheit mit allen Bischöfen der Kirche – zu wiederholen, dann hatte er dafür sehr ernste Gründe, die er auch immer wieder öffentlich nennt. Es ist nur zu hoffen, daß alle Bischöfe der Kirche seiner Bitte gefolgt sind und die Weihe mitvollzogen haben, um sich ständig für die religiöse Erneuerung, für ein Leben aus dem Evangelium in ihren Diözesen einzusetzen. Und dies im Sinne jenes eindringlichen Rufes der Gottesmutter, der 1917 in Fatima zu hören war und in besonderer Weise an dieses Jahrhundert gerichtet wurde. Das positive Echo des Gottesvolkes wird nicht ausbleiben.

* * *

Es ist hier angebracht, eine kaum bekannte Tatsache zu erwähnen, die mit der Weihe der Welt an die Jungfrau Maria insbesondere mit jener Bitte zusammenhängt: „... ihr alle Menschen und Nationen, die dieser Überantwortung und Weihe besonders bedürfen" zu weihen. Ende Februar 1984 weilte ein katholischer Bischof aus Westeuropa fast vier Wochen in Indien, wo er in Kalkutta das Werk Mutter Theresas besichtigt hatte. Am 21. März flog er über die UdSSR zurück, wobei er sich vier Tage in Moskau aufhielt. Während jener Tage besuchte er die alten geistlichen Zentren der orthodoxen Kirche, das heißt, die ehemaligen Hauptkathedralen „Maria Heimgang (dormitio)" und des Heiligen Erzengels Michael im Kreml sowie Sagorsk, den ‚orthodoxen Vatikan'. An allen diesen Stätten hatte er zwar auf eine nicht alltägliche, aber doch gültige Weise die heilige Messe gelesen und dabei auch still das von Johannes Paul II. verfaßte Weihegebet gesprochen. Zum letztenmal konnte er dies in der Frühe des 25. März in Moskau tun. Beim Flug von Moskau nach Rom über das alte Rußland, die Ukraine und

Johannes Paul II. weihte am 25. März 1984 in Rom, verbunden mit allen Bischöfen, die Welt zum zweiten Mal dem Unbefleckten Herzen Mariens. Bild: Der Heilige Vater vor der Fatima-Statue auf dem Petersplatz bei seinem Weihegebet, das er erstmals am 13. Mai 1982 in Fatima gesprochen hat.

andere Ostländer wiederholte er jenes Gebet zur Muttergottes. Leider kam er wegen einer Flugverspätung nicht rechtzeitig zum feierlichen Hochamt nach Rom, aber wegen der zweistündigen Zeitverschiebung konnte er mit Gottes Hilfe auf dem Petersplatz sein, als der Papst vor der Fatima-Statue die Welt dem Unbefleckten Herzen Mariens zu weihen begann.*
Bei Gott ist nichts unmöglich, und wie der heilige Maximilian Kolbe vorausgesagt hat, wird eines Tages im Zentrum Moskaus, auf der höchsten Zinne des Kreml, die Statue der Unbefleckten stehen. Dann wird jenes Versprechen Mariens in Erfüllung gehen: ‚Am Ende wird mein Unbeflecktes Herz triumphieren, und Rußland wird sich bekehren' ...

* Wäre es an der Zeit, das alles, was der Bischof auf seiner „Pilgerreise" erlebt hat, zu veröffentlichen, hätte der Leser eine interessante wie spannende Lektüre, die sein Vertrauen auf Gott und die besondere Hilfe seiner Mutter in allen Gefahren stärken würde.

Das wird ein Triumph des Glaubens Mariens über die Finsternis der Gottlosigkeit, ihrer Liebe über den Haß, ihrer Güte über das Böse sein.
Wann dies eintreffen wird, hängt davon ab, wie wir den Aufruf Mariens von Fatima befolgen, zu dem der Heilige Vater uns immer ermahnt und bittet. Das apostolische Schreiben vom 2. Dezember 1984 „Versöhnung und Buße“ brachte diese Mahnungen und Bitten ausführlich und klar zum Ausdruck. Ein eindringlicher Appell Johannes Pauls II., nicht nur an alle Christen, sondern an jeden Menschen guten Willens, einfach an das Gewissen der Welt, zur Umkehr der Herzen vom Haß zur Liebe, vom Unrecht zur Gerechtigkeit, von der Lüge zur Wahrheit und dadurch von der Gefahr einer Apokalypse zum gerechten und dauerhaften Frieden.

* * *

Als die Madonna in Fatima die Hirtenkinder um das Gebet für den Frieden bat, erklärte sie ihnen, daß der Krieg in einigen Monaten beendet wäre. Zugleich mahnte sie die Menschheit, ihren Sohn nicht mehr zu beleidigen, um einen neuen, noch schlimmeren Krieg zu verhindern. Über die Menschheit, die diesem Ruf der Gottesmutter nicht entsprach, brach dann der Zweite Weltkrieg herein!
Heute ist der Ruf der Gottesmutter dringender denn je. Es genügt, an die wahnsinnigen Arsenale tödlicher Atomwaffen zu denken, die ein wahrhaftig apokalyptisches Bild heraufbeschwören. Bei dem bloßen Gedanken daran fallen viele Menschen in Depressionen und verzweifeln an der Zukunft der Menschheit. Viele sehen keinen Sinn mehr in ihrer Arbeit, in ihrer Existenz. Ein Gespenst geistert durch die Welt, die Angst, daß sich morgen diese apokalyptische Vision in der Zerstörung unserer Erde verwirklicht.
Am 18. Oktober 1981, ein halbes Jahr nach dem Attentat, besuchte Johannes Paul II. das Päpstliche Kolleg Germanicum. Nach der hl. Messe fand in der Aula in einer ungezwungenen Atmosphäre ein offenes Gespräch mit den Professoren und Seminaristen statt. Ein Seminarist stellte u.a. folgende Frage:
„Heiliger Vater, wie beurteilen Sie angesichts der Rüstungsarsenale, der politischen Situation, des Hungers in der

Welt, der Unterentwicklung usw. die Weltlage? Ist es noch möglich, eine Weltkatastrophe abzuwenden?"

Die Antwort des Papstes lautete: „Diese Frage ist sehr breit. Lesen Sie dazu die Verlautbarungen des Hl. Stuhles. Ich hoffe auf die Barmherzigkeit Gottes; ich hoffe noch. Von der menschlichen Seite ist es immer schwer. Gott ist immer größer als unser Wissen."

Diese seine Hoffnung hat Johannes Paul II. in seiner Enzyklika ‚Dives in misericordia' – Über das Erbarmen Gottes – ausführlich dargestellt und begründet.

Diese seine Hoffnung auf Gottes Barmherzigkeit bringt der Heilige Vater bei jeder Gelegenheit zum Ausdruck, insbesondere, wenn er zu den Mächtigen und Großen dieser Welt spricht und die Menschheit vor der naheliegenden großen Gefahr einer Apokalypse warnt. Zugleich fordert er dringend, alles zu tun, um den Frieden zu erhalten. Seine Pastoral- und Dankreise nach Fatima, seine Predigt dort, sein Weihegebet und die Wiederholungsweihe der Welt an die Gottesmutter, haben dies wieder vor der ganzen Welt bestätigt.

Es steht viel auf dem Spiel hinsichtlich der heutigen Weltlage!

Sie ist dramatisch ernst, aber nicht hoffnungslos, sagen viele. Und sie ist heute dramatischer und weit gespannter als etwa vor 13 Jahren, zu Beginn jenes historischen Prozesses, der Détente, Entspannung heißt. Die Weltrüstungsspirale scheint ohne Ende zu wachsen. Ich fürchte jedoch nicht so sehr jenen absurden wie gefährlichen Wettbewerb, sondern mich beängstigen weit mehr jene Menschen, die Gott und sein Volk in solchem Ausmaß und so radikal bekämpfen, wie es seit jener Oktober-Revolution der Fall ist. Ich fürchte mich vor den Menschen, deren Herzen vom Haß gegen Gott erfüllt sind.

Hier erscheint es mir angebracht, einige Worte aus der Rede Alexander Solschenizyns wiederzugeben, die er Ende Mai 1983 bei der Übernahme des Templetonpreises in London gehalten hat:

„Als ich noch ein Knabe war, hörte ich von den älteren Leuten für die großen Umstürze, die damals in Rußland geschahen, die folgende Erklärung: ‚Die Menschen haben den Herrgott von sich gewiesen, und deshalb sind diese Kata-

strophen über uns hereingebrochen'. Diese Erklärung habe auch ich heute für die schreckliche Lage, die wir erleben. Die großen Verbrechen dieses Jahrhunderts wurden geboren aus den Fehlern des menschlichen Gewissens, das seine richtungweisende göttliche Bergspitze verloren hat.
Ein großes Verbrechen war der Erste Weltkrieg. Die Erklärung für diesen schrecklichen Krieg kann man nur darin finden, daß sich der menschliche Verstand verdunkelt hatte. Die Regierenden verloren den Sinn für die göttliche Macht, die über ihnen steht. Nur eine Bosheit, die aus dem Haß gegen Gott entstanden war, konnte den Menschen dazu treiben, zu einer so verbrecherischen Waffe wie das Giftgas zu greifen.
Die Zeit nach dem Zweiten Weltkrieg zeigt eine weitere Leugnung des Göttlichen im menschlichen Gewissen. Schon Dostojewski warnte in seiner Zeit: ‚Es kommen schreckliche Ereignisse in die Welt, auf die niemand vorbereitet sein wird. Die Welt wird vom bösen Geist hin- und hergeworfen.' Tatsächlich sind wir Zeuge davon, daß alle fünf Kontinente vom wütenden Sturm des gottlosen Kommunismus und des Atheismus ergriffen worden sind. Es scheint so, als würden wir sogar die Zeugen der Vernichtung unseres ganzen Planeten werden, Zeugen des Selbstmordes der Menschheit. Das zwanzigste Jahrhundert ist erfaßt worden vom Taumel des Atheismus und von der Zerstörung jeder Moral und Ehrfurcht.
Der oberflächlichen Leichtgläubigkeit und den Ideologien der letzten zwei Jahrhunderte, die uns an den Rand des nuklearen Selbstmordes gebracht haben, muß man die einzige Alternative entgegenstellen: Beginnen wir, wieder die warme Hand unseres gemeinsamen Vaters zu suchen, die wir so frech und stolz weggestoßen haben. Nur dann werden uns die Augen geöffnet werden, und wir werden verstehen, welche Verbrechen wir begangen haben. Unsere Hände werden dann versuchen, sie gutzumachen. Der Glaube an Gott ist unser höchster Wert. Er ist wichtiger als unser Atem, als unser Gewissen. Im Glauben an Gott liegt unsere Rettung. Der Atheismus, der die ganze Welt terrorisiert, haßt diesen Glauben und bekämpft ihn immerfort. Aber der Glaube wird zuletzt siegen."
Hört diese Gottesfeindschaft, der Kampf gegen Gott eines

Tages auf, wird die Welt eine echte Chance für Frieden haben. Aber auch das hängt wiederum von uns ab, d.h. inwieweit wir jenem Ruf, zur Rettung der Gottesfeinde beizutragen, folgen, wie es die drei Hirtenkinder von Fatima taten.
Die russisch-orthodoxen Christen verlangen in der Zeit der Verfolgung danach, daß ihre Glaubensbrüder und -schwestern im Westen im Sinne der Fatima-Botschaft insbesondere für ihr Land, Rußland, beten. Bemerkenswert ist ihr Hinweis darauf, daß es für die Gottesmutter keine Trennung der Kirche gibt. Sie ist die Mutter aller! Schwester Lucia betont wiederholt, wie auch in ihrem Brief an die russischen Emigranten, daß die Madonna das hochherzige russische Volk besonders liebe, was gut verständlich ist, denkt man dabei an die alte Tradition in jenem Volk, die Gottesmutter besonders liebevoll zu verehren. Bis zur Revolution im Jahre 1917 gab es in diesem Land wohl kaum ein Haus, in dem die Marien-Ikone keinen Ehrenplatz gehabt hätte.
Als gütige, barmherzige Mutter liebt sie dieses „ihr" Volk ganz besonders seit der Zeit, als es im zwanzigsten Jahrhundert auserwähltes Objekt für die Angriffe des Widersachers ihres Sohnes wurde und unter dem Joch der Gottesfeindschaft zu leiden hat. Es benötigt die wirksame Hilfe, den spürbaren Schutz der Mutter am meisten.
„Am Ende wird mein unbeflecktes Herz triumphieren; Rußland wird sich bekehren ..."
Tatjana Goritschewa, die ich schon im Zusammenhang mit der Bekehrung Rußlands auf den vorausgegangenen Seiten erwähnt habe, notierte in ihrem Tagebuch* am 20. 7. 1983 nach einem Vortrag in Linz und einer längeren lebhaften Diskussion, wie ihr eine ältere Ordensschwester vorgestellt wurde: „Mit Tränen in den Augen trat jene Nonne hinzu und sagte, sie bete schon seit vierzig Jahren jeden Tag für die Bekehrung Rußlands, und heute nun habe sie endlich von einem lebendigen Zeugen erfahren, daß in Rußland so viele Menschen auf so wunderbare Weise zu Gott finden.
Und ich dachte: Meine unerwartete Bekehrung, die Rückkehr meiner Freunde in die Kirche, all das war kein Zufall.

* Tatjana Goritschewa: Von Gott zu reden ist gefährlich – meine Erfahrungen im Osten und im Westen. Herder, Freiburg, 1984 (S. 137).

Und nicht nur die Gebete der russischen Märtyrer, nicht nur ihr ‚Blut' wurde zum Samen unseres Christentums, sondern auch die Gebete aller jener, die wie diese Ordensschwester den Aufruf der Gottesmutter von Fatima gehört haben, die so liebevoll den Menschen vorausgesagt hatte, Rußland werde eine teuflische Lehre in der ganzen Welt verbreiten, aber schließlich auch neu erstehen und wieder zum ‚Heiligen' Rußland und zum Haus der Allerheiligsten Gottesmutter werden."

Die Bekehrung Rußlands als ein mühseliger, langwieriger Prozeß ist schon seit Jahren im Gange. Sie schreitet unaufhaltsam fort. Um mit Hamisch Fraser zu sprechen: Wann Rußland sich bekehren wird, insbesondere seine Führer, und ob es zu einem neuen Weltkrieg kommt oder nicht, das hängt letztlich von unserer Bereitschaft ab, das zu tun, was die Mutter unseres Herrn im Jahre 1917 verlangte. So helfen hier auch Friedensmärsche und viele Worte wenig, vielmehr hilft das Ringen mit Gott, dem Lenker der Herzen auch der Mächtigen dieser Welt, dem Urheber und Geber des Friedens. Deshalb – ich wiederhole das bewußt – haben wir eine ungeheuere Verantwortung für unsere Epoche. Es kommt darauf an, wie wir an der Umkehr unserer Brüder, die Gott leugnen oder bekämpfen, mitwirken an dem großen Werk ihrer Versöhnung mit Gott. Was wünscht sich die seligste Jungfrau mehr als die Rückkehr ihrer Kinder zu Gott!

Das Drama auf dem Petersplatz vom Mai 1981 schreckte die Welt und die Gewissen der Menschen auf. Dank Gottes Hilfe, der als einziger aus dem Bösen das Gute entstehen lassen kann, rief die Tragödie des lebensgefährlich getroffenen Papstes eine einmalige Reaktion hervor, die keine Analogie in der bisherigen Menschheitsgeschichte findet: Menschen des guten Willens auf der ganzen Erde vereinten sich im Gebet und im Opfer für einen einzigen schwerverletzten Menschen! Das blutige Drama Karol Wojtylas vom 13. Mai 1981, keines einfachen Bürgers unseres Planeten, sondern des Stellvertreters Christi auf Erden, gesehen im Lichte eines anderen 13. Mai vor 68 Jahren, in Fatima, und im Zusammenhang mit der kommunistischen Revolution jenes gleichen Jahres, sollte für einen jeden von uns eine ernste Mahnung sein. Aber darüber hinaus ist es eine liebevolle,

zugleich dringende Einladung Gottes, des barmherzigen Vaters, den Ruf von der Cova da Iria bei Fatima zu Umkehr, Buße und Sühne mit ernstem, tiefem Dank anzunehmen und ihm mit großzügigem Herzen zu folgen.
Oder erwarten wir dafür noch ein anderes Zeichen vom Himmel? Wer möchte das dann beschreiben?

XVIII.

Am Ende wird mein Unbeflecktes Herz siegen

Dem aufmerksamen Leser entging bestimmt nicht, daß ich diesen Sieg Mariens ganz kurz schon im XV. Kapitel erwähnte. Verständlicherweise konnte ich im Jahre 1981 über die Prophezeiung, die erst einige Jahre später deutlich in Erfüllung gehen sollte, nicht ausführlicher berichten, so wie dies jetzt im Jahre 1992 möglich ist.

Nach dem Fall des Kommunismus in Ost- und Mitteleuropa im Herbst 1989 konnten viele Leute, besonders aber diejenigen, die der Vorsehung Gottes keinen Platz einräumen wollen, die wahre Ursache des schnellen und vor allem friedlichen Zusammenbruchs dieses Systems nicht begreifen, eines Systems, das jahrzehntelang gewalttätig über ein Drittel der Menschheit herrschte mit der Drohung, die ganze Welt zu erobern und zu versklaven. Diese Menschen suchen nach einer Erklärung vor allem in den wirtschaftlichen und politischen Schwierigkeiten sowie den Nationalitätenproblemen dieser Länder. Sicher spielten auch diese eine Rolle, aber nicht die wichtigste. Der entscheidendste Anlaß lag, so wie es auch Papst Johannes Paul II. schon während seines Besuches in Prag am 21. April 1990 deutlich sagte, auf geistigem Gebiet. Ein System, das mit Gewalt eine Gesellschaft ohne Gott, ja sogar gegen Gott gestalten wollte, konnte keinen dauerhaften Erfolg haben, geschweige denn die Menschheit glücklich machen. Der atheistische Charakter des Kommunismus wie auch seiner Gründer, beginnend mit Karl Marx, W. I. Lenin usw., wurde in diesem Buch schon erwähnt. Hier möchte ich noch eine weitere Erkenntnis hinzufügen, die ich im September 1989 während meines Besuches in St. Petersburg gewonnen habe. Wer einmal im "Venedig des Nordens", wie das alte Petersburg genannt wird, weilte, konnte von der breiten Allee aus die Kathedrale betrachten, die an die Kolonnade des Sankt Petersdoms in Rom erinnert. Die prachtvolle Kathedrale der Gottesmutter von Kazan, erbaut unter Zar Nikolaus I. in den Jahren 1801 bis 1810 nach dem Vorbild des Sankt Petersdoms, war die erste Kathedrale von Petersburg. Wie todernst es der Kommunismus und seine Führer mit dem Kampf gegen Gott und die Religion meinten, spiegelt

sich auch im Schicksal dieser Kathedrale wider, die gegen alle kulturellen und menschlichen Gesetze am Anfang des Jahres 1932 in ein atheistisches Museum umgewandelt wurde. Einige Monate nach dieser barbarischen Tat, am 12. Mai desselben Jahres, wurde in der Sowjetunion das "Fünfjährige antireligiöse Programm" verkündet, das zum Ziel hatte, alle Kirchen, Kapellen und Heiligtümer bis zum Jahr 1937 zu liquidieren.
Im Rahmen dieses antireligiösen Planes und gottlosen Programms müßte man auch eine andere Tat erwähnen, die nichts anderes war als eine kulturelle Barbarei und direkte Herausforderung Gottes, aber leider wenig bekannt geworden ist. In Moskau wurde Ende des vergangenen Jahrhunderts eine wunderschöne Kirche, die größte der Stadt, gebaut und "Jesus Heiland" geweiht. Anlaß dazu war der Dank der Russen an den Heiland für den Sieg über Napoleon. Dieses prachtvollste Moskauer Gotteshaus blieb bis zum Jahre 1932 noch eine sogenannte "arbeitende Kirche". Im Jahre 1932 kam es angeblich wegen "der großen Hungersnot" zur Plünderung dieses Gottestempels. Unmittelbar darauf wurde die Kirche auf Befehl Stalins gesprengt. Es ist interessant, auch auf die folgende Tatsache hinzuweisen: an dieser Stelle wollte man das höchste Haus der Welt erbauen. 200 Meter hoch sollte es sein, eine 100 Meter hohe Lenin - Statue obenauf, und dieses Gebäude sollte der Hauptsitz der KP werden. Der Untergrund war aber dafür nicht geeignet, und deswegen erbaute man dort ein ganzjährig geöffnetes Freischwimmbad.
Ein trauriges, sehr trauriges Bild bot dieses Schwimmbad jedem Christen, der die Geschichte der gesprengten Kirche kannte. Jetzt sind die Tage des Schwimmbades gezählt. In Kürze soll mit dem Neubau der ursprünglichen Kirche begonnen werden.
Der schnelle und friedliche Zusammenbruch des "babylonischen Turmes des 20. Jahrhunderts", des atheistischen Kommunismus, im Ost- und Mitteleuropa im Herbst 1989 kann nicht lediglich durch menschliches Eingreifen erklärt werden. Es war vielmehr das Eingreifen Gottes, Sein Sieg, bei dem, nach Seinem heiligen Willen, der Gottesmutter eine besondere Rolle zufiel. Sie selbst hat es in Fatima vorausgesagt: "Am Ende wird mein Unbeflecktes Herz triumphieren, Rußland wird sich bekehren."
Am 13. Mai 1991 weilte der Papst zum zweiten Mal in Fatima, um genau zehn Jahre nach dem Attentat auf sein Leben, der Gottesmutter persönlich zu danken. Unter den Ehrengästen sah

Fatima: 13. Mai 1991. Johannes Paul II. trifft vor der hl. Messe Schwester Lucia zu einem privaten Gespräch

man in der ersten Reihe einen ungewöhnlichen "Pilger", damals noch immer sowjetischer Botschafter in Portugal, Gennadij Gerasimov. Er stellte in einem Interview wenige Tage vor dem Papstbesuch sehr deutlich eine Verbindung zwischen den Fatimabotschaften und der neuen Reformpolitik Michael S. Gorbatschows her.

Zum Fall des Kommunismus im Lichte der Fatimabotschaft äußerte sich auch Papst Johannes Paul II. Während einer Pressekonferenz im Flugzeug, auf der Pastoralreise nach Afrika Ende Januar 1990, fragte ihn die portugiesische Journalistin Aura Miguel: "Heiliger Vater, die Gläubigen in Portugal sind der Meinung, daß die Muttergottes die Ereignisse, die sich in Ost- und Mitteleuropa abspielen, und den Zusammenbruch des Kommunismus schon in Fatima vorausgesagt hatte. Wie denken Sie darüber?" Lächelnd, aber ernst antwortete der Papst: "Gewiß ist das Vertrauen der Menschen zur Gottesmutter theologisch berechtigt, weil wir wissen, daß Maria die Mutter aller Menschen und Völker ist. Und das alles, was jetzt in Rußland und in den Ländern Ost- und Mitteleuropas passiert, geschieht für die Rettung der Menschen, zur Respektierung ihrer Rechte und ihrer Würde. In diesem Sinne können wir theologisch die Überzeugung der

Portugiesen und so vieler anderer Menschen annehmen. Selbstverständlich sind in diesem Sinne die Erscheinungen in Fatima zwar privater Art, stehen aber im Einklang mit der Glaubenslehre. Andererseits sind auch die größten Kenner der Glaubenslehre wie auch die Gläubigen sehr froh, wenn sie sehen, daß dieses oder jenes Wort, dieses oder jenes Versprechen sich auch nach vielen Jahren auf irgendeine Weise bewahrheitet."

Aura Miguel teilte die Aussagen des Heiligen Vaters Schwester Lucia mit. Die damals 82jährige Schwester kommentierte die Äußerungen des Papstes in einem kurzen Brief vom 19. Februar 1990: "Ich bejahe vollkommen das vom Heiligen Vater Gesagte über die Ereignisse in Osteuropa und Rußland. Ich meine, daß es sich hier um einen Eingriff Gottes in die Weltgeschichte handelt, damit ER die Welt von der Gefahr des Atomkrieges, der sie vollkommen vernichten könnte, befreit. Es ist ein sehr dringender Aufruf an die ganze Christenheit in unserer Zeit zu einem lebendigen Glauben, einer vertrauensvolleren Hoffnung und einer tiefgreifenden Liebe zu Gott und zu den Nächsten. Es ist zugleich der Aufruf, die Gesetze Gottes zu respektieren, so wie sie einmal verkündet wurden: Du sollst nicht töten...(Dt 5), Du sollst Gott lieben und Deinen Nächsten wie dich selbst."(Mt 22,39) Man sollte diese Worte der Schwester Lucia nicht außer acht lassen. Die Rufe von Fatima zur Buße und zu dauernder Umkehr bleiben auch nach dem Fall des Kommunismus in seiner Zentrale, aber nicht in der ganzen Welt, immer aktuell, weil der menschlichen Familie andere Gefahren drohen.

Papst Johannes Paul II. hat am 13. Mai 1991 gerade in Fatima in einem Gebet auf solche Gefahren deutlich hingewiesen: "Die Situationen der Völker und der Kirche sind noch ungewiß und unsicher. Es besteht die Gefahr, daß der Marxismus durch eine andere Form des Atheismus ersetzt wird, welcher der Freiheit schmeichelt und versucht, die Wurzel sowohl der menschlichen als auch der christlichen Moral zu vernichten."

Im Zusammenhang mit der Erscheinung der "schönen Frau" am 13. Juli 1917 ist es angebracht, ein interessantes Detail zu erwähnen. Als die Gottesmutter von den Kindern Gebet, Buße und Opfer für die Bekehrung von "Russia" verlangte, war diesen nicht bewußt, daß es sich hier um das große "Rußland" handelte. Sie konnten weder lesen noch schreiben, und in Erdkunde wußten sie nur, daß es neben Portugal noch ein Land gibt, und zwar Spanien. Die drei

Seherkinder dachten, bei "Russia" handele es sich um den Namen einer großen Sünderin, für die sie beten und Buße tun sollten.
Im Mai 1982 hatte ich die seltene Gelegenheit, mit dem einzigen noch lebenden der drei Hirtenkinder, mit Schwester Lucia, zu sprechen. Noch immer klingen in meinen Ohren ihre begeistert vorgetragenen Worte über die Zukunft Rußlands nach: "La Madonna non teme por Russia, la Madonna vuelve a Russia - die Madonna fürchtet nicht um Rußland, die Gottesmutter kehrt schon nach Rußland zurück!" Gewiß, nicht mit dem Flugzeug, wie ich aus Frankfurt nach Lissabon gekommen war, sondern sie kehrt zurück in die Menschenherzen durch den Glauben an ihren Sohn. Ganz anders reagierte Schwester Lucia bei der Erwähnung der religiösen Zukunft einiger westeuropäischer Länder - sie wurde schweigsam und traurig.
Im März 1992, da ich das neue Kapitel dieses Buches schreibe, ist jegliche Kritik am Kommunismus reine Zeitverschwendung. Es reicht aus, die Nachrichten im Fernsehen anzuschauen oder die Zeitungen zu lesen, die täglich über den ungeheueren materiellen und moralischen Schaden berichten, den dieses diabolische System über viele Völker brachte.
Will man ein Urteil über den Kommunismus aus berufenem Munde hören, dann ist dafür keiner geeigneter als der neue, frei gewählte Präsident Rußlands, Boris Jelzin. Etwa zwei Wochen nach dem gescheiterten Putsch in Moskau am 22. August 1991 konnten anfangs September viele Millionen Amerikaner in einer Fernsehübertragung via Satellit mit den Herren Michael S. Gorbatschow und Boris Jelzin sprechen und an die beiden Politiker Fragen stellen. Es gab sehr viel Interessantes zu hören, wobei sehr deutlich wurde, daß Herr der Lage in der zerfallenden Sowjetunion nicht mehr Michael S. Gorbatschow, sondern Boris Jelzin war. Ihm stellte u. a. ein amerikanischer Zuschauer folgende Frage: "Herr Jelzin, Sie waren doch viele Jahre ein hochrangiger Kommunist, der erste Parteisekretär einer ganzen Region und zum Ende der Chef der KP in Moskau. Langsam haben Sie sich zu einem scharfen Kritiker zuerst der Privilegien der Genossen, dann der Partei und zum Schluß des Kommunismus entwickelt. Was halten Sie heute, nach dem gescheiterten Putsch, noch vom Kommunismus?"
Die Antwort Jelzins schockte Millionen in der Welt, besonders die noch immer "gläubigen" Genossen: "Der Kommunismus ist

Litauen-Kaunas. Das mittlerweile schon gewohnte Bild in den ehemaligen kommunistischen Ländern: das Götzendenkmal des "unsterblichen Lenin" wird von zornigen Menschen von seiner Höhe gestürzt. Die zwei Türme der Kaunas-Kathedrale bleiben nach den großen atheistischen Stürmen weiter ständige Zeugen von Gottes Größe und Gegenwart. "Adieu, alles nur auf Zeit, der Herrgott für alle Zeiten", sagte der Arbeiterbischof, seit Ende Juni 1991 Kardinal, Jan Chrysostomus Korec seinen Arbeiterkollegen bei seiner Festnahme am 11. März 1960 durch die Geheimpolizei.

die größte Tragödie in der Menschheitsgeschichte. Schade, daß dieses schreckliche Experiment in unserem großen Land, in Rußland, stattfand, daß es sich nicht auf ein kleines Land begrenzt hatte, um die Schäden ebenfalls in Grenzen zu halten". Dem ist nichts hinzuzufügen. Dieses Urteil bleibt das historische Zeugnis eines Mannes, der weiß, worüber er redet. Fast im gleichen Atemzug, gefragt nach dem Wert der Religion und des Glaubens, äußerte der neue Herr in Moskau den folgenden Gedanken: "Ich besuche gerne die Kirche und den Gottesdienst, dort finde ich innere Ruhe und komme auf schöne Gedanken, aus denen ich für mein Leben und meine Arbeit viel Gutes schöpfen kann. Ich fühle mich bei liturgischen Feiern im Gotteshaus sehr wohl."

Interessanterweise sind es gerade die beiden Großstädte St. Petersburg und Moskau, in denen die Krise des Weltkommunismus am deutlichsten zu spüren ist. Und doch sind es die Stätten, an denen im Jahre 1917 vor dem Winterpalais die blutige bolschewistische Tragödie begann und sich später im Kreml das Zentrum des Weltkommunismus etablierte. Hier muß man die tragische Symbolik des "Irrtums unseres Jahrhunderts" und der Rebellion gegen Gott sehen, wie es der Psalmist treffend zum Ausdruck bringt: "Wenn der Herr das Haus nicht baut, umsonst bemühen sich die Bauleute..." (Psalm 127,1) und "Den Gottlosen wird seine eigene Bosheit vernichten, und diejenigen, welche die Guten hassen, werden dafür büßen" (Psalm 33, 22).

Noch vor einigen Jahren zitterte die Welt vor diesem "Imperium des Bösen" (Reagan). Viele Bürger im freien Westen waren voller Angst vor einer möglichen Konfrontation der Atommächte. Nicht wenige westliche Politiker haben eine ausgesprochen defätistische Haltung gegenüber dem Kommunismus in den Ostblockstaaten angenommen und eine opportunistische Ostpolitik betrieben, so daß man in Moskau, Ost-Berlin usw. darüber nur 'freundlich' lächeln konnte. Man konnte zwar absolut nichts gegen die gegenseitigen Kontakte mit dem Osten haben, ganz im Gegenteil. Nur so, wie man dies im Westen gemeint und getan hat, war es oft unbegreiflich und für die unterdrückten Völker im Osten schädlich, weil es die totalitären Regime stärkte. Man braucht nur den ehemaligen Minister Egon Bahr zu erwähnen und seine Zukunftvisionen über den Sozialismus, mit denen er seine Politik begründete. Oder man erinnere sich an seinen Parteifreund Oskar Lafontaine und an dessen Äußerungen in der Deutschland-

frage. Andere, insbesondere die linken Journalisten, fanden sich in den letzten Jahren mit dem Gedanken ab, daß die Expansion des Weltkommunismus nicht mehr verhindert werden könne, und verkündeten lautstark, daß das soziale System im Osten doch ein besseres sei als das des Westens. In der letzten Zeit propagierten sie es ganz massiv, dank auch dem neuen 'politischen Star', der Person Michael S. Gorbatschow. Man hörte öfters den Spruch: "Gorbi ist unser Heil", und man vergaß, daß unser aller Heil einzig und allein unser Herr Jesus Christus ist.
Der bekannte deutsche Journalist, Chefredakteur der sozial - liberalen Hamburger Wochenzeitung "Die Zeit", die sich immer schon als das fortschrittlichste Blatt der deutschen Linken fühlte, schrieb 1986 über die Deutsche Demokratische Republik: "DDR 1986: Es herrscht Bewegung statt Resignation, die Zaghaftigkeit hat einer selbstbewußten Gelassenheit Platz gemacht, das Grau weicht überall freundlicheren Farben, die niederdrückende Trübsal ist verflogen. Vor allem wirkt das Land bunter, seine Menschen sind fröhlicher geworden. Das Verhältnis zwischen Volk und Obrigkeit ist entspannter als je zuvor. Die Bürger sehen, daß es vorangeht.
Und es ist drüben ja in der Tat ein soziales System entstanden, das unseres in mancher Hinsicht in den Schatten stellt. Leben unter Honecker: Die Bürger des anderen deutschen Staates bringen ihm fast so etwas wie stille Verehrung entgegen." Deutlicher hätte das der freiheitliche und linke Genosse, stellvertretend auch für alle seine Gesinnungsfreunde, nicht sagen können.
Im Rahmen meiner fast zwanzigjährigen Tätigkeit in Westeuropa auf dem Gebiet der Informationsverbreitung über die verfolgte Kirche wie auch über die tapfere Haltung der vielen verfolgten Christen in den kommunistischen Ländern Mittel- und Osteuropas hatte ich häufig Gelegenheit, mich mit den verschiedensten Menschen über das Thema: die Zukunft der roten Diktatur zu unterhalten. Viele von ihnen wurden nach meinen Predigten und Vorträgen sowie durch meine Überzeugung in der Ansicht gestärkt, daß der Kommunismus in der Welt seinen Höhepunkt erreicht habe und sich langsam, aber unaufhaltsam seinem Niedergang nähere. Einige reagierten jedoch skeptisch auf meinen Optimismus mit einem Vorwurf: "Pater, wie stellen Sie sich das überhaupt vor? Sie müßten doch die Struktur und Natur der Sowjetunion und des Kommunismus kennen."

Meine Gewißheit und mein Vertrauen basierten auf der festen Überzeugung, daß die Gottesmutter das Versprechen ihres Sieges über den Kommunismus einhalten werde. Dabei verfolgte ich täglich die politische und ökonomische Entwicklung, vor allem aber auch die geistigen und religiösen Veränderungen in den kommunistischen Staaten, ganz besonders in der Sowjetunion, und stellte mir oft die Frage, wie lange noch die rote Diktatur diesen geistigen Strömungen widerstehen könne. Wir rechneten mit der göttlichen Vorsehung und waren deswegen fest überzeugt, daß der Fall des Kommunismus nach den Plänen Gottes auf friedliche Weise geschehen werde. Während meines Besuches in meiner Heimat, in der Slowakei, nach 27 Jahren Exil, hörte ich Ende Dezember 1989 im Preßburger Rundfunk unter anderem das interessante Zeugnis eines Atheisten. Auf die Frage des Reporters während eines Interviews, wie er sich die großen Veränderungen nach dem 17. November 1989 und den friedlichen Zusammenbruch der kommunistischen Vorherrschaft erkläre, antwortete der Bürger: "Ich bin zwar Atheist, aber ich glaube, daß hier wirklich ein Wunder geschehen ist."
Wie schon bekannt, zerfiel das kommunistische Regime friedlich und schnell in einem Land nach dem anderen. Nur in Rumänien kam es leider zum Blutvergießen. Am Geburtstag Christi, am 25. Dezember 1989, wurden nach einem kurzen Militärgerichtsprozeß vor den Augen von Millionen Fernsehzuschauern der damalige Diktator Rumäniens, Nicolae Ceausescu, und seine Frau Helene erschossen.
Zweifellos war im gesamten Zusammenbruch des Kommunismus "Digitus Dei", der Finger Gottes, im Spiel. Man stelle sich vor, überall, wo die rote Herrschaft zu stürzen begann, hätten KGB- und Stasiagenten ihre jahrelang ausgeübten, unmenschlichen Methoden angewandt. Sie hatten immer noch die ganze Machtstruktur und die Waffen in ihrer Hand. Sie hätten Blutbäder verursachen können. Gott sei Dank, es ist nicht passiert! Dank auch der seligen Jungfrau Maria, die uns in Fatima den endgültigen Sieg versprochen hatte.

Mit den unzähligen blutigen Opfern der Märtyrer unseres Jahrhunderts beteten, fasteten und sühnten Millionen von Gläubigen schon viele Jahre lang im Sinne der Fatimabotschaft für die Bekehrung der Sünder, insbesondere für die Bekehrung Rußlands. Den katholischen Christen schlossen sich die orthodoxen

Christen an, die stets in der Botschaft von Fatima eine besondere Sorge und Liebe der Gottesmutter zu ihrem schwer geprüften russischen Volk gesehen haben. Sie waren fest überzeugt, daß die Gottesmutter - Bogorodica, sie nicht enttäuschen werde.
In den Wochen kurz vor dem Fall der kommunistischen Diktatur in der ehemaligen DDR zeigte das Fernsehen täglich Bilder von betenden Gläubigen in den Kirchen von Leipzig, Dresden und Ost- Berlin, die gleichsam Zentren des friedlichen Widerstandes gegen den Kommunismus geworden waren. Ähnliche Bilder, betende Christen mit Kerzen in den Händen, sah man bald auch aus Prag, Sofia, Bukarest und Preßburg. Vielleicht hatte die Hauptstadt der Slowakischen Republik mit ihrem weit über die Grenze des Landes bekannten "Preßburger Karfreitag" vom 25. März 1988, also über ein Jahr vor den ostdeutschen Manifestationen, Schule gemacht und als Vorbild gedient. Wie bekannt, versammelten sich damals zum erstenmal in einem kommunistischen Land über 2.000 Gläubige mit brennenden Kerzen in den Händen zum stillen Gebet, um ihren Forderungen nach religiöser Freiheit und Ernennung neuer Bischöfe Gehör zu verschaffen. Zwar hat der brutale Einsatz der Polizei diese friedliche Manifestation 'besiegt', aber das kommunistische Regime erlitt eine moralische Niederlage, die seinen Zusammenbruch einleitete. Niemand von uns Gläubigen zweifelt daran, daß der Herrgott zur Verwirklichung seiner Pläne und verschiedener historischer Ereignisse sich der Menschen bedient, angefangen mit den Propheten im Alten Testament über den großen Plan der Menschwerdung seines Sohnes, für die ER als Mitarbeiterin die demütige Magd Maria aus Nazareth erwählt hatte. Denken wir weiter an die vielen Männer und Frauen, die seit fast zweitausend Jahren bis in unsere Gegenwart als Heilige verehrt werden. Und nicht nur dies! Gott bedient sich oft zur Verwirklichung seiner Pläne auch seiner Feinde, denken wir nur an Saulus, aus dem Paulus geworden ist, oder an Konstantin den Großen, der geglaubt hatte, daß er im Zeichen des Kreuzes siegen werde.
Wir brauchen aber nicht allzuweit in die Geschichte zurückzugehen, um auf einige Frauen und Männer hinzuweisen, derer sich der Herrgott zur Verwirklichung Seiner Pläne auch in unserer Zeit bedient. Eine Ordensfrau, Mutter Theresa, in der ganzen Welt bekannt als "Engel von Kalkutta", gehört zweifellos zu ihnen. Es ist notwendig zu betonen, daß es eben diese Frau war, eine Heilige

unserer Zeit, der es als erster gelungen ist, die Botschaft Christi auf Grund ihrer karitativen Tätigkeit in die kommunistischen Länder zu tragen, und im Dezember 1990 sogar auch in ihre kleine Heimat Albanien, das sich im Jahre 1967 offiziell zum ersten atheistischen Staat der Welt erklärt hatte. Vor ihrer und ihrer Schwestern selbstlosen Liebe und Güte haben auch die verhärtesten atheistischen Herzen kapituliert.

Neben Mutter Theresa aus Kalkutta möchte ich kurz auf vier Männer unserer Zeit hinweisen, die in die Geschichte unseres Jahrhunderts eingehen werden, gerade wegen ihrer aktiven Rolle und ihres gesellschaftlichen Einsatzes, die zum Zusammenbruch des Weltkommunismus wesentlich beigetragen haben. Es sind vier Repräsentanten aus Arbeiterwelt, Politik und Religion, nämlich Lech Walesa, Ronald Reagan, Michael S. Gorbatschow und Johannes Paul II. Dabei möchten wir keinenfalls diejenigen Frauen und Männer, Jugendliche und sogar auch viele Kinder vergessen, die mit ihrer Tapferkeit, Liebe zur Wahrheit und Gerechtigkeit in ihren alltäglichen Situationen der Lüge und Gewalt des Kommunismus widerstanden, ihm dadurch ein eindeutiges Nein gesagt und ihn in seiner Herrschaft sehr geschwächt haben. Hier nun nur einiges in Stichworten zu den vier großen Persönlichkeiten unserer Epoche.

Lech Walesa, ein Elektriker in der Schiffswerft von Danzig, wurde im August 1980 sozusagen von einem Tag auf den anderen weltbekannt, als es ihm gelang, Zehntausende seiner Arbeitskollegen für einen wirksamen Streik zu 'elektrisieren', der sich blitzschnell über das ganze Land ausbreitete und die kommunistische Gewalt, nicht nur in Polen, in ihren Fundamenten erschütterte. "Ein Facharbeiter hat die größte Gewerkschaft der Welt gegründet und dabei bewiesen, daß der Kommunismus nicht auf der Seite der Arbeiter stehe", stellt u. a. Rene Laurentin fest in seinem hochinteressanten Buch: Die Christen, Auslöser der Befreiung im Osten*.

Der weltbekannte französische Mariologe analysiert in seinem Buch die Ursachen für den Zusammenbruch des Weltkommunismus und, wie dies schon der Titel verrät, weist er dabei den Christen in den ehemals kommunistischen Ländern eine

* *Les Chretiens detonateurs des Liberations a L'Est* (Éducation européenne -0.E.I.L. 197 Seiten)

Zwei große Söhne Polens und der Kirche

entscheidende Rolle zu. Ganz besonders unterstreicht der Autor die '40jährige charismatische und geduldige Aktion' in Polen, die das kommunistische System zum Wanken brachte, beherrscht von drei W: Wyszynski, Wojtyla und Walesa. Laurentin hebt sehr deutlich bei ihnen das gemeinsame Anliegen, nämlich die innige Hingabe und persönliche Weihe an die Gottesmutter, hervor. Sie haben ihrer Schwarzen Madonna, der Königin Polens, die wichtigsten Lebensaufgaben, Pläne und ihr eigenes Leben

anvertraut und geweiht. Darin sieht Laurentin die Quelle der Lebenserfolge aller drei "W´s" Polens, besonders im Kampf gegen die kommunistische Macht im eigenen Land, und weiter über die Grenzen Polens hinaus.
Lech Walesa, ein Facharbeiter, der Gründer der Solidarnosc, übernahm zehn Jahre nach ihrer Entstehung und langjähriger Verfolgung am 9. Dezember 1990 das Amt des ersten Mannes des Staates. Schon drei Tage nach seiner Wahl pilgerte der Präsident Polens und Friedensnobelpreisträger zum Nationalheiligtum auf den "Hellen Berg" nach Tschenstochau, um dort, wie in jeder ernsten Situation seines Lebens, persönlich bei der "Schwarzen Madonna" Rat zu holen und ihr zu danken, der Königin der Nation, die schon seit über sechshundert Jahren das polnische Volk vor seinen Feinden schützt.
Ronald Reagan, der ehemalige Präsident der USA, ein gläubiger Protestant, begann sein Amt mit dem Eid an Gott und mit der Bitte um Gottes Segen für das große amerikanische Volk und die ganze Welt. Schnell machte er der Sowjetunion sehr deutlich, daß sie mit ihren subversiven Aktionen in der Dritten Welt wie auch mit ihrer Verbreitung der kommunistischen Weltrevolution aufhören müsse, sonst würde er dem 'Reiche des Bösen' ein Ende setzen. Einige Jahre später hat ein übergelaufener Sowjetspion ausgesagt, daß im Kreml große Angst herrschte, als Ronald Reagan mit Vergeltungsaktionen gedroht hatte und dabei lakonisch bemerkte: Wir Gläubigen werden für die gerechte Sache leichter sterben können als Atheisten, die nach dem Tod nichts mehr zu erwarten haben.
Was über Michael S. Gorbatschow nach seiner Entmachtung noch zu sagen wäre? Wir meinen mit Recht: Immer genug Positives, aber auf keinen Fall, daß er ein Heil für die Welt bedeutete, wie dies der eine oder andere in seiner Zeit behauptete. Jedoch war er ein Instrument in der Hand der Vorsehung Gottes, warum auch nicht? Die alte Mutter von Michael S. Gorbatschow ist eine tiefgläubige Frau, die täglich zu Gott betet und der Gottesmutter - Bogorodica - ihren Sohn sehr innig anvertraut und ihm dadurch die Hilfe Gottes und den Schutz Seiner Mutter erbittet. Und welch schöne Namen er bekommen hat! Michael - Wer ist wie Gott, und Sergej, der größte Heilige der orthodoxen Kirche. Das dürfen wir im religiösen Kontext auch nicht vergessen.
Die Einführung von Glasnost und Perestrojka, die in der christlichen

Terminologie einen tiefen Sinn haben und so viel bedeuten wie Wahrheit und Umkehr, bleibt ein historisches Verdienst von M. S. Gorbatschow. Und dies mußte ein System, das auf Lüge und Gewalt aufgebaut war, in seinen Fundamenten erschüttern. Diesen Beitrag von Michael S. Gorbatschow für die historischen Veränderungen im Osten hat auch der Papst öffentlich gewürdigt, als er am 5. März 1992 den Redakteuren der Turiner "La Stampa" u. a. sagte: "Ich glaube, er ist ein Mann von Prinzipien, geistig sehr reich. Ein charismatischer Mensch, der ohne jeden Zweifel einen entscheidenden Einfluß auf die Ereignisse im Osten Europas hatte... Ich glaube wirklich, daß unsere Begegnung von der Vorsehung vorbereitet worden war." Und was denkt der ehemalige erste Sekretär der KP UdSSR, Michael S. Gorbatschow über den Bischof von Rom in derselben Angelegenheit? Am 3. März dieses Jahres konnten das Millionen Italiener in der schon erwähnten Tageszeitung "La Stampa" lesen. Unter anderem haben sie auch diese Urteile über den Heiligen Vater entdeckt: "Im Denken dieses Papstes habe ich immer den geistigen Inhalt geschätzt und die Anstrengung, einen Beitrag zu leisten zur Schaffung einer neuen Weltzivilisation... Heute können wir sagen: Was im Osten Europas in den letzten Jahren geschehen ist, wäre ohne diesen Papst unmöglich gewesen, ohne die große Rolle, die er auch im politischen Bereich in der Weltszene gespielt hat."
Das sind nur zwei Auszüge aus den zwar kleinen Artikeln in der Turiner Tageszeitung "La Stampa", die aber zu den geschichtlichen Dokumenten unseres Jahrhunderts einzuordnen sind, und deshalb werden beide Artikel am Ende des Buches, kurz vor dem Inhaltsverzeichnis, im vollen Wortlaut wiedergegeben, unter der Überschrift: Perestrojka und Papst Wojtyla. Sie verdienen eine weite Verbreitung und geschichtliche Würdigung. Neben Persönlichkeiten, wie Michael S. Gorbatschow oder René Laurentin, gibt es viele andere bekannte Zeitgenossen, und zwar aus allen Schichten des öffentlichen Lebens, die genauso offen die Verdienste des Papstes Johannes Paul II. an den historischen Veränderungen im Herbst 1989 anerkennen und würdigen. Stellvertretend für die Deutschen kann man den ehemaligen Sprecher der Bundesregierung, später Staatssekretär im Verteidigungsministerium, Lothar Rühl, anführen.
In seinem 1990 erschienenem Buch "Zeitenwende in Europa" (Deutsche Verlags - Anstalt Stuttgart) hat Rühl den Beitrag des

Papstes und der Polen beim Zusammenbruch des Kommunismus gewürdigt, wobei die Rolle der "Schwarzen Madonna, der Königin Polens," deutlich unterstrichen wird.
Laurentin erwähnt kurz in seinem oben zitierten Buch auch "das Lebensgeheimnis" von Karol Wojtyla, und zwar von seiner Jugend bis in unsere Tage. (Seite 14) Dieses Geheimnis liegt ähnlich wie bei Kardinal Wyszynski und Präsident Walesa in einem innigen Verhältnis zur Gottesmutter und in der Weihe an sie nach der Empfehlung von Ludwig Maria Grignion von Montfort. Im Jahre 1940, schon als Abiturient und Zwangsarbeiter in einem Salzbergwerk bei Krakau, weihte er sich und sein Leben der "Schwarzen Madonna".
Karol Wojtyla hat später mehrmals die Weihe an die Gottesmutter wiederholt. Offiziell tat er es, als er 1958 mit 38 Jahren zum Weihbischof von Krakau ernannt wurde und seinen Wahlspruch "Totus Tuus" wählte. Bald weihte er seine Priester und seine Diözese öffentlich der Mutter des Herrn. Später, als Nachfolger Petri und Stellvertreter Christi, weihte er die Kirche und die ganze Welt mehrmals dem Unbefleckten Herzen Mariens. Die wichtigste und entscheidendste Weihe vor den großen Veränderungen in der Welt, die dann zum Zusammenbruch des Kommunismus geführt hat, fand am 25. März 1984 in Rom statt.
Darauf weisen mehrere Beobachter des Zeitgeschehens hin, so auch Professor Pier Luigi Zampetti in seinem Buch.

XIX.

Der entscheidende Schritt

Über die Weihe Rußlands an das Herz Mariens durch den Heiligen Vater am 25. März 1984 in Rom hat der Leser auf den vorhergehenden Seiten das Wichtigste erfahren (Kap. XVII). Damals konnte man die Tragweite dieser Weihe nicht in ihrem vollen Umfang überblicken. Diesen Aspekt unterstreicht der italienische Autor Pier L. Zampetti in seinem Buch, das im Mai 1990 erschienen ist. Ein hochaktuelles Buch, mit dem für manche vielleicht provokativen Titel "Die Prophezeiung Fatimas und der Fall des Kommunismus."*

Der Verfasser, Professor an der Universität in Mailand, Autor mehrerer Publikationen und eine bekannte Persönlichkeit im öffentlichen Leben, verbirgt gleich am Anfang des Buches nicht sein Erstaunen über die großen Veränderungen im kommunistischen Block. Auf Grund einer geschichtlichen Analyse unseres Jahrhunderts, gerade im Lichte der Fatimabotschaft, kommt er zur Schlußfolgerung: Der entscheidende Faktor für den Zusammenbruch des Kommunismus war die Weihe der Welt und Rußlands an die Gottesmutter durch Johannes Paul II. am 25. März 1984 in Rom.

Im XI. Kapitel seines Buches mit dem Untertitel 'Die Weihe Rußlands und der Fall des Kommunismus' beweist der Autor zuerst die Notwendigkeit dieser Weihe auf Grund zweier Erscheinungen, die Schwester Lucia am 13. und 14. Juni 1929 in Tuy in Spanien hatte. In den beiden Erscheinungen verlangte die Gottesmutter durch Schwester Lucia vom Heiligen Vater die Weihe Rußlands an ihr Unbeflecktes Herz. Der Papst sollte aber diese Weihe gemeinsam mit den Bischöfen der ganzen Welt durchführen, was die notwendige Voraussetzung für die Bekehrung Rußlands sei. Dann schildert Pier L. Zampetti in seinem Buch den feierlichen Weiheakt vom 25. März 1984 in Rom, vollzogen von Johannes Paul II. Der Autor stellt dabei folgendes fest: "Bald kann man die Folgen dieser Weihe sehen. Ein Jahr danach stirbt Tschernenko. Sein Nachfolger wird Michael Sergej Gorbatschow, der 'eine

* Pier Luigi Zampetti: *La profezia di Fatima e il crollo del comunismo*, S. 138, Rusconi , Milano

Revolution in der Revolution' beginnt. Der atheistische Kommunismus in Rußland und in den von ihm versklavten Ländern beginnt zu stürzen. Die Prophezeiung der seligen Jungfrau Maria von Fatima erfüllt sich. Sie hat ihr Versprechen gehalten." (S.125)
Unter der 'Revolution in der Revolution' versteht Professor Pier Zampetti die von Michael S. Gorbatschow eingeleiteten Glasnost und Perestrojka mit allen ihren Konsequenzen im kommunistischen Block. Auf einmal kommt es beinahe überraschend, aber gewiß unerwartet zu einem historischen Ereignis, das die Welt erschüttert. Die marxistisch-leninistische Konzeption stürzt mit einer erstaunlichen Geschwindigkeit. Die 'Glasnost und Perestrojka' breiten sich in den kommunistischen Ostländern aus: Warschau, Sophia, Budapest, Preßburg und Prag. Am 9. November 1989 findet in Berlin ein eklatantes Ereignis statt: der Fall der Berliner Mauer! Eine geschichtliche Epoche geht zu Ende. Auf dem unbegrenzten Himmel der Geschichte scheint eine neue Morgendämmerung aufzugehen. Der Tagesanbruch einer Hoffnung, die noch vor kurzer Zeit so unendlich fern und menschlich einfach unerreichbar zu sein schien! Es ist klar, etwas Großes ging da vor, und es bestätigte sich. Etwas Unbegreifbares für die Politiker selbst. Unbegreiflich auch für Kommentatoren, Intellektuelle und Wissenschaftler, die doch die historischen Prozesse mehr als alle anderen voraussagen sollten. Die Tatsache bleibt, daß wir außerhalb der natürlichen Möglichkeit von Voraussagen waren." (Seite 23)
Manche deutsche Politiker haben damals offen zugegeben: "Wir verstehen nicht, was jetzt geschieht." Der Autor, Professor Zampetti, verbindet dies alles fest mit der Weihe Rußlands an die Mutter unseres Herrn durch den Heiligen Vater, bezeichnet es geradezu als Konsequenz dieser Weihe.
Für viele Leser unserer Zeitschrift 'pro fratribus', denen dieses Buch in seiner ersten Auflage im Jahre 1982 unter dem Titel "Das Drama auf der Piazza San Pietro..." geschenkt wurde, ist es interessant, hier an eine Tatsache erinnernt zu werden, die sehr eng mit dieser Weihe Rußlands verbunden ist. In den 'pro fratribus'-Nummern 3 und 4/1987 konnten unsere Leser einen Bericht über den Aufenthalt und einige, nicht alltägliche Erlebnisse des Bischofs Paul Hnilica SJ im Herzen des Weltkommunismus, nämlich im Kreml, lesen. Diese Reise des Bischofs war nicht risikofrei. Er flog von Kalkutta nach Rom mit einem Transitvisum über Moskau, wo er knapp vier Tage verbracht hatte.

Das Wesentliche seines 'abenteuerlichen' apostolischen Wirkens in Moskau bestand damals darin, Rußland und die Welt dem Unbefleckten Herzen Mariens zu weihen, und dies nach dem Wunsch des Heiligen Vaters: geistig verbunden mit ihm in Rom und mit allen Bischöfen der Welt. Er hat drei Tage im Moskauer Kreml und einen Tag in Zagorsk - im "Vatikan der orthodoxen Kirche" - als katholischer Bischof gewirkt und mehrmals das Weihegebet, für diesen Zweck vom Papst verfaßt, innig vorgetragen, dies an den Orten, die einmal als heilige Stätten galten. Nach der Revolution im Jahre 1917 wurden sie ihrem ursprünglichen Zweck entfremdet und in Museen und Galerien umgewandelt. In einer solchen Kirche ist es ihm gelungen, sogar die heilige Messe zwar auf eine ungewöhnliche aber gültige Weise, zu lesen, die dort schon über siebzig Jahre nicht mehr gefeiert worden war. Daß dies alles gerade in denselben Tagen geschah, wie es der Papst gewünscht hatte, ist höher als nur als ein Zufall zu werten.
Was der Jesuitenbischof Paul Hnilica, ein Sohn der kleinen Slowakei und Flüchtling aus seiner Heimat, noch vor zwei Jahren verschweigen mußte, darf er seit November 1989 offen sagen. So teilt er uns auch einige Details mit, wie er z. B. bei seinem Besuch in der Kathedrale im Kreml, die dem heiligen Erzengel Michael geweiht ist und wie alle Gotteshäuser nach der Revolution im Jahre 1917 mehrere Jahrzehnte in ein Museum umgewandelt worden war, mit dem himmlischen Patron dieses Gotteshauses hart gerungen hat. In einem Zwiegespräch sagte Msgr. Paul Hnilica, in dessen bischöflichem Wappen der Spruch Michaels steht "Quis ut Deus - Wer ist wie Gott?" u. a.: "Wie kannst Du, der Erzengelfürst und der Sieger in der ersten Rebellion gegen Gott heute im Kampf mit Luzifer, diese seine Frechheit dulden? Diese schöne Kathedrale wurde Dir geweiht, damit Dich hier die Gläubigen verehren und Gott anbeten können. Ich beschwöre Dich, so schnell wie möglich hier wieder Ordnung zu schaffen."* Einige Leser dieses nicht alltäglichen Reiseberichtes machten uns nach dem Fall des Kommunismus freundliche Mitteilung, daß das Ringen des Bischofs mit dem Erzengel Michael nicht umsonst war und sein Ziel erreicht hat.
Der Bischof verließ Moskau am 25. März morgens um 8.00 Uhr und landete kurz vor zwölf Uhr in Rom, so daß er auf dem

Bischof Paul Hnilica: *Rom - Moskau - Fatima. Weihe Rußlands an die Gottesmutter*

Moskau, 7. November 1990. Bischof Hnilica mit seinen Mitarbeitern im Hof des Klosters Danilow

schnellsten Weg zum Petersplatz kommen konnte in dem Moment, als der Papst nach der heiligen Messe mit der Weihe an das Unbefleckte Herz Mariens begann. Während des Fluges über Rußland, Ukraine bis nach Rom betete Bischof Hnilica vertrauensvoll mehrmals das Weihegebet, geistig verbunden mit dem Episkopat der Welt und dem Papst, und forderte die Gottesmutter um schnelle Erfüllung ihres Versprechens auf.
Sollte der Aufenthalt und das apostolische Wirken eines katholischen Bischofs in Moskau gerade in jener Zeit nur ein Zufall sein? In der Vorsehung Gottes gibt es keine Zufälle. Der Bischof läßt keinen Zweifel daran, daß es die Gottesmutter war, die diese Reise nach Moskau und sein Wirken dort ermöglicht hat. Er hat dabei ihre Hilfe so deutlich gespürt wie kaum in seinem

Leben. Das noch vor ein paar Monaten Undenkbare und sogar Strafbare war ihm jetzt möglich geworden.
Es ist hier notwendig mit Nachdruck zu betonen, daß die Christen in den ehemals kommunistischen Ländern nach dem Fall der roten Herrschaft voll dankbarer Freude der Gottesmutter von Fatima die großen Veränderungen zugeschrieben haben. Und sie wußten worüber sie redeten, weil sie schon einige Jahrzehnte ihre Hoffnung und ihre Zuversicht auf die Fatimabotschaft gesetzt hatten! Die orthodoxen Christen in Rußland und in der Ukraine waren davon genauso überzeugt wie ihre katholischen Brüder in Litauen, Polen oder in der Slowakei. Deshalb nahmen sie den Aufruf von Fatima zu Gebet, Opfer und Sühne ernst. Für den Verfasser dieses Buches war es eine große Freude zu erfahren, daß sein Buch gerade in jenen Ländern schon in der Zeit der kommunistischen Herrschaft sehr gefragt war und heimlich verbreitet wurde. Sein Inhalt hat die Hoffnung der Menschen auf den Sieg Mariens über den Kommunismus nicht nur bestätigt, sondern auch bekräftigt. Obwohl Millionen Christen im Osten wie im Westen von der entscheidenden Rolle der Gottesmutter von Fatima bei dem Fall des Kommunismus überzeugt sind und der italienische Wissenschaftler Professor Pier Luigi Zampetti ein Buch darüber geschrieben hat, bleibt doch die Tatsache bestehen, daß zwar der Weltkommunismus in seiner Zentrale in Moskau und in den ehemaligen Ostblockländern zusammengebrochen ist, aber vollständig besiegt ist er noch nicht. Nach der blutigen Niederschlagung der Studentenunruhen in China, im Sommer 1988, die die Welt erschütterte, bleibt er weiter das herrschende System im größten Land der Welt, auch wenn sich dabei die Frage stellt, wie lange noch. Dies gilt ebenso für weitere Länder in Asien, wie Nordkorea und Vietnam. Das gleiche gilt auch für Kuba, und in einer schrecklichen Weise für die revolutionäre Bewegung Sendero luminoso, "leuchtender Pfad" in Peru!
Bevor wir einen Blick nach Serbien werfen, wo noch immer die zynischen Kommunisten stalinistischer Prägung herrschen und einen imperialistischen Krieg gegen Kroatien und jetzt auch gegen Bosnien - Herzegovina mit aller Brutalität führen, ist die folgende kritische Frage angebracht: Hätten wir heute über den Zusammenbruch des Kommunismus überhaupt sprechen können, wenn der Putsch in Moskau Ende August 1991 gelungen wäre? Die Frage ist legitim, und die Antwort kann nur hypothetisch sein.

Aber sie lautet: Auf keinen Fall hätte man über den Zusammenbruch des Kommunismus reden können, weil die alten Stalinisten überall in den ehemaligen Satellitenländern ihre Macht und Gewalt wiedergewonnen hätten. Bewußt gebrauchten wir den Ausdruck "hypothetische Antwort", weil auch jene Frage nur hypothetisch zu verstehen ist. Aber sie gibt uns, gerade im Zusammenhang mit dem Moskauer Putsch, den guten Grund zu den folgenden ernsten Fragen und willkommenen Überlegungen.

Wodurch ist eigentlich der Putsch gescheitert? Die Putschisten hatten doch die Armeeführung in ihrer Hand und haben die ebenso gewaltige wie gefährliche Macht der Panzer volle zwei Tage in Moskau demonstriert. Kann man hier alles nur rationalistisch mit menschlichen Faktoren, wie z. B. mit der Tapferkeit von Boris Jelzin und der Bevölkerung, erklären? Sicher haben menschliche Faktoren eine große Rolle gespielt, aber ob sie allein den gefährlichen Versuch der Putschisten besiegt hätten, steht auf einem anderen Blatt. Deshalb ist die Frage mehr als legitim: Spielten auch in diesem Falle die Vorsehung Gottes und die Fürsprache der Gottesmutter eine Rolle? Der Leser kann selbst darüber entscheiden, wenn er rückblickend einige Tatsachen über religiöse Aktivitäten in den Tagen vor und während des Putsches erfährt.

Der Erzbischof von Moskau, Tadeusz Kondrusziewicz, hat uns berichtet, daß die Schwestern von Mutter Theresa, die in Moskau zwei Kommunitäten bilden, vom Anfang des Putsches an bis zu seinem Scheitern vor dem Tabernakel versammelt waren und den Heiland um Hilfe angefleht haben. Nicht nur diese Schwestern, sondern auch alle Katholiken, sei es in Litauen, in der Ukraine und überall in dem riesigen Land, versammelten sich zum Gebet für die gleiche Meinung in den Kirchen oder in den Familien.

Der Moskauer Patriarch Alexis II. hat am ersten Tag des Putsches alle seine Gläubigen zu innigem Gebet aufgerufen, damit den Verschwörern ihr gefährliches Spiel nicht gelinge. Nach dem Scheitern des Putsches hat er froh und befriedigend behauptet, daß die Putschisten ihr gefährliches Spiel am 19. August begonnen hatten, am Tag, an dem die orthodoxe Kirche das Fest der Verklärung Christi feiert. Nach altem Brauch und religiöser Tradition wird am Vortag zu diesem Fest streng gefastet und viel gebetet; es war also kein guter Beginn für die Verschwörer. Das Scheitern des gefährlichen Putsches fand am 22. August statt. An

diesem Tag feiern wir Katholiken das Fest Mariens, der Königin des Himmels und des Friedens. Handelt es sich hier nur um eine zufällige religiöse Symbolik oder um tiefere Zusammenhänge?
Der bekannte, langjährige russische Dissident, der orthodoxe Priester Gleb Jakunin, gleichzeitig auch Abgeordneter und engster Mitarbeiter von B. Jelzin, hat drei Tage in der schwarzen Soutane und mit einem großen Kreuz an der Brust die Panzer bestiegen, von dort aus mit brennenden Reden das Volk zur Tapferkeit und in besonderer Weise zum Gebet um die Hilfe Gottes und seiner Mutter - Bogorodica - in dieser kritischen Lage aufgerufen. Öfters wiederholte er den folgenden Satz: "Verliert nicht den Mut! Der heilige Seraphim von Sarov, (ein bedeutender russischer Heiliger des 19. Jahrhunderts), hat prophezeit, daß Rußland eines Tages, mitten im Sommer, Ostern feiern wird." Die orthodoxen Christen feiern zwar Ostern am 3. Sonntag nach Frühlingsbeginn, aber die Zuhörer haben den Priester Gleb Jakunin gut verstanden : Ostern bedeutet Auferstehung und in diesem Fall den Sieg über die Putschisten. (Tatjana Goritschewa)
Sogar der 'größte' Held jener gefährlichen und historischen Tage, Präsident Boris Jelzin, bekam in den ersten Stunden seines ungleichen Kampfes unerwartet große Hilfe von der Seite, woher er sie am wenigstens erwartet hatte. Als er zum ersten Mal auf einen Panzer gestiegen war, um per Lautsprecher Tausende der Anwesenden zu ermutigen und sie zum entscheidenden Kampf gegen die Putschisten aufzurufen, brachten einige katholische Christen konspirativ einen kleinen Rundfunksender in das 'Weiße Haus', die Residenz des Präsidenten Jelzin und gleichzeitig Festung seiner Getreuen. Diese Tatsache ermöglichte es B. Jelzin, sich durch Radio an die Moskauer und anderen Bürger Rußlands zu wenden. Diese Nachricht wäre unvollkommen ohne folgende wichtige Bemerkung: Jener Radiosender war ein freundliches Geschenk von Pater Werenfried van Straaten, und seinem Werk Ostpriesterhilfe, an die russischen Christen schon im Jahre 1990, um die Frohe Botschaft Christi per Funk zu verbreiten. Wer Pater Werenfried, auch Speckpater genannt, und sein fast fünfzigjähriges Werk, sein Engagement für die verfolgten Christen unter den Kommunisten und auch die innige Frömmigkeit dieses flämischen Prämonstratensers zur Mutter des Herrn kennt, wird im gelungenen Schmuggel dieses Radiosenders in einem historisch kritischen Moment 'keinen Zufall' sehen. Ganz im Gegenteil, er

muß hier die diskrete, aber perfekte Führung jener Frau feststellen, die schon im Jahre 1917 ihren Sieg über den gottlosen Kommunismus versprochen und nunmehr ihr Versprechen eingelöst hat. Im Hinblick auf das Weiße Haus in Moskau in jenen Augusttagen ist auch folgende Tatsache höchst interessant: 200 Soldaten, die Präsident Jelzin und das Weiße Haus verteidigten, hatten sich am 20. August taufen lassen, empfingen die heilige Eucharistie und waren so bereit zu sterben. Welch krasser Widerspruch zu der beschämenden Meinung und Einstellung mancher Christen im Westen, an ihrer Spitze ganz vorlaut die sogenannte "katholische Theologin" Ute Ranke-Heinemann und viele ihrer Gesinnungsgenossen, die in den vergangenen Jahren den feigen Slogan: "Lieber rot als tot!" mit Nachdruck verkündeten. Wie wird die Geschichte über diese Christen urteilen?
In der Schweizer Monatszeitschrift "Timor Domini" vom September 1991 war ein interessanter Artikel zu lesen, der sich mit der Rolle von Johannes Paul II. hinsichtlich des gescheiterten Putsches beschäftigte. Der Kommentator stellte fest, daß der Heilige Vater in jenen kritischen Tagen sein Haus, den Vatikan, verlassen und sich so im übertragenen Sinne direkt auf den Weg zur Frontlinie begeben hatte. Wie bekannt, weilte der Papst Mitte August zu einem kurzen Besuch in seiner Heimat Polen und war am 14. und 15. August in Tschenstochau, wo der VI. Weltjugendtag stattfand. Dorthin waren etwa anderthalb Millionen Pilger gekommen, davon mehr als eine Million Jugendliche aus aller Welt, um den Papst zu treffen, ihn zu hören, hauptsächlich aber, um mit ihm zu beten. Ganz besonders baten Johannes Paul II. und die Anwesenden Gott und Seine Mutter darum, daß die großen Veränderungen und die ehrlichen Bemühungen für eine dauerhafte demokratische und freiheitliche Gesellschaft im Osten nicht zu Fall gebracht würden.
Von Tschenstochau aus flog der Papst am 16. August zur ersten Pastoralreise nach Ungarn, wo er bis zum 21. August blieb. Am Sonntag, dem 19. August pilgerte der Heilige Vater in den östlichen Teil Ungarns, nur etwa 20 km von der Grenze der damaligen UdSSR entfernt, um an einem Wallfahrtsort der griechisch - katholischen Kirche mit den Unierten die heilige Eucharistie zu feiern und zu beten. Dies war am Vorabend des Putsches. An den folgenden zwei Tagen, die er noch in Ungarn verbrachte, rief er mehrmals zum Gebet auf, nach offiziellen

Nachrichten für den 'kranken' Michael S. Gorbatschow und ganz besonders für die Erhaltung des Friedens in jenem Land. Nach der Meinung des Autors dieses Artikels war in jenen kritischen Tagen gerade dieses Gebet entscheidend, zu dem der Papst seine unzähligen Zuhörer aufgerufen hat. Der schweizerische Journalist zieht die Schlußfolgerung: Es ist legitim zu fragen, ob die Putschisten ohne dieses apostolische Wirken des Heiligen Vaters, ohne jenen Strom von Gebeten, die den Himmel bestürmten, nicht ihren blutigen Sieg hätten feiern können.
Wer die Kraft des Gebetes kennt und glaubt, daß der Herrgott uns nie verläßt, wer weiter auch die Gabe unseres Papstes kennt, dank der Massenmedien Millionen zum Gebet für seine Anliegen zu mobilisieren, wer sogar mit dem Papst in Tschenstochau weilte und das ungewöhnliche Bild miterleben konnte, hat keine Schwierigkeit, den Kommentar von "Timor Domini" zu akzeptieren. Ganz im Gegenteil, er kann ihm nur zustimmen.
In die Reihe solcher religiöser Ereignisse, wo die Gottesmutter ihre historische Rolle gespielt hat, gehört auch die folgende Tatsache, bei welcher man von einem "Wunder" sprechen kann. Es hat am 13. Oktober 1991 in Fatima begonnen, sich zuerst nach Moskau ausgebreitet, um dann am 8. Dezember in Minsk, der Hauptstadt Weißrußlands, vollendet zu werden. Zum ersten Mal in der Fatimageschichte ist in das Marienheiligtum eine Gruppe von Pilgern aus der ehemaligen Sowjetunion gekommen. Es waren nicht nur Katholiken aus Rußland, der Ukraine und Litauen, sondern auch einige orthodoxe Christen darunter. An ihrer Spitze war Erzbischof Tadeusz Kondrusziewicz, apostolischer Administrator in Moskau. Die ganze Eucharistiefeier vom 13. Oktober, bei der er konzelebriert hat, wurde direkt vom Moskauer Fernsehen in das ganze ehemalige Sowjetgebiet direkt übertragen. Zwei Tage später, am 15. Oktober, wurde aus Moskau vom staatlichen Fernsehen ein Film von anderthalbstündiger Dauer ausgestrahlt, der historisch wahrhaft die Erscheinungen und Prophezeihungen in Fatima mit ihrer historischen Tragweite treu wiedergegeben hat. Die Reaktion der Zuschauer war überraschend: die Fernsehdirektion hat noch nie soviele Briefe bekommen, in denen die Zuschauer ihren Dank zum Ausdruck gebracht haben und gleichzeitig eine Wiederholung verlangten. Diese fand dann auch wirklich statt, und zwar am 7. November, an dem zum ersten Mal keine offizielle Manifestation des größten kommunistischen Festes

Zagreb, die Haupstadt der Republik Kroatien, mit ihrer imposanten Kathedrale. Einige serbische Kommunisten behaupteten schon vor Jahren zynisch: “Wir werden einmal Kroatien so dezimieren, daß man seine Grenzen von dem Turm der Kathedrale aus sehen kann.”

am Roten Platz durchgeführt wurde. Unter den Reaktionen auf die zweite Ausstrahlung war unter anderem die Forderung vieler Russen, den 7. November von jetzt an zum Tag der geistlichen Erneuerung Rußlands im Sinne der Fatimabotschaft auszurufen. Das Wunder endet aber erst in Minsk. Wie bekannt, zerfiel die Sowjetunion, doch wollten Herr Jelzin mit anderen, daß mindestens die größten slawischen Länder, Rußland, Ukraine und Weißrußland auf dem Prinzip der Freiheit und Demokratie in einer Union bleiben. Aus diesem Grund treffen sich öfters die Präsidenten mit ihren engsten Mitarbeitern, um über alle Probleme in diesem Zusammenhang zu verhandeln. So sind sie auch vom 6. bis 8. Dezember in Minsk zusammengekommen. Es ist für uns nicht wichtig, was sie dort besprochen haben; es ist für uns in diesem Zusammenhang aber höchst interessant, daß die drei Präsidenten nach Abschluß der Verhandlungen dieses kurze Kommuniqué herausgegeben haben, in dem unter anderem dieser Satz steht: “Am heutigen Tag, dem 8. Dezember 1991, hört die Sowjetunion offiziell auf zu existieren”. Für die Kirche ist es das Fest der Unbefleckten Empfängnis! Die Gottesmutter hat in Fatima zu den drei Kindern gesagt: “Aus Rußland wird sich ein gefährlicher

Irrtum über die ganze Welt ausbreiten, aber am Ende wird mein Unbeflecktes Herz siegen und Rußland wird sich bekehren. Ronald Reagen hat die Sowjetunion einmal das "Reich des Bösen" genannt, das sein offizielles Ende an jenem Fest Mariens genommen hat.

Der sowjetische Kommunismus ist offiziell zusammengebrochen, die Jahrzehnte unterjochten Völker befreien sich, der gefährliche Putsch in Moskau 1991 ist mißlungen, die Sowjetunion hat offiziell am 8. Dezember - am Fest der Unbefleckten Empfängnis aufgehört zu existieren, und wir können dafür Gott und Seiner Mutter für Ihre sichtbare Hilfe dabei nicht genug danken. Jedoch noch immer bleiben die schlimmen Folgen der langjährigen totalitären roten Herrschaft in allen jenen Ländern, die der Volksmund so schön 'alte Strukturen' nennt und das Volk noch immer darunter viel zu leiden hat, wenn auch auf eine andere Art und Weise. Und im einzigen europäischen Land, Serbien, zeigt der Kommunismus sein wahres, schreckliches, unmenschliches Gesicht, weil er schon zehn Monate einen aggressiven Krieg mit fürchterlichen und grausamen Methoden gegen die benachtbarten Völker führt.

Diese Tatsache müssen wir immer vor Augen haben, wenn wir heute von dem Zusammenbruch des Kommunismus sprechen. Nur so können wir unsere Kräfte, insbesondere die geistigen, richtig einsetzen, noch immer im Sinne der Fatimabotschaft, und alles unternehmen, damit 'das schädlichste Experiment in der Menscheitgeschichte' (Jelzin), das kommunistische System, wirklich ein für allemal der Vergangenheit angehöre. Und so muß die Feststellung hinsichtlich des Zusammenbruches des Kommunismus immer differenziert und gut bedacht sein, damit wir nicht einer falschen Illusion oder unbegründeten Euphorie verfallen.

Für uns Europäer und für die ganze zivilisierte Welt ist es lebenswichtig, einen kritischen Blick auf die Völker des ehemaligen Jugoslawien zu werfen und sich dabei zu fragen, wie es überhaupt möglich war, daß in einer dieser Nationen, nämlich in Serbien, der Kommunismus nicht nur nicht zusammenbrach, sondern sich 'dank' Präsident Milosevic und seiner Generäle in der brutalsten stalinistischen Form zeigt. Wirklich 'würdigste Schüler' Stalins, die es durch ihren aggressiven und grausamen Krieg gegen Kroatien seit Anfang Juli 1991 bewiesen haben.

Seit Ende März 1992 gehen die serbische Soldateska und die

kommunistischen Tschetniks auf die gleiche grausame und unerhörte Art gegen Moslems und Kroaten in Bosnien - Herzegowina vor, die durch Volksabstimmung nach ihrer Unabhängigkeit strebten und sofort auch von einigen wichtigen westeuropäischen Ländern anerkannt wurden. Jetzt sind sie der Willkür jenes Präsidenten und seiner Generäle machtlos ausgeliefert, von denen einer im österreichischen Fernsehen zynisch erklärte: "Wir werden auch Medjugorje ausradieren." Nach Informationen aus Medjugorje setzte die serbische Luftwaffe kurz vor Ostern gegen den Marienwallfahrsort sogenannte Cassetenbomben ein, die ca. 250 kg schwer und von der Genfer Konvention geächtet sind. Medjugorje, der Wallfahrtsort, den in wenigen Jahren Millionen Menschen aus aller Welt besucht haben, um dort den Frieden für ihre Herzen zu finden und ihn in die ganze Welt zu tragen. "Es scheine, als ob man ganz bewußt die katholische Religion selbst treffen wollte", hat man aus Medjugorje berichtet.

Wie im Fall Kroatien, so geht es auch jetzt in Bosnien - Herzegowina um grausamen Völkermord durch die serbischen Kommunisten, die ihre schwerbewaffnete Armee gegen die fast wehrlose Bevölkerung rücksichtslos einsetzen. Die Ergebnisse des bisherigen agressiven Krieges sind sinnlos zerstörte Häuser, insbesondere Hunderte von Kirchen, Kapellen sowie geschändete Friedhöfe. Am meisten leiden die Kinder, Frauen und die alten Leute.

Der ehemalige Pfarrer von Medjugorje, Leonard Orec, schilderte in einem dramatischen Telephonanruf nach Rom die Greueltaten angreifender serbischer Aggressoren in Makarska, wo der Franziskanerpater in ein Haus geflohen war. Er konnte von dem Haus aus eine ganze Straße überblicken und was er sah, beschreibt er so: "Überall sieht man Menschen liegen, die wie streunende Hunde abgeschossen wurden. Allein am Karsamstag wurden in Bosnien - Herzegowina den fünfzig Menschen einschließlich Frauen und Kindern die Kehlen aufgeschnitten. Ich sah Kinder, deren Haare durch Schockeinwirkung ergraut waren. Die Angehörigen der Friedenstruppen sind zwar anwesend, aber sie schauen nur zu. Jetzt ist doch mehr nötig, um der unbeschreiblichen Gewalt Einhalt zu gebieten."

Sollten diese Barbarei und dieser Völkermord seitens der serbischen militärischen Führung, dieser letzten Stalinisten in Europa, nur ein Zufall sein? Kaum! Beurteilen diejenigen Kommentatoren die Situation richtig, die behaupten, daß es manchen westlichen 'demokratischen' Politikern und Staatsmännern nicht recht wäre, wenn jetzt Völker wie Slowenen, Kroaten und später noch andere als christliche Länder ins "gemeinsame europäische Haus" hineinkämen? Jedenfalls zeigt sich in dieser schrecklichen Tragödie eine entsetzlich unheilige Allianz zwischen den serbischen Stalinisten, den letzten in Europa, einerseits und einigen sogenannten westlichen Demokraten andererseits, zu denen manche westeuropäische Diplomaten und Außenminister, aber auch amerikanische Staatsmänner gehören.

Bei allem Respekt gegenüber dem amerikanischen Volk ist in diesem Zusammenhang folgendes zu erwähnen: Mitte Juni 1991 hat der amerikanische Präsident George Bush bei seinem Besuch in der schon zerfallenden Sowjetunion öffentlich und entscheidend erklärt: "Die Sowjetunion muß weiter bestehen bleiben!" Und bei seiner letzten Station in Kiew, der Hauptstadt der Ukraine, hat er sich im Umgang mit dem ersten Mann der Ukraine, Leonid Kraftschuk, nicht als 'Gentleman' erwiesen. Kaum eine Woche später, Ende Juni, hat sein Außenminister James Baker in Beograd seinen kommunistischen Gastgebern eindeutig Mut gemacht, die Slowenen und Kroaten zu bekämpfen, falls diese nach ihrer nationalen Unabhängigkeit streben sollten.

Man muß hier fragen, was eigentlich mit der so laut propagierten amerikanischen Demokratie und ihren wichtigsten Repräsentanten geschehen ist. Haben der jetzige amerikanische Präsident und seine nächsten Mitarbeiter die ältesten Ideale Amerikas verraten? Jedenfalls sind sie mitschuldig an dieser blutigen Tragödie in Kroatien und jetzt auch in Bosnien - Herzegowina zum Entsetzen aller Demokraten der Welt. Was haben diese Herren - 'Demokraten' für die Zukunft mit anderen Völkern im Osten noch vor?

Als Mitglied der kleinen slowakischen Nation hörte ich im Sommer 1991 besorgt die Worte des amerikanischen Präsidenten Bush: "Havel ist mein Freund, und die Slowaken sollen in dem gemeinsamen Staat mit den Tschechen bleiben."Ein seltsamer Demokrat dieser Mr. Bush! Die verantwortlichen Diplomaten, die im Auftrag der Europäischen Gemeinschaft in Straßburg und der Vereinten Nationen in New York den Frieden in dem von den serbischen Aggressoren überfallenen Kroatien herstellen sollten, der holländische Außenminister Van der Bruck, der Brite Lord Carington und der Amerikaner Cyrus Vance, standen und stehen

mit ihren Worten und Taten eindeutig an der Seite der kommunistischen Aggressoren von Belgrad.
Sie gaben und geben weiter die gleiche Schuld den angegriffenen und wehrlosen Kroaten, jetzt auch den Moslems, wie dem mit modernsten Waffen ausgerüsteten Angreifer. Eine seltsame Logik, und noch mehr, eine seltsame unheilvolle Allianz!
Der frühere italienische Außenminister Gianni De Michelis, ein Freimaurer, hat Anfang September 1991 in ungewöhnlich scharfen Tönen den Heiligen Vater angegriffen, als dieser sich sehr deutlich für das bedrohte Kroatien aussprach.
Von zwölf Außenministern der Europäischen Gemeinschaft sollen über die Hälfte Mitglieder der Loge sein, wie dies Kenner der Lage behaupten. Hat die einflußreichste italienische, linksliberale Tageszeitung 'La Repubblica' recht, als sie im Herbst vorigen Jahres schrieb, daß bei einigen maßgeblichen Leuten im Westen kein Interesse besteht, den Slovenen und Kroaten zur Selbständigkeit zu verhelfen und sie vor serbischen Aggressoren zu schützen, weil diese beiden Nationen katholisch sind? Zum zweiten Mal wollen wir das linksliberale Hamburger Magazin "Die Zeit" zitieren, das der Welt in Hinblik auf die serbische Aggression in Kroatien zynisch empfohlen hat, 'lassen wir den Brand in Jugoslawien langsam ausbrennen.' Hier gilt das kurze amerikanische: no comment!, obwohl man das sehr breit kommentieren könnte. Sapienti sat!
Es ist wirklich bemerkenswert, die traurige Szene mit allen ihren tragischen Konsequenzen für die Kroaten und Moslems im ehemaligen Jugoslawien zu beobachten. Die letzten gefährlichen Kommunisten in Europa sind noch immer an der Macht, der serbische Präsident Milosevic und seine Generäle genießen das große Vertrauen bei einigen hohen westlichen 'demokratischen' Staatsmännern und Politikern und dadurch haben sie freie Bahn zum aggressiven Eroberungskrieg. Haben diese westlichen 'Demokraten' nicht die Tatsache registriert, daß die serbische kommunistische Führung stalinistischer Prägung ihre Partei im Jahre 1990 nur umbenannte, um die eigene Bevölkerung und die Weltöffentlichkeit zu täuschen, jedoch von ihrer diktatorischen Substanz absolut nichts aufgegeben hat? Sie haben ihr wahres stalinistisches Gesicht sofort am Anfang des Moskauer Putsches im August 1991 gezeigt, dem sie freundlich und hoffnungsvoll zustimmten. Diese Tatsache bestätigen eindeutig von Anfang des

Krieges an die ungeheuer lügnerischen Erklärungen der serbischen Generäle und ihres Präsidenten Milosevic hinsichtlich der kritischen Lage im ehemaligen Jugoslawien. Die falschen Erklärungen und die billigen Versprechungen der Herrscher in Belgrad werden von den oben genannten westlichen Staatsmännern und Politikern für wahr gehalten. Welche tragische Naivität oder vielleicht auch böser Wille zeigen sich bei manchen 'Demokraten' im Westen.

Nur so konnte der Eroberungskrieg der serbischen Stalinisten überhaupt zustande kommen, und nur deshalb geht er weiter. So sind nicht nur der serbische Präsident Milosevic mit seinen Generälen seit dem Juli 1991 in Kroatien und seit Anfang April 1992 auch in Bosnien - Herzegowina an den unvorstellbaren blutigen Verbrechen schuldig, sondern die Mitschuldigen heißen auch George Busch, James Baker, Lord Carington, Van der Bruck und Cyrus Vance, um nur die wichtigsten von ihnen zu nennen. Das ist zwar kaum zu glauben, wenn man überlegt, welche Dienste und Hilfe die westliche, insbesondere amerikanische Demokratie jahrzehntelang den unter der kommunistischen Herrschaft unterjochten Völkern erwiesen hat. Das ist leider eine historische wie auch tragische Tatsache, die kein Diplomat der freien Welt befriedigend erklären, geschweige entschuldigen kann. 'O tempora, o mores'! müssen wir mit dem alten Römer ausrufen, um unsere Aufregung ein bißchen zum Ausdruck zu bringen. Leider hilft das weder den Kroaten noch den Moslems.

Als der eindeutige Helfer und Anwalt der bedrohten Kroaten, und jetzt auch Moslems zeigte sich -wie auch in ähnlichen Fällen- der Stellvertreter Christi, Johannes Paul II. Er forderte ständig nicht nur die ganze Christenheit zum Gebet auf, sondern gerade auch die Mächtigen dieser Welt, alles zu tun, damit in Kroatien der gerechte Friede hergestellt wird. Und er tut das weiter, ob gelegen oder ungelegen. Während seine Bitte zum Gebet ein großes Echo bei den Christen findet, bleibt leider sein Aufruf an die 'Mächtigen' dieser Erde die Stimme der Propheten in der Wüste. Warum eigentlich schweigen die 'freien und mächtigen Demokraten' in der Welt? Haben sie dafür einen Grund? Sollten diejenigen recht behalten, die behaupten, daß die ganze Tragödie, der aggressive Krieg gegen Kroaten, dank passiver Haltung der Verantwortlichen der Loge im Westen 'eine süße Rache' an dem Papst sei, weil dieser den Golfkrieg weder gesegnet, noch sich an der neuen

Weltordnung seitens der Sieger beteiligt hat und beteiligen wollte, obwohl diese daran sehr interessiert waren?
Der Papst hat zwar keine modernst aufgerüsteten Divisionen, doch hat er unzählige Millionen, die täglich und stündlich für ihn und seine Anliegen beten, opfern und leiden, manche sogar bereit sind, aus Treue zu ihm, dem Stellvertreter Christi, ihr Leben aufs Spiel zu setzen. Und was er noch mehr hat, das ist der Beistand des Heiligen Geistes, der ihm sicherer und besser zeigt, welche neue Ordnung unsere heutige Welt braucht, als dies eine kleine Gruppe vermag, die sich als geistige Elite in der Welt versteht, und ihre 'neue Weltordnung' ohne Gott anstrebt. Zum dritten, hat Johannes Paul II. noch die stärkste Frau an seiner Seite, der er sich schon als Kind anvertraute, und als Bischof hat er dies offiziell als 'Totus tuus' zum Ausdruck gebracht. Sie ist seine treue Beschützerin immer geblieben, wie dies der Papst selbst mehrere Male zum Ausdruck gebracht hat. Die schützende Hand der Gottesmutter hat sich in überzeugendster Weise am 13. Mai 1981 geoffenbart, als sie ihren treuesten Sohn aus Todesgefahr gerettet hat. Es war der 64. Jahrestag der ersten Erscheinung der Gottesmutter in Fatima. Jene Erscheinung bedeutete den Anfang ihrer historischen Botschaft für unser dramatisches Jahrhundert. Die Fatimabotschaft richtig zu verstehen, sie ernst zu nehmen und sich in ihrem Sinne zu engagieren - das ist der wahre Schlüssel für eine neue, sozialgerechte und menschenwürdige Weltordnung, in unserer übertechnisierten Epoche, die geistig mehrere Symptome einer unterentwickelten und beinahe sterbenden Gesellschaft zeigt, denkt man an die soziale Ungerechtigkeit in der Welt, an den Terrorismus, das Drogenproblem, Tötung des ungeborenen Lebens und die immer mehr um sich greifende Anti-Lifementalität.
Professor Zampetti unterstreicht stark in seinem oben zitierten Buch, daß die Fatimabotschaft gerade deshalb weiter eine Botschaft für unsere Epoche sei. Sie ist immer aktuell, auch nach dem teilweisen Zusammenbruch des Kommunismus. Es geht in dieser Botschaft ja um den evangelischen Aufruf zur Rückkehr des heutigen Menschen von seiner materialistischen Lebenshaltung und solchem Lebensverständnis, zum Religiösen, einfach um die Rückkehr zu Gott.
Der Autor stellt dabei die Verbreitung der Sünde in unserer Zeit fest, weist auf die Negation Gottes in einem noch nie da gewesenen Ausmaß hin, und kommt zur Schlußfolgerung, daß "der Mensch

ohne Gott nicht nur nicht überleben, sondern nicht einmal leben kann. Es ist gerade die Sünde, verstanden als Verletzung der göttlichen Gesetze.
Die heutige Gesellschaft ist eine Gesellschaft, die ihr ganzes Interesse und ihre ganze Aufmerksamkeit auf die zeitlichen Wirklichkeiten ausrichtet und alles, was das Übernatürliche betrifft, hat somit immer mehr den Sinn für den heutigen Menschen verloren. Die Gottesmutter in Fatima hat uns gerade an die ewigen Wahrheiten erinnert, und es sind eben diese Wahrheiten, die uns zum Reich Gottes führen."
Der amerikanische Präsident George Bush möchte bekanntlich eine Weltordnung konstruieren, hat dabei aber keine konkreten Pläne und Vorstellungen, wie diese aussehen soll. Kardinal Ratzinger hat in einem Interview mit Recht daran erinnert, von der Tatsache ganz zu schweigen, daß einer, der dem Grand Oriente angehöre, keine sozial gerechte und menschliche Ordnung schaffen kann. Adolf Hitler wollte ein Tausendjähriges Reich aufbauen und der Kommunismus versprach den Menschen das Paradies auf der Erde.
An dieser Stelle möchte ich noch einmal Professor Zampetti mit einigen seiner Überlegungen zu Wort kommen lassen, die wir am Schluß seines Buches finden: "Heute zeigt sich dieses Paradies als Hölle auf Erden. Ist die Verbreitung von Drogen, Terrorismus und AIDS keine Hölle? Wir gehen eigentlich auf eine kosmische Katastrophe zu. Gott hat die Welt geschaffen und sie dem Menschen zur Verfügung gestellt. Der Mensch braucht die Welt, um leben zu können und die Aufgabe zu erfüllen, zu welcher ihn Gott berufen hat. Und was macht der Mensch heute damit? Nicht nur daß er Gott ignoriert, ihn vergißt, sondern er stellt sich gegen Gott und zerstört dabei die Welt, die Gott eigentlich für ihn geschaffen hat, um ihn glücklich zu machen. Wie zerstört der Mensch die Welt? Dadurch, daß er sich zum absoluten Gesetzgeber an die Stelle Gottes setzen will und damit die Tafeln des Gesetzes zerstört. Kann es etwas Irrsinnigeres geben? Es könnte als Wahnsinn erscheinen, aber es ist wahr. Der Mensch weiß nicht oder täuscht seine Unwissenheit vor, daß er ohne die Welt nicht überleben kann. Und doch: Zerstörung der Welt kommt der Zerstörung des Menschen gleich. Das ökologische Problem von heute, das auf der ganzen Welt unaufhaltsam um sich greift, heißt gerade dies: Der Mensch will das Werk Gottes zerstören, das für

ihn und zu seinem Wohl geschaffen ist. Das ökologische Problem und die Sünde sind in diesem Punkt identisch. Und Sünde heißt Entfernung und Abkehr des Menschen von Gott.
Nehmen wir dazu ein konkretes Beispiel, das leider für sich selbst spricht: ein Rauschgiftsüchtiger. Wer ist er eigentlich? Einer, der sich selbst ruiniert, zugrunde richtet und vernichtet, dabei seine Gedanken entstellt (denkt man an die Sinnestäuschungen) und geradezu seinen Willen eliminiert. Ein so entkräfteter Mensch ist ein von der Sünde angegriffener Mensch. So ist die Sünde erste Ursache des ganzen Unheils des heutigen Menschen und auch der möglichen kosmischen Katastrophe. Trotzdem will der heutige Mensch nichts von der Sünde hören, sie wird tabuisiert, oder was schlimmer ist, bei vielen sogar zur Tugend erklärt. Doch es ist gerade die Sünde, welche die Anwesenheit Jesu und Mariens in den menschlichen Herzen, und somit in der Welt, stört. Doch Erlösung ist immer größer als Sünde, die Kraft der Erlösung übersteigt unendlich das Böse in seinem ganzen Ausmaß, das sich im Menschen und in der Welt befindet. Das Herz der Gottesmutter ist sich dessen bewußt, wie kein anderes in dieser Welt. Deshalb ruft sie uns in Fatima nicht nur zur Umkehr, sondern will uns als Mutter Jesu ihre Hilfe anbieten, damit wir zur Quelle der Erlösung zurückkehren. Katastrophen und Kalamitäten in einem unvorstellbaren Ausmaß, sowohl in der physischen als auch moralischen Ordnung, hingen und hängen über uns. Wir können sie entfernen, wenn wir es wirklich wollen. Deshalb hat in Fatima die seligste Jungfrau zu uns gesprochen. Aber sie will unsere Zusammenarbeit, wie sie selbst die ihrige Gott uneingeschränkt angeboten hat: Ecce ancilla Domini - siehe, ich bin die Magd des Herrn. Werden auch wir zu Dienern des Herrn. Viel mehr noch, denn Jesus nennt uns nicht Diener, sondern Freunde; wir sind seine Brüder, weil Maria seine und unsere Mutter ist."
Vielleicht ist es hier angebracht, noch einmal die Worte des großen Dichters und Konvertiten Paul Claudel zu zitieren: "Das dritte Jahrtausend wird entweder christlich oder es wird überhaupt nicht sein."
Schwester Lucia schrieb Ende Februar 1990 der Journalistin Aura Miguel einen kurzen Brief, in dem sie Aussage des Heiligen Vaters über die Hilfe der Gottesmutter von Fatima beim Zusammenbruch des Kommunismus bestätigt hat. In demselben Brief hat sie die Überzeugung geäußert, daß die selige Jungfrau Maria

uns vor Atomkatastrophe bewahrt, und deshalb appelliert sie an uns alle, die Fatimabotschaft ernst zu nehmen. Ein berechtigter Aufruf zum Gebet, Opfer, und zur Buße, die die Welt, von einer solchen Katastrophe bewahren können. Deshalb ist die Fatimabotschaft heute aktueller denn je...

Zeitdokumente

Perestrojka und Papst Wojtyla

Die italienische Zeitung La Stampa veröffentlichte am 3. März einen Artikel von Michael Sergejewitsch Gorbatschow über Papst Johannes Paul II. Hier der Wortlaut des Artikels.

In den letzten Jahren, nach meinem Besuch im Vatikan im Jahre 1989, hatte ich einen intensiven Briefwechsel mit dem Papst: Ich glaube, daß er auch weitergehen wird. Unter uns besteht ein tiefes Gefühl der Sympathie und des Verständnisses, das wir uns übrigens in jedem Brief bezeugen. Ich glaube, ich kann sagen, daß wir beide etwas, das wir angefangen haben, auch zu Ende führen wollen.

Was mich betrifft, so möchte ich jede Gelegenheit nutzen, um weiter mit dem Papst zusammenzuarbeiten. Ich bin sicher, daß dieses gemeinsame Bemühen nicht nachläßt. Es ist nicht einfach, die Art des Einverständnisses zwischen Papst Wojtyla und mir zu beschreiben, denn in einer solchen Beziehung gibt es etwas Instinktives oder vielleicht Intuitives, das eine enorme Bedeutung hat. Vereinfachend kann ich sagen, daß ich in seiner Nähe die Rolle des Papstes für die Schaffung eines neuen politischen Denkens bemerkt habe. Ich kann leicht zugeben, daß ich in seinen Reden viele Ideen fand, mit denen ich übereinstimmte...

Im Denken dieses Papstes habe ich immer den geistigen Inhalt geschätzt, und die Anstrengung, einen Beitrag zu leisten zur Schaffung einer neuen Weltzivilisation. Darüber hinaus ist der jetzige Papst in Rom eben auch Slawe. Das hat sicher unser Verständnis begünstigt. Aber viel mehr als seine slawische Herkunft hat unser geistiges Einvernehmen geholfen. Heute können wir sagen: was im Osten Europas in den letzten Jahren geschehen ist, wäre ohne diesen Papst unmöglich gewesen, ohne die große Rolle, die er auch im politischen Bereich in der Weltszene gespielt hat. Im Rahmen der Beziehungen zum Vatikan haben unsere Schritte gegenüber der Religion hier in Moskau auch große Bedeutung. Wir haben erkannt, daß es zwischen der orthodoxen und der katholischen Kirche normale Beziehungen geben muß und das hat sicher zur Verbesserung der Beziehungen zwischen unserem Land und dem Vatikan beigetragen...

Wir haben die Rechte der orthodoxen Kirche in Rußland, die in

den Jahren des Stalinismus viele harte Schläge erlitten hatte, anerkannt. Und wir erkannten die gesellschaftliche Rolle auch anderer Religionen an. Man muß wissen, daß es in unserem Land rund 100 verschiedene Religionsgemeinschaften gibt...
Ich muß noch anfügen, daß ich bei der Begegnung vor zwei Jahren unter menschlichem Aspekt sehr beeindruckt war. Ganz kurz: Der Papst ist eine außerordentliche Persönlichkeit. Ich will ja nicht übertreiben, aber ich habe einen ganz besonderen Eindruck mitgenommen, wie wenn von diesem Menschen eine Energie ausgehe, kraft deren man zu ihm ein tiefes Vertrauen hat. Auch heute, nach den großen Änderungen in Europa spielt der Papst eine große politische Rolle.
Wir stehen ja in einer sehr delikaten Übergangsphase, in der der Mensch, die Person ein entscheidendes Gewicht hat und haben muß. Alles, was das Gewissen des Menschen, seinen Geist stärken kann, ist heute wichtiger als je zuvor.

Michael S. Gorbatschow

Den Text des Artikels von M. S. Gorbatschow erschien am 3. März 1992 in der Welt. Noch vor seiner Veröffentlichung in La Stampa, erhielt der Papst auf persönlichen Wunsch Gorbatschows den Brief im russischen Original. Der Heilige Vater äußerte nach der Lesung zu den Redakteuren von La Stampa folgende Gedanken:

“Es ist wahr, zwischen uns gab es einen instinktiven Kontakt, als wenn wir uns schon seit Jahren gekannt hätten. Ich weiß auch warum: Unsere Begegnung war von der Vorsehung vorbereitet. Ich erinnere mich gut und ganz genau an die Begegnung mit Michael Gorbatschow, als er hierher zu Besuch kam. Ich glaube, er ist ein Mann von Prinzipien, geistig sehr reich. Ein charismatischer Mensch, der ohne jeden Zweifel einen entscheidenden Einfluß auf die Ereignisse im Osten Europas hatte. Er erklärt sich zwar nicht als Gläubiger, aber mit mir - daran erinnere ich mich - sprach er über die Bedeutung des Gebetes, der inneren Dimension des Menschen. Ich glaube wirklich, daß unsere Begegnung von der Vorsehung vorbereitet worden ist. Es ist kein Zufall, daß der Papst die Heiligen Cyrill und Methodius zu Mit-Patronen Europas ernannt hat. Sie bilden den Berührungspunkt zwischen der slawischen und der lateinischen Identität.Ich habe Gorbatschows Urteil über die Rolle des Papstes im Umbruch Ost-

Europas gelesen. Ich bin davon überzeugt, daß er das wirklich denkt.
Als die Europäische Sondersynode diese Rolle des Papstes unterstreichen wollte, habe ich gebeten, es nicht zu tun. Die Kirche als solche zählte in diesem Prozeß, nicht der Papst. Wenn dem Papst etwas zuzuschreiben ist, dann ist es seine Treue zu Christus und zum Menschen.
Vielleicht gefällt manchem das Urteil von Gorbatschow nicht. Die jüngsten Ereignisse müssen sicher noch gründlicher studiert werden, die echten Gründe für einige Vorgänge müssen noch erforscht werden. Zum Beispiel meinen manche, wie z. B. Popper, daß die wirtschaftlichen Schwierigkeiten der Grund für die Krise der kommunistischen Systeme waren. Dieser Aspekt existiert und hat sein Gewicht. Aber wir dürfen eine wichtige Sache nicht vergessen: es gab nicht nur eine kommunistische Krise, es gab auch eine Perestroika. Und Perestroika heißt auch "Bekehrung". In der Krise und im Bruch, der stattfand und stattfindet, gibt es ein geistiges Element, eine innere Änderung. Es kann nur so sein. Denn der Mensch besteht aus den beiden Elementen. Es wäre falsch, die Ereignisse im Osten nur geistig zu interpretieren, ebenso wie es falsch ist, sie nur materiell zu verstehen aus der "Unfähigkeit" über die große wirtschaftliche Krise hinauszuschauen.

Johannes Paul II.

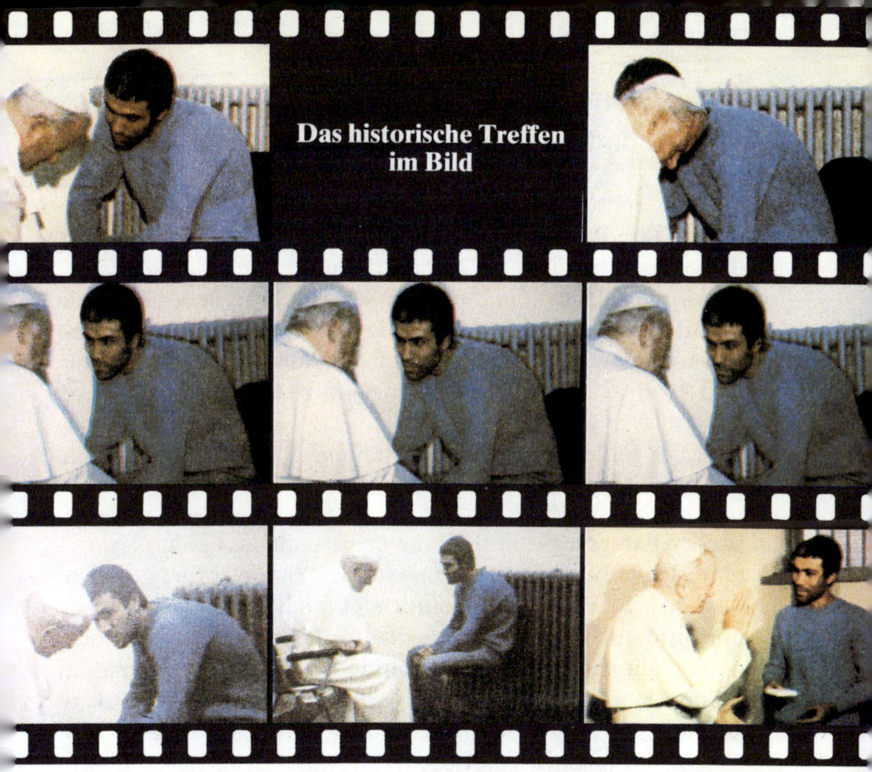

Bild: Centro Televisivo Vaticano.

Wenn Johannes Paul II. bei dem Attentat am 13. Mai 1981 auf dem St. Petersplatz nur durch ein Wunder dem Tod entkam, dann kann man genauso von einem Wunder der Gnade sprechen, das sich am 27. Dezember 1983 in der Gefängniszelle von Rebibbia ereignete: Zwei Menschen, jetzt in einer brüderlichen Begegnung, in einem geheimnisvollen Gespräch sich gegenübersitzend, von denen der eine noch zweieinhalb Jahre zuvor versucht hatte, das Leben des anderen auszulöschen.

** Abgesehen von wenigen Äußerungen, die den Besuch des Papstes im Gefängnis mißbilligten, waren die Kommentare und Berichte zu jenem historischen Ereignis eindeutig positiv. Nach meiner Meinung brachte das Beste und Ausführlichste dazu das Magazin *Time* vom 9. Jan. 1984, Nr. 2, unter dem Titel: Why forgive? Warum Verzeihung? „Es ist schwierig, sich einen noch vollkommeneren Aufbau eines Dramas vorzustellen", stellte *Time* weiter fest.

Das Echo auf die erste deutsche, italienische und polnische Auflage des Buches

Seit der ersten Auflage im Frühjahr 1982 erhielt der Autor über 5.000 Briefe alleine von deutschen Lesern, in denen diese ihren herzlichen Dank und ihre Freude, aber auch ihre Bewunderung zu dem ‚mutigen Schritt', ein solches Buch zu veröffentlichen, zum Ausdruck brachten. Inzwischen erschienen die Übersetzungen ins Flämische, Französische und Spanische sowie in zweiter Auflage ins Italienische und Polnische.
Aus der Fülle der deutschen, italienischen und polnischen Leserbriefe hier nur wenige Beispiele:

Lieber Pater Sebastian! Heute erhielt ich die beiden Exemplare Ihres Buches; dafür möchte ich Ihnen sofort herzlich danken . . . Das Buch beeindruckt mich sehr. Könnten Sie mir bitte noch 5 Exemplare schicken lassen? Wenn ich auch noch nicht alle Seiten lesen konnte, so glaube ich doch jetzt schon, dem Verfasser und dem Herausgeber gratulieren zu können. Mit herzlichen Segenswünschen,

Ihr in Christo: Franz Hengsbach, Bischof von Essen

Zuerst herzlichen Dank für die Zusendung des Buches. Dieses Buch habe ich sofort gelesen, vom Anfang bis zum Ende. Es hat mich bis ins Innerste ergriffen, und ich konnte nur noch weinen . . . Ich danke Ihnen, daß Sie mit viel Liebe und großem Fleiß alles Wichtige so zusammengetragen haben, daß wir ganz Kleinen über das Attentat so gute Informationen haben und uns alles besser vorstellen können.

Alice Hassdenteufel, Biberach

Ich habe das Buch mit großem Interesse gelesen und halte es für gut, sehr informativ, in der Darstellung und Aussage ausgewogen. Mit besten Grüßen und Segenswünschen

Ihr J. J. Degenhardt, Erzbischof von Paderborn

Vor einiger Zeit las ich Ihr Buch: „Das Drama . . ." Ich spürte aus ihm Ihre große Liebe zu unserem Heiligen Vater, zur Kirche und zu Ihrer slowakischen Heimat . . .

Sr. M. S. von Jesus OCD, H.

. . . Das Buch hat mich sehr gefreut, und ich benütze es sofort für die täglichen Ansprachen in der hl. Messe, wo diese Daten und die treffenden Interpretationen sehr gut ankommen. Der Herr und seine heiligste Mutter mögen Ihnen immer beistehen in Ihrem Apostolat . . .

Pfr. Dr. J. Kräutle, Caracas (Venezuela)

. . . Das Buch ist großartig! Über Fatima und seine Botschaft wird viel geschrieben und ist schon viel geschrieben worden, aber wir haben noch kein Buch gelesen, daß so weltnah die Zeichen der Zeit mit den Geschehnissen in Fatima verbindet —

Ihre Horst und Ursula Müller, Düsseldorf

Ein ganz besonderes, aktuelles Buch! Es gehört in jede katholische Familie . . .

Msgr. H. Valks, Pfarrer, Köln

. . . Ich hoffe, daß das Buch recht viele Menschen zu einer tiefen Liebe zur Mutter unseres Herrn führt und in der Treue zum Heiligen Vater bestärkt, der sein ganzes Wirken und Leben der Gottesmutter geweiht hat . . .
Im Gebet mit Ihnen vereint grüße und segne ich Sie.

Ihr H. H. Wittler, Bischof von Osnabrück

Herzlichen Dank für Ihr Buch. Ich war besonders berührt, betroffen, daß Sie auch das Leiden und den Kreuzweg der litauischen Katholiken nicht vergessen haben . . .

E. H. Dr. Fr. Dauknys
Editor Litauwen kathol. News, Australien

Dieses Buch sollte in einer Millionenauflage unter das christliche Volk gebracht werden . . .

Alfons Maria Weigl, Pfr. a.D., Rottenburg/Laaber

Von besonderem Interesse ist auch die Darstellung der Beziehungen zu den Erscheinungen Mariens in Fatima. Dieses Buch wird sicher dazu beitragen, das Gebet für den Papst und die Anliegen der Kirche ständig weiterzuführen.

Ihr Maximilian Aichern OSB, Bischof von Linz

Der uns betreuende Priester der MPB war zu Exerzitien in Paderborn mit Doktor R. Er erzählte uns, daß über das Buch groß gesprochen und jeden Mittag daraus vorgelesen würde ...

R. Mallach, Recklinghausen

Ich möchte das Buch unter den Mitgliedern unseres Werkes verbreiten. Bitte senden Sie mir deshalb 500 Exemplare.

P. Carlo Colonna S.J., Institut der Jesuitenpatres
für die Verbreitung des katholischen Buches, Pescara

Ich las das Buch in einem Atemzug. Ich finde es schön und sehr nützlich. Es ist dazu bestimmt, viel Gutes zu wirken in den Menschenseelen. Schicken Sie mir bitte mehrere Exemplare. Mit innigstem Dank

P. Tomaso Toschi O.P., Bologna

Ich habe das Buch „verschlungen". Jetzt sind meine Mitschwestern an der Reihe. Wir haben schon gemeinsam eifrig darüber diskutiert. Einfach toll! Gott segne den Autor!

Sr. Franca Paola Paliere, Torino

Ich las das Buch mit einem Atemzug während der ganzen Nacht, weil ich es morgens der Nachbarin abgeben mußte, die es mitgebracht hat und an Bekannte ausleiht.

Halina B., Warszawa

„Das Attentat auf den Papst ..." ist ein Buch, das mit einem Herzen, das Gott und die Kirche liebt, geschrieben wurde. Ich las das Buch in einem Atemzug und vereinigte mich dabei mit dem Autor und sah nahezu, wie er dieses Buch voll von Ergriffenheit am Gebet schrieb. Vielleicht schrieb er das Buch kniend. Der Leser gewinnt den Eindruck, daß er gleichzeitig mit jenen mitbetet, die das Attentat auf Papst Johannes Paul II. miterlebt haben und daß er mit dem Heiligen Vater und mit Millionen von Gläubigen betet.

Krzysztof T., Rzeszów

Ich danke für das übersandte Buch „Das Attentat ...", auf der Warteliste sind viele Leute aus dem Ort und der Umgebung aufgeführt. Ein ausgezeichnetes Buch, von Wahrheit und Liebe geprägt.

Janek L., Ilawa

Zum Schluß sage ich herzlichen Dank
dem Ehepaar Jeanne und Roman Marthal,
dem Ehepaar Steinbach,
Frau Diethild Treffert, Frau Erna Wolff,
Franciszek Blachnicki, Heinz Froitzheim,
Michael Köfer, Števko Kovalovčík,
P. Modesto, Horst Seiffert
und einigen nicht namentlich Benannten
für ihre Korrekturen, nützlichen Ratschläge und Gebete.
Ich danke auch der kroatischen, polnischen, slowakischen und der tschechischen Sektion von Radio Vatikan sowie deren Bibliothek, weiter dem Polnischen Historischen Institut in Rom und der Stadtbibliothek in Koblenz für das mir freundlich zur Verfügung gestellte Material.

P. Sebastian Labo S.J.

10. Oktober 1980: Johannes Paul II. im Gespräch mit dem Autor während einer Audienz für die Teilnehmer des Kongresses „Christentum und Marxismus", veranstaltet von der Päpstlichen Universität Urbaniana.

Zum Verfasser: Geboren 1931 in Valaská Belá, Slowakei. 1951 Abitur. 1956 Abschluß des Studiums in Archivistik, Geschichte, Marxismus und Latein an der Slowakischen Universität, Bratislava. Sieben Jahre Tätigkeit im Staatlichen Slowakischen Zentralarchiv (ŠSÚA). 1963 gelang die Flucht nach Italien. Studium der Philosophie und Theologie in Rom. 1969 Priesterweihe, danach das Noviziat in der Gesellschaft Jesu. Seit 1971 Mitarbeiter des Informationsbulletins ‚pro fratribus' und seit 1979 Redakteur dessen deutschsprachiger Ausgabe.